E-Book inside.

Mit folgendem persönlichen Code können Sie die E-Book-Ausgabe dieses Buches downloaden.

1018r-65p6x-ud601-zftv1

Registrieren Sie sich unter
www.hanser-fachbuch.de/ebookinside
und nutzen Sie das E-Book auf Ihrem Rechner*, Tablet-PC und E-Book-Reader.

Der Download dieses Buches als E-Book unterliegt gesetzlichen Bestimmungen bzw. steuerrechtlichen Regelungen die Sie unter www.hanser-fachbuch.de/ebookinside nachlesen können.
* Systemvoraussetzungen: Internet-Verbindung und Adobe® Reader®

Wirdemann/Mainusch
Scrum mit User Stories

Bleiben Sie auf dem Laufenden!

 Unser **Computerbuch-Newsletter** informiert Sie monatlich über neue Bücher und Termine. Profitieren Sie auch von Gewinnspielen und exklusiven Leseproben. Gleich anmelden unter

 www.hanser-fachbuch.de/newsletter

 Hanser Update ist der IT-Blog des Hanser Verlags mit Beiträgen und Praxistipps von unseren Autoren rund um die Themen Online Marketing, Webentwicklung, Programmierung, Softwareentwicklung sowie IT- und Projektmanagement. Lesen Sie mit und abonnieren Sie unsere News unter

 www.hanser-fachbuch.de/update

Ralf Wirdemann
Johannes Mainusch

Scrum mit User Stories

3., erweiterte Auflage

Die Autoren:

Dipl.-Inform. Ralf Wirdemann, Hamburg
ralf.wirdemann@kommitment.biz

Dr. Johannes Mainusch, Hamburg
johannes.mainusch@kommitment.biz

Alle in diesem Buch enthaltenen Informationen, Verfahren und Darstellungen wurden nach bestem Wissen zusammengestellt und mit Sorgfalt getestet. Dennoch sind Fehler nicht ganz auszuschließen. Aus diesem Grund sind die im vorliegenden Buch enthaltenen Informationen mit keiner Verpflichtung oder Garantie irgendeiner Art verbunden. Autor und Verlag übernehmen infolgedessen keine juristische Verantwortung und werden keine daraus folgende oder sonstige Haftung übernehmen, die auf irgendeine Art aus der Benutzung dieser Informationen – oder Teilen davon – entsteht. Ebenso übernehmen Autor und Verlag keine Gewähr dafür, dass beschriebene Verfahren usw. frei von Schutzrechten Dritter sind. Die Wiedergabe von Gebrauchsnamen, Handelsnamen, Warenbezeichnungen usw. in diesem Buch berechtigt deshalb auch ohne besondere Kennzeichnung nicht zu der Annahme, dass solche Namen im Sinne der Warenzeichen- und Markenschutz-Gesetzgebung als frei zu betrachten wären und daher von jedermann benutzt werden dürften.

Bibliografische Information der Deutschen Nationalbibliothek:
Die Deutsche Nationalbibliothek verzeichnet diese Publikation in der Deutschen Nationalbibliografie; detaillierte bibliografische Daten sind im Internet über http://dnb.d-nb.de abrufbar.

Dieses Werk ist urheberrechtlich geschützt.
Alle Rechte, auch die der Übersetzung, des Nachdruckes und der Vervielfältigung des Buches, oder Teilen daraus, vorbehalten. Kein Teil des Werkes darf ohne schriftliche Genehmigung des Verlages in irgendeiner Form (Fotokopie, Mikrofilm oder ein anderes Verfahren) – auch nicht für Zwecke der Unterrichtsgestaltung – reproduziert oder unter Verwendung elektronischer Systeme verarbeitet, vervielfältigt oder verbreitet werden.

© 2017 Carl Hanser Verlag München, www.hanser-fachbuch.de
Lektorat: Brigitte Bauer-Schiewek
Herstellung: Irene Weilhart
Copy editing: Petra Kienle, Fürstenfeldbruck
Layout: le-tex publishing services GmbH
Umschlagdesign: Marc Müller-Bremer, www.rebranding.de, München
Umschlagrealisation: Stephan Rönigk
Datenbelichtung, Druck und Bindung: Kösel, Krugzell
Ausstattung patentrechtlich geschützt. Kösel FD 351, Patent-Nr. 0748702
Printed in Germany

Print-ISBN: 978-3-446-45052-3
E-Book-ISBN: 978-3-446-45077-6

Inhalt

Vorwort zur 3. Auflage		XV
1	**Einführung**	1
1.1	Warum dieses Buch?	2
1.2	Struktur und Aufbau	3
1.3	Dankeschön	5
1.4	Feedback	6
2	**Beispiel: Scrumcoaches.com**	7
2.1	Das Projekt	8
2.2	Der Entwicklungsprozess	9
2.3	Die Beteiligten	9
2.4	Die Anforderungen	10
2.5	Priorisieren und Schätzen des Product Backlog	11
	2.5.1 Priorisieren	12
	2.5.2 Schätzen	13
2.6	Sprint-Planung	14
	2.6.1 Sprint-Ziel	14
	2.6.2 Entwicklungsgeschwindigkeit	15
	2.6.3 Analyse der User Stories	15
	2.6.4 Design der User Stories	15
2.7	Sprint-Durchführung	17
2.8	Messen des Sprint-Fortschritts	19
2.9	Am Ende des Sprint	20
	2.9.1 Sprint-Review	20
	2.9.2 Sprint-Retrospektive	20
2.10	Die Arbeit geht weiter	22
2.11	Zusammenfassung	23
2.12	Wie geht es weiter?	23

3		Die Grundlagen von Scrum	25
3.1		Was ist Scrum?	25
3.2		Scrum, ein Framework?	27
3.3		Überblick	28
	3.3.1	Scrum-Team	28
	3.3.2	Vision und Product Backlog	28
	3.3.3	Sprint Planning Meeting	29
	3.3.4	Sprints	30
	3.3.5	Daily Scrums	30
	3.3.6	Sprint-Review	31
	3.3.7	Sprint-Retrospektive	31
3.4		Prinzipien	31
	3.4.1	Transparenz	31
	3.4.2	Beobachten und Anpassen	32
	3.4.3	Timeboxing	33
	3.4.4	Dinge abschließen	33
	3.4.5	Maximierung von Geschäftswert	34
	3.4.6	Teams scheitern nicht	35
	3.4.7	Ergebnisorientierung	35
3.5		Die Rollen	36
	3.5.1	Das Team	37
	3.5.2	Der ScrumMaster	38
		3.5.2.1 Dienstleistender Anführer und Problembeseitiger	38
		3.5.2.2 Scrum implementieren	39
		3.5.2.3 Entscheider	39
		3.5.2.4 Müssen ScrumMaster programmieren können?	40
		3.5.2.5 Product Owner-Coaching	40
		3.5.2.6 Belastbare Persönlichkeit	40
		3.5.2.7 Scrum in der Organisation verbreiten	41
	3.5.3	Der Product Owner	41
		3.5.3.1 Den Kunden repräsentieren	42
		3.5.3.2 User Stories und Product Backlog	42
		3.5.3.3 Mit dem Team durch den Sprint	43
		3.5.3.4 Bestimmen, wann was fertig ist	43
	3.5.4	Nebenrolle Kunde	43
3.6		Die ideale Arbeitsumgebung	45
3.7		Empirisches Management	46
3.8		Zusammenfassung	48
3.9		Wie geht es weiter?	48

4	**User Stories**		**49**
4.1	Was sind User Stories?		50
	4.1.1	Story-Karte	51
	4.1.2	Konversation	52
	4.1.3	Akzeptanzkriterien	52
4.2	Warum User Stories?		53
4.3	User Stories schreiben		54
	4.3.1	Die Sprache des Kunden	55
	4.3.2	Benutzerrollen	55
	4.3.3	User-Story-Muster	57
	4.3.4	Epics	57
	4.3.5	Themen	59
	4.3.6	Wie viel Detail?	60
	4.3.7	Keine Technik	61
	4.3.8	Keine Benutzeroberfläche	61
4.4	Eigenschaften guter User Stories		61
	4.4.1	Independent – Unabhängige User Stories	61
	4.4.2	Negotiable – Verhandelbare User Stories	62
	4.4.3	Valuable – Wertvolle User Stories	62
	4.4.4	Estimatable – Schätzbare User Stories	63
	4.4.5	Small – Kleine User Stories	63
	4.4.6	Testable – Testbare User Stories	64
4.5	Zusammenfassung		65
4.6	Wie geht es weiter?		65
5	**Agiles Schätzen**		**67**
5.1	Was ist agiles Schätzen?		68
	5.1.1	Relative Größe statt Dauer	68
	5.1.2	Schätzen in Story Points	69
	5.1.3	Wo bleibt die Dauer?	70
	5.1.4	Argumentationshilfe für Story Points	70
5.2	Schätzen von User Stories		71
	5.2.1	Größenordnungen und Punktesequenzen	72
	5.2.2	Planungspoker	74
		5.2.2.1 Schätzen im Team	76
		5.2.2.2 Referenz-Story und Triangularisierung	76
		5.2.2.3 Planungspoker funktioniert	78
	5.2.3	Wann schätzen?	78
5.3	Zusammenfassung		79
5.4	Wie geht es weiter?		79

6	**Agiles Planen**		81
6.1	Was macht Planung agil?		81
6.2	Velocity		83
	6.2.1	Tatsächliche Velocity	83
	6.2.2	Angenommene Velocity	84
		6.2.2.1 Angenommene Velocity = Tatsächliche Velocity	85
		6.2.2.2 Mittlere Velocity	86
	6.2.3	Velocity-basierte Planung	87
	6.2.4	Nachhaltige Velocity	88
6.3	Agile Planung funktioniert		90
	6.3.1	Velocity korrigiert Schätzfehler	90
	6.3.2	Neubewertung von User Stories	91
	6.3.3	Urlaub, Krankheit und ähnliche Ereignisse	92
	6.3.4	Der Plan entsteht	92
6.4	Zusammenfassung		93
6.5	Wie geht es weiter?		93
7	**User Stories fürs Product Backlog**		95
7.1	Das Product Backlog		95
7.2	Das Product Backlog füllen		98
	7.2.1	Anforderungsworkshops	99
	7.2.2	Interviews, Markt-Feedback und Abstimmungsrunden	100
	7.2.3	Überarbeitung und Pflege des Product Backlog	101
7.3	User Stories priorisieren		102
	7.3.1	Finanzieller Wert	102
	7.3.2	Kosten	103
	7.3.3	Kundenzufriedenheit nach Kano	104
	7.3.4	Risiko	105
	7.3.5	Abhängigkeiten	106
	7.3.6	Priorisierende Faktoren abwägen	106
	7.3.7	MuSCoW-Priorisierung	107
7.4	User Stories schneiden		108
	7.4.1	Vertikales Schneiden	109
	7.4.2	Schneiden nach Daten	110
	7.4.3	Schneiden nach Aufwand	111
	7.4.4	Schneiden nach Forschungsanteilen	111
	7.4.5	Schneiden nach Qualität	112
	7.4.6	Schneiden nach Benutzerrolle	113

	7.4.7	Schneiden nach Akzeptanzkriterien	113
	7.4.8	Schneiden nach technischer Voraussetzung	114
7.5	Andere Anforderungen		115
	7.5.1	Anforderungen umformulieren	115
	7.5.2	Constraints	116
	7.5.3	Fehler	117
	7.5.4	Technisches Backlog	117
7.6	Zusammenfassung		118
7.7	Wie geht es weiter?		119

8 User Story Mapping ... 121

8.1	User Story Maps		122
8.2	Eine Story Map erstellen		123
	8.2.1	Schritt 1: User Tasks ermitteln	124
	8.2.2	Schritt 2: Gruppen bilden – User Activities	125
	8.2.3	Schritt 3: Ordnung schaffen	126
	8.2.4	Schritt 4: User Tasks durchlaufen = Geschichten erzählen	126
	8.2.5	Schritt 5: User Stories schreiben	127
8.3	Warum Story Mapping?		128
	8.3.1	Basis für gute Product Backlogs	128
	8.3.2	Kleinstmögliche Releases	129
	8.3.3	Motivation und Einsicht für alle Stakeholder	129
	8.3.4	Lückenlosigkeit	129
	8.3.5	Softwarearchitektur	130
	8.3.6	Multi-Team-Setups	130
8.4	Von der Story Map zum Product Backlog		130
	8.4.1	User Stories schreiben	133
	8.4.2	Die Story Map ersetzt das Product Backlog	133
8.5	Zusammenfassung		133
8.6	Wie geht es weiter?		134

9 Sprint-Planung ... 135

9.1	Überblick und Ablauf		135
9.2	Beteiligte		136
9.3	Ergebnisse		136
9.4	Vorbereitung		139
	9.4.1	Sprint Velocity	139
		9.4.1.1 Anpassen der Velocity	139
		9.4.1.2 Bugfixing, Refactoring und andere Aufgaben	140

	9.4.2	Story-Auswahl	141
	9.4.3	Sprint-Länge	142
9.5	Sprint Planning 1		143
	9.5.1	Ablauf	143
	9.5.2	Sprint-Ziel – Warum führen wir den Sprint durch?	144
	9.5.3	Vorstellung, Analyse und Commitment	144
	9.5.4	Fehler und andere technische Aufgaben	146
9.6	Sprint Planning 2		147
	9.6.1	Ablauf	148
	9.6.2	Story-Design	149
	9.6.3	Tasks schneiden	150
		9.6.3.1 Taskgröße	151
		9.6.3.2 Schneidetechniken	151
		9.6.3.3 Ungeplante Tasks	152
	9.6.4	Tasks schätzen?	152
		9.6.4.1 Taskschätzungen sind sinnvoll	153
		9.6.4.2 Taskschätzungen sind unsinnig	153
		9.6.4.3 Keine Empfehlung	154
	9.6.5	Das Sprint Backlog	155
	9.6.6	Fehler und andere technischen Aufgaben verteilen	156
	9.6.7	Was tun, wenn es länger wird?	156
9.7	Abschluss		157
9.8	Zusammenfassung		158
9.9	Wie geht es weiter?		158
10	**Sprint-Durchführung**		**159**
10.1	Die eigentliche Arbeit beginnt		159
10.2	Wer macht was?		161
	10.2.1	Das Team	161
	10.2.2	Der Product Owner	162
	10.2.3	Der ScrumMaster	162
10.3	Story für Story Richtung Sprint-Ziel		163
	10.3.1	Wie viele User Stories zurzeit?	164
	10.3.2	Arbeit an einer User Story	164
	10.3.3	Definition of Done	164
	10.3.4	Abnahme fertiger User Stories	165
		10.3.4.1 Entwicklertest	165
		10.3.4.2 Akzeptanztest	166

		10.3.4.3 QA-Abnahme	166
		10.3.4.4 Frühestmögliche Fehlerbehebung	167
10.4	Daily Scrum		167
	10.4.1	Aktualisierung des Taskboard	168
	10.4.2	Ein guter Zeitpunkt	169
	10.4.3	Ein guter Ort	170
	10.4.4	Wer ist noch dabei?	170
	10.4.5	Was macht der ScrumMaster?	171
10.5	Unterbrechungen		172
10.6	Messen und Anpassen		173
	10.6.1	Bug- und technische Burndown-Charts	174
	10.6.2	Was tun, wenn es eng wird?	175
10.7	Reguläres Sprint-Ende		176
10.8	Sprint-Review		177
	10.8.1	Vorbereitung	177
	10.8.2	Ort, Zeitpunkt und Teilnehmer	177
	10.8.3	Ziel	178
	10.8.4	Ablauf	178
10.9	Das Team organisiert sich		179
	10.9.1	Verantwortung übernehmen	179
	10.9.2	Das Team machen lassen und aus Fehlern lernen	180
	10.9.3	Den Product Owner einbeziehen	180
	10.9.4	Software-Pull-Systeme	181
	10.9.5	Das Team bei der Arbeit mit Tasks coachen	182
	10.9.6	Einzelgespräche	182
10.10	Sprint Best Practices		183
	10.10.1	Source Code Management und Story-Branches	183
	10.10.2	Kontinuierliches Integrieren	184
	10.10.3	Automatisierung	184
	10.10.4	Verständlicher Quellcode	185
	10.10.5	Elektronische Sprint Backlogs und Burndown-Charts	185
10.11	Zusammenfassung		186
10.12	Wie geht es weiter?		186

11 User Stories Akzeptanztesten ... 187
11.1 Was ist Akzeptanztesten? ... 187
    11.1.1 Akzeptanzkriterien ... 188
        11.1.1.1 Akzeptanzkriterien sind Erwartungen ... 188
        11.1.1.2 Akzeptanzkriterien sind Geschäftsregeln ... 189
    11.1.2 Akzeptanztests ... 189
    11.1.3 Akzeptanztesten ... 190
11.2 Akzeptanzkriterien schreiben ... 191
    11.2.1 Vom Akzeptanzkriterium zum Akzeptanztest ... 191
    11.2.2 Merkmale guter Akzeptanzkriterien ... 192
    11.2.3 Akzeptanzkriterien auch für Epics? ... 194
11.3 Beispiel: Suche nach Coaches ... 194
11.4 Kleine Bausteine: Auf dem Weg zur DSL ... 195
11.5 Akzeptanztesten während des Sprint ... 196
11.6 Die hohe Schule: Akzeptanztest-getriebene Entwicklung ... 198
    11.6.1 ATDD-Beispiel: Suche nach Coaches ... 199
    11.6.2 Product Owner love writing Tests? ... 201
        11.6.2.1 Alternative JCriteria ... 201
11.7 Lohnt sich das Ganze? ... 202
11.8 Zusammenfassung ... 202
11.9 Wie geht es weiter? ... 203

12 Sprint-Retrospektive ... 205
12.1 Nach dem Sprint ist vor dem Sprint ... 206
12.2 Ablauf von Retrospektiven ... 206
12.3 Retrospektiven vorbereiten ... 208
12.4 Retrospektiven leiten ... 208
12.5 Agenda und Check-in ... 209
12.6 Phase 1: Daten sammeln ... 210
    12.6.1 Erstellung einer Timeline ... 211
    12.6.2 Erweiterung der Timeline um Energiepunkte ... 212
12.7 Phase 2: Einsichten generieren ... 213
    12.7.1 Positiv- / Delta-Liste ... 213
    12.7.2 Warum-Fragen ... 214
12.8 Phase 3: Entscheiden, was zu tun ist ... 214
12.9 Phase 4: Ziele formulieren und Aktionen planen ... 215
12.10 Abschluss ... 216
12.11 Themenorientierte Retrospektiven ... 217
12.12 Zusammenfassung ... 218
12.13 Wie geht es weiter? ... 219

13	**Agile Releaseplanung**	221
13.1	Releaseplanung	221
	13.1.1 Themen-Releases	221
	13.1.2 Datum-Releases	222
	13.1.3 Releaseplanungs-Workshop	223
	13.1.4 Was macht die Planung agil?	223
13.2	Planungs-Velocity	224
	13.2.1 Durchführung von Test-Sprints	224
	13.2.2 Historische Daten	225
	13.2.3 Das Team bestimmen lassen	225
	13.2.4 Auswahl eines Verfahrens	225
13.3	Der Releaseplan	226
13.4	Sichere Planung	227
	13.4.1 Sichere Velocity	227
	13.4.2 Sicherheit durch weniger wichtige User Stories	228
13.5	Monitoring und Aktualisierung	229
13.6	Zusammenfassung	230
13.7	Wie geht es weiter?	230
14	**Verticals – SCRUM@OTTO**	231
14.1	Warum ich über diese Geschichte schreibe	231
14.2	Die Vorgeschichte	233
14.3	Das Lhotse-Projekt – Zahlen, Daten, Fakten	234
14.4	Das Team – Menschen im Mittelpunkt	235
14.5	Triaden – die Führung eines Teams	237
14.6	Die Triade – Rollenbeschreibungen	237
	14.6.1 Der Projektmanager – Project-Lead	238
	14.6.2 Der Produktmanager – Business-Designer	239
	14.6.3 Der Team-Architekt – Technical-Designer	239
14.7	Die TD-Runde	241
14.8	Die Otto-Architektur in Vertikalen	242
	14.8.1 Warum die klassische IT versagt	242
	14.8.2 Warum vertikale Schnitte helfen	245
	14.8.3 Was eine Vertikale ist	246
	14.8.4 Wie vertikale Schnitte gefunden werden können	248
14.9	Makro- und Mikroarchitektur	250
	14.9.1 Makroarchitektur	251
	14.9.2 Mikroarchitektur	251

14.10 Werte und Leitplanken statt Richtlinien und Governance 252
14.11 Das klassische Management in der agiler werdenden Organisation.............. 252
14.12 Scrum@Otto – 100 Sprints später 254
14.13 Fazit 256

Glossar 257

Literatur 265

Stichwortverzeichnis 267

Vorwort zur 3. Auflage

Das Product Backlog ist priorisiert, die ersten Sprints laufen super, das Team liegt deutlich vor dem Plan, alle sind begeistert. Ab Sprint 3 oder 4 kommen Anforderungen hinzu, die Design-Entscheidungen der ersten Sprints in Frage stellen. Es kommt zu aufwendigen Refactorings und die bei Projektstart noch für Begeisterung sorgende Velocity nähert sich der Nulllinie.

Jeder, der in mehr als einem agilen Projekt gearbeitet hat, kennt diese Situation in mehr oder weniger ausgeprägter Form. Und bei näherer Betrachtung ist ein Velocity-Einbruch auch eine naheliegende Konsequenz aus dem agilen Grundsatz, immer das zu tun, was derzeit am wichtigsten ist. Steht beispielsweise die mobile Version der Anwendung weit unten im Backlog, dann ist es im aktuellen Sprint vielleicht einfacher, vom Backend HTML statt JSON liefern zu lassen, obwohl JSON hinsichtlich der Unterstützung verschiedener Clients geeigneter wäre.

Wir möchten mit der 3. Auflage unseres Buches Product Ownern und Entwicklungsteams dabei helfen, von Projektstart an einen Gesamtblick auf das zu entwickelnde Produkt zu bekommen, ohne vom erwähnten YAGNI-Prinzip[1] abzulassen. Aus diesem Grund haben wir uns beim Entwurf der Neuauflage dieses Buches dafür entschieden, ein komplett neues Kapitel zum Thema „User Story Mapping" zu schreiben, das genau diesen Aspekt einer ganzheitlichen Produktsicht adressiert.

User Story Mapping ist eine Methode zum gemeinsamen Entdecken der User Stories des anstehenden Produkts. Der Product Owner tritt dabei einen Schritt zurück und wirft zusammen mit dem Team und anderen Stakeholdern einen „breiten" Blick aufs Produkt, ohne dabei in die Tiefe zu gehen. Gemeinsam versucht das Team das Produkt in seiner Gesamtheit zu verstehen und als Story Map zu visualisieren. Die Story Map ist kein Ersatz fürs Backlog, sondern die Basis für dessen Befüllung und Priorisierung. Story Mapping ist nicht nur für den Product Owner spannend, sondern auch für Entwickler und Architekten. Der Product Owner bekommt eine konkrete Methode an die Hand. Entwickler und Architekten rücken näher ans Produkt und können Design-Entscheidungen nicht mehr nur basierend auf einzelnen Stories, sondern mit Blick auf das gesamte Produkt treffen.

Für die 3. Auflage meines Buches konnte ich Dr. Johannes Mainusch als Co-Autor gewinnen. Johannes und ich arbeiten seit vielen Jahren zusammen und haben in den letzten zehn Jahren die unterschiedlichsten Erfahrungen in verschiedenen agilen Projekten ge-

---

[1] YAGNI ist ein Akronym und steht für „You Aren't Gonna Need It"

sammelt. Eines der spannendsten Projekte war sicher der Relaunch der E-Commerce-Plattform des Hamburger Unternehmens Otto. Das Projekt war in mehrfacher Hinsicht spannend: 60 Entwickler, bis zu zehn parallel arbeitende agile Entwicklungsteams und eine Laufzeit von mehr als zwei Jahren.

Johannes war Entwicklungsleiter dieses Projektes und berichtet in dem zweiten neuen Kapitel „Verticals – SCRUM@OTTO" im Stile eines Praxisberichts von seinen Erfahrungen. Der Praxisbericht zeigt zum einen, dass Scrum nicht dafür gedacht ist, streng nach Lehrbuch implementiert zu werden, sondern dass sowohl Methodik als auch Rollen an die jeweilige Situation angepasst werden müssen. Zum anderen zeigt der Bericht, dass bei der Durchführung großer agiler Projekte nicht nur die Organisation entsprechend angepasst werden muss, sondern dass auch die gewählte Softwarearchitektur so entworfen werden muss, dass sie einen hohen Entwicklungsdurchsatz auch bei so großen Projektsetups unterstützt.

Story Mapping und Scrum im Großen sind damit die beiden wichtigen Neuerungen der 3. Auflage dieses Buches. Wir hoffen, Ihnen mit diesen beiden Themen zwei weitere wichtige Facetten der Agilen Softwareentwicklung näherzubringen, die Ihnen bei der Anforderungsanalyse und beim Aufspüren von User Stories helfen und Sie dabei unterstützen, Scrum in größerem Umfang im Rahmen von Multi-Team-Setups einzuführen.

Hamburg, im September 2016   *Ralf Wirdemann und Dr. Johannes Mainusch*

1 Einführung

Das vorliegende Buch vereint zwei erfolgreiche Konzepte der Agilen Softwareentwicklung: Scrum und User Stories. Scrum ist ein Framework für das Management agiler Softwareprojekte. User Stories sind in der Sprache des Anwenders formulierte Anforderungen an das zu entwickelnde Softwaresystem. Ein in der Praxis erprobtes und häufig durchgeführtes Vorgehen ist die Verwendung von User Stories im Product Backlog als zentrales Werkzeug für die Planung und Priorisierung der Anforderungen eines Scrum-Projektes.

Anforderungen und Anforderungsmanagement sind die treibende Kraft in Software-Projekten. In Bezug auf Anforderungen beschränkt sich Scrum auf die Beschreibung, wie Anforderungen verwaltet werden, geht aber nicht darauf ein, woher sie kommen, wie man sie findet oder wie sie formuliert werden. Scrum ist ein sehr offenes Framework und macht bewusst keine Vorgaben über Art und Inhalt der Anforderungen im Product Backlog, dem zentralen Anforderungskatalog in Scrum. Dieses Buch optimiert Scrum hinsichtlich eines kundenorientierten Anforderungsmanagements, indem es die Verwendung von User Stories anstelle von „allgemeinen Items" im Product Backlog vorschlägt. Dieser Ansatz ist sehr erfolgreich und in der Praxis weit verbreitet. Warum ist das so?

Schaltzentrale Product Owner

Entscheidend für die Beantwortung dieser Frage ist die Rolle des Product Owner, dem die Verwaltung des Product Backlog unterliegt. Der Product Owner eines Scrum-Projektes repräsentiert den Kunden und verfolgt dessen Interessen. Kunden denken geschäftsorientiert, das heißt, ein Kunde will wissen, was ihm die Umsetzung einer bestimmten Anforderung bringt. Und genau an diesem Punkt bieten User Stories einen entscheidenden Vorteil: Jede Story beschreibt einen greifbaren Mehrwert für den Kunden. Ein User Story-basiertes Backlog macht es für den Product Owner viel einfacher, Entscheidungen zu treffen und Stories zu priorisieren, da er User Stories im Sinne einer wirtschaftlichen Kosten-Nutzen-Rechnung bewerten und einander gegenüberstellen kann.

Product Owner sind keine Techniker, das heißt, ein Product Owner kann im Regelfall mit der Anforderung „Refactoring der Datenbank-Zugriffsschicht" wenig anfangen. Gelingt es uns aber, diese Refactoring-Aufgabe als Teil einer Mehrwert-erbringenden User Story zu formulieren, dann fällt es dem Product Owner wesentlich leichter, die Sinnhaftigkeit dieser Anforderung zu erkennen und sie entsprechend zu priorisieren.

Scrum mit User Stories kombinieren

User Stories spielen ihre Vorteile in unterschiedlichen Phasen und Elementen von Scrum aus: Product Backlogs enthalten sinnvolle, das heißt Geschäftswert-steigernde Produkterweiterungen. Die Sprint-Planung wird effektiver, da greifbarer Mehrwert analysiert und diskutiert wird. Eine an User Stories ausgerichtete Sprint-Durchführung ist zielgerichtet und lässt sich sinnvoll und mit Hilfe einfacher Regeln organisieren. Akzeptanztests orientieren sich an User Stories und geben vor, wann eine Story fertig und für den Anwender benutzbar ist.

Neben der Beschreibung, wie User Stories in den unterschiedlichen Phasen und Elementen von Scrum verwendet werden, ist das agile Schätzen und Planen mit Scrum und User Stories ein weiterer Schwerpunkt dieses Buches. Das Buch erklärt, wie ein Product Backlog in Story Points geschätzt wird, wie die Entwicklungsgeschwindigkeit eines Teams bestimmt und angepasst wird und wie sich basierend auf diesen Zahlen ein agiler Releaseplan sowie eine konkrete Sprint-Planung erstellen lassen.

Viele der Ideen in diesem Buch stammen von Ken Schwaber, Jeff Sutherland und Mike Beedle, den Begründern von Scrum, sowie von Mike Cohn, der für die zunehmende Popularität von User Stories verantwortlich ist. Was ich mit diesem Buch anbiete, ist eine Beschreibung, wie sich diese Ideen fortführen und effektiv kombinieren lassen und im Sinne eines hoch produktiven Softwareentwicklungsprozesses genutzt werden können.

■ 1.1 Warum dieses Buch?

User Stories sind eine in der Scrum-Gemeinschaft weit verbreitete Methode des Anforderungsmanagements. Egal, wohin Sie gucken, welches Forum Sie lesen oder in welches Scrum-Projekt Sie kommen, fast überall werden Anforderungen als User Stories beschrieben und im Product Backlog verwaltet. Schaut man sich hingegen die Literatur zum Thema an, dann findet man viele Bücher zu beiden Themen, aber bisher kein Buch, das die Themen kombiniert.

Ich habe während meiner Arbeit mit Scrum und User Stories gelernt, dass es viele Fragen gibt, die aus der Kombination dieser beiden Themen resultieren: Wie werden User Stories geschätzt, und woher weiß ich, wie viele Stories in einen Sprint passen? Wie funktioniert eine effektive Sprint-Planung mit User Stories? Wie wird die Fehlerbehebung organisiert und geplant? Wie wirkt sich das auf die Entwicklungsgeschwindigkeit des Teams aus, und muss ich das vorher berücksichtigen? Dies sind Beispiele für Fragen, auf die mir keines der existierenden Bücher Antworten liefern konnte. Entsprechend haben wir in den letzten Jahren sehr viel experimentiert und dazugelernt, indem wir uns für jeden Sprint etwas Neues überlegt und ausprobiert haben.

Sicher ist es so, dass jedes Team für sich und je nach Projektsituation seinen eigenen Weg finden muss. Dennoch denke ich, dass es eine Reihe bewährter Praktiken gibt, die wie in diesem Buch beschrieben oder entsprechend angepasst, auch in vielen anderen Projekten funktionieren und nicht von jedem Team mühsam aufs Neue erarbeitet werden müssen. Dieses Buch beschreibt Scrum, so wie wir es benutzen, erhebt dabei aber keinen Anspruch auf Vollständigkeit oder darauf den einzig richtigen Scrum-Weg zu beschreiben. Selbst wenn die beschriebenen Ansätze für Ihre Teams nicht immer funktionieren, so hege ich dennoch die Hoffnung, dass das Buch genügend Anreize und Impulse für die Entwicklung der für Sie funktionierenden Ideen liefert.

Die Arbeit mit User Stories hat mir darüber hinaus gezeigt, wie wichtig der Product Owner und dessen enge Zusammenarbeit mit dem Team ist. User Stories stellen den Product Owner in den Mittelpunkt des Geschehens und beziehen ihn eng in die Entwicklung und den Sprint mit ein. Dies ist ein Aspekt, den ich selbst erst lernen musste und deshalb in diesem Buch entsprechend darlegen will. Die Aufgabe des ScrumMaster ist es nicht nur, sich um das Team zu kümmern, sondern darüber hinaus, den Product Owner sehr stark in den Sprint mit einzubinden und dafür zu sorgen, dass Team und Product Owner eng zusammenarbeiten.

Das Schwierige an Scrum ist nicht, den Prozess zu verstehen, sondern ihn anzuwenden. Dieses Buch ist keine weitere theoretische Einführung in Scrum, sondern beschreibt einen praxiserprobten Ansatz. Es geht weniger um das „Was" als um das „Wie": Wie wende ich Scrum kombiniert mit User Stories erfolgreich an. „Scrum mit User Stories" ist ein Handbuch für die Praxis, das beschreibt, wie wir Scrum einsetzen und wie die Kombination von Scrum und User Stories für uns funktioniert. Das Buch soll den Product Owner inspirieren, User Stories zu verwenden und im Rahmen von Scrum umzusetzen. Es soll CTOs motivieren, Scrum in zukünftigen Projekten auszuprobieren und Anforderungen mit Hilfe von User Stories zu beschreiben. Und das Buch soll dem Team dabei helfen, Spaß an der Arbeit zu haben, und durch die Verwendung von User Stories das Gefühl erzeugen, jeden Tag etwas Sinnvolles und Verwendbares zu produzieren.

1.2 Struktur und Aufbau

Neben diesem Einführungskapitel enthält das Buch elf weitere Kapitel, die sich in vier logische Teile gliedern.

Teil 1: Grundlagen

Das Buch beginnt mit einem Grundlagenteil, bestehend aus einem Beispiel und einer allgemeinen Einführung in Scrum und User Stories. Das Kapitel 2, *Beispiel Scrumcoaches.com*, ist ein Rundumschlag, der alle in diesem Buch behandelten Themen anhand eines Beispiels kurz und in sehr komprimierter Form anreißt. Das Kapitel liefert einen Überblick dessen, was Sie in diesem Buch erwartet, und steckt den Rahmen des Buches ab.

Neben dem Beispiel enthält der Grundlagenteil die Kapitel 3, *Die Grundlagen von Scrum*, und Kapitel 4, *User Stories*. Beide Kapitel führen die Themen *Scrum* und *User Stories* zunächst unabhängig voneinander ein und legen so das Fundament für die weiteren Kapitel dieses Buches.

Teil 2: Agiles Schätzen und Planen mit User Stories

Teil 2 des Buches liefert mit Kapitel 5, *Agiles Schätzen*, und Kapitel 6, *Agiles Planen*, eine Einführung in das Schätzen und Planen mit User Stories im Kontext von Scrum. Geschätzte User Stories sind die wesentliche Zutat für die Sprint- und Releaseplanung. Das Team entwickelt über die Zeit ein Gefühl dafür, wie viele User Stories welcher Größe es in einem Sprint umsetzen kann, und der Product Owner erstellt basierend auf den vom Team geschätzten User Stories eine über mehrere Sprints hinausgehende Releaseplanung.

Aufbauend auf den Schätz- und Planungs-Kapiteln spannt Kapitel 7, *User Stories fürs Product Backlog*, den entscheidenden Bogen hin zur Kombination von Scrum und User Stories. Das Kapitel beschreibt, wie ein rein aus User Stories bestehendes Product Backlog erstellt wird und wie die Stories dafür priorisiert und auf die richtige Größe „geschnitten" werden. Außerdem erklärt das Kapitel den Umgang mit Anforderungen, die sich nicht als User Stories beschreiben lassen.

Das in der 3. Auflage dieses Buches hinzugekommene Kapitel 8 *User Story Mapping* beschreibt ein modernes Verfahren zur Anforderungsanalyse, bei dem von Anfang an ein ganzheitlicher Blick auf das Produkt eingenommen wird. Das Produkt wird dabei in ganzer Breite betrachtet und mit Hilfe von User Tasks visualisiert. Auf diese Art entsteht eine sinnstiftende Produktgeschichte, die verschiedensten Stakeholdern erzählt und mit ihnen gemeinsam fortgeschrieben wird. Als Ergebnis entsteht eine Story Map, als Basis für Release-orientiert priorisierte Product Backlogs mit User Stories.

Teil 3: Sprint-Planung und -Durchführung

Das Herz und der Rhythmus von Scrum sind bestimmt durch Sprints, die eigentlichen Entwicklungsphasen in Scrum. Dieser Teil des Buches besteht aus vier Kapiteln, die sich mit der Planung und Durchführung von Sprints, dem Akzeptanztesten der im Sprint umgesetzten User Stories sowie dem Rückblick auf den Entwicklungsprozess beschäftigen. Das Kapitel 9, *Sprint-Planung*, beschreibt den zu Beginn eines Sprint durchgeführten Planungsworkshop, in dem das Scrum-Team die anstehenden User Stories analysiert und deren Software Design erstellt. Weiter geht es mit Kapitel 10, *Sprint-Durchführung*, in dessen Mittelpunkt das Team und seine selbstorganisierte Arbeit stehen. Im Sprint arbeitet das Team in enger Zusammenarbeit mit dem Product Owner an der Umsetzung der geplanten User Stories und liefert zum Sprint-Ende getestete und funktionierende Software aus. Das Ergebnis des Sprint wird in einem öffentlichen Sprint-Review präsentiert, in dem alle Stakeholder zusammenkommen und Einfluss auf den weiteren Verlauf des Projektes nehmen.

Vor der abschließenden Sprint-Retrospektive führt Kapitel 11, *User Stories Akzeptanztesten*, einen Exkurs zum Thema Akzeptanztesten durch. Akzeptanztesten ist weit mehr als eine reine Testdisziplin und beginnt bereits vor dem Sprint mit dem Schreiben von Akzeptanzkriterien und Akzeptanztests. Akzeptanzkriterien geben den roten Faden vor und zeigen dem Team, worauf es bei jeder Story ankommt. Akzeptanztests erklären die einzelnen Akzeptanzkriterien anhand konkreter Beispiele und bilden die Basis für den abschließenden Abnahmetest der User Stories.

Zum Abschluss jedes Sprint wirft das Team einen in Kapitel 12, *Sprint-Retrospektive*, beschriebenen Rückblick auf seinen Entwicklungsprozess und analysiert, was gut war und was es in Zukunft zu verbessern gilt.

Teil 4: Releaseplanung

Der vorletzte Teil des Buches besteht aus einem einzigen Kapitel. Das Kapitel 13, *Agile Releaseplanung*, beschreibt die Releaseplanung in Scrum mit Hilfe von User Stories. Ziel der Releaseplanung ist die Erstellung eines Releaseplans, der beschreibt, zu welchem Zeitpunkt welche User Stories voraussichtlich geliefert werden. Der Kunde kann sich mit Hilfe des Plans darauf einstellen, was er wann für sein Geld bekommt, und darüber hinaus entscheiden, ob sich das Projekt grundsätzlich für ihn lohnt. Für das Scrum-Team erfüllt ein Releaseplan darüber hinaus die Funktion eines Wegweisers, der die Vision des Projekts aufzeigt und einen über einzelne Sprints hinausgehenden Kontext definiert.

Teil 5: Fallbeispiel

Im letzten Teil dieses Buches berichtet Johannes Mainusch von seinen Erfahrungen als Entwicklungsleiter beim Relaunch des E-Commerce Shopsystems von Otto in Hamburg. In Hochzeiten arbeiteten mehr als 60 Entwickler, aufgeteilt auf bis zu zehn Teams in diesem Projekt. Die Größe des Projekts erforderte nicht nur eine bestimmte Organisationsform, sondern auch eine auf diese Organisationsform abgestimmte Softwarearchitektur. Johannes beschreibt in diesem Kapitel, wie Scrum bei Otto eingesetzt und an die speziellen Gegebenheiten angepasst wurde.

■ 1.3 Dankeschön

Viele Menschen haben mir beim Schreiben dieses Buches geholfen, wertvolles Feedback gegeben und mich über die lange Zeit des Schreibens hin motiviert. Diesen Menschen möchte ich danken. Durch euch ist dieses Buch viel besser geworden.

Ich danke meinen Reviewern Thomas Baustert, Steffen Gemkow, Boris Gloger, Bjarne Jansen, Bernd Oesterreich, Uwe Petschke, Hubert Rosicka, Katja Roth, Dr. Gernot Starke, Sascha Teske, Hans-Martin Winkler, Henning Wolf und Henning Zuzmann.

Ich danke meinen Lektorinnen Margarete Metzger und Brigitte Bauer-Schiewek für die gute Zusammenarbeit und das vor langer Zeit in mich gesetzte Vertrauen, ein weiteres Scrum-Buch im Hanser-Verlag zu veröffentlichen. Darüber hinaus möchte ich mich bei Irene Weilhart für die freundliche, immer kompetente und prompte Hilfe bei allen Herstellungsfragen bedanken.

Ganz besonders möchte ich mich bei meiner Mutter Waltraud Wirdemann bedanken, die nicht nur während meiner Schulzeit meine Rechtschreibung korrigiert hat, sondern das heute immer noch und gerne tut.

Mein ganz spezieller Dank gilt meiner lieben Frau Astrid, die viel mehr für mich getan hat, als das Cover dieses Buches zu gestalten und das Manuskript wieder und wieder zu lesen. Danke, dass du immer da bist.

1.4 Feedback

Ich freue mich über Feedback jeglicher Art. Teilen Sie mir Ihre Hinweise, Korrekturen oder sonstigen Anmerkungen per E-Mail an *ralf.wirdemann@googlemail.com* mit. Vielen Dank!

2 Beispiel: Scrumcoaches.com

Dieses Kapitel beschreibt Scrum und User Stories am Beispiel der Entwicklung von *Scrumcoaches.com*, einer webbasierten Plattform für die Vermittlung von Dienstleistungen im Scrum-Umfeld. Das Beispiel streift alle wichtigen Phasen und Bestandteile von Scrum unter Einbeziehung von User Stories als Werkzeug fürs Anforderungsmanagement.

Abbildung 2.1 Das Scrumcoaches-Team bei der Arbeit

Das Kapitel begleitet das Scrumcoaches-Projektteam bei der Arbeit. Nach einer kurzen Einführung in den zugrunde liegenden Entwicklungsprozess und in die beteiligten Rollen werden die initiale Anforderungsanalyse im Rahmen eines Workshops und die Formulierung der resultierenden Anforderungen mit Hilfe von User Stories beschrieben, die User Stories geschätzt und hinsichtlich ihres Geschäftswerts priorisiert. Anschließend startet das Team in seine erste Iteration, in Scrum *Sprint* genannt. Im Sprint Planning Meeting, der Planungsphase eines Sprint, bespricht das Team eine Reihe von User Stories und zerbricht sie in konkrete Einzeltasks. In den kommenden zwei Wochen, der eigentlichen Entwicklungsphase des Sprint, arbeitet das Team die Tasks und damit die ausgewählten Stories nach und nach ab. Am Ende des Sprint liefert es funktionierende Software, die im Sprint-

Review allen interessierten Personen präsentiert wird. Den Abschluss des Sprint markiert die Sprint-Retrospektive, in der das Team seinen Entwicklungsprozess analysiert und Ideen für Verbesserungen entwickelt. Außerdem ermittelt das Team seine tatsächliche Entwicklungsgeschwindigkeit und kann für die folgenden Sprints besser einschätzen, wie viele User Stories in einen Sprint passen.

Das Kapitel ermöglicht Ihnen, einen Schritt zurückzutreten und einen Gesamtblick auf ein Scrum-Projekt zu werfen. Ausgestattet mit diesem Überblick, geht es in den folgenden Kapiteln in die Details von Scrum und User Stories, in denen die hier nur kurz und exemplarisch vorgestellten Konzepte aufgegriffen und ausführlich beschrieben werden.

2.1 Das Projekt

Scrum-Projekte beginnen mit einer Vision, welche die zentrale Idee des Vorhabens auf den Punkt bringt:

> *Wir wollen eine Web-Anwendung entwickeln, mit der Scrum-Coaches neue Projekte und Projektanbieter qualifizierte Scrum-Coaches finden können.*

Basierend auf dieser Vision erstellt der Product Owner ein Konzeptpapier, das die Kernidee und Basisfunktionalität von Scrumcoaches.com zusammenfasst. Der folgende Abschnitt enthält einen Auszug aus diesem Konzeptpapier.

Produktkonzept: Scrumcoaches.com

Scrumcoaches.com soll eine webbasierte Plattform für die Vermittlung von Dienstleistungen im Scrum-Umfeld werden. Scrum-Coaches können ihr Profil hinterlegen und die Projektdatenbank nach offenen Projekten durchsuchen. Projektanbieter können Projekte einstellen und für die Suche freigeben oder gezielt nach Scrum-Coaches suchen. Beide Parteien können über die Plattform Kontakt zueinander aufnehmen. Darüber hinaus bietet das System eine Bewertungsfunktion, mit der Projektanbieter die Arbeit von Scrum-Coaches bewerten und diesen zu einer guten Reputation verhelfen können.

Ein wesentliches Merkmal von Scrumcoaches.com ist die Vermittlung von qualitativ hochwertigem Scrum-Know-how. Scrumcoaches.com-Kunden sollen sich sicher sein, dass die registrierten Coaches über umfangreiche Erfahrung aus mehreren Scrum-Projekten verfügen. Die Schlüsselelemente hierfür sind Reputation und Vertrauen. Ein registrierter Scrum-Coach erlangt oder steigert seine Reputation, indem er sich von ehemaligen Kunden oder Teams bewerten lässt. Coaches geben also nicht nur selber ihre Fähigkeiten an, sondern übertragen diese Aufgabe an diejenigen, die bereits mit dem Coach zusammengearbeitet haben. Darüber hinaus kann ein Scrum-Coach seine eigene Reputation auf andere Coaches übertragen, indem er diese weiterempfiehlt. Coaches stehen dann mit ihrem Namen für andere Coaches ein.

Als Refinanzierung von Scrumcoaches.com ist derzeit eine abgestufte Rechnungsstellung angedacht. Coaches sollen die Anwendung in ihrer Basisversion kostenlos nutzen können. Der Weg für kostenpflichtige Dienste für Coaches soll jedoch offen gehalten werden. Projektanbieter zahlen bei erfolgreicher Vermittlung und für das Einstellen von Anzeigen.

2.2 Der Entwicklungsprozess

Scrumcoaches.com wird mit Scrum entwickelt, einem Framework für das Management agiler Softwareprojekte. Scrum ist kein Entwicklungsprozess oder Vorgehensmodell im herkömmlichen Sinne, in welchem von Anfang an klar definiert ist, wann und in welcher Reihenfolge welche Ergebnisse zu liefern sind. Stattdessen beschreibt Scrum ausschließlich einen Rahmen, in dem sich das Entwicklungsteam und andere Interessenvertreter des Projekts relativ frei bewegen und arbeiten können. Dieser Abschnitt gibt einen kurzen Überblick über die wesentlichen Bestandteile, Rollen und Artefakte von Scrum.

Alle Anforderungen eines Scrum-Projekts werden in einem zentralen Anforderungskatalog, dem *Product Backlog*, verwaltet. Das Product Backlog enthält eine Liste von User Stories. Eine User Story beschreibt eine konkrete Funktionalität aus Sicht des Anwenders.

Scrum-Entwicklungsteams arbeiten in Sprints. Ein Sprint ist eine Entwicklungsperiode von 1 bis 4 Wochen Länge. In einem Sprint setzt das Team selbstorganisiert und eigenverantwortlich einen Teil der User Stories des Product Backlog in funktionierende Software um.

Scrum beschreibt einen iterativen Prozess der Softwareentwicklung, bestehend aus den folgenden vier Phasen:

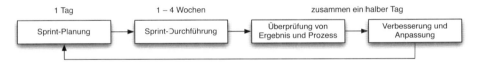

Abbildung 2.2 Die vier Phasen von Scrum

In der Sprint-Planung werden die User Stories aus dem Product Backlog ausgewählt, die im anstehenden Sprint umgesetzt werden sollen. In der Sprint-Durchführung werden die ausgewählten User Stories vom Team programmiert und ins Gesamtsystem integriert. Am Ende des Sprint werden das Ergebnis vom Kunden und der Entwicklungsprozess vom Team überprüft. Die daraus resultierenden Verbesserungsvorschläge werden im folgenden Sprint berücksichtigt und umgesetzt. Der beschriebene Kreislauf setzt sich über die gesamte Laufzeit des Projekts fort.

2.3 Die Beteiligten

An der Entwicklung von Scrumcoaches.com sind drei Rollen beteiligt: der Product Owner, das Team und der ScrumMaster.

Der *Product Owner* repräsentiert den Kunden und somit den Anforderer. Er verfügt über das notwendige Domänenwissen, um Anforderungen zu formulieren und Detailfragen beantworten zu können. Der Product Owner ist der fachliche Projektleiter und für den Gesamterfolg des Projekts verantwortlich.

Das *Team* besteht aus drei Softwareentwicklern und einem HTML-Designer. Es ist für die erfolgreiche Umsetzung der User Stories eines Sprint verantwortlich. Das Team arbeitet selbstorganisiert im geschützten Raum des Sprint. Es gibt keinen Projektleiter, der dem Team sagt, was es zu tun oder zu lassen hat.

Der *ScrumMaster*[1] ist für die Einführung und Umsetzung von Scrum zuständig. Er coacht das Team, gibt aber keine Handlungsanweisungen oder weist Aufgaben zu. Ein ScrumMaster ist kein Vorgesetzter. Ein ScrumMaster räumt Hindernisse aus dem Weg und sorgt für optimale Arbeitsbedingungen. Der ScrumMaster hält dem Team den Rücken frei.

Neben diesen drei Hauptrollen gibt es in Scrum-Projekten auch immer die Rolle des Kunden, das heißt desjenigen, der die Software in Auftrag gibt und nach ihrer Entwicklung betreibt, nutzt oder verkauft. Im Fall von Scrumcoaches.com ist der Kunde ein junges Startup-Unternehmen, dessen Geschäftsidee die beschriebene Plattform ist. Das Unternehmen besteht aus den beiden Gründern, die die Software bei einem auf Scrum spezialisierten Softwarehaus in Auftrag geben.

■ 2.4 Die Anforderungen

Anforderungen werden in Scrum im zentralen Product Backlog verwaltet. Das Product Backlog enthält eine Liste mit priorisierten und geschätzten User Stories. Eine User Story ist eine in der Sprache des Kunden beschriebene Anforderung an das System, die einen konkreten und für den Kunden sichtbaren Mehrwert liefert. User Stories werden in einem aktiven Stil geschrieben, der in ein bis zwei Sätzen den Kern der Anforderung auf den Punkt bringt. Ein Beispiel:

Als Scrum-Coach will ich nach Projekten suchen.

Für das Schreiben der User Stories und deren Verwaltung im Product Backlog ist der Product Owner zuständig. Nur er darf neue Stories hinzufügen, die Priorität vorhandener Stories ändern oder auch mit der Zeit unwichtig gewordene Stories aus dem Backlog entfernen. Natürlich kann der Product Owner das Product Backlog nicht ganz alleine füllen. Dafür gibt es zu viele wichtige Ideen anderer Interessenvertreter, die der Product Owner sammeln und als User Stories formuliert ins Backlog übertragen muss. Deshalb führt der Product Owner zu Beginn des Projekts einen Anforderungsworkshop mit allen an Scrumcoaches.com interessierten Personen durch.

Gemeinsam wird eine Mindmap mit den zentralen Ideen und Inhalten der Plattform erstellt. Dazu schlüpft das Anforderungsteam in die verschiedenen Benutzerrollen (graue Kästchen in Abbildung 2.3) und überlegt sich, was Scrum-Coaches und Projektanbieter, aber auch ehemalige Auftraggeber oder Administratoren mit dem System erreichen wollen.

---

[1] Für die Rolle des ScrumMaster hat sich die Camel-Case-Schreibweise etabliert. Leider konnte ich keinen Hinweis darauf finden, warum das so ist. Auch Ken Schwaber verwendet in seinem Original-Scrum-Buch noch die getrennte Schreibweise „Scrum Master" [Schwaber und Beedle, 2001], stellt dann aber in seinen weiteren Büchern kommentarlos auf „ScrumMaster" um [Schwaber 2004].

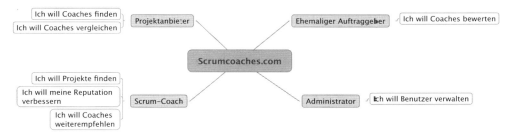

Abbildung 2.3 Mindmap mit den Zielen einzelner Benutzerrollen

Im Anschluss an den Workshop zieht sich der Product Owner einige Stunden zurück und formuliert auf Basis der erstellten Mindmap eine Reihe von User Stories und trägt sie ins Product Backlog ein (Tabelle 2.1).

Tabelle 2.1 Scrumcoaches.com – Erstes Product Backlog

User Story	
Als Scrum-Coach will ich nach Projekten suchen.	!
Als Scrum-Coach will ich mich auf Projekte bewerben.	!
Als Scrum-Coach will ich mein Profil einstellen.	!!!
Als Scrum-Coach will ich andere Coaches empfehlen.	!
Als Scrum-Coach will ich mich an- und abmelden.	!!!
Als Scrum-Coach will ich mich registrieren.	!!!
Als Projektanbieter will ich nach Coaches suchen.	!!!
Als Projektanbieter will ich eine Anfrage an einen Coach stellen.	!!!
Als Projektanbieter will ich mich registrieren.	!!!
Als Projektanbieter will ich mich an- und abmelden.	!!!
Als Projektanbieter will ich Projekte einstellen.	!
Als ehemaliger Kunde will ich Coaches bewerten.	!

■ 2.5 Priorisieren und Schätzen des Product Backlog

Das Product Backlog ist ein dynamisches Dokument. Im Laufe des Projekts ändern sich Anforderungen, es kommen neue hinzu, Prioritäten ändern sich, oder Anforderungen fallen ganz weg. Außerdem nimmt der Detailgrad einer User Story zu, je näher die Story an ihre konkrete Umsetzung, das heißt an den nächsten Sprint rückt. Und genau dies ist die nächste Aufgabe des Product Owner. Er muss entscheiden, welche Stories im Product Backlog am wichtigsten sind, und sie entsprechend priorisieren.

2.5.1 Priorisieren

Bei seinen Erwägungen, welche User Stories am wichtigsten sind, überlegt sich der Product Owner als Erstes, was die Anwendung minimal leisten muss, damit sie in einer Basisversion nutzbar ist. Er beschließt, dass das System in einer Minimalversion potenziellen Projektanbietern Zugriff auf die Profile der registrierten Scrum-Coaches bieten, sowie eine Funktion zur Kontaktaufnahme mit den Coaches bereitstellen muss. Ausgehend von diesen Überlegungen identifiziert der Product Owner eine Reihe von „Must Have"[2]-Stories, das heißt User Stories, ohne die das System nicht funktionieren würde.

Im Sinne der beschlossenen Minimalfunktion sind dies die Registrierungs-, An- und Abmeldestories für Coaches und Projektanbieter, die Profileinstellungs-Story für Coaches sowie die Stories zur Coach-Suche und anschließenden Kontaktaufnahme. Der Product Owner markiert die „Must Have"-Stories mit drei Ausrufezeichen. Ohne diese Stories geht es nicht. Sind diese Stories umgesetzt, dann bietet das System einen Mehrwert für Anbieter, die Coaches aktiv finden können, aber auch schon für Scrum-Coaches, die zwar noch nicht aktiv suchen, aber bereits kontaktiert werden können.

Als Nächstes bestimmt der Product Owner die „Should Have"-Stories und markiert sie mit einem Ausrufezeichen. Dies sind die User Stories, ohne die das System zwar funktionieren würde, die aber einen solch großen Mehrwert liefern, dass sie neben den „Must Haves" zusätzlich umgesetzt werden sollten. Zwei gute Beispiele für „Should Have"-Stories sind die Bewertungs- und Empfehlungsstory. Das System funktioniert auch ohne sie, aber schließ-

Tabelle 2.2 Scrumccaches.com – Priorisiertes Product Backlog

User Story
Must Have
Als Scrum-Coach will ich mich registrieren.
Als Scrum-Coach will ich mich an- und abmelden.
Als Scrum-Coach will ich mein Profil einstellen.
Als Projektanbieter will ich mich registrieren.
Als Projektanbieter will ich mich an- und abmelden.
Als Projektanbieter will ich nach Coaches suchen.
Als Projektanbieter will ich eine Anfrage an einen Coach stellen.
Should Have
Als ehemaliger Kunde will ich Coaches bewerten.
Als Scrum-Coach will ich andere Coaches empfehlen.
Als Projektanbieter will ich Projekte einstellen.
Als Scrum-Coach will ich nach Projekten suchen.
Als Scrum-Coach will ich mich auf Projekte bewerben.

---

[2] „Must Have" ist eines von vier MuSCoW-Kriterien zur Priorisierung von User Stories. Ich verwende in diesem Beispiel nur zwei der Kriterien und beschreibe die vollständige MuSCoW-Priorisierung in Kapitel 7, *User Stories fürs Product Backlog*.

lich geht es um die Vermittlung von qualifizierten Coaches, und diese beiden Stories bilden die Grundlage für den Qualifikationsnachweis der registrierten Coaches. Weitere „Should Have"-Stories sind die Projekterfassungs-Story sowie die Story zur Projektsuche und Bewerbung für Coaches.

Der Product Owner sortiert die Stories im Product Backlog nach „Must Have" und „Should Have". Zusätzlich bringt er die Stories innerhalb ihrer Prioritätsklasse in eine aus entwicklungstechnischer Sicht sinnvolle Reihenfolge. Beispielsweise ist das An- und Abmelden ohne vorherige Registrierung nicht möglich. Es besteht eine Abhängigkeit zwischen beiden Stories, die der Product Owner dadurch löst, indem er die Registrierungs-Story ganz nach oben stellt.

2.5.2 Schätzen

Als Nächstes steht die Aufwandsbestimmung auf der Todo-Liste des Product Owner. Hierfür ist das Team als Experte gefragt. Der Product Owner lädt das Team für den Nachmittag zu einer ersten Schätzklausur ein. Das Team verwendet ein agiles Schätzverfahren, in dem es um Größe und nicht, wie in vielen anderen Schätzverfahren üblich, um Entwicklungsdauer geht. Der Product Owner will gar nicht wissen, wie lange die Umsetzung einer Story dauert. Er will nur wissen, wie groß jede Story im Verhältnis zu den anderen Stories im Backlog ist.

Die Größenbestimmung erfolgt auf Basis dreier Größenklassen (1 - Klein, 3 - Mittel und 5 - Groß). Das Team wählt die Story „Als Projektanbieter will ich nach Coaches suchen" als mittelgroße Referenz-Story und weist ihr eine 3 zu. Die Größenklassen werden im Folgen-

Tabelle 2.3 Scrumcoaches.com – Priorisiertes und geschätztes Product Backlog

User Story	Größe
Must Have	
Als Scrum-Coach will ich mich registrieren.	3
Als Scrum-Coach will ich mich an- und abmelden.	1
Als Scrum-Coach will ich mein Profil einstellen.	5
Als Projektanbieter will ich mich registrieren.	3
Als Projektanbieter will ich mich an- und abmelden.	1
Als Projektanbieter will ich nach Coaches suchen.	5
Als Projektanbieter will ich eine Anfrage an einen Coach stellen.	3
Should Have	
Als ehemaliger Kunde will ich Coaches bewerten.	3
Als Scrum-Coach will ich andere Coaches empfehlen.	3
Als Projektanbieter will ich Projekte einstellen.	5
Als Scrum-Coach will ich nach Projekten suchen.	3
Als Scrum-Coach will ich mich auf Projekte bewerben.	3

den als *Story Points*[3] bezeichnet, das heißt, die Referenz-Story hat eine Größe von 3 Story Points. Anschließend geht das Team das Backlog von oben nach unten durch und entscheidet für jede Story, ob sie kleiner, gleich oder größer als die mittelgroße Referenz-Story ist. Das Ergebnis hält der Product Owner in der neuen Spalte *Größe* im Product Backlog fest.

Das Team merkt schnell, dass das Schätzen in Größen sehr viel einfacher ist, als sich zu überlegen, wie lange etwas dauert. Worum es geht, ist, die User Stories der Größe nach zu ordnen.

∎ 2.6 Sprint-Planung

Das Product Backlog ist gefüllt, die enthaltenen User Stories sind priorisiert und geschätzt, so dass jetzt mit der richtigen Entwicklung im Rahmen des ersten Sprint begonnen werden kann. Am Anfang jedes Sprint steht ein Planungs- und Design-Workshop, das sogenannte *Sprint Planning Meeting*. In diesem Meeting kommen das Team, der Product Owner und der ScrumMaster zusammen, ziehen sich für einen Tag zurück und planen den anstehenden Sprint.

2.6.1 Sprint-Ziel

Im Sprint Planning Meeting wird festgelegt, was das konkrete Ziel des Sprint ist und welche User Stories dafür umgesetzt werden müssen. Der Product Owner überlegt sich das Sprint-Ziel im Vorfeld des Sprint und bringt es als Vorschlag ins Planning Meeting mit ein. Im ersten Sprint kann häufig noch keine wirklich sinnvolle Funktionalität für den Endbenutzer entwickelt werden. Trotzdem möchte der Product Owner sehen, dass es losgeht und dass das Team in der Lage ist, nicht nur Papier, sondern richtige Funktionalität zu entwickeln, zu integrieren und am Ende des Sprint auf einem Demo-Server zu präsentieren. Der Product Owner formuliert deshalb das folgende Sprint-Ziel:

> *Im ersten Sprint wollen wir funktionierende Software entwickeln und am Ende des Sprint demonstrieren.*

Nachdem der Product Owner das Ziel genannt und mit dem Team abgestimmt hat, geht er das Product Backlog von oben nach unten durch und erläutert die jeweilige User Story. Das Team stellt Fragen, klärt Details und überprüft den ursprünglich geschätzten Aufwand. Ist die Story ausreichend analysiert und verstanden, entscheidet das Team, ob die Story im kommenden Sprint umgesetzt wird oder nicht.

---

[3] Sinngemäß: „Aufwandspunkte". Ich verwende die Begriffe „Story Points" und „Punkte" im Text synonym, da der deutsche Begriff häufig zu besser lesbaren und kompakteren Sätzen führt.

2.6.2 Entwicklungsgeschwindigkeit

Das Durchgehen des Product Backlog endet, sobald das Team für eine User Story entscheidet, dass sie nicht mehr in den Sprint passt. Grundlage für diese Entscheidung ist die angenommene *Velocity*[4] des Teams. Die angenommene Velocity gibt vor, wie viele Story Points das Team im kommenden Sprint abarbeiten kann. Eine angenommene Velocity von 6 Punkten bedeutet, dass das Team User Stories mit einer Summe von maximal 6 Story Points annehmen darf.

Velocity ist ein sich selbst adaptierender Wert, der von Sprint zu Sprint genauer wird und dabei Schätz- und Planungsfehler korrigiert. Das dahinterstehende Prinzip ist, sich die in einem zurückliegenden Sprint abgearbeiteten User Stories anzuschauen und deren Punktesumme als Basis für die Velocity des nächsten Sprint zu nehmen. Angenommen, im zurückliegenden Sprint waren Story #1 mit 3 Punkten, Story #2 mit 5 Punkten und Story #3 mit 5 Punkten geplant, es wurden aber nur Story #1 und #2 vollständig umgesetzt, dann beträgt die angenommene Velocity des nächsten Sprint nur 3 + 5 = 8 Story Points. Das Team blickt zurück und beobachtet, dass es sich für den auslaufenden Sprint mit 13 Story Points zu viel vorgenommen hatte und lernt daraus, die Entwicklungsgeschwindigkeit für den nächsten Sprint von vornherein auf 8 Story Points zu drosseln.

2.6.3 Analyse der User Stories

Aber wir stehen mit Scrumcoaches.com vor unserem ersten Sprint und haben keine Möglichkeit zurückzublicken und die Velocity auf Basis der geleisteten Arbeit des Vorgängersprints zu übernehmen. Das Team legt also einfach los, und der Product Owner stellt die Stories der Reihe nach vor und diskutiert sie mit dem Team. Details, Fragen und potenzielle Akzeptanztests werden auf einem Flip-Chart notiert. Ziel der Diskussion ist es, dass das Team die Stories versteht und ausreichend Informationen bekommt, um zu entscheiden, ob und wie viele Stories im aktuellen Sprint umgesetzt werden können. Nach der Vorstellung und Diskussion der ersten drei Stories *Registrierung*, *Einloggen* und *Profileinstellung* fragt der ScrumMaster das Team, ob die bis jetzt besprochenen Stories machbar sind. Das Team hat ein gutes Gefühl und ist der Meinung, eine zusätzliche Story schaffen zu können. Entsprechend stellt der Product Owner eine weitere Story vor, und das Team entscheidet sich für die Annahme der ersten vier User Stories des Product Backlog. Die für einen Sprint ausgewählten User Stories werden als *Selected Backlog* bezeichnet. Die User Stories des Selected Backlog werden auf Karteikarten übertragen und an ein Whiteboard geheftet.

2.6.4 Design der User Stories

Der zweite Teil des Planning Meetings ist ein Design-Meeting, in dem das Team das Softwaredesign der ausgewählten Stories entwirft und die Stories in einzelne Tasks aufteilt. Ein Task ist alles, was als konkrete Einzelaufgabe im Rahmen der Story-Entwicklung erledigt

---

[4] Auf Deutsch „Geschwindigkeit".

werden muss. Häufig sind dies Programmieraufgaben, wie die Entwicklung von Domain-klassen oder benötigter HTML-Formulare. Tasks können aber auch organisatorischer Natur sein, wie zum Beispiel das Klären von Fragen. Tasks werden vom Team auf Karteikarten notiert. Das Team achtet darauf, dass jeder Task so dimensioniert ist, dass er innerhalb eines Arbeitstages erledigt werden kann.

Abbildung 2.4 Die Registrierungs-Story wurde vom Team in Tasks zerlegt

Abbildung 2.4 zeigt das Ergebnis des Designs der Registrierungs-Story für Coaches. Das Team hat sich für die Zusendung eines generierten Passworts anstelle dessen manueller Eingabe durch den Benutzer entschieden. Hierdurch wird sichergestellt, dass der sich registrierende Coach im Besitz der eingegebenen E-Mail-Adresse ist, so dass auf eine spezielle Aktivierungsfunktion verzichtet werden kann. Allerdings sind generierte Passwörter meistens kryptisch und lassen sich nur schwer im Gedächtnis behalten. Entsprechend erstellt der Product Owner die neue User Story „Als Scrum-Coach will ich mein Passwort ändern" und trägt sie ins Product Backlog ein. Die ausgewählten Stories des anstehenden Sprint bleiben weiterhin gesetzt, das heißt, die „Passwort ändern"-Story kann frühestens im zweiten Sprint umgesetzt werden.

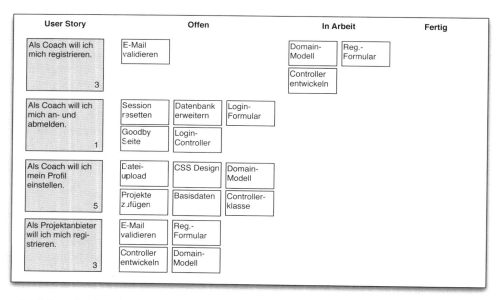

Abbildung 2.5 Das Sprint Backlog des ersten Sprint

Das Ergebnis des Sprint Planning Meetings ist das Sprint Backlog. Es enthält alle User Stories, deren Umsetzung das Team zugesagt hat, sowie die Einzeltasks der jeweiligen Stories. Das Scrumcoaches.com-Team verwendet für die Verwaltung des Sprint Backlog ein großes Whiteboard, das sogenannte Taskboard, an das die Story- und Taskkarten mit Hilfe von Magneten befestigt werden (siehe Abbildung 2.5). Das Taskboard ist die To-do-Liste des Teams, mit der das Team die Arbeit des anstehenden Sprint visualisiert und koordiniert.

■ 2.7 Sprint-Durchführung

Am zweiten Sprint-Tag beginnt die eigentliche Entwicklungsarbeit. Während des Sprint hat das Team freie Hand, die abgesprochenen Anforderungen zu realisieren. Das Team entscheidet, ob in Paaren programmiert wird, welcher Entwickler für welche Story die Führung übernimmt oder auch welches Unit-Test-Framework zum Einsatz kommt. Der ScrumMaster steht als helfende Hand zur Seite, weist aber keine Aufgaben zu. Was zählt, ist das, was am Ende des Sprint herauskommt. Wie das geschieht, bestimmt das Team. Das Team organisiert sich und seine Arbeit selbst.

Der Product Owner steht als Gesprächspartner für Detailfragen und Diskussionen der umzusetzenden User Stories zur Verfügung. Diese Konversation ist der wichtigste Aspekt des User-Story-Konzepts. Während der Entwicklung arbeitet das Team sehr eng mit dem Product Owner an den Details einer Story. Aufgeschrieben wird dabei wenig. Stattdessen wird viel am laufenden System diskutiert.

Das Scrumcoaches.com-Team beginnt mit der Arbeit an der Registrierungs-Story für Coaches. Dies ist die wichtigste Story des Sprint und wird deshalb als Erstes bearbeitet. Schnell wird klar, dass im Sprint Planning Meeting eine Reihe von Aufgaben übersehen wurden: Auf allen Entwicklungsmaschinen müssen Entwicklungswerkzeuge wie Web-Framework, Editor und benötigte Bibliotheken installiert werden. Zusätzlich benötigt das Team ein Versionsverwaltungssystem für den Quellcode und einen Continuous Build-Server. Diese Infrastrukturaufgaben erledigt das Team im Rahmen der Arbeit an der ersten Story. Es handelt sich bei diesen Aufgaben um ungeplante Tasks, die es in irgendeiner Form bei jeder Story geben wird, die aber dennoch erledigt werden müssen. Das Resultat: Die Registrierungs-Story dauert länger als geplant.

Immer wenn ein ungeplanter Task auftaucht, schreibt das Team eine neue Taskkarte und hängt sie ans Taskboard. Für die Registrierungs-Story sind dies zum Beispiel Tasks wie „Testsystem aufsetzen", „CSS-Basislayout entwerfen" oder „Fehler bei der Validierung anzeigen". Die Anzahl der Tasks am Taskboard geht dadurch an den ersten Sprint-Tagen nach oben, so dass es aussieht, als ob eher Arbeit hinzukommt, als dass sie erledigt wird. Diese augenscheinlich negative Darstellung des Sprint-Fortschritts ist in Wirklichkeit eine positive: Indem die noch ausstehende Arbeit transparent gemacht wird, sieht das Team der Wahrheit frühzeitig ins Auge. Es nützt nichts, hinzugekommene Tasks, wie das Aufsetzen des Subversion-Servers, bis zum Ende des Sprint zu verheimlichen. Es ist viel besser, frühzeitig zu sehen, dass im aktuellen Sprint zu viel Arbeit ansteht. Je früher man dies weiß, desto mehr Zeit bleibt zu entscheiden, wie das Sprint-Ziel trotzdem noch erreicht werden kann.

Nachdem die Registrierungs-Story vollständig entwickelt, getestet und vom Product Owner abgenommen wurde, macht sich das Team an die An- und Abmelde-Story. Die Story wird relativ schnell umgesetzt und abgenommen. Anschließend steht die Profilerfassungs-Story auf dem Programm. Die Entwicklung der Story dauert deutlich länger als ursprünglich angenommen. Zu Beginn wurde nicht berücksichtigt, dass Profile nicht nur angelegt, sondern auch nachträglich bearbeitet, aktiviert und deaktiviert werden müssen. Die Story wird zwar fertig, kostet aber so viel Zeit, dass nicht mehr ausreichend Zeit für die letzte der vier zugesagten Stories des Sprint bleibt. Das Team ist zunächst frustriert, weil es die zugesagte Arbeit nicht wie versprochen umsetzen konnte. Jetzt ist der ScrumMaster gefragt. Er erklärt dem Team, dass es völlig normal und Teil des Prozesses ist, wenn Stories nicht fertig werden:

> *„User Stories sind zunächst relativ vage und konkretisieren sich erst während ihrer Entwicklung im Dialog zwischen Team und Product Owner. Dass sich dabei eine Reihe ungeplanter Tasks ergibt, ist völlig normal. Hinzu kommt, dass wir erst lernen müssen, wie schnell wir wirklich sind. Alles, was wir vor dem Sprint gemacht haben, war, die Stories in ihrer Größe relativ zueinander abzuschätzen. Wir haben dabei aber keine Annahmen über die Dauer ihrer Entwicklung gemacht. Diese Dauer und damit unsere Velocity ist etwas, was wir erst lernen müssen, und dafür benötigen wir ein paar Sprints."*

Nach und nach dämmert es den einzelnen Entwicklern, und das Team erkennt das Prinzip. Selbst wenn die Anbieter-Registrierungs-Story nicht wie geplant geliefert wird, ist das für den ersten Sprint festgelegte Sprint-Ziel – die Demonstration lauffähiger Software – nicht gefährdet, und der Sprint kann immer noch erfolgreich abgeschlossen werden. Viel wichtiger, als alle geplanten Stories zu liefern, ist, dass das, was am Ende geliefert wird, auch wirklich funktioniert und benutzbar ist. Deshalb ist es auch so wichtig, erst mit der nächsten Story zu beginnen, nachdem die aktuelle Story fertigentwickelt, getestet und ins Gesamtsystem integriert wurde. Dem Team ist das im aktuellen Sprint für die drei Stories *Registrierung*, *An- und Abmelden* und *Profil-Erfassung* gelungen. Während der Entwicklung dieser Stories wurde sehr viel mehr als die reine Funktionalität geschaffen. Durch das Aufsetzen der kompletten Entwicklungs-, Deployment- und Testinfrastruktur wurden letztendlich die Voraussetzungen fürs eigentliche Entwickeln geschaffen. Das Team kann sich am Ende des Sprint guten Gewissens hinstellen und funktionierende Software präsentieren.

Die tägliche Arbeit

Fester Bestandteil eines jeden Arbeitstages ist ein Standup-Meeting, das sogenannte *Daily Scrum*. Das Scrumcoaches-Team trifft sich jeden Tag um 9:15 Uhr im Teamraum vor dem Taskboard, und jedes Teammitglied äußert sich der Reihe nach zu folgenden drei Punkten:

- Was habe ich gestern erreicht?
- Was plane ich heute?
- Welche Hindernisse oder Probleme haben sich mir in den Weg gestellt?

Die Durchführung des Daily Scrum in der Nähe des Taskboard hat den Vorteil, dass die Entwickler direkten Bezug auf die gestern erledigten und die für heute geplanten Tasks nehmen können:

- Thomas geht ans Whiteboard, nimmt sich die Taskkarte „Modellklasse Registrierung" und sagt: „Gestern habe ich die Domainklasse *Registrierung* programmiert und persistierbar gemacht". Gleichzeitig nimmt er die Taskkarte vom Taskboard und legt sie auf den Stapel fertiger Tasks.
- Anschließend bewegt er die Karte „Registrierungs-Controller" in die Spalte *In Arbeit* und sagt: „Heute kommt der Controller dran. Den werde ich auf jeden Fall heute fertig bekommen, so dass wir heute Abend die ersten Registrierungen erstellen und testen können."
- Zum Abschluss berichtet Thomas: „Gestern fand ich es teilweise sehr laut in unserem Raum. Es war nicht immer leicht, sich zu konzentrieren." Der ScrumMaster macht sich eine Notiz.

Der ScrumMaster hat während des Daily Scrum ein offenes Ohr für alles, insbesondere aber für die vom Team berichteten Hindernisse und Probleme, die sogenannten *Impediments*. Hieraus ergeben sich seine Tasks, denn sein Job ist es, die Probleme abzustellen und Hindernisse aus dem Weg zu räumen.

■ 2.8 Messen des Sprint-Fortschritts

Nach dem Daily Scrum setzt das Team seine Arbeit an den User Stories fort. Die Stories am Taskboard sind von oben nach unten gemäß ihrer Priorität geordnet und werden in dieser Reihenfolge abgearbeitet. Auf diese Weise ist sichergestellt, dass die weniger wichtigen Stories liegen bleiben, wenn die Zeit am Ende knapp wird. Während der Arbeit an einer Story wird der Fortschritt mit Hilfe der Taskkarten am Taskboard visualisiert. Immer wenn ein Entwickler mit der Arbeit an einem Task beginnt, verschiebt er die zugehörige Karte aus der *Offen*-Spalte in die Spalte *In Arbeit*. Ist der Task erledigt, wandert er vom Taskboard auf den Stapel erledigter Tasks oder direkt in den Papierkorb.

Eine User Story ist fertig, sobald sämtliche ihrer Tasks abgearbeitet wurden. Immer wenn eine Story fertig wird, aktualisiert das Team das *Sprint-Burndown-Chart*. Das Chart visualisiert den Sprint-Fortschritt auf der Basis von Story Points. Es gilt die Regel, dass der Graph erst dann nach unten gezeichnet wird, nachdem die Story vollständig entwickelt, getestet und ins Gesamtsystem integriert wurde. Dadurch erhält das Sprint-Burndown-Chart seinen treppenförmigen Charakter.

Das Burndown-Chart in Abbildung 2.6 zeigt den Verlauf des zurückliegenden ersten Sprint. Man sieht sehr gut, dass die Entwicklung der Registrierungs-Story drei Tage gedauert hat und erst am 10. Juli abgeschlossen wurde. Die darauf folgende An- und Abmeldestory konnte hingegen sehr schnell und innerhalb eines Arbeitstages umgesetzt werden. Danach ging es mit der deutlich komplexeren Profilerfassungs-Story weiter. Das Chart macht deutlich, dass das Team recht lange an der Story gearbeitet hat, was letztendlich der Grund dafür war, dass die letzte Story des Sprint nicht fertig wurde.

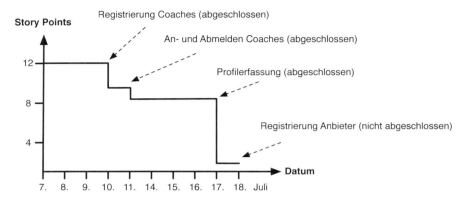

Abbildung 2.6 Das Sprint-Burndown-Chart

2.9 Am Ende des Sprint

Die Sprint-Deadline wird auf jeden Fall gehalten. Es gibt absolut keinen Grund, einen Sprint um ein oder mehrere Tage zu verlängern. Das Einzige, woran gedreht wird, ist der zu liefernde Funktionsumfang: Wird es zu eng, fallen User Stories weg. Entsteht während des Sprint Raum für zusätzliche Arbeit, werden eine oder mehrere Stories hinzugenommen.

Am Ende jedes Sprint stehen zwei wichtige Meetings: das Sprint-Review und die Sprint-Retrospektive. Im Review geht es um Inhaltliches, das heißt, um die Vorstellung und Besprechung der umgesetzten User Stories. In der Retrospektive geht es um den Entwicklungsprozess selber. Es wird besprochen, wie es gelaufen ist und was das Team im nächsten Sprint besser machen kann. Das Scrumcoaches.com-Team führt beide Meetings am Tag nach dem Abschluss des aktuellen Sprints durch.

2.9.1 Sprint-Review

Im Sprint-Review kommen alle Interessenvertreter des Projekts zu einer öffentlichen Demonstration der umgesetzten Stories zusammen. Das Team stellt jede Story am laufenden System vor. Alle Beteiligten haben die Möglichkeit, Feedback zur entwickelten Software zu geben. Änderungen, neue oder nicht mehr benötigte User Stories trägt der Product Owner ins Product Backlog ein. Das Review des ersten Sprint liefert zwei neue User Stories:

- Als Scrum-Coach will ich mir mein Passwort zusenden lassen, falls ich es vergessen habe.
- Als Scrum-Coach will ich automatisch angemeldet werden, wenn ich die Anwendung zum wiederholten Mal besuche.

2.9.2 Sprint-Retrospektive

Scrum setzt auf kontinuierliches Verbessern. Dies gilt nicht nur für die im Sprint-Review vorgestellten Arbeitsergebnisse, sondern auch für den eigentlichen Entwicklungsprozess.

Zu diesem Zweck führt der ScrumMaster mit dem Team am Ende jedes Sprint eine Retrospektive durch. In der Retrospektive blickt das Team zurück und überlegt, wie es gelaufen ist und was im nächsten Sprint verbessert werden kann.

Das Scrumcoaches.com-Team verwendet in seinen Retrospektiven Karteikarten. Der ScrumMaster moderiert das Meeting. Jedes Teammitglied erhält zu Beginn der Retrospektive sechs Karten und schreibt als Erstes drei Punkte oder Beobachtungen auf, die im zurückliegenden Sprint besonders gut funktioniert haben. Anschließend geht jedes Teammitglied reihum ans Whiteboard, hängt seine drei positiven Karten auf und sagt ein paar Worte dazu. Ist die positive Runde abgeschlossen, geht es mit der Verbesserungsrunde weiter. Jedes Teammitglied schreibt drei Karteikarten mit Punkten, die weniger gut gelaufen sind, und hängt sie ans Whiteboard (Abbildung 2.7).

Abbildung 2.7 Gutes und weniger Gutes

Abschließend geht der ScrumMaster nach vorne, gruppiert die Karten und versucht gemeinsam mit dem Team Verbesserungsvorschläge für die zu verbessernden Punkte zu finden. Das Ergebnis der Retrospektive ist eine Liste mit konkreten Themen, die es im nächsten Sprint zu verbessern gilt. Das Team hängt diese Liste gut sichtbar in den Teamraum:

- Wir machen einmal pro Woche ein Designmeeting.
- Der Product Owner muss von Aufgaben entbunden werden, um mehr Zeit fürs Scrum-Team zu haben.
- Der ScrumMaster kümmert sich um einen Telefonraum.
- Der ScrumMaster hält sich mehr zurück und lässt das Team sich mehr selbst organisieren.

Sowohl das Team als auch der ScrumMaster sind für die Umsetzung der Themen zuständig. Die Liste wird zu Beginn der Retrospektive des folgenden Sprint gemeinsam durchgegangen, und es wird geprüft, was erledigt wurde und woran noch weiter gearbeitet werden muss.

2.10 Die Arbeit geht weiter

Das Team hat im ersten Sprint gelernt, dass die Profilerfassungs-Story zu groß war, so dass die Anbieter-Registrierungs-Story zwar noch angefangen, aber nicht fertig wurde. Ein wichtiger Scrum-Wert ist, dass nur vollständig fertige Dinge einen Wert für den Benutzer haben. Halb oder zu 90 Prozent fertiggestellte User Stories sind nicht fertig und liefern deshalb keinen Mehrwert. Entsprechend wandert die Registrierungs-Story zurück ins Product Backlog und wird damit zu einem Kandidaten für den zweiten Sprint.

Der erste Lerneffekt der nicht abgeschlossenen User Story ist die Reduzierung der Velocity für den nächsten Sprint. Scrum-Teams beobachten und korrigieren ihre Entwicklungsgeschwindigkeit. Statt der ursprünglich geplanten 12 Story Points wurden nur Stories im Wert von 9 Punkten vollständig umgesetzt. Entsprechend wird die tatsächliche Velocity des zweiten Sprint von 12 auf 9 Story Points reduziert. Diese 9 Story Points sind die angenommene Velocity für den nächsten Sprint. Das Team muss im anstehenden Sprint Planning Meeting darauf achten, dass die Summe der angenommenen Story Points kleiner oder gleich 9 ist.

Ein weiterer Lerneffekt ist der Umgang mit zu großen User Stories. Die Profilerfassungs-Story ist zu groß und wurde vom Team deutlich unterschätzt. Besser wäre es gewesen, die User Story im Vorfeld des Sprint auf kleinere Stories herunterzubrechen. Das Aufteilen von User Stories in kleinere und besser handhabbare User Stories ist Aufgabe des Product Owner und wird in Kapitel 7, *User Stories fürs Backlog*, ausführlich beschrieben.

Der zweite Sprint läuft sehr erfolgreich. Zum einen ist die im ersten Sprint aufgesetzte Infrastruktur bereits vorhanden, und zum anderen hat sich das Team eingespielt und Wege für eine gute Zusammenarbeit gefunden. Es stellt sich heraus, dass die angenommene Velocity von 9 Story Points viel zu niedrig war. Bereits nach einer Woche sind alle drei geplanten Stories vollständig entwickelt und integriert. Nach Rücksprache mit dem Product Owner nimmt das Team zwei zusätzliche Stories in den Sprint. Genauso wenig, wie die Deadline eines Sprint bei zu viel Arbeit nach hinten verschoben wird, wird sie bei zu wenig Arbeit nach vorne geschoben. Die Länge der Sprints bleibt konstant, denn nur so kann das Team lernen, wie schnell es wirklich ist, das heißt, wie hoch seine Velocity ist. Beide zusätzlichen Stories werden geschafft. Das Team kassiert 17 statt der ursprünglich geplanten 9 Story Points und geht mit einer fast doppelt so hohen Velocity in den dritten Sprint.

Im weiteren Verlauf des Projekts arbeitet das Team nach einem sich ständig wiederholenden Kreislauf, bestehend aus Sprint-Planung, Sprint-Durchführung, Review und Retrospektive. Das Team spielt sich ein und findet seinen Rhythmus. Sprints bestehen aus einer zweiwöchigen Entwicklungsphase, gefolgt vom Review- und Retrospektiven-Tag. Danach gibt es einen Tag „Forschung", den sich das Team verdient hat und für die Beschäftigung mit neuen Ideen oder Technologien nutzt. Anschließend steht das Sprint Planning Meeting auf dem Programm, und das Team startet in seinen nächsten Sprint. Jeder Sprint liefert funktionierende und verwendbare Software. Nach 3 Sprints liefert das Team ein erstes öffentliches Release der Software aus.

2.11 Zusammenfassung

- Scrumcoaches.com ist eine Internetanwendung, mit der Scrum-Coaches neue Projekte und Projektanbieter qualifizierte Coaches finden können. Die Anwendung wird mit Scrum entwickelt, einem Framework für das Management agiler Softwareprojekte.
- Das Scrum-Team besteht aus einem ScrumMaster, einem Product Owner und dem Entwicklungsteam. Der ScrumMaster sorgt für die Einhaltung der Scrum-Regeln sowie für optimale Arbeitsbedingungen. Der Product Owner repräsentiert den Kunden und verwaltet dessen Anforderungen im Product Backlog. Das Entwicklungsteam ist für die Entwicklung, den Test und die Integration der Software zuständig.
- Die Anforderungen des Projekts werden als User Stories im Product Backlog beschrieben. User Stories werden vom Product Owner priorisiert und vom Team geschätzt. Die wichtigsten Stories werden zuerst umgesetzt.
- Das Team arbeitet selbstorganisiert in Sprints. Ein Sprint ist eine Entwicklungsperiode fester Länge, in der das Team für die Umsetzung der abgesprochenen User Stories verantwortlich ist.
- Am ersten Tag des Sprint findet das Sprint Planning Meeting statt, in dem eine Menge von User Stories ausgewählt und besprochen wird, und das Team verspricht, die ausgewählten Stories am Ende des Sprint zu liefern.
- Im täglich zur selben Zeit stattfindenden Daily Scrum synchronisiert sich das Team, indem jedes Teammitglied berichtet, was es gestern getan hat, was es heute plant zu tun und welche Hindernisse und Probleme es aktuell gibt.
- Am letzten Tag des Sprint finden das Review und die Retrospektive statt. Im Review wird die fertiggestellte Software präsentiert und besprochen. In der Retrospektive bespricht das Team, wie es gelaufen ist und wie der Entwicklungsprozess verbessert werden kann.

2.12 Wie geht es weiter?

In diesem Kapitel haben Sie Scrum und User Stories im Schnelldurchlauf kennengelernt. Die angesprochenen Themen werden in den beiden folgenden Kapiteln unabhängig voneinander, dafür aber umso ausführlicher beschrieben. Den Anfang macht das Thema Scrum.

3 Die Grundlagen von Scrum

Jeder von uns, egal ob Softwareentwickler oder Projektmanager, kennt die folgende Situation: Wir stehen am Anfang eines Projekts, und der Kunde erwartet von uns einen genauen Plan, wann welche Funktion der Software entwickelt wird und wann das gesamte Projekt fertig ist. Verständlich, schließlich will der Kunde wissen, wofür er bezahlt und was er am Ende für sein Geld bekommen wird.

Keiner von uns hat aber vermutlich jemals ein Projekt erlebt, in dem ein drei, sechs oder noch mehr Monate umfassender Projektplan exakt und wie ursprünglich geplant eingehalten wurde. Das ist jetzt aber nichts Ungewöhnliches und liegt in der Natur der Sache. Softwareprojekte sind komplex, entwickeln sich unvorhersehbar und sind deshalb nur schwer planbar. Scrum akzeptiert diesen Umstand und erwartet das Unerwartete. Scrum kommuniziert dem Kunden, dass sich am Anfang eines Projekts nur sehr schwer sagen lässt, wie das Produkt in sechs oder mehr Monaten aussehen wird.

Aber selbst wenn wir in der Lage wären, am Anfang eines Projekts einen exakten Plan mit den Anforderungen des Projekts zu erstellen und genau vorhersagen könnten, wie lange die Umsetzung jeder dieser Anforderungen dauert, würde der Kunde im besten Fall genau das erhalten, was wir am Anfang aufgeschrieben hätten. Unsere Erfahrung zeigt aber auch, dass dies in den seltensten Fällen das ist, was der Kunde will. Ein Kunde lernt erfahrungsgemäß erst im Laufe eines Projekts, was er wirklich will und welche Funktionen die Software tatsächlich braucht. Statt am Anfang zu versprechen, was am Ende herauskommt, bietet Scrum dem Kunden die aktive Mitgestaltung bei der Entwicklung des Produktes an.

Dieses Kapitel führt in die Grundlagen von Scrum ein. Es beschreibt die Regeln, Artefakte und Rollen von Scrum und erklärt die zugrunde liegenden Managementansätze.

■ 3.1 Was ist Scrum?

Scrum ist ein Framework für das Management komplexer Projekte. Komplexe Projekte sind dadurch charakterisiert, dass nicht exakt vorhersehbar ist, welchen Verlauf das Projekt nehmen wird und was in Zukunft alles passiert. Der Begriff *Scrum* tauchte 1986 zum ersten Mal auf und wurde von Hirotaka Takeuchi und Ikujiro Nonaka als Methode zur Produktentwicklung beschrieben [Takeuchi und Nonaka 1986]. Fast 10 Jahre später greifen Ken Schwaber und Jeff Sutherland das Thema auf und entwickeln Scrum gemeinsam als Methode für das Management agiler Softwareprojekte weiter. Sie präsentieren ihren Ansatz das erste Mal auf der OOPSLA'96, einer renommierten Konferenz rund um Themen der objektorientierten Softwareentwicklung [Schwaber 1996].

Softwareprojekte sind komplex. Ihr Verlauf ist nicht exakt vorhersehbar, und ihr Kurs entsteht erst mit zunehmendem Projektfortschritt. Scrum besteht aus wenigen Regeln, Werten und Prinzipien, die helfen, den optimalen Kurs eines Projekts zu finden und es entlang dieses Kurses Richtung Ziel zu steuern. Das Kernelement dafür sind Sprints. Sprints sind Entwicklungsboxen mit einer Länge von bis zu 30 Tagen, in denen das Team Software entwickelt, die am Ende des Sprint ausgeliefert wird. Scrum reiht Sprint um Sprint aneinander und baut das Projekt iterativ und inkrementell weiter aus.

Scrum ist ein Framework, das heißt, ein Rahmen, in den Entwicklungsorganisationen ihre eigenen und etablierten Entwicklungspraktiken einbetten können. Scrum krempelt nicht alles um, sondern schafft Räume, in denen Teams ihre bewährten Methoden und Praktiken der Softwareentwicklung weiterhin ausüben können. Ein Sprint ist solch ein geschützter Raum, in dem das Team mit den Mitteln und Werkzeugen seiner Wahl ungestört und konzentriert an der Umsetzung der Software arbeiten kann. Eine häufig anzutreffende Variante ist die Kombination von Scrum mit Techniken des Extreme Programming, wie Pair Programming, Unit-Testing, Refactoring oder Continuous Integration [Kniberg 2007].

Scrum räumt mit dem Mythos auf, dass sich sämtliche Anforderungen am Anfang eines Projekts exakt definieren lassen. Stattdessen konzentriert sich Scrum auf wenige, dafür aber wichtige Anforderungen und deren Umsetzung im Rahmen eines Sprint. Im Sprint wird Sicherheit für eine begrenzte Dauer geschaffen. Während sich Anforderungen mittelfristig nur schwer vorhersagen lassen, sind sie für die Dauer eines Sprint fest, und es kann relativ exakt vorhergesagt werden, welche Funktionen am Ende eines Sprint geliefert werden. Das Team erhält die Chance, gesetzte Ziele zu erreichen und erfolgreich zu arbeiten. Die Anforderer lassen das Team für die Dauer eines Sprint in Ruhe und erhalten im Gegenzug dafür alle 30 Tage eine Möglichkeit zur Kurskorrektur. Sprints schaffen so Sicherheit und Ordnung im umliegenden Chaos.

Was aber kann der Kunde erwarten, wenn wir ihm nur eine Sicherheit für die nächsten 30 Tage bieten können? Selbst kleine Projekte dauern länger als 30 Tage, und der Kunde will zu Recht wissen, was danach passiert und wo das Projekt in sechs Monaten stehen wird. Die Antwort auf diese Frage ist ein agiler Releaseplan. Auch Scrum-Teams iterieren nicht beliebig lange von Sprint zu Sprint, sondern erstellen zu Beginn des Projekts einen Releaseplan, der mindestens ein Release und somit eine Zeitspanne von drei bis sechs Monaten umfasst. Dem Kunden wird aber auch ganz klar kommuniziert, dass der Plan ein Plan und keine exakte Vorhersage der kommenden sechs Monate ist. Wir treten dem Kunden gegenüber ehrlich auf und sagen ihm von Anfang an, dass sich der Plan wahrscheinlich ändern wird. Wir können nicht zusichern, dass das, was wir nach sechs Monaten liefern, exakt dem entspricht, was heute im Releaseplan steht. Dafür ist Softwareentwicklung zu komplex. Außerdem sind Anforderungen häufig zu vage formuliert und darüber hinaus sehr veränderlich. Ganz entscheidend aber ist, dass Änderungen nichts Schlechtes, sondern etwas Gutes und ganz im Sinne des Kundens sind. Scrum schafft die Voraussetzungen dafür, diese Änderungen zuzulassen, anstatt starr am ursprünglichen, aber längst veralteten Plan festzuhalten. Scrum forciert eine vertrauensvolle Zusammenarbeit zwischen Kunde und Scrum-Team.

Scrum eliminiert schwerfällige Managementtechniken, wie Gantt-Chart-basierte Projektplanung, Detailspezifikationen mit mehreren Review-Zyklen oder aufwändiges Statusreporting. Was bleibt, ist die Essenz von Arbeit: die Programmierung der Software im Sprint. Scrum schafft eine Umgebung, in der Teams ihr Bestes geben können. Wenn es richtig gut läuft, dann erfährt das Team einen Flow-Zustand [Csikszentmihalyi 1990] oder, wie Jeff Sutherland sagt, das Team befindet sich in „The Zone" [Schwaber und Beedle, 2001]. Die Arbeit macht viel Freude und wird um ihrer selbst willen getan. Es entsteht eine bisher nicht gekannte Produktivität, und das Team will diese Erfahrung unbedingt wiederholen.

■ 3.2 Scrum, ein Framework?

Scrum ist ein Framework. Den Begriff werden die meisten von Ihnen aus der Softwareentwicklung kennen: Ein Framework ist kein fertiges Programm, sondern ein Rahmen, in den die Programmierer ihren Code einbetten, so dass am Ende ein fertiges Programm herauskommt. Das Framework gibt die Architektur und den Kontrollfluss der Anwendung vor und definiert außerdem Regeln, wie der eigene Code in den vorgegebenen Rahmen eingebettet wird.

Scrum verhält sich im Prinzip ähnlich. Scrum ist kein fertiger Prozess, sondern ein Rahmen, in den Entwicklungsteams ihre eigenen und bewährten Entwicklungspraktiken einbetten. Das Team füllt den Rahmen auf und definiert so den fertigen, auf das jeweilige Projekt zugeschnittenen Entwicklungsprozess. Wir können sagen, dass Scrum die Architektur des Prozesses definiert, indem das Framework eine Reihe von Komponenten vorgibt und vorschreibt, wie diese Komponenten angeordnet sind und wie und in welcher Reihenfolge sie zusammenspielen. Zu einem konkreten und auf ein spezielles Projekt zugeschnittenen Prozess wird Scrum erst dadurch, dass das Team die vorgefertigten Komponenten mit Leben füllt. Das beste Beispiel hierfür ist sicherlich ein Sprint. Der Sprint und die darin eingebetteten täglichen Standup-Meetings sind die Komponenten. Regeln bestimmen den groben Ablauf des Sprints. Was aber ganz konkret an jedem einzelnen Tag des Sprint passiert, ist nicht durch Scrum vorgegeben, sondern wird vom Team bestimmt. Das Team baut sich mit Scrum seinen eigenen Prozess.

Sprints und Regeln sind nur ein Teil von Scrum. Darüber hinaus besteht Scrum in seiner Gesamtheit aus Rollen, Artefakten, Prinzipien und Werten sowie einigen wenigen, dafür aber um so wichtigeren Meetings:

Rollen. Jede an einem Scrum-Projekt beteiligte Person gehört einer der drei Rollen Scrum-Master, Product Owner oder Team an und hat damit eine Reihe von definierten Verantwortlichkeiten.

Artefakte. Mit Artefakten sind die Ergebnisse beziehungsweise Zwischenergebnisse gemeint, die Scrum in seinen einzelnen Phasen produziert oder als Input voraussetzt. Im Einzelnen sind das die Produktvision am Anfang des Projekts, das Product Backlog, das Sprint Backlog, User Stories und deren Tasks, das fertige Produktinkrement am Ende eines Sprint sowie eine Reihe unterschiedlicher Burndown-Charts für die Visualisierung und das Messen des Projektfortschritts.

Prinzipien. Unter Prinzipien sind allgemeine Richtlinien zu verstehen, die in unterschiedlichen Phasen von Scrum angewendet oder beachtet werden müssen. Beispiele: Kontinuierliches Beobachten und Anpassen des Prozesses und der Ergebnisse, Timeboxing, Pünktlichkeit, Feedback, Selbstorganisation oder Dinge abschließen.

Meetings. Scrum-Meetings sind kurz und zielgerichtet. Am Anfang jedes Sprint gibt es das Sprint Planning Meeting, während des Sprint das täglich stattfindende Daily Scrum und nach dem Sprint das Sprint-Review und die Sprint-Retrospektive. Schätzklausuren finden ein oder mehrmals vor dem ersten Sprint und danach etwa einmal pro Sprint statt.

Kultur und Werte. Neben den eher greifbaren Bestandteilen wie Meetings, Rollen oder Artefakten ist Scrum eine Kultur der Zusammenarbeit, die den Menschen und deren Umgang miteinander in den Mittelpunkt stellt. Hierfür bedarf es nicht nur Regeln und Prinzipien, sondern auch eines gemeinsamen Wertesystems als Basis für die Zusammenarbeit. Scrum liefert dieses Wertesystem. Beispiele: Respekt, Vertrauen, Offenheit, Ehrlichkeit, Verpflichtung oder Courage.

3.3 Überblick

Im ersten Kapitel hatten Sie Gelegenheit, das Scrumcoaches.com-Team bei der Entwicklung zu begleiten und dabei wesentliche Elemente von Scrum und deren Zusammenspiel zu beobachten. Bevor es mit der Beschreibung der an einem Scrum-Projekt beteiligten Personen und Rollen weitergeht, möchte ich zunächst einen komprimierten Überblick über die einzelnen Bestandteile von Scrum und deren Zusammenspiel geben (siehe Abbildung 3.1 auf der nächsten Seite).

3.3.1 Scrum-Team

Im Zentrum des Geschehens stehen das Team, der ScrumMaster und der Product Owner. Diese drei Rollen bilden zusammen das Scrum-Team und teilen sich sämtliche Managementverantwortung des Projekts. Es gibt keinen Chef, Projektleiter oder sonst jemand, der den anderen vorschreibt, wie sie zu arbeiten haben. Die Zusammenarbeit beruht auf Respekt, gegenseitigem Vertrauen und Verantwortungsteilung. Alle Beteiligten haben das gleiche Ziel, vertrauen einander und mischen sich nicht in die Verantwortungsbereiche der jeweils anderen Rollen ein.

3.3.2 Vision und Product Backlog

Am Anfang des Projekts steht dessen Vision, das heißt die Idee für das zu entwickelnde Produkt, die der Product Owner zusammen mit dem Kunden entwickelt. Die Vision schafft die Bedeutung unseres Handelns, indem sie klar benennt, wer das Produkt aus welchem Grund kaufen wird, welche Kundenbedürfnisse das Produkt befriedigt und worin sich das Produkt von ähnlichen, bereits existierenden Produkten unterscheidet.

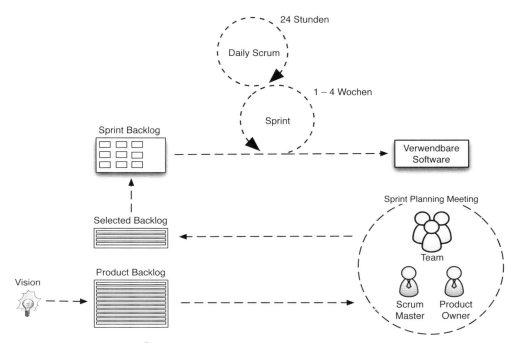

Abbildung 3.1 Scrum im Überblick

Ausgehend von der Vision erstellt der Product Owner ein initiales Product Backlog mit den als User Stories beschriebenen Anforderungen an das System. Die User Stories sind priorisiert und ihre Größe geschätzt. Scrum holt für den Kunden so viel an Wert heraus, wie es das Projekt hergibt, indem die User Stories mit dem größten Geschäftswert zuerst entwickelt werden. Der Kunde bekommt so viel früher ein laufendes System, mit dem er schon nach drei und nicht erst nach sechs Monaten Geld verdienen und sein Geschäftsmodell verifizieren kann.

3.3.3 Sprint Planning Meeting

Im Sprint Planning Meeting bereitet das Team zusammen mit dem Product Owner und dem ScrumMaster den anstehenden Sprint vor. Das Meeting besteht aus zwei Teilen. Im ersten Teil wird das Ziel des Sprint festgelegt, und der Product Owner stellt die User Stories des Product Backlog gemäß ihrer Prioritäten der Reihe nach vor. Das Team analysiert die Stories und schätzt ab, wie viele Stories es im kommenden Sprint voraussichtlich schaffen wird. Die ausgewählten Stories werden als *Selected Backlog* bezeichnet. Das Selected Backlog ist für die Dauer des Sprint fix, während der Rest des Product Backlog weiterhin verändert werden darf. Im zweiten Teil des Sprint Planning Meetings erstellt das Team das Software Design der ausgewählten Stories und zerlegt jede Story in ihre Einzeltasks. Das Ergebnis ist ein *Sprint Backlog*, das die ausgewählten Stories heruntergebrochen auf konkrete Tasks enthält. Das Sprint Backlog visualisiert den Fortschritt des Projekts während des Sprint. Das Team ist für die tägliche Aktualisierung des Backlog zuständig.

3.3.4 Sprints

Scrum ist ein iterativer Prozess, in dessen Zentrum zwei zentrale Schleifen stehen: Sprints und Daily Scrums. Sprints sind Iterationen, in denen das Team selbstorganisiert an der Umsetzung des Sprint Backlog arbeitet. Das Ergebnis jedes Sprint ist ein potenziell auslieferbares Produktinkrement, in der neueren Scrum-Literatur auch als *Verwendbare Software* bezeichnet. Verwendbare Software ist programmiert, getestet und in das Gesamtprodukt integriert und könnte so jederzeit ausgeliefert und vom Kunden genutzt werden.

Sprints sind Entwicklungsphasen fester Länge, an deren Ende das Team funktionierende Software ausliefert. Sprints sind Phasen der Ruhe und Ordnung in einer chaotischen Umgebung. Nur das Team darf das Sprint Backlog verändern, und niemand darf dem Team nicht geplante Arbeit aufdrücken. Das Team organisiert sich während des Sprint vollständig selbst und synchronisiert sich im Daily Scrum, dem täglichen Standup-Meeting. Niemand sagt dem Team, wie es zu arbeiten hat. Der ScrumMaster hält dem Team den Rücken frei und sorgt für optimale Arbeitsbedingungen. Im Gegenzug dazu setzt das Team alles daran, das im Sprint Planning Meeting vereinbarte Sprint-Ziel zu erreichen.

Scrum unterscheidet zwischen „normalen" Sprints und Release-Sprints. Normale Sprints liefern „nur" verwendbare Software, während Release-Sprints die wirkliche Auslieferung der Software zum Kunden beinhalten. Beide Sprint-Arten machen keinerlei Unterschied in Bezug auf die Qualität der entwickelten Software. In beiden Fällen muss sie so hoch sein, dass die Software in jedem Fall ausgeliefert werden könnte. Allerdings unterscheiden sich Release-Sprints von normalen Sprints insofern, dass Erstere in der Regel deutlich mehr Personen außerhalb des Scrum-Teams mit einbeziehen: Administratoren müssen Systeme bereitstellen, Ausfallzeiten planen und kommunizieren, Handbücher müssen geschrieben werden, oder die Marketingabteilung muss entsprechende Werbeaktionen planen. Projekte bestehen aus mindestens einem, üblicherweise aber aus mehreren Release-Sprints. Die Planung von Sprints und Release-Sprints ist Teil des Releaseplans und wird in Kapitel 13, *Agile Releaseplanung*, besprochen.

3.3.5 Daily Scrums

Das Team trifft sich jeden Tag zu einer festen Zeit zum sogenannten *Daily Scrum* und synchronisiert sich und die anstehenden Aufgaben des Sprint. Das Team bespricht, was am Vortag erreicht wurde und was für den laufenden Tag geplant ist. Daily Scrums zeigen, wo der aktuelle Sprint steht. Sprint-Ergebnisse zeigen, wo das Projekt im Hinblick auf den Gesamtplan steht. Daily Scrums und Sprints implementieren Feedback-Schleifen, die für Transparenz und Sichtbarkeit in ihrem jeweiligen Kontext sorgen und entsprechende Korrekturmöglichkeiten bieten. Der kontinuierliche Fluss von aufeinanderfolgenden Sprints und darin enthaltenen Daily Scrums ist das Herz von Scrum und wiederholt sich so lange, wie das Projekt aktiv weiterentwickelt wird.

3.3.6 Sprint-Review

Am Ende jedes Sprint stehen zwei wichtige Meetings: das Sprint-Review und die Sprint-Retrospektive. Das Review ist eine öffentliche Präsentation der im Sprint umgesetzten User Stories. Im Review kommen das Team, der Product Owner, der ScrumMaster, der Kunde, die zukünftigen Anwender, die Geschäftsführung, der Abteilungsleiter oder auch Entwickler anderer Projekte zusammen und diskutieren das Ergebnis des Sprint. Im Vorfeld des Reviews sollte sich das Team zusammen mit dem Product Owner und ScrumMaster absprechen, wer welche Story präsentiert. Wichtig ist, dass sich keiner länger als eine Stunde auf das Meeting vorbereitet. Power-Point-Präsentationen sind verboten, und es wird ausschließlich laufende Software gezeigt. Anhand der präsentieren Software können die Beteiligten und speziell der Kunde entscheiden, ob die Ergebnisse den Erwartungen entsprechen und welche Richtung für den nächsten Sprint einzuschlagen ist. Das Sprint-Review ist die Zeit für Kurskorrekturen.

3.3.7 Sprint-Retrospektive

Das Team beendet den Sprint mit der Sprint-Retrospektive, einer Art Metadiskussion über den eigentlichen Entwicklungsprozess und die Zusammenarbeit des Teams während des Sprint. Das Ziel von Retrospektiven ist die kontinuierliche Verbesserung des Entwicklungsprozesses und damit der Produktivität des Teams. Für die Durchführung der Retrospektive gibt es verschiedene Verfahren, die ausführlich in Kapitel 12 beschrieben werden. Egal, wie verfahren wird, das Ergebnis einer Retrospektive sollte auf jeden Fall eine Liste mit konkreten Verbesserungsvorschlägen sein, die gemeinsam vom ScrumMaster und vom Team umgesetzt werden.

■ 3.4 Prinzipien

Scrum ist mehr als die im vorausgehenden Abschnitt beschriebene Sammlung elementarer Abläufe und deren Zusammenspiel. Durch das gesamte System hindurch ziehen sich eine Reihe von Grundprinzipien, die Framework-übergreifend angewendet und gelebt werden. Dieser Abschnitt stellt die wichtigsten dieser Prinzipien vor.

3.4.1 Transparenz

Eines der wichtigsten Prinzipien von Scrum ist *Transparenz*. Alles in Scrum ist darauf ausgelegt, sämtliche Aspekte, die den Prozess oder dessen Ergebnisse beeinflussen, unmittelbar sichtbar zu machen. Beispiele hierfür sind das Sprint Backlog, das zu jedem Zeitpunkt den Stand und den Fortschritt des aktuellen Sprint zeigt, das Daily Scrum, das Tag für Tag Einblick in die aktuelle Arbeit des Teams gewährt und Aufschluss darüber gibt, ob das Team vorankommt oder ins Stocken gerät, oder das Sprint-Review, welches das Ergebnis des Sprint öffentlich sichtbar macht.

Transparenz ist wichtig, aber nicht immer einfach einzuhalten. Schließlich geht es nicht nur um die guten Dinge, die es gilt, sichtbar zu machen, sondern im Wesentlichen um die Dinge, die nicht so gut laufen. Positive Dinge kommen von ganz alleine auf den Tisch. Jedes Team stellt sich im Review gerne nach vorne und präsentiert dem Management das überaus erfolgreiche Sprint-Ergebnis oder die deutlich zugenommene Entwicklungsgeschwindigkeit. Worum es aber eigentlich geht, sind die nicht so guten Dinge, das heißt, die Probleme des Teams und die Hindernisse auf seinem Weg. Diese Dinge gehören auf den Tisch, denn gerade sie sind es, die das Potenzial für Verbesserungen enthalten, das es zu nutzen gilt.

3.4.2 Beobachten und Anpassen

Transparenz ist die Voraussetzung für das sämtlichen Scrum-Mechanismen zugrunde liegende Prinzip der *Beobachtung und Anpassung*. Der Prozess, die Zusammenarbeit des Teams und die produzierten Ergebnisse werden ständig beobachtet. Das Team beobachtet zum Beispiel den entwickelten Quellcode, indem es regelmäßige Codereviews durchführt, Unit-Tests schreibt und das System von einem Continuous Build-Server übersetzen und integrieren lässt. Kommt es dabei zu einer Abweichung, wie einem fehlschlagenden Unit-Test, muss unmittelbar reagiert werden, indem der Code korrigiert wird.

Ein fehlschlagender Unit-Test ist eine Abweichung des Ergebnisses, die außerhalb des akzeptablen Limits liegt. Auf Abweichungen außerhalb des Limits muss sofort reagiert werden, indem entweder der Prozess oder, wie im Beispiel, das Ergebnis, sprich: der Quellcode angepasst wird. Ein anderes Beispiel für Beobachtung und Anpassung ist das Sprint-Review. Merkt der Kunde hier, dass die entwickelten User Stories vom „Look & Feel" und von der Usability weit hinter seinen Erwartungen zurückbleiben, kann er sofort reagieren, indem er beim Product Owner und im Team ein gemeinsames Verständnis dafür schafft, wie er die Dinge gerne hätte.

Eine andere Form von Beobachtung und Anpassung lässt sich gut an der Arbeit des Product Owner erkennen. Der Product Owner kennt das Geschäftsmodell des Kunden. Er beobachtet und bewertet kontinuierlich den Verlauf des Projekts im Hinblick auf diese Geschäftsidee. Weicht der Verlauf vom eigentlichen Ziel ab, muss der Product Owner den Kurs des Projekts anpassen. Seine Anpassungsschraube sind die User Stories und deren Priorität. Stellt er fest, dass die in den letzten Sprints entwickelten Stories die eigentliche Idee des Kunden nicht voranbringen, muss er neu priorisieren. Ursprünglich unwichtige Stories werden im Licht der neuen Erfahrungen plötzlich wichtig, bekommen eine hohe Priorität und wandern dadurch nach ganz oben ins Backlog. Andere Stories sind plötzlich gar nicht mehr so wichtig und werden aus dem Backlog gelöscht. Der Product Owner beobachtet eine Abweichung und korrigiert den Kurs des Projekts durch Anpassung des Backlogs.

Ein letztes Beispiel ist die Beobachtung und Anpassung der Entwicklungsgeschwindigkeit des Teams. Am Beginn eines Sprint wird eine Geschwindigkeit angenommen, auf deren Basis sich das Team auf eine Menge von User Stories committet. Am Ende des Sprint stellt sich heraus, dass das Team doch nicht so schnell ist, wie ursprünglich angenommen. Die Geschwindigkeit wird angepasst, indem sie für den nächsten Sprint reduziert wird.

3.4.3 Timeboxing

Fast alles in Scrum ist timeboxed. Timeboxing ist eine Managementtechnik, die jeder Tätigkeit ein bestimmtes Zeitbudget zugesteht. Das Entscheidende am Timeboxing ist, dass das Ende einer Timebox in Stein gemeißelt und damit nicht verschiebbar ist. Stattdessen ist der Umfang, das heißt, die in einer Timebox zu erledigende Arbeit oder die abzuliefernde Funktionalität variabel. Timeboxing findet sich in Scrum auf verschiedensten Ebenen wieder: Sprints haben eine feste Länge, Daily Scrums dürfen nicht länger als 15 Minuten sein, Sprint Planning Meetings sind auf einen Tag begrenzt, oder User Stories mit Forschungscharakter sind timeboxed.

Was genau bedeutet ein variabler Umfang in Bezug auf die Timebox des Sprint Planning Meetings? Ganz einfach: Kommt das Team am ersten Tag des Meetings nicht zum Abschluss, wird nur halb geplant in den Sprint gestartet. Die Folge kann zum Beispiel sein, dass zwei der insgesamt fünf geplanten User Stories nicht auf Tasks heruntergebrochen werden konnten. Diese Arbeit muss im Sprint nachgeholt werden. Wenn die Story an der Reihe ist, muss sie zunächst im Detail designed und mit Hilfe von Tasks geplant werden.

Timeboxing gilt selbstverständlich auch für Sprints. Das im Sprint Planning Meeting vereinbarte Sprint-Ende wird unter allen Umständen gehalten. Wird es zum Ende eines Sprint eng, kann die ursprünglich geplante Funktionalität reduziert werden, indem Stories im Funktionsumfang reduziert oder einzelne Stories ganz weggelassen werden. Insbesondere neue Scrum-Teams wundern sich anfangs über das vehemente Festhalten an Deadlines, selbst wenn es dafür keine externen Gründe gibt. Schließlich ist es im traditionellen Management ein weit verbreitetes und akzeptiertes Vorgehen, Deadlines immer wieder nach hinten zu verschieben. Warum sollte das für einen Sprint nicht auch möglich sein? Ganz einfach: Scrum basiert auf Offenheit, Zusagen und deren Einhaltung. Würde das Team Sprints verlängern, zeigt dies, dass es gar nicht so schlimm ist, etwas Zugesagtes nicht zu halten. Das Team wird unzuverlässig. Im Gegenzug könnte dann auch der Product Owner während des Sprint auf die Idee kommen, dem Team nicht geplante Arbeit zu geben. Das System fängt an, aus dem Ruder zu laufen.

Timeboxing ist eines der elementarsten Prinzipien von Scrum. Es schafft kurzfristige Ziele und ist ein entscheidender Faktor dafür, dass Dinge fertig werden. Timeboxing wird vom ScrumMaster implementiert, gecoacht und vorgelebt. Er muss in allen Situationen im Blick haben, wie viel Zeit für die jeweilige Aktivität zur Verfügung steht, und bei Bedarf steuernd eingreifen. Stehen beispielsweise für den ersten Teil des Sprint Planning Meetings vier User Stories auf dem Plan, dann muss sich der ScrumMaster überlegen, wie groß die Timebox jeder einzelnen User Story ist und die Diskussion nach deren Ablauf zum Ende führen. Das Gleiche gilt für die Timebox der Daily Scrums, für deren Einhaltung der ScrumMaster ebenfalls zuständig ist. Er muss steuern, gegebenenfalls unterbrechen und Anschlussdiskussionen auf später verschieben.

3.4.4 Dinge abschließen

Ein wichtiges Prinzip von Scrum ist das Abschließen von Dingen. Abgeschlossene Dinge werden in Scrum als „Done" bezeichnet. Auf eine User Story bezogen, bedeutet „Done" allgemein formuliert, dass die Story auslieferbar ist. Auslieferbar wiederum bedeutet, dass der Auftraggeber jederzeit ins Büro kommen kann und das Team mit den Worten „klasse, die Story gefällt mir, lasst sie uns live bringen" zum Veröffentlichen auffordern kann. Niemand aus dem Team darf dann aufstehen und sagen „Moment, die Story ist zwar fertig, wir müssen nur noch ein paar Kleinigkeiten am Domainmodell refaktorisieren". Diese Story ist definitiv nicht auslieferbar, denn es steht noch Arbeit aus. Die richtige Reaktion des Teams auf die Aufforderung des Kunden wäre: „Ok, die Story ist im nächsten Produktions-Deployment dabei". Wann und unter welchen Bedingungen eine Story als fertig gilt, definiert jedes Team für sich mit seiner „Definition of Done" (siehe Abschnitt 10.3.3).

User Stories, die am Ende eines Sprint nicht fertig im Sinne der geltenden „Definition of Done" sind, werden nicht ausgeliefert und wandern zurück ins Product Backlog. Das Abschließen von Arbeitsergebnissen hat einen so hohen Stellenwert in Scrum, weil nur wirklich Fertiges einen Mehrwert für den Kunden oder späteren Anwender haben. Selbst zu 95 Prozent fertige User Stories haben einen Mehrwert von null. Für die Arbeit in einem Sprint bedeutet dieser Grundsatz, dass neue Stories erst dann angefangen werden, wenn die sich in Arbeit befindlichen Stories fertig sind. Die parallele Arbeit an mehreren Stories birgt die Gefahr, dass am Ende eines Sprint mehrere Stories halb fertig sind, woraus für den Kunden ein Mehrwert von null resultiert. Nicht fertige User Stories kommen zurück ins Product Backlog und sind Kandidaten für den nächsten Sprint.

3.4.5 Maximierung von Geschäftswert

Scrum ist auf die Maximierung von Geschäftswert ausgelegt. Von Anfang an und so früh wie möglich soll der Kunde vom erschaffenen Mehrwert profitieren. Statt monatelang an einer Anforderungsanalyse mit anschließender Detailspezifikation und einem Gantt-Chart-basierten Projektplan zu arbeiten, konzentrieren sich Scrum-Teams auf die Auslieferung verwendbarer Software, und zwar so schnell wie möglich. Die Planungsphase wird auf das Notwendigste reduziert, und das ist ein Product Backlog, das genügend priorisierte und abgeschätzte User Stories für ein bis drei Sprints enthält. Ausgestattet mit diesem „Plan" kann das Team in den ersten Sprint starten und bereits nach 1 bis 4 Wochen verwendbare Software liefern. Nach drei Sprints ist vielleicht das erste Release der Software so weit, dass es ausgeliefert werden kann und der Kunde damit Geld zu verdienen beginnt.

Das Schlüsselwerkzeug für die Maximierung von Geschäftswert ist die Priorisierung. Sie zieht sich durch sämtliche Elemente von Scrum und gibt die Reihenfolge vor, in der Dinge erledigt werden müssen. Das beste Beispiel hierfür ist das Product Backlog. User Stories sind gemäß ihrem Wert priorisiert. Stories mit einer hohen Priorität werden zuerst bearbeitet. So wird sichergestellt, dass die höchstwertigen User Stories als Erstes umgesetzt werden und damit der größte Wert für den Kunden geschaffen wird.

Das Prinzip setzt sich fort über die Priorisierung der User Stories innerhalb eines Sprint bis hinunter zur Priorisierung der Tasks einer User Story. Auch für Tasks gelten unterschiedliche Prioritäten. So gibt es Tasks, ohne die die Story nicht funktionieren wird. Dann gibt es weniger wichtige Tasks, die, wenn sie wegfallen, die Funktionalität der Story nicht grundsätzlich in Frage stellen. Die Tasks einer Story werden gemäß ihrer Prioritäten bearbeitet, so dass sichergestellt ist, dass die wichtigsten Tasks zuerst erledigt werden und im Falle einer Reduzierung der Story-Funktionalität weniger wichtige Tasks hinten runterfallen.

Das Prinzip der Geschäftswert-Maximierung findet sich auch in den Steuerungs- und Eingriffsmöglichkeiten des Kunden wieder. Der Kunde kann in Absprache mit dem Product Owner alle Stories außerhalb des Selected Backlog verändern, löschen oder neue Stories hinzufügen. Ergeben sich für den Kunden während der Laufzeit eines Projekts neue und sehr wichtige Anforderungen, dann muss er maximal bis zum Ende des aktuellen Sprint warten, bis eine neue Anforderung in Entwicklung geht. Vorausgesetzt natürlich, der Product Owner priorisiert die Anforderungen entsprechend hoch, so dass sie es in den nächsten Sprint schaffen.

Eine negative Form von Geschäftswert-Maximierung ist, frühzeitig zu erkennen, dass das Projekt nicht machbar ist. Zum Beispiel können technische Unwägbarkeiten so groß werden, dass sie ein Projekt zum Scheitern bringen. Scrum managt dieses Risiko indem essenzielle Stories mit großem Mehrwert, aber auch großem Risiko, sehr hoch priorisiert und dadurch sehr früh angegangen werden. Stellt sich in einem der ersten Sprints heraus, dass das Projekt nicht machbar ist, dann ist das zwar schlecht, aber sehr viel besser, als erst nach einem Jahr festzustellen, dass das System nicht funktioniert.

Neben der Maximierung von Geschäftswert ist die inkrementelle und kontinuierliche Lieferung von Mehrwert ein weiteres wichtiges Grundprinzip von Scrum. Solange das Projekt läuft, liefert das Team Sprint für Sprint neue, funktionierende und wertvolle Software an den Kunden.

3.4.6 Teams scheitern nicht

In den Augen von Scrum scheitern Teams nicht. Niemand macht freiwillig Fehler, sondern Fehler passieren und sollten im positiven Sinne genutzt werden, indem aus ihnen gelernt wird. Zum Beispiel können sich die Anforderungen während eines Sprint als deutlich komplexer als ursprünglich angenommen herausstellen. Es wird frühzeitig klar, dass das Team auf keinen Fall alle der für den Sprint geplanten User Stories schaffen kann. Statt mit den Fingern aufeinander zu zeigen und das Team unter Druck zu setzen akzeptiert Scrum diesen Umstand und lernt daraus in Form einer reduzierten Entwicklungsgeschwindigkeit für den nächsten Sprint.

Statt darauf zu verweisen, was alles nicht geht, setzt Scrum auf das Prinzip „The Art of Possible". Selbst in schwierigen Situationen wird nicht darauf herumgeritten, was nicht funktioniert, sondern der Fokus liegt darauf, zu gucken, was unter den aktuellen Umständen noch geht. Bezogen auf die unterschätzten Anforderungen im aktuellen Sprint heißt das, nach Mitteln und Wegen zu suchen, wie das Sprint-Ziel trotzdem noch erreicht werden kann, selbst wenn nicht alle der ursprünglich geplanten Stories umgesetzt werden können.

3.4.7 Ergebnisorientierung

Scrum ist ergebnisorientiert. Es zählt nicht, wie oder wie lange an etwas gearbeitet wurde, sondern ausschließlich das, was am Ende herauskommt. Ergebnisorientierung findet sich auf den verschiedensten Ebenen von Scrum. Ganz oben steht die Umsetzung der Produktvision, die durch das Aneinanderreihen von Sprints realisiert wird. Jeder Sprint hat wiederum sein eigenes Ergebnis in Form eines festgelegten Sprint-Ziels. Innerhalb der

Sprints werden User Stories programmiert, die ihrerseits konkrete Ergebnisse liefern. Selbst unterhalb der User Story-Ebene findet sich Ergebnisorientierung, indem jedes Teammitglied täglich aufs Neue für sich selber festlegt, was das Ergebnis des jeweiligen Arbeitstages sein soll.

■ 3.5 Die Rollen

Scrum beschreibt drei Hauptrollen: das Team, der ScrumMaster und der Product Owner. Diese drei Rollen bilden zusammen das Scrum-Team, das heißt, das Team der Personen, die auf das Projekt committet[1] und damit verantwortlich sind. Darüber hinaus gibt es eine Reihe von Nebenrollen, die nichts mit der eigentlichen Entwicklung zu tun haben, diese aber durchaus beeinflussen können, wie zum Beispiel die Marketing-Abteilung, die Geschäftsführung, der Vertrieb, die Anwender oder der Kunde. Abbildung 3.2 zeigt die verschiedenen Rollen und deren Zusammenspiel.

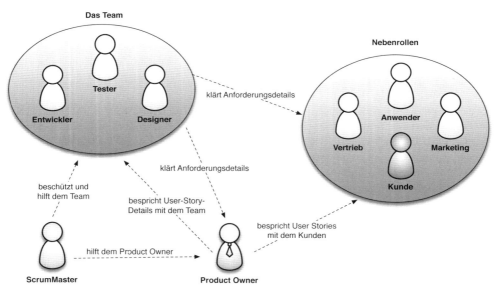

Abbildung 3.2 Scrum-Rollen und ihr Zusammenspiel

Eine Rolle ist keine Position im Sinne einer Linienorganisation. Stattdessen beschreibt eine Rolle eine Menge von Verantwortlichkeiten. Die Verantwortlichkeiten sämtlicher Rollen sind disjunkt und sorgen für eine ausgewogene Kräfteverteilung innerhalb des Scrum-Teams. Die Kombination oder Vermischung zweier Rollen würde zum Verlust dieser Balance und damit zum Verlust eines entscheidenden Erfolgsfaktors von Scrum führen. Wie zum Beispiel könnte ein ScrumMaster sein Team vor neuen Anforderungen des Product Owner

---

[1] Verantwortlich oder zu etwas verpflichtet sein, wird im Scrum-Umfeld üblicherweise als „committet" bezeichnet.

schützen, wenn ScrumMaster und Product Owner ein und dieselbe Person sind? Diese Zerrissenheit lässt sich häufig bei klassischen Projektleitern beobachten, die sich zum einen um die Anforderungen des Kunden und zum anderen um das Team und dessen Entwicklungsprozess kümmern müssen.

Die folgenden Abschnitte beschreiben die drei Scrum-Rollen im Detail und gehen ausführlich auf deren jeweilige Verantwortlichkeiten ein.

3.5.1 Das Team

Das Team eines Scrum-Projekts entwickelt die Software und ist für den Erfolg jedes einzelnen Sprint verantwortlich. Das Team muss alles dafür tun, das im Sprint Planning Meeting vereinbarte Sprint-Ziel zu erreichen. Am Ende eines Sprint steht funktionierende Software, die vom Team geliefert wird. Das Team hat die volle Autorität, alle erforderlichen Maßnahmen zu ergreifen, die fürs Erreichen dieses Zieles notwendig sind. Diese Autorität zu besitzen, geht weit über das hinaus, was Teams aus traditionell gemanagten Projekten kennen. Benötigt das Team zum Beispiel einen SAP-Berater für die Anbindung des Billing-Systems, dann hat das Team ein Recht, diesen einzufordern. Das Gleiche gilt für Bücher, Tools oder auch Trainings. Selbstverständlich müssen dabei Budgetrichtlinien eingehalten werden.

Teams bestehen aus 5–9 Personen. Ein bis zwei Personen mehr oder weniger funktioniert noch. Alles, was darüber hinausgeht, erfordert andere Organisationsstrukturen, wie zum Beispiel die Aufteilung in zwei Teams. Das Team ist cross-funktional besetzt, das heißt, es besteht nicht nur aus reinen Softwareentwicklern, sondern auch aus Testern, Designern, Dokumentatoren und so weiter. Generell gilt, dass das Team über alle notwendigen Kompetenzen verfügen sollte, die für das Erreichen des Sprint-Ziels erforderlich sind.

Innerhalb des Teams gibt es keine Titel, Hierarchien oder Führungsrollen. Stattdessen führt jeder mal, und zwar immer dann, wenn er Experte in Bezug auf die jeweilige Aufgabe ist. Arbeitet der Senior-Entwickler zusammen mit dem Frontend-Entwickler an einer Backend-lastigen Story, dann geht die Führungsrolle sehr wahrscheinlich an den Senior über. Genauso gut kann es sein, dass die nächste Story sehr Frontend-lastig ist. In diesem Fall ist der Frontend-Entwickler der bessere Anführer. Auch ohne explizite Titel oder Führungsrollen sollte jedes Team aus mindestens einem, besser aus zwei Senior-Entwicklern bestehen.

Das Team arbeitet selbstorganisiert. Niemand sagt dem Team, wie es zu arbeiten hat. Das Team bestimmt selber, wie lange oder auch wie wenig es arbeitet. Im Fokus steht das Sprint-Ziel, an dem das Team gemessen wird. Das Team wird selber entscheiden, ob es dafür ein Wochenende durcharbeiten muss, oder ob es am Freitag schon um 13:00 ins Wochenende geht. Das Team hat sich freiwillig auf das Sprint-Ziel committet. Aus diesem Commitment resultiert ein Verantwortungsbewusstsein als Voraussetzung für Selbstorganisation.

Selbstorganisation ist für viele Teams neu, herausfordernd und nicht immer einfach. Teams traditionell gemanagter Softwareprojekte sind es gewohnt, dass man ihnen relativ kleinteilig mitteilt, welche Aufgaben sie wann zu erledigen haben. Ein Scrum-Team hingegen wird für die Dauer eines Sprint alleine auf die Strecke geschickt. Es ist nicht verwunderlich, dass dabei gerade zu Beginn und bei unerfahrenen Teams einiges schieflaufen kann. Aber das Team ist ja nicht alleine, sondern hat den ScrumMaster an seiner Seite, dessen Aufgabe unter anderem auch das Coaching des Teams in Sachen Selbstorganisation ist. Ist der Scrum-

Master neu im Geschäft, dann sollten Sie auf jeden Fall einen erfahrenen Scrum-Coach anheuern, der den ScrumMaster coacht und dem Team beim Selbstorganisieren hilft.

Idealerweise arbeiten alle Mitglieder eines Teams Vollzeit und zu denselben Arbeitszeiten. Die Planung des Projekts und die Zusammenarbeit wird so viel einfacher. Es gibt keine lästigen Übergaben oder Verzögerungen, die zum Beispiel schnell entstehen, wenn Teile des Teams schon im Wochenende sind, andere aber noch Arbeiten und Informationen von den Abwesenden benötigen. Das Team sollte mindestens für die Dauer des Sprint, idealerweise aber für die Dauer des Projekts in derselben Konstellation zusammenarbeiten.

3.5.2 Der ScrumMaster

Der ScrumMaster ist für den Erfolg von Scrum und die Produktivität des Teams verantwortlich. Er hat zwei Hauptverantwortlichkeiten: Erstens muss er dafür sorgen, dass Scrum funktioniert und die zugrunde liegenden Regeln und Prinzipien eingehalten werden. Und zweitens muss er für optimale Arbeitsbedingungen für das Team sorgen. Der ScrumMaster steht hinter dem Team, schützt es vor negativen Einflüssen von außen und beseitigt alle Hindernisse, die sich dem Team in den Weg stellen.

3.5.2.1 Dienstleistender Anführer und Problembeseitiger

Häufig werden ScrumMaster mit Projekt- oder Teamleitern verwechselt. Dem ist nicht so. Sicher, der ScrumMaster ist eine Führungskraft , die, wenn es drauf ankommt, Entscheidungen treffen muss. Allerdings kommandiert er sein Team nicht herum, sondern führt es eher im Sinne eines *Servant Leaders*[2], das heißt, er steht seinem Team voll zu Diensten. Im Gegensatz zu einem klassischen Projektleiter ist ein ScrumMaster nicht weisungsberechtigt. Er hat weder das Recht, die Arbeit an einer User Story durch Zuweisung von Tasks zu organisieren, noch hat er das Recht, Wochenendarbeit anzuordnen, wenn das Sprint-Ziel gefährdet ist. Ein ScrumMaster führt, indem er anderen ihre Verantwortung nicht abnimmt, sondern darauf achtet, dass die anderen Rollen ihre Verantwortung annehmen und ihrer gerecht werden.

Der ScrumMaster ist eine moralische Autorität, der seine Stärke nicht aus einer formalen Position bezieht, sondern seinen Einfluss aus dem Befolgen von Prinzipien und dem Vorleben guter Beispiele gewinnt. Der Größte wird zum Diener aller und stellt sich voll in den Dienst seines Teams. Seine wichtigste Aufgabe ist das Erkennen und Beseitigen von Problemen und Hindernissen, den sogenannten *Impediments*.[3] Ein Impediment ist alles, was das Team daran hindert, effektiv zu arbeiten:

- Es gibt keinen Product Owner.
- Das Team braucht mehr Tester.
- Im Raum ist es viel zu laut.
- Wir brauchen bessere Pair-Programming-Arbeitsplätze.
- Der Product Owner hat keine Entscheidungskompetenz.
- Persönliche Konflikte zwischen Teammitgliedern.

---

[2] Auf Deutsch „Dienstleistender Anführer".
[3] Der Begriff Impediment ist in der englischen und mittlerweile auch in der deutschen Scrum-Literatur ein feststehender Begriff, der die vom ScrumMaster zu beseitigenden Hindernisse bezeichnet.

Der ScrumMaster hat immer ein offenes Ohr für Probleme und arbeitet ständig an deren Beseitigung. Er hört im Daily Scrum ganz genau hin, notiert vorhandene Probleme im Impediment Backlog und arbeitet sie der Reihe nach ab. Der ScrumMaster schafft Transparenz, indem er vorhandene Probleme sichtbar macht, aber auch zeigt, dass er kontinuierlich an deren Beseitigung arbeitet. Das Team gewinnt Vertrauen und sieht, dass der ScrumMaster für das Team arbeitet. Wird die Liste der Impediments allerdings immer länger, ist das ein Zeichen dafür, dass die Organisation das Projekt nicht voll unterstützt oder der ScrumMaster schlecht arbeitet. Anfangs wird das Team den ScrumMaster weiter nerven und immer wieder auf die Impediments hinweisen. Irgendwann verliert aber auch das Team die Lust dazu, gibt auf und akzeptiert das Hindernis als gegeben. Das Vertrauen in den ScrumMaster fängt an zu bröckeln, und die Erfolgschancen des Projekts sinken.

3.5.2.2 Scrum implementieren

Der ScrumMaster implementiert Scrum und coacht das Team bei der Einhaltung der Regeln. Scrum zu implementieren, heißt, zunächst einmal Scrum explizit einzuführen, zum Beispiel in Form eines eintägigen Workshops, in dem der ScrumMaster die Grundlagen vermittelt. Weiter geht es mit der täglichen Arbeit, angefangen vom ersten Sprint Planning Meeting, über die Daily Scrums sowie dem abschließenden Review und der Retrospektive. Der ScrumMaster muss alle Meetings vorbereiten und moderieren. Während des Sprint coacht er das Team bei seiner Arbeit und unterstützt es dabei, sich zu organisieren.

Scrum zu implementieren, geht über das reine Vermitteln von Regeln, Prinzipien und Abläufen hinaus. Der ScrumMaster muss die Kultur von Scrum und die damit einhergehende Form der Zusammenarbeit vorleben und vermitteln. Er muss darauf achten, dass jeder Beteiligte seine Verantwortung kennt und wahrnimmt. Dafür muss er über ein hohes Maß an Sozialkompetenz verfügen, regelmäßig mit allen Beteiligten reden und heraushören, wo seine Unterstützung benötigt wird. Viele der Aufgaben, die sich einem ScrumMaster bei der Implementierung von Scrum stellen, sind nur schwer antizipierbar, weil sie sich täglich neu aus den unterschiedlichen Projektsituation ergeben. Mal muss er dafür sorgen, dass Product Owner und Team mehr miteinander reden, ein anderes Mal muss er einen einzelnen Entwickler dabei unterstützen, sich besser zu organisieren.

3.5.2.3 Entscheider

Neben seiner Tätigkeit als Scrum-Coach und Hindernisbeseitiger ist ein ScrumMaster auch Entscheider. Das klingt zunächst widersprüchlich zu der Aussage, dass der ScrumMaster über keinerlei Weisungsrecht verfügt. Ist es aber nicht, wenn man das Fehlen einer Entscheidung als Impediment auffasst. Gerät die Arbeit des Teams ins Stocken, weil die Diskussion über die Verwendung von Datenbank-Fremdschlüsseln schon viel zu lange dauert, dann muss der ScrumMaster die Diskussion mit einer Entscheidung abbrechen oder, noch besser, das Team zu einer Entscheidung leiten. Selbst schlechte Entscheidungen sind häufig besser als gar keine oder endlos lange Diskussionen. Das Abwägen zwischen dem Warten, bis das Team eine Entscheidung gefunden hat, und dem Punkt, selber zu entscheiden, ist häufig eine Gratwanderung. Zu Beginn meiner Arbeit mit Scrum war ich der Auffassung, dass ScrumMaster niemals entscheiden. Natürlich kam es zu den gefürchteten Endlosdiskussionen und den flehenden Blicken einzelner Teammitglieder, doch endlich eine Entscheidung herbeizuführen. Inzwischen sehe ich das anders. Ich warte zunächst ab, ob das

Team zu einer Entscheidung kommt. Wenn nicht, kann es sein, dass ich die Entscheidung an ein Teammitglied delegiere oder am Ende selber entscheide.

3.5.2.4 Müssen ScrumMaster programmieren können?

Viele Scrum-Teams stellen sich die Frage, ob ein ScrumMaster auch ein guter Softwareentwickler sein muss, beziehungsweise ob es von Vorteil ist, wenn der ScrumMaster in seinem früheren Leben selber als Softwareentwickler gearbeitet hat. Beides hat Vor- und Nachteile. ScrumMaster, die über viel Erfahrung in der Softwareentwicklung verfügen, können Teams nicht nur die Arbeit mit Scrum beibringen, sondern haben auch eine ganze Menge Erfahrung mit bewährten Entwicklungspraktiken. Refactoring, Unit-Testing, Automatisierung oder Entwurfsmuster sind für Scrum-Teams genauso wichtig wie für jedes andere Software-Team auch, und es ist von Vorteil, wenn der ScrumMaster das Team auch in diesen Themen coachen kann.

Als Nachteil bei guten Softwareentwicklern in der Rolle des ScrumMaster sehe ich, dass der Tendenz, sich einzumischen, nur sehr viel schwerer widerstanden werden kann. Der ScrumMaster muss das Team loslassen. Er muss das Team im Sprint Planning Meeting planen und designen lassen. Sein Job ist der des Moderators und nicht der des Designers. Eine Erfahrung, die ich gemacht habe, ist, dass programmiererfahrene ScrumMaster schnell in die Rolle des Anführers geraten, was zu einem unerwünschten Mischen von Verantwortlichkeiten führt und der Selbstorganisation des Teams im Weg steht.

3.5.2.5 Product Owner-Coaching

Häufig ist das Thema Scrum nicht nur neu fürs Team, sondern auch für den Product Owner. Es ist nicht ungewöhnlich, dass der Product Owner früher als Projektleiter oder Produktmanager gearbeitet hat. Selbstorganisation und das „Team mal machen lassen" sind Dinge, die auch er erst mal lernen muss und die anfangs leicht befremdlich wirken können. Folglich ist der ScrumMaster nicht nur für das Coaching des Teams, sondern in vielen Fällen auch fürs Coaching des Product Owner zuständig. Das gilt umso mehr, wenn die Anforderungen im Product Backlog als User Stories beschrieben werden. Hat der Product Owner keine Erfahrung im Schreiben von User Stories, dann muss er vom ScrumMaster ganz eng an die Hand genommen werden. Ganz konkret könnte das so aussehen, dass der ScrumMaster anfänglich gemeinsam mit dem Product Owner an den User Stories arbeitet, sie schreibt, aufsplittet und priorisiert.

3.5.2.6 Belastbare Persönlichkeit

ScrumMaster sein ist gerade zu Beginn eines Projekts ein Vollzeitjob. Der ScrumMaster agiert als Change-Manager, der viele festgefahrene Strukturen aufbrechen muss und sich dabei mit vielen Leuten anlegt. Selbst in Firmen, die explizit einen externen ScrumMaster anheuern und mit der Einführung von Scrum beauftragen, kann es zu großen Problemen und massiven Widerständen kommen. ScrumMaster müssen belastbare Persönlichkeiten sein, die mit viel Engagement für die Sache kämpfen. Das ist anstrengend und kann dazu führen, dass der ScrumMaster seinen Job verliert, was nicht zwangsläufig heißt, dass er schlecht gearbeitet hat. Ist er hingegen erfolgreich und schafft es, Scrum voll zu implementieren, dann wandelt sich sein Job vom anfänglichen Vollzeit- zu einem Teilzeitjob. Das

Team lernt eine ganze Menge von ihm und kann viele Dinge nach einiger Zeit auch ohne seine Hilfe durchführen.

3.5.2.7 Scrum in der Organisation verbreiten

Leistet der ScrumMaster gute Arbeit, kann das Team relativ ungestört vor sich hinarbeiten und tritt maximal einmal am Ende jedes Sprint öffentlich in Erscheinung, um seine Ergebnisse zu präsentieren. Was für die einen nahezu paradiesische Arbeitsbedingungen sind, wird an anderer Stelle der Organisation möglicherweise ganz anders wahrgenommen. Außenstehende sehen vom Scrum-Team vielleicht nur den ScrumMaster, der sich mit jedem anlegt und dafür sorgt, dass man an die Leute nicht mehr rankommt. Kommentar aus der anderen Abteilung: „Früher konnte man Frank mal eben fragen, ob er nicht schnell einen Bug in unserem Altsystem fixen kann. Das geht heute ja nicht mehr, weil die Scrum-Leute anscheinend Wichtigeres zu tun haben."

Die beschriebene Situationen ist nicht ungewöhnlich, und ich habe sie mehr als einmal in unterschiedlicher Form erlebt. Es ist Aufgabe des ScrumMaster, es nicht so weit kommen zu lassen, und das beste Mittel dafür ist Offenheit und Kommunikation. Der ScrumMaster muss Scrum in der Organisation verbreiten und dafür werben. Er ist die Brücke aus dem Projekt heraus in die anderen Projekte und Abteilungen des Unternehmens. Der Scrum-Master kann zum Beispiel einzelnen Abteilungen anbieten, Scrum dort zu präsentieren. Er kann zu den Sprint-Reviews regelmäßig Vertreter aus anderen Projekten einladen. Erfahrene ScrumMaster können anderen Teams anbieten, sie zu coachen und ihnen dabei helfen, eigene ScrumMaster auszubilden. Die Möglichkeiten sind vielfältig. Wichtig ist, dass der ScrumMaster selber aktiv wird, denn die Einladungen der anderen kommen in der Regel nicht von alleine.

Eine ähnliche Außenwahrnehmung wie die anderer Abteilungen oder Projekte kann auf Seiten des Managements entstehen. Hier sitzen vielleicht Leute, die weder das Scrum-Team noch dessen Ergebnisse wahrnehmen. Sie wissen nur, dass es irgendwo noch ein Projekt gibt, das anscheinend tun und lassen kann, was es will, und einmal im Monat Ergebnisse präsentiert. Im schlechtesten Fall kann es auch sein, dass das Projekt selber gut funktioniert, die gelieferten Ergebnisse aber nicht mehr mit der Firmenstrategie korrespondieren. Das Problem ist auch hier die fehlende Brücke aus dem Projekt ins Management, die genau wie die Abteilungsbrücke vom ScrumMaster gebaut werden muss. Der ScrumMaster muss dafür sorgen, dass das mittlere und obere Management mitbekommt, was im Projekt läuft. Er muss sich ein regelmäßiges Forum schaffen und die Arbeit seines Teams beispielsweise einmal im Monat im Geschäftsführermeeting präsentieren. Für diese Präsentationen darf er auch das Medium wechseln und die Informationen managementgerecht, zum Beispiel in Form von Gantt-Charts, aufbereiten. Wichtig ist, dass die Leute sehen, was passiert, und Möglichkeiten zum Eingreifen und Steuern bekommen.

3.5.3 Der Product Owner

Die dritte der drei Hauptrollen eines Scrum-Projekts ist der Product Owner. Die Rolle ist genauso wichtig wie die des Teams oder des ScrumMaster, was leider nicht von jeder Organisation unmittelbar eingesehen wird. Früher brauchte man schließlich nur einen Projektleiter. Jetzt haben wir doch den ScrumMaster, der kann doch bestimmt die Aufgaben des Product Owner mit übernehmen? Die Antwort lautet ausdrücklich: Nein. ScrumMaster und Product Owner sind zwei grundsätzlich verschiedene Rollen mit unterschiedlichen Verantwortungsbereichen. Der ScrumMaster ist für den Prozess und der Product Owner für das Ergebnis zuständig. Beide Rollen arbeiten zusammen, müssen sich aber auch aneinander reiben und können aus diesem Grund nicht von ein und derselben Person repräsentiert werden. Eine der ersten Aufgaben eines neuen ScrumMaster ist also häufig, dafür zu sorgen, dass das Projekt einen Product Owner bekommt.

3.5.3.1 Den Kunden repräsentieren

Der Product Owner ist für den wirtschaftlichen Erfolg des Projekts verantwortlich. Zusammen mit dem Kunden treibt er das Projekt im Sinne von dessen Geschäftsmodell voran. Er arbeitet sich in die Anwendungsdomäne des Kunden ein und sorgt dafür, dass die wertvollste Funktionalität zuerst gebaut wird. Der Product Owner ist die zentrale Schaltstelle, wenn es um die Anforderungen des zu entwickelnden Produkts geht. Er repräsentiert sämtliche Stakeholder, die in irgendeiner Form Interesse am Projekt und Einfluss auf die Anforderungen haben. Alles läuft über ihn. Will beispielsweise die Marketing-Abteilung ein neues Layout für die Messe in drei Monaten, dann führt der Weg über den Product Owner. Alle Anforderungen laufen beim Product Owner zusammen und werden von ihm im Product Backlog gesammelt und priorisiert.

Jedes Scrum-Team hat genau einen Product Owner. Dies ist keine Gruppe oder ein Komitee von Leuten, sondern immer eine einzelne Person. Diese Person bündelt die Interessen aller anderen Stakeholder. Das Team hat einen direkten Ansprechpartner, wenn es um Anforderungen geht, und das ist der Product Owner. Sein Wort zählt, und seine Entscheidungen werden akzeptiert.

Der Product Owner muss die volle Autorität des Kunden besitzen. Er muss im Sprint Planning Meeting selbstständig und ohne Rückfrage entscheiden können, welche Story wichtig ist. Das Gleiche gilt für die Arbeit im Sprint, wenn es um die Details der entwickelten User Stories geht. Hier entscheidet der Product Owner. Der Kunde muss dem Product Owner voll vertrauen. Dafür muss der Product Owner das Geschäftsmodell des Kunden sehr gut kennen und dessen Anforderungen verstehen.

Der Product Owner blickt gemeinsam mit dem Kunden über den aktuellen Sprint hinaus. Er ist der Visionär des Produktes und zeigt dem Team die Zukunft. Das äußert sich zum Beispiel darin, dass der Product Owner die Vision des Projekts entwickelt und dem Team vorlebt, aber auch für die Erstellung des Releaseplans zuständig ist. Während das Team noch mit der Arbeit am aktuellen Sprint beschäftigt ist, arbeitet der Product Owner schon an den User Stories der kommenden Sprints.

3.5.3.2 User Stories und Product Backlog

Der Product Owner schreibt die User Stories. Gemeinsam mit den Stakeholdern arbeitet er an den initialen und sich verändernden Anforderungen des Projekts und macht daraus geeignete Stories. Er ist der Eigner und Chef des Product Backlogs. Alle dürfen das Backlog lesen, aber nur der Product Owner darf es verändern. Er trägt die User Stories ins Backlog ein und splittet sie in kleinere, konkrete Stories auf, wenn sie zu groß für die Umsetzung im Rahmen eines Sprint sind.

Der Product Owner ist für die Priorisierung des Backlog zuständig. In Zusammenarbeit mit den Kunden bewertet er die Stories hinsichtlich ihres Mehrwerts für das Geschäftsmodell des Kunden. Er sorgt dafür, dass immer die wichtigsten Stories als Nächstes umgesetzt werden.

Neben dem Schreiben und Priorisieren der Stories ist der Product Owner für deren Schätzung zuständig. Hierfür benötigt er die Hilfe des Teams, das die Größen der User Stories schätzt. Der Product Owner ist für die Organisation und Moderation der Schätzrunden zuständig. Er muss dafür sorgen, dass alle Stories, die aufgrund ihrer Wichtigkeit für einen der nächsten Sprints vorgesehen sind, über eine Schätzung verfügen. Stellt sich in einer Schätzrunde heraus, dass eine Story zu groß für eine konkrete Umsetzung ist, dann muss der Product Owner die Story in kleinere Stories aufteilen.

3.5.3.3 Mit dem Team durch den Sprint

Während des Sprint arbeitet der Product Owner eng mit dem Team an der Umsetzung der User Stories. Bei der Arbeit mit User Stories ist es entscheidend, der Product Owner immer verfügbar zu haben, um mit ihm an den Details der Stories zu arbeiten. Wenn Sie als ScrumMaster sehen, dass sich der Product Owner im Teambüro frei bewegt, häufig neben den Entwicklern am Schreibtisch sitzt und mit ihnen diskutiert, dann brauchen Sie sich keine Sorgen zu machen. Dies ist die Form des Arbeitens und des Dialogs, den die User-Story-getriebene Entwicklung braucht. Bedenklich wird es erst, wenn Sie den Product Owner mehrere Tage lang nicht gesehen haben.

Der Product Owner hat ein Interesse daran, dass alle für einen Sprint geplanten User Stories fertig sind und das Sprint-Ziel erreicht wird. Er entscheidet über den Funktionsumfang einzelner Stories und muss ein Auge darauf haben, dass das Team nicht ewig an einer Story arbeitet und dadurch die restlichen Stories des Sprint gefährdet. Dies erreicht er, indem er irgendwann Stop sagt und bestimmt, dass der Funktionsumfang einer User Story jetzt ausreicht. Fordert der Product Owner immer neue Funktionen und Details für die ersten Stories des Sprint, dann muss ihm der ScrumMaster klarmachen, dass er so das Sprint-Ziel gefährdet.

3.5.3.4 Bestimmen, wann was fertig ist

Der Product Owner bestimmt, wann eine Story fertig ist. Zum einen hatte ich bereits angesprochen, dass der Product Owner während des Sprint ein Auge darauf haben muss, dass einzelne Stories fertig werden. Zum anderen ist er auch dafür zuständig, zu bestimmen, ob die entwickelte Software fertig und damit auslieferbar ist. Eine Möglichkeit, dies zu tun, ist die Durchführung von Akzeptanztests, nachdem die Story vollständig entwickelt und ins System integriert wurde.

3.5.4 Nebenrolle Kunde

In den vorangegangenen Abschnitten habe ich die drei Hauptrollen eines Scrum-Teams beschrieben. Dabei benutzte ich häufig den Begriff des Kunden, ohne ihn genauer zu definieren – was ich an dieser Stelle nachholen möchte: Der Begriff *Kunde* wird im Folgenden als Oberbegriff für sämtliche Stakeholder des Projekts verwendet, das heißt, für alle

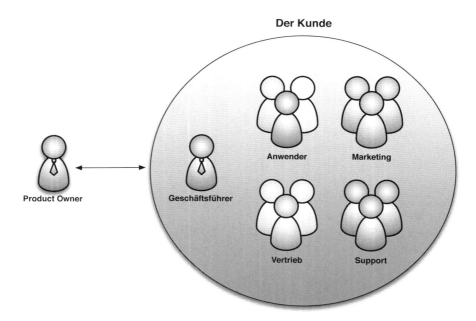

Abbildung 3.3 Der Product Owner repräsentiert die Stakeholder des Projekts

Personen oder Gruppen von Personen, die Interesse und Einfluss auf das zu entwickelnde Produkt haben (siehe Abbildung 3.3).

Der wichtigste Stakeholder, der sich hinter dem Begriff Kunde verbirgt, ist der Anwender. Während ein Unternehmen den Auftrag erteilt und die Entwicklung bezahlt, sind es die Anwender, die die Software am Ende benutzen. Neben der Zusammenarbeit mit dem Product Owner ist es häufig sinnvoll, dass das Team Kontakt zum Anwender pflegt. Das letzte Wort hat zwar immer der Product Owner, aber um die Anwendungsdomäne des Kunden zu verstehen, ist es fürs Team von unschätzbarem Wert, hin und wieder Zeit mit Anwendern zu verbringen und deren Arbeit zu verstehen.

Neben den eigentlichen Anwendern beinhaltet der Begriff Kunde eine Reihe weiterer Gruppen oder Abteilungen: Geschäftsführung, Marketing, Vertrieb, Support und so weiter. Auch hier gilt: Der Product Owner behält den Überblick über alle bekannten Anforderungen. Er bündelt und priorisiert die aus unterschiedlichen Richtungen auf ihn einströmenden Anfragen und trägt sie als User Stories ins Product Backlog ein. Wünscht die Support-Abteilung zum Beispiel eine spezielle Administrationsoberfläche, mit der die Aktionen der zuletzt angemeldeten Benutzer nachvollzogen werden können, dann geht das nur über den Product Owner. Ein anderes Beispiel ist der dringend benötigte Demo-Server, der für den Vertrieb eine extrem hohe Bedeutung hat. Auch diese Anforderung läuft über den Product Owner, der sie aufnimmt und entsprechend hoch priorisiert.

Kunden können in ihren Gesamtkonstellationen unterschiedliche Rollen einnehmen. Zum Beispiel kann der Kunde eine Firma sein, die den Auftrag für eine Produktentwicklung an ein Softwarehaus vergibt. Das zu entwickelnde System kann eine Inhouse-Anwendung sein, und die Anwender sitzen beim Kunden. Oder es handelt sich um die Entwicklung eines Produkts, das von zukünftigen Kunden online oder im Laden gekauft werden soll. Eine weitere Konstellation ist die Entwicklung von Web-Applikationen für Internet-Startups. Hier ist der Kunde das Startup-Unternehmen, das ein Scrum-Team zu sich ins Haus holt und die Anwendung vor Ort entwickeln lässt. Die direkten Anforderer sind dann häufig die Geschäftsführer, die ihre Geschäftsidee in die Tat umsetzen wollen und gemeinsam mit dem Product Owner an den User Stories arbeiten.

Letztendlich ist es für das Scrum-Team egal, wie und mit welcher Organisationsstruktur der Kunde auftritt. Wichtig ist, dass es ihn gibt und sämtliche Anforderungen des Kunden vom Product Owner gebündelt an das Team kommuniziert werden. Wenn ich in diesem Buch die Formulierung „der Product Owner repräsentiert den Kunden" verwende, dann meine ich damit nicht nur das auftraggebende Unternehmen, sondern alle Stakeholder, die das Projekt in irgendeiner Form beeinflussen, aber außerhalb des eigentlich Scrum-Teams stehen.

3.6 Die ideale Arbeitsumgebung

Ein Scrum-Team sollte mit den bestmöglichen Tools und Arbeitsbedingungen ausgestattet sein. Die ideale Arbeitsumgebung ist ein großer Raum, in dem sich genügend Schreibtische, bequeme Rollcontainer, ein WLAN und jede Menge Whiteboards befinden. Jeder Mitarbeiter hat sein eigenes Notebook. Das Team kommt morgens zur Arbeit und stellt sich die für den Tag benötigte Arbeitskonstellation zusammen. Pair-Programming-Teams finden sich, setzen sich zusammen an einen Schreibtisch und rollen ihre Container dorthin. Idealerweise steht auf jedem Schreibtisch ein zusätzlicher Monitor und eine externe Tastatur, an die jeder sein Notebook anschließen kann.

Zusätzlich steht dem Team ein separater Teamraum mit Beamer und Whiteboards zur Verfügung. Hier trifft sich das Team zum Daily Scrum, zur Retrospektive und zum öffentlichen Sprint-Review. Zwischen diesen offiziellen Meetings steht der Raum dem Team als Rückzugsraum für Design-Meetings oder auch zum Telefonieren zur Verfügung.

Die hier beschriebene Arbeitsumgebung kostet Geld. Ich weiß aus Erfahrung, wie schwierig es ist, bei der Geschäftsführung durchzusetzen, dass jeder Mitarbeiter ein eigenes Notebook bekommt und darüber hinaus jeder Schreibtisch mit einem Monitor und einer externen Tastatur ausgestattet wird. Ich kann Ihnen aber versichern, dass es sich lohnt, dafür zu kämpfen und dass es unter dem Strich gar nicht so teuer ist, ein Team mit optimalen Werkzeugen zu versorgen. Ein guter Monitor kostet heute weniger als 500 Euro. Vergleichen Sie diesen Betrag doch einfach mal mit den Kosten, die ein guter Softwareentwickler am Tag kostet. Und dann überlegen Sie, um wie viel produktiver ein gut ausgestatteter Arbeitsplatz ein Pair-Programming-Team macht. Häufig sind es dabei nicht nur die Werkzeuge, die das Team so produktiv machen, sondern auch die Wertschätzung dem Team gegenüber, die man zum Ausdruck bringt, indem man es mit den bestmöglichen Werkzeugen versorgt. Das Team merkt das, fühlt sich respektiert und wird diesen Respekt in Form von Lust an der Arbeit und Produktivität ans Unternehmen zurückgeben.

3.7 Empirisches Management

Nachdem die Grundlagen, Artefakte und Rollen eingeführt sind, möchte ich in diesem Abschnitt einen abschließenden Einblick in den theoretischen Unterbau von Scrum geben. Scrum basiert auf einem empirischen Managementansatz, der sogenannten *Empirischen Prozesskontrolle*. Empirisches Management kommt überall dort zum Einsatz, wo es um die Steuerung komplexer Prozesse geht, deren Verlauf und Verhalten nur schwer oder gar nicht vorhersagbar sind. Softwareentwicklung ist ein extrem komplexes Vorhaben, dessen Komplexität sich in drei Dimensionen äußert: Anforderungen, Technologie und Menschen. Anforderungen sind vage, unzureichend verstanden und extrem veränderlich. Außerdem kommen sie häufig von verschiedenen Parteien, die unterschiedliche Interessen verfolgen. Technologie ist oft neu, fehleranfällig und nur schwer beherrschbar. Und dass Menschen und insbesondere deren Zusammenwirken von enormer Komplexität geprägt ist, weiß wohl jeder. Alle drei Dimensionen sind für sich genommen bereits komplex. Kombiniert man komplexe Elemente zu einem Ganzen, explodiert die Komplexität des Gesamtsystems. Empirische Prozesskontrolle, basierend auf dem Prinzip der Beobachtung und Anpassung, ist der einzig bekannte Kontroll- und Steuermechanismus für komplexe Systeme und deshalb eines der zentralen Elemente von Scrum.

Die wichtigste Voraussetzung für kontinuierliche Beobachtung ist *Sichtbarkeit*: Alle Aspekte, die die Ausgaben des Prozesses beeinflussen, müssen sichtbar sein. Scrum ist ein sehr offener Prozess, in dem ständig ablesbar ist, wo das Team und das Projekt gerade stehen und was die aktuellen Ergebnisse sind. Im Gegensatz zum klassischen Wasserfallvorgehen werden erzielte Ergebnisse nicht erst nach sechs Monaten, sondern spätestens am Ende des aktuellen Sprint, also nach höchstens 30 Tagen, sichtbar. Daily Scrums schaffen auch für Außenstehende täglichen Einblick und machen den Verlauf und Status des aktuellen Sprint sichtbar.

Sichtbarkeit schafft die Voraussetzung für häufiges und wiederholtes *Beobachten*. Wenn der Verlauf und das Ergebnis eines Prozesses schwer vorhersagbar sind, ist es umso wichtiger, den Verlauf und die Ergebnisse mit einer hohen Frequenz zu überprüfen und mit den Erwartungen abzugleichen. Scrum implementiert eine ganze Reihe von Beobachtungsmöglichkeiten: Im Daily Scrum wird der Plan von gestern mit dem heute Erreichten verglichen und im Hinblick auf das Sprint-Ziel bewertet. Im Sprint-Review wird das Ergebnis des Sprint mit den Erwartungen verglichen. In der Sprint-Retrospektive wird der Entwicklungsprozess unter die Lupe genommen.

Weichen das beobachtete Verhalten oder die erzielten Ergebnisse von den Erwartungen ab, dann muss angepasst werden. *Anpassung* ist neben Sichtbarkeit und Beobachtung das dritte Schlüsselelement empirischer Prozesskontrolle. Empirisches Management akzeptiert Abweichungen, aber nur bis zu einem bestimmten Limit. Liegt die Abweichung außerhalb dieses Limits, müssen der Prozess oder das Ergebnis angepasst werden. Beispiele für Anpassungen in Scrum sind Code-Reviews, in denen produzierter Code geprüft und angepasst wird, oder auch Sprint-Reviews, in denen der Kunde feststellt, dass eine User Story überhaupt nicht seinen Erwartungen entspricht und entsprechend im nächsten Sprint überarbeitet werden muss.

Abbildung 3.4 verdeutlicht, wie Empirisches Management ein Projekt entlang seines optimalen Pfades leitetet. Da wir den optimalen Pfad zu Beginn des Projekts nicht kennen, wer-

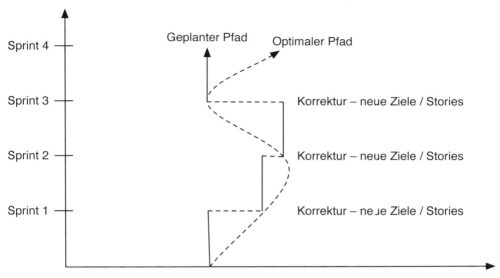

Abbildung 3.4 Beobachten und Anpassen

den Eingaben und Erwartungen nur für einen Sprint, also maximal 30 Tage, definiert. Anschließend wird das Projekt losgelassen und beobachtet. Während des Sprint finden kleinere Korrekturen statt, wie die Reduzierung des Funktionsumfangs einzelner Stories, ohne dabei das Sprint-Ziel zu gefährden. Nach Sprint-Ende wird das erzielte Ergebnis mit den Erwartungen verglichen. Während der Sprint läuft, haben sich vielleicht neue Anforderungen ergeben oder einige der bereits im Product Backlog enthaltenen Anforderungen geändert. Ursprünglich ganz wichtige Anforderungen sind plötzlich gar nicht mehr so wichtig. Dafür hat es eine neue User Story bis nach ganz oben ins Product Backlog geschafft und muss unbedingt im nächsten Sprint umgesetzt werden.

Das Projekt weicht während eines Sprint immer ein Stückchen vom optimalen Pfad ab. Logisch, schließlich entwickelt und verändert sich der optimale Pfad ja erst während des Sprint. Der Kunde lernt, was er wirklich will und was er von den ursprünglich geplanten Funktionen gar nicht benötigt. Und das Team schafft auch nicht immer alles, was am Anfang eines Sprint geplant war, woraus sich auch eine Abweichung vom geplanten Pfad ergibt. Empirisches Management macht diese Abweichungen transparent und korrigiert an definierten Aufsetzpunkten. Am Ende jedes Sprint wird das erreichte Sprint-Ziel geprüft und basierend auf den dann aktuellen Anforderungen im Product Backlog ein neuer Sprint geplant. Das Projekt wird auf den optimalen Pfad zurückgeschoben, und das Spiel beginnt von vorn.

3.8 Zusammenfassung

- Scrum ist ein Framework für das Management komplexer Softwareprojekte. Scrum ist kein fertiger Prozess, sondern ein Rahmen, der es Organisationen ermöglicht, ihren eigenen Prozess aufzusetzen und bewährte Entwicklungspraktiken beizubehalten und darin einzubetten.
- Scrum besteht aus einem Satz einfacher Regeln, Prinzipien, Rollen, Artefakten und Meetings. Das Herz und der Rhythmus von Scrum sind aneinandergereihte Sprints und die darin enthaltenen Daily Scrums. Ein Sprint ist eine Entwicklungsperiode fester Länge, in der das Team die im Sprint Planning Meeting abgesprochenen Anforderungen in verwendbare Software umsetzt. Am Ende jedes Sprint werden das Ergebnis im Sprint-Review und der Entwicklungsprozess in der Sprint-Retrospektive überprüft.
- Scrum definiert die drei Rollen *Team*, *ScrumMaster* und *Product Owner*. Eine Rolle ist eine Menge von Verantwortlichkeiten. Das Team entwickelt die Software, der ScrumMaster implementiert Scrum und sorgt für optimale Arbeitsbedingungen des Teams, und der Product Owner steuert den geschäftlichen Verlauf des Projekts, indem er zusammen mit dem Kunden dessen Anforderungen beschreibt und priorisiert.
- Scrum basiert auf Ideen der empirischen Prozesskontrolle und deren zentralem Prinzip des kontinuierlichen Beobachtens und Anpassens. Fest geplant wird immer nur für die relativ kurze Dauer eines Sprint. Das Ergebnis und der Ablauf des Sprint werden beobachtet und entsprechend den Erwartungen angepasst.

3.9 Wie geht es weiter?

Dieses Kapitel hat den ersten Teil des Fundaments dieses Buches, bestehend aus Scrum und User Stories, gelegt. Im nächsten Kapitel tauchen wir aus den Tiefen von Scrum wieder auf und beschäftigen uns mit dem zweiten Teil des Fundaments, der Beschreibung von Anforderungen mit Hilfe von User Stories.

4 User Stories

User Stories sind ein etabliertes und weit verbreitetes Konzept für die Beschreibung und das Management von Anforderungen in agilen Softwareprojekten. Im Vergleich zu traditionellen Mitteln des Anforderungsmanagements sind User Stories sehr viel unschärfer und offener formuliert. Sie lassen viel Raum für Änderungen und helfen dabei, ein System zu entwickeln, das der Kunde wirklich will, und nicht eines, das vor einem Jahr spezifiziert wurde.

User Stories beschreiben Anforderungen aus Sicht des Benutzers. Der sichtbare Teil einer User Story ist ihre Story-Karte, die den Kern der Anforderung in einem Satz beschreibt. Die Story-Karte dient im Wesentlichen als Platzhalter für die spätere Konversation zur User Story. Denn genau hierauf kommt es an: Konversation ist der wichtigste Bestandteil einer User Story. Das bedeutet konkret, dass die Details und konkrete Ausprägung einer User Story erst während ihrer Entwicklung im Dialog zwischen Product Owner und Team geklärt werden.

Der Kommunikationsaspekt einer User Story ist etwas, das viele Entwicklungsteams noch nicht ausreichend verstanden haben. Vielfach werden User Stories als eine Art moderne Use Cases der agilen Softwareentwicklung verstanden. Use Cases liefern zwar, ähnlich wie User Stories, einen konkreten Geschäftswert, sind aber von vornherein wesentlich vollständiger und genauer spezifiziert, als User Stories.

Die Unvollständigkeit von Stories ist Teil ihres Konzepts. User Stories akzeptieren den Umstand, dass Benutzer und Kunden erst relativ spät wissen, was sie wollen, nämlich erst dann, wenn sie Teile des Systems kennengelernt und ausprobiert haben. Sowohl dem Team als auch dem Kunden muss klar sein, dass eine User Story zunächst etwas sehr Vages ist, was aber umso konkreter wird, je näher die Story an ihre eigentliche Umsetzung rückt und erst während der Entwicklung sehr konkret wird. Das entscheidende Mittel hierfür ist die Kommunikation, das heißt das Gespräch über die User Story.

Dieses Kapitel führt in das Konzept von User Stories ein, beschreibt deren Aspekte und Eigenschaften und erklärt, was gute Stories sind und wie man sie schreibt. Des Weiteren wird begründet, weshalb sich User Stories so gut für die agile Softwareentwicklung und insbesondere für Scrum eignen.

4.1 Was sind User Stories?

Eine User Story beschreibt eine Anforderung an ein Softwaresystem. Die Anforderung besitzt einen konkreten und sichtbaren Mehrwert für den Kunden. Die User Story „Als Coach will ich mein Profil einstellen" besitzt einen solchen Mehrwert. Wenn die Story implementiert wird, verfügt das System über eine neue Funktionalität, die den Geschäftswert der Anwendung erhöht. Ein Gegenbeispiel ist die Anforderung „Die Software soll in Java programmiert werden". Dies ist keine User Story, da es dem Kunden keinen Mehrwert im Sinne seines Geschäftsmodells liefert, wenn die Anwendung in Java programmiert wird.

Ein weiteres wichtiges Merkmal einer User Story ist ihre Bedeutung für den Kunden. Die Story muss für den Kunden eine Bedeutung im Kontext seines Geschäftsumfelds besitzen. Beispielsweise hat die Anforderung „Die Anwendung muss auf zwei Applikationsservern laufen" keinerlei Bedeutung für den Kunden im Sinne seines Kerngeschäfts. Natürlich ist es wichtig, dass die Anwendung ausfallsicher läuft. Aber eben nicht als Geschäftswert an sich, und deshalb ist die Anforderung keine User Story.

Den Begriff User Story kennen viele Entwickler. Einer weit verbreiteten Meinung nach ist eine User Story eine handgeschriebene Karte mit Informationen zur umzusetzenden Anforderung. Das stimmt zwar, ist aber nur die halbe Wahrheit.

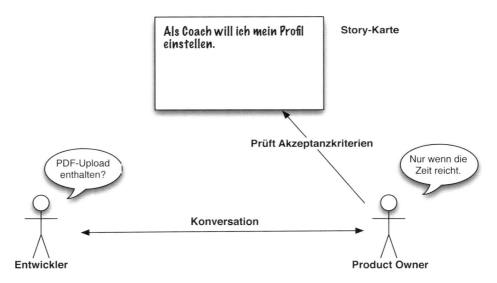

Abbildung 4.1 Karte, Konversation, Akzeptanzkriterien

Abbildung 4.1 zeigt, dass eine User Story aus drei Teilen besteht: Karte, Konversation und Akzeptanzkriterien. Der wichtigste Teil der Story ist die ihr zugrunde liegende Konversation. Und genau daran soll die Karte erinnern. Sie ist ein Versprechen des Teams an den Product Owner, sich im Detail über die Story zu unterhalten, sobald sie konkret wird. Sobald es an die konkrete Entwicklung der Story geht, beginnen die Entwickler und der Product Owner einen Dialog, der bis zur Fertigstellung der Story andauert und in vielen kleinen Feedback-Schleifen die Details der Story herausarbeitet.

Der dritte Teil einer User Story sind neben Karte und Konversation ihre Akzeptanzkriterien, die bestimmen, wann eine Story vollständig umgesetzt und im Sinne der geltenden „Definition of Done" fertig ist (siehe dazu Abschnitt 10.3.3).

User Stories basieren auf der von Ron Jeffries (einem der Begründer des Extreme Programmings) 2001 eingeführten Alliteration *CCC* [Jeffries 2001]. Das erste C steht für die Karte (Card), das zweite C für die Konversation (Conversation) und das dritte C für die Akzeptanzkriterien (Confirmation) der Story.

4.1.1 Story-Karte

Die Story-Karte ist der sichtbare Teil einer User Story und beschreibt in einem Satz den Kern der umzusetzenden Anforderung. Eine Story-Karte repräsentiert eine Anforderung, beschreibt sie aber nicht im Detail. Die Story-Karte bringt den Kern der Anforderung mit einer zielorientierten Aussage auf den Punkt:

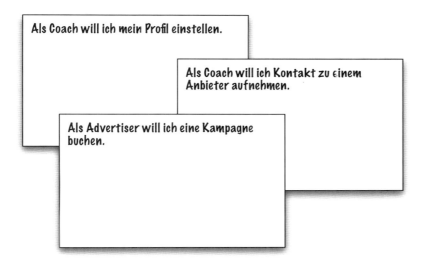

Abbildung 4.2 Story-Karten

Die Story-Karte drückt das Ziel des Benutzers möglichst klar aus. In einem Marktplatz für Internetwerbung will ein Advertiser Kampagnen buchen. Dies ist sein Ziel. Umfasst die Software eine Funktion, mit der er dieses Ziel erreichen kann, dann besitzt die Software einen Wert für ihn.

Story-Karten werden üblicherweise auf A5-Karteikarten geschrieben. Karteikarten kann man für das gesamte Team gut sichtbar an ein Whiteboard hängen, lassen sich einfach umsortieren, neu schreiben oder auch durchreißen, wenn die Anforderung keine Gültigkeit mehr hat oder fertig entwickelt wurde. Darüber hinaus haben Karteikarten nur begrenzt Platz zum Schreiben. Selbst wenn man wollte, kann man nicht beliebig viele Details auf einer Karte notieren. Indem man bewusst kleine Karteikarten wählt, verzögert man das Festlegen von Details.

Karteikarten untermauern auch die veränderliche Natur von User Stories. Wenn ein Detail einer Story nicht mehr gilt, wird es durchgestrichen. Ergibt sich ein neues Detail, wird es einfach auf die Karte geschrieben. Das geht viel schneller, als die entsprechende Stelle in einem elektronischen Anforderungsdokument zu suchen, zu ändern und neu zu verteilen.

4.1.2 Konversation

Der Schlüssel zu einer guten User Story ist Konversation. Eine Story wird konkret, sobald sie im Rahmen eines anstehenden Sprint umgesetzt werden soll. Dies ist der Zeitpunkt, zu dem das Team sein Versprechen einlöst und die Details der Story mit dem Product Owner bespricht.

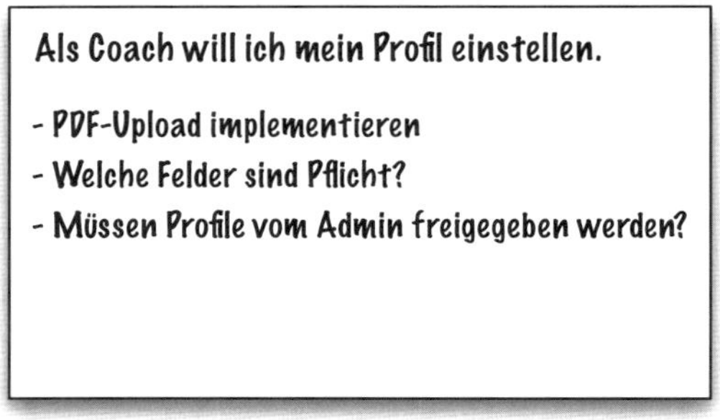

> Als Coach will ich mein Profil einstellen.
> - PDF-Upload implementieren
> - Welche Felder sind Pflicht?
> - Müssen Profile vom Admin freigegeben werden?

Abbildung 4.3 Details einer User Story

Details oder Fragen zu einer User Story werden auf der Vorderseite der Story Karte notiert. Handgeschriebene Story-Karten haben den Vorteil, dass Entwickler oder Product Owner mal schnell zum Whiteboard gehen und ein Detail oder eine Frage auf die Karte schreiben können.

Basierend auf intensiver Kommunikation zwischen Team und Product Owner werden mehr und mehr Details einer Story herausgearbeitet und die Story iterativ vervollständigt. Die Kommunikation kann dabei so intensiv werden, dass so gut wie gar keine Notizen mehr gemacht werden. Der Entwickler setzt die besprochenen Details im Sprint unmittelbar um und präsentiert dem Product Owner das Ergebnis direkt am laufenden System.

4.1.3 Akzeptanzkriterien

Ein wichtiges Scrum-Prinzip ist, dass nur fertige, das heißt abgeschlossene Dinge einen Wert haben. Die Akzeptanzkriterien einer Story geben vor, wann die Story fertig ist und einen Mehrwert für den Kunden liefert. Akzeptanzkriterien werden vom Product Owner gemeinsam mit dem Team erarbeitet und auf die Rückseite der Story-Karte geschrieben (Abbildung 4.4).

Akzeptanzkriterien sind genauso wenig fest wie die Details einer User Story. Zwar überlegt sich der Product Owner, welchen Kriterien die Story genügen soll, muss aber keinesfalls

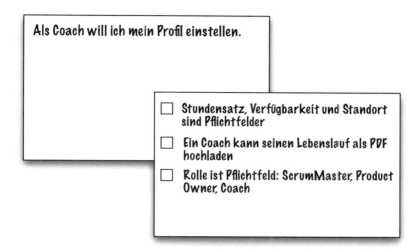

Abbildung 4.4 Akzeptanzkriterien auf der Rückseite der Story-Karte

daran festhalten. Die Details der Story ergeben sich aus dem Dialog während ihrer Umsetzung. Nimmt die Story dabei eine andere Richtung als ursprünglich geplant, ändern sich auch ihre Akzeptanzkriterien.

Für die Entwickler sind die Akzeptanzkriterien wichtige Anhaltspunkte, was denn eigentlich zu tun ist. Sie konkretisieren das Ziel der Story und geben vor, wann das Team mit seiner Arbeit fertig ist. Für Tester und Product Owner sind Akzeptanzkriterien wichtige Hinweise für die Durchführung von Akzeptanztests, nachdem die Story fertig entwickelt und integriert wurde.

Ausführliche Informationen über das Schreiben von Akzeptanzkriterien und die Durchführung von Akzeptanztests finden Sie in Kapitel 11, *User Stories Akzeptanztesten*.

4.2 Warum User Stories?

Jeder Softwareentwickler weiß, wie schwierig es ist, Anforderungen so genau zu spezifizieren, dass sich eine schriftliche Spezifikation als Basis für die zu entwickelnde Software eignet. Kunden wissen in der Regel erst dann, was sie wollen, wenn sie eine erste Version der Software gesehen und ausprobiert haben. Selbst wenn eine sehr genaue Beschreibung der Anforderungen gelingt, bekommt der Kunde im besten Fall das, was zu Anfang des Projekts aufgeschrieben wurde. Und das ist mit großer Wahrscheinlichkeit nicht das, was er sich vorgestellt hat. Schlimmer noch: Die Erwartungen des Kunden haben sich bis zum Projektende auch noch verschoben.

Überspitzt formuliert bedeutet obige Beobachtung: Möchte man etwas entwickeln, was der Kunde wirklich will, dann sollte man es nicht aufschreiben. User Stories verlagern den Schwerpunkt des Anforderungsmanagements vom Schreiben aufs Sprechen. Sie forcieren die verbale statt der geschriebenen Kommunikation und fördern den Dialog zwischen Entwickler und Kunden. Stories sind frei von technischem Jargon und werden vom Kunden und Entwickler gleichermaßen verstanden. Eine enge Zusammenarbeit wird möglich, und der Kunde wird Teil des Teams.

In Scrum wird der Kunde vom Product Owner repräsentiert. Idealerweise steht der Product Owner dem Team in Vollzeit zur Verfügung und kann so Anforderungen „just in time" diskutieren und unmittelbar Feedback liefern. Es ist sichergestellt, dass die Entwickler – wenn überhaupt – nur für sehr kurze Zeit in die falsche Richtung laufen. Der Product Owner beeinflusst die Details einer Story zum Zeitpunkt ihrer Entstehung und bekommt das, was er haben will. Kurze Feedback-Schleifen helfen dem Entwickler, sich in den Kunden hineinzuversetzen und zu verstehen, was er will.

User Stories eignen sich sehr gut für die iterative Entwicklung und damit für die Verwendung in Scrum. Es müssen nicht alle Stories geschrieben werden, bevor mit der Entwicklung begonnen wird. Ideen oder Stories, die noch nicht für den nächsten Sprint bestimmt sind, können als Epic[1] notiert und zur Seite gelegt werden. Nur die konkret anstehenden Stories müssen detaillierter behandelt werden. Details werden verzögert, bis man ein besseres Verständnis vom Problem hat. Es wird keine Zeit damit verschwendet, Dinge zu detaillieren, die man später vielleicht gar nicht benötigt. Es ist nicht ungewöhnlich, dass ein Teil der ursprünglichen Funktionalität zu einem späteren Zeitpunkt verworfen wird, weil der Kunde ständig dazulernt und erst im Laufe des Projekts erkennt, was er wirklich will.

User Stories haben eine gute Planungsgröße, können im Rahmen einzelner Sprints vollständig umgesetzt werden und eignen sich gut für die Sprint- und Releaseplanung innerhalb von Scrum. Die Bedeutung und damit die Wichtigkeit einer User Story kann vom Product Owner verstanden und bewertet werden. Der Product Owner kann beurteilen, welche Story den größten Geschäftswert liefert, und dafür sorgen, dass die wichtigsten Stories in den nächsten Sprints entwickelt werden.

Das Entwicklerteam bekommt durch die Verwendung von User Stories das angenehme Gefühl, etwas Wertvolles zu schaffen. Stories definieren klare und greifbare Ziele. Entwickler sehen das Ziel deutlich vor Augen und wissen am Ende des Tages, was sie geschafft haben.

■ 4.3 User Stories schreiben

User Stories werden vom Product Owner geschrieben. Die Ideen dafür kommen allerdings von sehr vielen Seiten: künftige Anwender, Auftraggeber, Entwicklungsteam, Marketingabteilung, ScrumMaster usw. Alle Interessenvertreter haben ein Mitspracherecht, wenn es um die Anforderungen des Produkts geht. Der Product Owner muss daher nicht zwangsläufig ein Experte der Anwendungsdomäne sein. Viel wichtiger ist, dass er ein Experte im Anforderungsmanagement mit User Stories ist. Seine Arbeit besteht darin, die Anforderungen der unterschiedlichen Interessenvertreter zu bündeln und aus ihnen User Stories zu

---

[1] Epics sind große User Stories, die in erster Linie als Platzhalter für weiter zu konkretisierende Ideen oder Themenbereiche dienen. Sie werden in Abschnitt 4.3.4 ausführlich beschrieben.

formulieren. Er ist der einzige Projektteilnehmer mit Schreibrechten aufs Product Backlog. Alle anderen dürfen nur lesen und ihren Input über den Product Owner einbringen.

Die Qualität der User Stories hat maßgeblichen Einfluss auf den Erfolg des Projekts. Gute User Stories schüttelt man nicht mal so eben aus dem Ärmel. Fragen wie „Ist das überhaupt eine Story?", „Ist die Story nicht viel zu groß?" oder „Wie viel Detail ist genug?" sind gerade für neue Product Owner schwer zu beantworten. Dieser Abschnitt fasst einige Hinweise zusammen, die Sie beim Schreiben von User Stories beachten sollten

4.3.1 Die Sprache des Kunden

User Stories werden in der Sprache des Kunden geschrieben, das heißt, in der Sprache der jeweiligen Anwendungsdomäne. Die Stories einer Bankanwendung verwenden üblicherweise Begriffe wie *Konto*, *Überweisung*, oder *Unterkonto*:

- Als Kunde will ich Geld auf andere Konten überweisen.
- Als Kunde will ich Unterkonten einrichten.

Ein anderes Beispiel sind Marktplätze für Werbung im Internet. In diesem Umfeld findet man Begriffe wie *Advertiser* – jemand, der eine Kampagne bucht – oder *Publisher* – jemand, der Werbeflächen anbietet:

- Als Advertiser will ich eine Kampagne buchen.
- Als Publisher will ich Werbeflächen verkaufen.

Der Product Owner muss sich intensiv in die Anwendungsdomäne des Kunden einarbeiten und lernen, in der Sprache dieser Domäne zu denken und zu schreiben. Das Gleiche gilt für das Team, das häufig mit unterschiedlichen Anwendungsdomänen konfrontiert ist. Die Entwickler sind Experten in der Softwareentwicklung, müssen sich aber von Projekt zu Projekt auf neue Anwendungsumfelder einstellen und das zugrunde liegende Geschäft und dessen Vokabular lernen. User Stories helfen das Wissen über die Anwendungsdomäne im Team zu verbreiten. Sie fordern und fördern die Kommunikation zwischen Team und Product Owner, und diese ist nur dann effektiv, wenn alle Beteiligten dieselbe Sprache sprechen und verstanden haben, worum es geht.

4.3.2 Benutzerrollen

User Stories repräsentieren Ziele, die Benutzer mit dem System erreichen wollen. Unterschiedliche Benutzer haben unterschiedliche Ziele. Thomas zum Beispiel ist ein Scrum-Master und sucht ein neues Projekt. Die Firma B-Simple ist auf der Suche nach einem qualifizierten Scrum-Coach, der sie bei ihrem ersten Scrum-Projekt unterstützt. Oder ein ehemaliger Kunde von Thomas ist so begeistert von dessen Arbeit, dass er ihm gerne eine Empfehlung ausstellen und ihn so bei der Suche nach neuen Projekten unterstützen möchte.

Thomas, B-Simple und der ehemalige Kunde sind Stellvertreter für Gruppen mit unterschiedlichen Zielen. Um die Ziele der jeweiligen Benutzer zu analysieren, werden Benutzer zu Rollen zusammengefasst und das System aus Sicht dieser verschiedenen Rollen betrachtet. Die offensichtlichen Rollen von Scrumcoaches.com:

- Scrum-Coaches

- Projektanbieter
- Ehemalige Kunden

Die Ziele dieser Rollen sind ähnlich offensichtlich: Scrum-Coaches wollen Aufträge finden, Projektanbieter wollen Coaches finden, und ehemalige Kunden wollen Coaches bewerten.

User Stories werden immer aus Sicht einer bestimmten Benutzerrolle geschrieben. Benutzerrollen sind die treibende Kraft beim Schreiben von Stories und machen die Stories sehr viel ausdrucksstärker und konkreter. Die Aussage „Ein Scrum-Coach kann sich anmelden" ist deutlich konkreter als die Aussage „Ein Anwender kann sich anmelden". Die erste Version bringt klar auf den Punkt, für wen die Story gedacht ist, und beantwortet dadurch implizit eine Reihe von Fragen. Welche Seite sieht der Anwender zum Beispiel nach seiner erfolgreichen Anmeldung? In der ersten Version ist die Antwort einfach: Der Scrum-Coach sieht die Startseite für Coaches, mit den für Coaches zur Verfügung stehenden Funktionen. Die zweite Formulierung macht die Antwort sehr viel komplizierter: Wenn es sich um einen Projektanbieter handelt, dann zeigen wir ihm die Anbieter-Startseite; wenn sich ein Administrator anmeldet, dann zeigen wir ihm ein Menü mit Verwaltungsfunktionen, usw. Da ist es einfacher, von vornherein eine Anmelde-Story für jede Benutzerrolle zu schreiben. Ist nicht klar, aus welcher Rollensicht eine User Story geschrieben werden soll, dann ist das entweder ein Hinweis auf eine zu große Story oder auf eine noch nicht vorhandene Rolle.

Neben zusätzlicher Ausdrucksstärke bieten Benutzerrollen den Vorteil, dass sich aus ihnen sehr viel leichter Ziele ableiten und die passenden User Stories schreiben lassen, als wenn man das gesamte System unabhängig davon betrachtet, wer es gerade benutzt. Benutzermodellierung sollte deshalb Teil des initialen Anforderungsworkshops sein. Bevor das Scrum-Team und alle anderen Interessenvertreter mit der Analyse der Anforderungen beginnt, findet ein Rollen-Brainstorming statt, in dem jeder Teilnehmer die ihm in den Sinn kommenden Rollen auf je eine Karteikarte schreibt. Darüber hinaus ist es hilfreich, die Ziele der jeweiligen Rolle gleich mit auf der Karte zu notieren. Das erleichtert das spätere Aussortieren und das Schreiben der ersten Stories. Sind alle Teilnehmer fertig, legen sie reihum die von ihnen geschriebenen Karten auf den Tisch. In der dabei stattfindenden Diskussion werden Duplikate entfernt, Rollen geteilt oder zusammengefasst sowie zusätzlich benötigte Rollen hinzugefügt. Abbildung 4.5 zeigt das Ergebnis des Scrumcoaches-Rollen-Brainstorming.

Abbildung 4.5 Benutzerrollen der Scrumcoaches-Anwendung

Im nächsten Abschnitt erkläre ich, wie die modellierten Benutzerrollen in der Beschreibung von User Stories verwendet werden, indem die Stories nach einem sehr stringenten, dafür aber sehr ausdrucksstarken Muster beschrieben werden.

4.3.3 User-Story-Muster

User Stories werden in einem einzigen Satz auf ihrer Story-Karte beschrieben. Für die Beschreibung hat sich das folgende Muster bewährt:

> Als <Benutzerrolle> will ich <das Ziel>[, so dass <Grund für das Ziel>].

Das Muster enthält drei Platzhalter: Die *Benutzerrolle* wird durch die entsprechende Rolle ersetzt, aus deren Sicht die Story geschrieben wird. Das *Ziel* drückt den Kern der von der Story-Karte beschriebenen Anforderung aus. Der optionale *Grund für das Ziel* erklärt die Motivation, weshalb die Benutzerrolle überhaupt das genannte Ziel hat. Einige Beispiele verdeutlichen das Prinzip:

Tabelle 4.1 User Stories nach Muster

Benutzerrolle	Ziel	Grund
Als Scrum-Coach	will ich mich anmelden,	so dass ich mein Profil einstellen kann.
Als Anbieter	will ich nach Coaches suchen,	so dass ich Kontakt aufnehmen kann.
Als ehemaliger Kunde	will ich einen Coach bewerten,	so dass sich seine gute Arbeit herumspricht.

Das Muster stammt von Mike Cohn. Während er in seinem ersten Buch [Cohn 2004] noch die vereinfachte Form „Der Benutzer kann sich anmelden" beschreibt, verwendet er in seinem zweiten Buch [Cohn 2006] konsequent die hier beschriebene Form und liefert in seinem Blog die zugehörige Begründung [Cohn 2008: p24]. Mike Cohn hat mit der Beschreibung und Verbreitung dieses Musters etwas genial Einfaches geschaffen, indem er mit ganz wenigen Worten sehr viele Informationen übermittelt. Mit einem einzigen Satz werden drei Fragen beantwortet: Wer will etwas, was will derjenige, und warum will er es? Das Muster zwingt den Product Owner geradezu, den Geschäftswert der Story in nur einem einzigen Satz auf den Punkt zu bringen, und das ist ein sehr einfacher, dafür umso wirkungsvollerer Leitfaden für das Schreiben von User Stories.

4.3.4 Epics

Nicht alle Stories werden auf derselben Granularitätsebene geschrieben. Je näher eine Story an den nächsten Sprint rückt, desto konkreter sollte sie sein. Um die unterschiedlichen Detailebenen und die jeweilige Nähe zum nächsten Sprint deutlich zu machen, wird zwischen Epics und konkreten User Stories unterschieden. Epics sind große User Stories, die weder vernünftig geschätzt noch innerhalb eines Sprint entwickelt werden können. Abbildung 4.6 zeigt einige Beispiele für Epics.

Ein gutes Beispiel für ein Epic ist die Story „Rechnungsstellung". Hier wird auf den ersten Blick klar, dass die Story viel zu groß ist und vor ihrer Entwicklung auf eine ganze Reihe konkreterer Einzelstories heruntergebrochen werden muss. Viele der in diesem Epic enthaltenen Stories liegen auf der Hand: „Bezahlung per Kreditkarte", „Bezahlung per Überweisung", „Rechnungsversand per Post" oder „Buchhaltungssystem anbinden". Einige die-

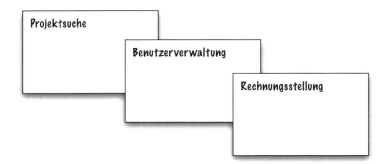

Abbildung 4.6 Einige Epics

ser Stories, wie die Anbindung des Buchhaltungssystems, sind selber wiederum Epics, die weiter heruntergebrochen werden müssen.

Mit Epics lassen sich große Teile des Systems schnell beschreiben, ohne dabei zu sehr ins Detail zu gehen. Sie sind ein Hilfsmittel, um das Wissen über ein System hierarchisch zu strukturieren und erst dann zu konkretisieren, sobald es wichtig wird. Üblicherweise starten Projekte mit einer Reihe von Epics, die zunächst nur als Platzhalter im Product Backlog stehen und den groben Rahmen des Systems abstecken. Für Scrumcoaches.com könnten dies zum Beispiel die Epics „Projektsuche", „Profilmanagement" und „Coach-Suche" sein. Das Product Backlog wird mit Epics gefüllt und je nach deren Priorität auf konkretere Stories heruntergebrochen. Abbildung 4.7 zeigt das Herunterbrechen des Epics „Profilmanagement".

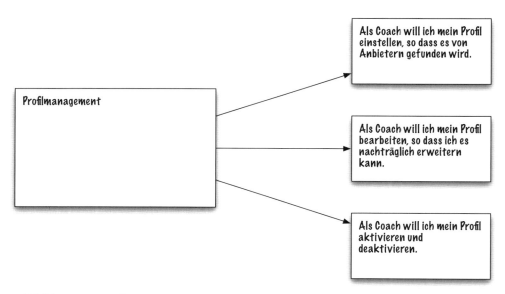

Abbildung 4.7 Ein Epic wird zu konkreten User Stories

Epics müssen nicht zwingend dem User Story-Muster *Als <Benutzerrolle> will ich <das Ziel>[, so dass <Grund für das Ziel>]* folgen. Häufig entstehen Epics aus einer Idee, die mal eben schnell aufgeschrieben wird. Dabei ist meistens noch nicht klar, welcher Benutzerrolle die Story zugute kommt, so dass es sich nicht lohnt, lange über ihre Formulierung nachzudenken. Ein gutes Beispiel ist erneut das Epic „Rechnungsstellung", von der eine ganze Reihe Benutzerrollen betroffen sind: Projektanbieter bezahlen für die erfolgreiche Vermittlung, die Zahlungseingänge werden vom Betreiber überprüft, oder Coaches zahlen für die Nutzung erweiterter Funktionalität.

Epics eignen sich zum Festhalten von User Stories, von denen man noch nicht genau weiß, ob man sie wirklich braucht. Beispielsweise könnte der Product Owner von Scrumcoaches.com im Laufe des Projekts auf die Idee kommen, einige Zusatztools für Scrum-Projekte über die Plattform anzubieten. Das Naheliegendste ist vielleicht ein elektronisches Product Backlog, und der Product Owner notiert die Anforderung als Epic im Backlog.

Epics haben eine niedrige Priorität. Sie sind zu wenig konkret, als dass sie direkt ins Selected Backlog eines Sprint übernommen werden könnten. Der Product Owner ist dafür zuständig, die Epics des Product Backlog regelmäßig durchzugehen und zu prüfen, welche Bedeutung das Epic wirklich hat. Wichtige Epics steigen in ihrer Priorität, was zur Folge hat, dass sie in mehrere Stories aufgeteilt werden müssen. Kapitel 7, *User Stories fürs Product Backlog*, beschreibt verschiedene Techniken für das Herunterbrechen von Epics auf konkrete User Stories.

4.3.5 Themen

Neben Epics findet man in der Literatur noch den Begriff des *Themas* [Cohn 2004]. Ein Thema ist kein eigenständiger Story-Typ, sondern eine Menge zusammengehöriger User Stories, die sich um ein bestimmtes funktionales Thema herum gruppieren. Themen entstehen beim Aufteilen von Epics in konkrete User Stories. Wie Sie im vorangehenden Abschnitt lesen konnten, enthält das Epic „Profilmanagement" eine ganze Reihe von User Stories. Das Epic wird durch Aufteilung in User Stories zum Thema, das jetzt die neue logische Klammer um den funktionalen Bereich „Profilmanagement" ist.

In meiner praktischen Arbeit mit User Stories sind Themen zumeist ein theoretisches Konzept geblieben. Meiner Erfahrung nach reichen Epics und User Stories aus, um ein mit User Stories gefülltes Product Backlog zu erarbeiten und zu pflegen, so dass der Begriff des Themas im weiteren Verlauf des Buches nur noch selten auftaucht. Bereiche, in denen Themen sinnvoll sind, sind Priorisierung und Release Management. Häufig lassen sich ganze Themen einfacher priorisieren als einzelne User Stories. Ein praktisches Beispiel zum themenbasierten Release Management kann ich aber doch bieten: Das Thema „Rechte und Rollen" ist ein Beispiel aus einem konkreten Projekt. Das Thema bestand aus insgesamt sieben User Stories, wobei sich der Gesamtwert für den Kunden erst offenbart hat, nachdem alle sieben Stories umgesetzt waren. Wir haben das Thema auf zwei Sprints verteilt, die Software aber erst wieder ausgeliefert, nachdem das komplette Thema umgesetzt war.

4.3.6 Wie viel Detail?

Product Owner kommen häufig aus dem klassischen Produkt- oder Projektmanagement und sind es gewohnt, Anforderungen von vornherein sehr genau abzustimmen und detailliert zu beschreiben. User Stories erfordern ein Umdenken. Details werden nicht mehr weit im Vorfeld der Story ausgearbeitet und aufgeschrieben, sondern erst, wenn die Story konkret wird. Für den Product Owner wird die Story konkret, sobald er absehen kann, dass die Story Teil eines der nächsten Sprints werden wird. Ab diesem Punkt kann er beginnen, Informationen zu sammeln, Rücksprache mit dem Kunden zu halten und sich zu überlegen, wie er dem Team die Story im Sprint Planning Meeting präsentieren wird. Für das Team wird die Story meistens erst im Sprint Planning Meeting konkret, wo es darum geht, sie genauer zu analysieren und erste Details in Form von Notizen, Fragen und Akzeptanztests zu notieren. Die wirklichen Details werden allerdings erst während der Entwicklung der Story im Dialog zwischen Team und Product Owner geklärt. Solange aber nicht abzusehen ist, ob und wann die Story wirklich entwickelt wird, lohnt sich eine intensive Beschäftigung mit deren Details noch nicht.

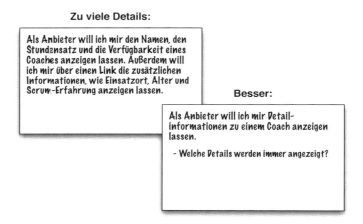

Abbildung 4.8 Zu viele Details

Abbildung 4.8 zeigt zwei Story-Karten für dieselbe User Story, in der es um die Anzeige der Details eines Suchergebnisses geht. Wenn die Story geschrieben wird, ist vielleicht noch gar nicht klar, welche Attribute ein Coach besitzt und welche davon optional sind. Besser ist es, die Story offen zu lassen und erforderliche Details als Fragen zu formulieren. Die Story wird allgemein gehalten, wodurch Raum für ihre Verhandlung während der Entwicklung entsteht (siehe dazu auch Abschnitt 4.4.2).

Das Gegenteil von zu detaillierten Stories sind zu weit gefasste Stories, die keine abgeschlossene Funktionalität repräsentieren. „Als Projektanbieter will ich das von mir eingestellte Angebot managen." Diese Story ist nicht konkret genug. Sie ist zu offen formuliert und kann alles Mögliche beinhalten. Besser sind Stories wie: „Als Projektanbieter will ich ein Projektangebot einstellen" oder „Als Projektanbieter will ich ein Projektangebot löschen". Jede Story sollte eine abschließbare Anforderung repräsentieren. Zu offene Stories sind nur schwer schätz- und planbar, da sie keine Kriterien für ihren Umfang besitzen.

4.3.7 Keine Technik

User Stories sind frei von technischem Jargon. Den Product Owner oder Kunden interessiert es nicht, ob die Anwendung auf zwei Applikationsservern läuft oder in Ruby programmiert wurde. Diese Informationen liefern keinen sichtbaren Mehrwert im Sinne des Kerngeschäfts des Kunden und haben deshalb in User Stories nichts zu suchen. Statt technische Details und nicht-funktionale Anforderungen mit auf die Story-Karte zu schreiben, werden sie als sogenannte *Constraints*[2] formuliert und auf separate Karteikarten geschrieben (siehe dazu auch Abschnitt 7.5.2).

4.3.8 Keine Benutzeroberfläche

User Stories treffen keinerlei Annahmen über die Benutzeroberfläche. Eine Story beschreibt ausschließlich das Ziel einer Rolle, wie „Als Kunde will ich eine Mail versenden". Teil der Story ist nicht, über was für eine Art Dialogfenster der Mailtext eingegeben wird. Die Benutzeroberfläche ergibt sich aus der Kommunikation mit dem Product Owner und wird im Rahmen der Entwicklung iterativ konkretisiert.

■ 4.4 Eigenschaften guter User Stories

Mike Cohn hat in [Cohn 2004] die Eigenschaften guter User Stories mit Hilfe des Akronyms INVEST beschrieben:

Tabelle 4.2 Eigenschaften guter User Stories

I	Independent	User Stories sollen unabhängig voneinander sein.
N	Negotiable	User Stories sollen verhandelbar sein.
V	Valuable	User Stories sollen einen Wert für den Kunden haben.
E	Estimatable	User Stories sollen schätzbar sein.
S	Small	User Stories sollen klein sein.
T	Testable	User Stories sollen testbar sein.

Es lohnt sich, die Einzelbedeutungen des Akronyms zu verinnerlichen und sich beim Schreiben von User Stories immer wieder vor Augen zu führen.

4.4.1 Independent – Unabhängige User Stories

User Stories sollen unabhängig voneinander sein. Abhängige Stories erzeugen ein Reihenfolgeproblem in Bezug auf ihre Umsetzung. Ist zum Beispiel Story B wichtiger als Story A im Sinne eines höheren Geschäftswerts für den Kunden, dann sollte Story B auch vor Sto-

---

[2] Auf Deutsch „Neben-" oder „Randbedingung".

ry A umgesetzt werden. Ist Story B jedoch von Story A abhängig, da Story A notwendige Voraussetzung für B schafft, dann sind die Stories nicht mehr unabhängig voneinander priorisierbar, und wir haben ein Reihenfolgeproblem.

Beispiele für abhängige Stories sind die Stories „Als Coach will ich mich registrieren" und „Als Coach will ich mich anmelden". Die Anmelde-Story macht ohne Registrierung keinen Sinn und muss entsprechend nach der Registrierung umgesetzt werden. Eine Lösung für das Auflösen von Abhängigkeiten ist das Zusammenfassen der abhängigen Stories. Die Registrierungs-Story könnte beispielsweise um das Akzeptanzkriterium „Ein Coach kann sich nach erfolgreicher Registrierung einloggen" erweitert werden.

Beim Zusammenfassen von User Stories stellt sich allerdings schnell das Problem von zu großen Stories, die es genauso zu vermeiden gilt wie abhängige Stories (siehe Abschnitt 4.4.5). Führt das Zusammenfassen von User Stories zu einer zu großen Story, ist es besser, die abhängige Story niedriger zu priorisieren. Prioritäten geben die Abarbeitungsreihenfolge von User Stories vor und stellen so sicher, dass voneinander abhängige Stories in der richtigen Reihenfolge bearbeitet werden.

4.4.2 Negotiable – Verhandelbare User Stories

User Stories sollen verhandelbar sein. Sie sind kein festgezurrter Vertrag, der jede Einzelheit bis ins kleinste Detail beschreibt. Stattdessen werden die Details einer Story während ihrer Entwicklung zwischen Product Owner und Entwickler verhandelt. Ein Beispiel: Der Product Owner will unbedingt, dass Feature X noch mit in die Story kommt. Dem Entwickler fehlt die Zeit, und er bietet an, Feature Y wegzulassen, und dafür X zu realisieren. Nun ist es am Product Owner zu entscheiden, welches der beiden Features wichtiger ist.

Die Verhandelbarkeit wird zusätzlich interessant, wenn es um das Erreichen des Sprint-Ziels geht. Sprint-Ziele korrespondieren in der Regel mit einer Reihe von User Stories, die gemeinsam das festgelegte Ziel realisieren. Die beiden Stories „Als Coach will ich mein Profil erfassen" und „Als Anbieter will ich nach Coaches suchen" könnten zum Beispiel Teil des Sprint-Ziels sein, den Anbietern eine erste Version der Suchfunktionalität zur Verfügung zu stellen. Angenommen, die erste Story des Sprint gerät ins Stocken und das Team läuft Gefahr, die Such-Story nicht mehr fertigzubekommen. Um das Sprint-Ziel nicht zu gefährden, könnten Product Owner und Team den Funktionsumfang der ersten Story verhandeln und so weit reduzieren, dass ausreichend Luft für die Such-Story bleibt. Eine Möglichkeit wäre zum Beispiel, die relativ aufwändige Funktion zum Hochladen von Dateien nachträglich aus der Profilerfassungs-Story zu nehmen und als neue Story ins Product Backlog zu schreiben.

4.4.3 Valuable – Wertvolle User Stories

User Stories sollen einen erkennbaren Mehrwert für den Anwender des Systems liefern. Er ist es, der etwas davon haben muss, dass die Story realisiert wird. Für Stories wie „Als Anbieter will ich nach Coaches suchen" liegt der Mehrwert auf der Hand. Der Anbieter erhält als konkreten Mehrwert, dass er über diese Funktion einen qualifizierten Coach für sein Projekt finden kann.

Nicht für jede neue Anforderung ist der Mehrwert so offensichtlich. Typische Beispiele sind nicht-funktionale Anforderungen wie Sicherheit oder Logging. Diese Anforderungen sind zwar wichtig und müssen erledigt werden, aber eher als Teil einer User Story und nicht als eigenständige Story. Sicherheits- und Logging-Funktionalität sollten dann eingebaut werden, wenn man sie im Rahmen einer User Story benötigt. Beispielsweise muss bei der Anmelde-Story protokolliert werden, wann sich welcher Benutzer am System anmeldet, das heißt: Logging ist ein konkreter Task der Story.

Aber auch rein technische Stories können einen Mehrwert für den Benutzer bieten, wenn sie entsprechend anwendergerecht aufbereitet werden. Statt „Einführung eines Connection Pools" kann man auch eine Story der Art „Die Software soll von 50 Benutzern gleichzeitig genutzt werden können" schreiben. In diesem Fall wird der Mehrwert wieder offensichtlich, denn der Anwender kann die Anwendung immer noch nutzen, wenn neben ihm noch 49 andere Anwender mit dem System arbeiten. Allerdings gelingt es nicht für jede technische Anforderung, sie in eine für den Anwender werthaltige Story zu gießen. Die Automatisierung des Deploymentprozesses ist ein solches Beispiel, von dem erst mal nur das Team etwas hat. Kapitel 7, *User Stories fürs Product Backlog*, unterbreitet einige Vorschläge, wie sich auch diese Art von Funktionen als User Stories formulieren lassen.

Wertvolle User Stories entstehen am ehesten, wenn, wie in diesem Buch gefordert, der Product Owner als Vertreter des Kunden die Stories schreibt. Die zugehörigen technischen Anforderungen der User Story werden später von den Entwicklern gefunden, wenn es an die Aufteilung der Story auf konkrete Einzeltasks geht.

4.4.4 Estimatable – Schätzbare User Stories

Der für die Umsetzung einer User Story notwendige Aufwand soll schätzbar sein. Agiles Schätzen von User Stories basiert auf dem Prinzip der relativen Größe. User Stories werden nicht in Dauer, sondern ihre Größe wird in Relation zu anderen Stories geschätzt: User Story A ist halb so groß wie User Story B, aber drei Mal so groß wie User Story C. Ausführliche Informationen zum relativen Schätzen von User Stories finden Sie im Kapitel 5, *Agiles Schätzen*.

Wichtig für eine schätzbare User Story sind weniger ihre Details, sondern ihre Abgrenzung nach oben sowie nach unten hin: Was muss die Story minimal liefern und was liegt klar außerhalb ihres Funktionsumfangs. Gründe dafür, dass Stories nicht oder nur schwer schätzbar sind, sind zu große Stories, aber auch fehlendes technisches oder Domain-Wissen beim Entwickler.

4.4.5 Small – Kleine User Stories

User Stories sollen klein sein. Zu große Stories sind zu wenig konkret und deshalb nur schwer schätzbar und können außerdem nicht innerhalb eines Sprints entwickelt werden. Ein Beispiel für eine zu große Story ist die Story „Benutzerverwaltung", hinter der sich eine ganze Menge an Teilanforderungen verbergen, die sich als jeweils eigenständige User Stories formulieren lassen: unterschiedliche Rechte für verschiedene Benutzerklassen, Freischalten und Deaktivieren von Benutzern oder auch die Bereitstellung mehrerer Konten für einen einzigen Projektanbieter.

Im Zusammenhang mit Story-Größe spricht man auch von der zeitlichen Dimension einer User Story. Stories müssen nicht zwangsläufig klein sein, sondern nur dann, wenn sie in unmittelbare Sprint-Nähe rücken. Der Detaillierungsgrad, mit dem eine Story beschrieben oder über sie diskutiert wird, hängt davon ab, wie nahe die Story an den nächsten Sprints dran ist. Weit in der Zukunft liegende Stories können wesentlich größer und weniger detailreich sein als Stories, die für den nächsten Sprint anstehen.

Die richtige Story-Größe hängt natürlich auch von der Länge der Sprints ab. Klar ist, dass jede Story innerhalb eines Sprint umsetzbar sein muss. Allerdings gibt es auch eine Grenze nach unten. Bugfixes oder das Ändern einer Hintergrundfarbe sind zu klein, um als User Stories durchgehen zu können. Ein guter Richtwert für die Größe einer Story ist eine Entwicklungsdauer von einem Tag bis zu maximal zwei Wochen, vorausgesetzt, die Länge des Sprint lässt dies zu.

4.4.6 Testable – Testbare User Stories

User Stories sollen testbar sein. Testbare User Stories haben klar definierte Akzeptanzkriterien, die bestimmen, wann die Story fertig ist. Je geringer die Testbarkeit einer Story, desto größer ihr Testaufwand, und desto schwieriger ist zu bestimmen, wann die Story fertig ist.

Testbarkeit findet auf verschiedenen Ebenen statt. Für das Team beginnt das Testen der Story bereits während ihrer Entwicklung mit dem Schreiben von Unit-Tests. Der Code ist erst dann fertig, wenn die Unit-Tests der Story sowie alle anderen Unit-Tests der Anwendung laufen. Darüber hinaus muss das Team entwickelte Stories auch innerhalb einer Integrationsumgebung testen können. Unit- und Entwicklertests sind selbstverständlich und sollten von jedem eigenverantwortlich und selbstorganisiert arbeitenden Team durchgeführt werden.

Insbesondere kommt es aber darauf an, dem Product Owner das Testen zu ermöglichen. Letztendlich ist er es, der jede User Story abnehmen und für fertig erklären muss, und dafür benötigt er eindeutige und messbare Akzeptanzkriterien. Akzeptanzkriterien sind Teil jeder User Story, und je klarer sie formuliert sind, desto einfacher ist das Testen und die Abnahme der Story.

Während die Akzeptanzkriterien für den Product Owner zum Ende der Story hin wichtig werden, sind sie es für das Team bereits während der Entwicklung. Akzeptanzkriterien stecken den Rahmen der Story ab und definieren klar, worauf es ankommt. Aus diesem Grund ist es wichtig, die Akzeptanzkriterien nicht erst am Ende zu schreiben, sondern bereits vor dem Sprint oder spätestens im Sprint Planning Meeting. Ein Beispiel für eine testbare Story mit guten Akzeptanzkriterien ist die Story „Als Coach will ich mich anmelden". Der Product Owner hat die folgenden Akzeptanzkriterien auf der Story-Karte notiert:

- Die Anmeldung erfolgt über E-Mail und Passwort.
- Das Passwort wird verschlüsselt in der Datenbank gespeichert.
- Das Benutzerkonto wird nach drei aufeinanderfolgenden Fehlversuchen deaktiviert.
- Nach einer erfolgreichen Anmeldung erscheint ein Menü mit Coach-spezifischen Funktionen.

Das Team entwickelt die Story entlang dieser Akzeptanzkriterien und stellt die Story nach Fertigstellung auf dem Integrationsserver bereit. Der Product Owner testet die Story gegen die spezifizierten Akzeptanzkriterien und lässt sich von einem der Entwickler zeigen, dass das Passwort verschlüsselt in der Datenbank steht. Ausführliche Informationen zu Akzeptanzkriterien, Akzeptanztests und der Akzeptanztest-getriebenen Entwicklung von User Stories finden Sie in Kapitel 11, *User Stories Akzeptanztesten*.

■ 4.5 Zusammenfassung

- Eine User Story beschreibt eine Anforderung aus Sicht des Benutzers. Sie besteht aus:
  - einer Story-Karte mit einer Beschreibung der Anforderung;
  - der Konversation zwischen Product Owner und Team;
  - den Akzeptanzkriterien, die bestimmen, wann die Story fertig ist.
- Der Schwerpunkt einer User Story ist die Konversation zwischen Product Owner und Team, während die Story entwickelt wird.
- Benutzerrollen repräsentieren unterschiedliche Gruppen von Anwendern und helfen beim Schreiben zielgerichteter und werthaltiger User Stories.
- Die Beschreibung einer User Story sollte dem Muster „Als <Benutzerrolle> will ich <das Ziel>[, so dass <Grund für das Ziel>]." folgen.
- Epics sind sehr große User Stories, die gute Platzhalter für Ideen oder zukünftige Themenbereiche sind, vor ihrer Umsetzung aber auf konkretere User Stories heruntergebrochen werden müssen.
- Gute User Stories genügen den INVEST-Kriterien. Sie sind unabhängig, verhandelbar, wertvoll, schätzbar, klein und testbar.

■ 4.6 Wie geht es weiter?

Jetzt kennen Sie die beiden Grundbausteine und damit das Fundament dieses Buches: Scrum und User Stories. Mit den nächsten beiden Kapiteln *Agiles Schätzen* und *Agiles Planen* beginnt der Schwenk hin zum Kern des Buches, der Kombination von Scrum und User Stories. Ziel ist es, User Stories im Product Backlog zu verwalten und so zu planen, dass sie sich für die Entwicklung im Rahmen von Sprints eignen. Um zu planen, wie viele Stories in einen Sprint passen, ist es wichtig zu wissen, wie groß die einzelnen Stories sind, und genau darum geht es im nächsten Kapitel.

5 Agiles Schätzen

Wer kennt sie nicht, die Frage nach der Dauer? Der Projektleiter fragt den Programmierer, wie lange die Entwicklung der Login-Story dauert. Der Programmierer denkt kurz nach und antwortet: Zwei Tage. Der Projektleiter notiert sich den Fertigstellungszeitpunkt im Kalender und informiert den Kunden, dass das neue Feature in zwei Tagen zur Verfügung steht. Die beschriebene Schätzsituation ist typisch, lässt nur leider allzu häufig die Realität des Softwarealltags außen vor:

Erstens sind User Stories per Definition nur ungenau spezifiziert. Details ergeben sich aus der Konversation zwischen Team und Product Owner, während die Story entwickelt wird. Brauchbare Schätzungen setzen einen gewissen Detaillierungsgrad voraus, der zum Zeitpunkt der Schätzung einer Story noch nicht vorhanden ist.

Zweitens beinhaltet der typische Entwickleralltag wesentlich mehr Aktivitäten als reine Programmierarbeit. Zwar haben Scrum-Teams einen ScrumMaster, der für möglichst optimale Arbeitsbedingungen sorgt. Trotzdem kommen Teammitglieder um zeitraubende Alltagstätigkeiten wie Meetings, E-Mail-Bearbeitung oder auch die Einarbeitung neuer Kollegen nicht herum. Eine auf zwei Tage geschätzte User Story wird deshalb mehr als zwei Arbeitstage beanspruchen.

Und drittens wird häufig übersehen, dass Schätzungen das sind, was ihr Name besagt: Schätzungen und keine zuverlässige Vorhersage der Zukunft. Schätzungen sind wie Wettervorhersagen, die mit einer bestimmten Wahrscheinlichkeit eintreffen. Stimmen Schätzungen am Ende nicht mit der tatsächlich benötigten Entwicklungszeit überein, dann wird der für die Schätzung verantwortliche Entwickler schnell als schlechter Schätzer hingestellt. Entweder darf er dann nicht mehr schätzen, oder er baut in seinen nächsten Schätzungen einen Sicherheitspuffer ein. Scrum-Teams wollen weder das eine noch das andere.

Dieses Kapitel führt in die Thematik des agilen Schätzens als Alternative zum oben beschriebenen Szenario ein. Dazu wird zunächst der Begriff „Größe" erklärt und gezeigt, wie die Größe von User Stories in Story Points geschätzt wird. Aufbauend auf dem Begriff der Größe schlägt das Kapitel eine für das agile Schätzen bewährte Punktesequenz vor und erklärt, wie User Stories mit Hilfe von Planungspoker geschätzt werden.

5.1 Was ist agiles Schätzen?

Beim agilen Schätzen geht es darum, mit möglichst wenig Aufwand eine relativ genaue Schätzung zu bekommen. Schätzungen mit hundertprozentiger Genauigkeit sind nicht möglich. Schätzungen liegen mal über und mal unter der am Ende tatsächlich benötigten Zeit. Agiles Schätzen versucht – wie andere Schätzverfahren auch – möglichst nahe an diese 100 Prozent zu kommen. Allerdings behalten agile Teams dabei den Aufwand, den sie ins Schätzen stecken, im Auge, denn: Eigene Erfahrungen und Berichte anderer agiler Teams zeigen, dass Schätzungen nicht signifikant besser werden, wenn man mehr Aufwand in ihre Erstellung steckt.

Auch mit relativ geringem Zeitaufwand lassen sich Schätzungen erstellen, die ähnlich gut sind, als hätte man deutlich mehr Zeit investiert. Schätzungen werden zwar in der Regel besser, je mehr Aufwand man investiert. Allerdings ist der Grad der Verbesserung nicht wirklich signifikant und steht in keinem Verhältnis zum investierten Schätzaufwand. Wenn Sie zehn Minuten in die Schätzung einer Story investieren und am Ende bei 73 Prozent des tatsächlichen Aufwands landen, oder Sie investieren zwei Stunden in die Schätzung derselben Story und landen bei 75 Prozent des tatsächlichen Aufwands – für welche Variante würden Sie sich entscheiden?

Ein Grund, warum das funktioniert, ist die Einfachheit agilen Schätzens. Im Gegensatz zu vielen anderen Schätzverfahren geht es nicht um Entwicklungsdauer, sondern ausschließlich um relative Größe. Um beurteilen zu können, ob eine Story größer oder kleiner als eine andere Story ist, reicht meistens ein kurzer Blick auf beide Stories. Um zu beurteilen, wie viel Mal größer oder kleiner eine Story ist, reicht ein zweiter Blick, eine kurze Diskussion im Team und vielleicht ein dritter Blick. Das war dann schon alles. Wie lange eine Story am Ende wirklich dauert, wird nicht geschätzt, sondern gelernt, das heißt: aus Erfahrung abgeleitet (siehe Abschnitt 5.1.3 und das folgende Kapitel).

5.1.1 Relative Größe statt Dauer

Traditionell geht es beim Schätzen um die Ermittlung von Dauer. Für jedes Feature wird eine Dauer geschätzt und die Summe der resultierenden Schätzungen als Basis für die Projektplanung verwendet. Agiles Schätzen verlegt den Fokus des Schätzens von Dauer auf relative Größe. Wenn Story A auf 2 Personentage und Story B auf 3 Personentage geschätzt wird, dann ist es ziemlich wahrscheinlich, dass das Verhältnis richtig ist, das heißt, dass Story A schneller entwickelt werden kann als Story B. Hingegen ist die Wahrscheinlichkeit, dass die Entwicklung von Story A genau 2 Tage und die von Story B genau 3 Tage dauert, verhältnismäßig gering. Wenn wir jedoch den zeitlichen Aspekt aus der Schätzung rausnehmen, die relative Aussage „A ist kleiner als B" aber weithin beibehalten, liegen wir mit unseren Schätzungen wesentlich häufiger richtig.

Relative Größe ist der Schlüssel zum Verständnis von agilem Schätzen. Aber was genau bedeutet Größe in Bezug auf die Anforderungen eines Softwareprojekts? Die Bedeutung der Aussage „Die Entwicklung des Login-Features dauert 2 Personentage" ist für jeden Projektmanager unmittelbar ersichtlich. Hingegen leuchtet die Aussage „Das Login-Feature ist 2 Einheiten groß" nicht sofort ein. Größe kennen wir aus anderen Bereichen unseres Lebens: T-Shirts gibt es in den Größen S bis XXL, oder Wasserflaschen in den Größen 0,5, 1 und 2 Liter. Während die Verwendung des Begriffs Größe in diesen Bereichen unmittelbar einleuchtet, erscheint Größe in Bezug auf User Stories zunächst wenig sinnvoll.

Um das Prinzip Größe in Bezug auf User Stories zu verstehen, ist es hilfreich, das Wort Dauer für kurze Zeit aus dem Gedächtnis zu streichen und sich stattdessen drei vereinfachte Größenklassen vorzustellen: Es gibt kleine Stories (S), mittlere Stories (M) und große Stories (L). Aus dem Product Backlog wird eine mittelgroße Story gewählt, die fortan als Referenz-Story dient. Anschließend wird das Product Backlog Story für Story durchgegangen, und die jeweilige Story in Relation zur Referenz-Story gesetzt. Wurde als mittelgroße Referenz-Story die Registrierungs-Story gewählt, dann ist die Anmelde-Story sicherlich kleiner, während die Profilerfassungs-Story größer ist. Entsprechend wandert „Anmelden" in die S-Klasse, „Registrierung" in die M-Klasse und „Profilerfassung" in die L-Klasse (siehe Abbildung 5.1).

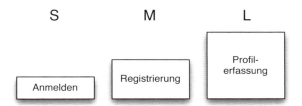

Abbildung 5.1 Sortieren nach Größenklassen

Größe ist ein relativer Wert, der seine Bedeutung nur in Bezug zu anderen Größen erhält. Alles, was wir wissen, ist, dass „Anmelden" kleiner als „Registrierung" und „Registrierung" kleiner als „Profilerfassung" ist. Letztendlich ist agiles Schätzen also nichts anderes als das Ordnen von User Stories nach Größenklassen. Bei nur drei Größenklassen ist das relativ einfach, da nur entschieden werden muss, ob eine Story größer oder kleiner als die jeweilige Referenz-Story ist. In echten Projekten verwenden wir mehr als drei Größenklassen, aber das Prinzip bleibt das gleiche.

5.1.2 Schätzen in Story Points

User Stories werden nicht in T-Shirt-Größen, sondern in Story Points geschätzt. Die Anzahl der Story Points einer User Story drückt ausschließlich ihre Größe im Vergleich zu anderen User Stories aus. Eine User Story mit 4 Punkten ist doppelt so groß, wie eine User Story mit 2 Punkten. Die Anzahl der Story Points sagt nichts darüber aus, wie lange die Umsetzung der Story dauert. Dennoch sagt Größe in Story Points etwas über die relative Dauer aus: Die Umsetzung einer 4-Punkte-Story dauert doppelt so lange wie die Umsetzung einer 2-Punkte-Story (siehe Abbildung 5.2).

Kriterien für die Größe einer Story können eine Vielzahl von Faktoren sein: Komplexität, Risiken, Kenntnis der Basistechnolgie, externe Abhängigkeiten, Anzahl der Formulare oder der zusätzlich benötigten Datenbanktabellen. Die Kriterien sind nicht fest und unterscheiden sich von Team zu Team und von Story zu Story.

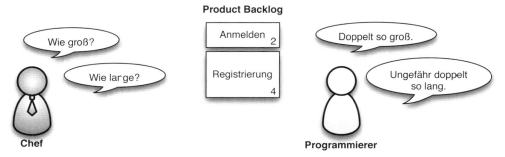

Abbildung 5.2 Das Team schätzt die Größe und nicht die Dauer

Das Schätzen in Story Points ist wenig formal und setzt auf die Erfahrung der beteiligten Entwickler. Ein erfahrener Entwickler wird relativ sicher beurteilen, dass eine Story E größer als eine Story C ist, ohne die Details der beiden Stories genau zu kennen. Wird außerdem das gesamte Team in den Schätzprozess mit einbezogen, dann kommt man zu relativ guten Ergebnissen. Ein bewährtes Schätzverfahren ist das sogenannte *Planungspoker*, das in Abschnitt 5.2.2 dieses Kapitels vorgestellt wird.

5.1.3 Wo bleibt die Dauer?

Schätzen in Story Points ist sehr viel einfacher als das traditionelle Schätzen in Personentagen. Allerdings geht auch eine entscheidende Information verloren: die Antwort auf die Frage, wann eine User Story fertig ist. Jetzt ist ein guter Zeitpunkt, sich das Wort *Dauer* ins Gedächtnis zurückzurufen. Der entscheidende Punkt ist, dass agiles Schätzen und Planen die Themen Größe und Dauer voneinander trennt: Größe wird geschätzt, und Dauer wird abgeleitet. In diesem Kapitel geht es ausschließlich ums Schätzen, das heißt, wir bleiben zunächst beim Thema Größe. Das Ableiten der Dauer und damit der Vorhersage, wann eine User Story voraussichtlich fertig sein wird, ist Thema des folgenden Kapitels.

5.1.4 Argumentationshilfe für Story Points

Das Schätzen in Dauern und Zeiten ist ein in der Softwareentwicklung weit verbreitetes Prinzip, das in vielen Köpfen fest verwurzelt ist. Es ist nicht einfach, den Projekt- oder Abteilungsleiter von einer eher abstrakten Größe wie Story Points zu überzeugen und ihm zu erklären, dass wir im Laufe der Zeit schon lernen werden, wie groß so ein Punkt ist. Im Folgenden finden Sie eine Liste von Erklärungen und Argumenten, die mir bei der Einführung von Story Points geholfen haben:

Schätzungen sind keine Verpflichtungen. Das weit verbreitete Schätzen in Personentagen wird häufig als Verpflichtung oder Zusage interpretiert. Bei einem auf 2 Personentage geschätzten Feature kann sich der Projektleiter sehr genau ausrechnen, wann das Feature fertig sein wird. Ist das Feature zum vorausgesagten Zeitpunkt nicht fertig, gerät der Entwickler schnell in einen Rechtfertigungszwang und ist entweder ein schlechter Schätzer oder ein langsamer Programmierer. Die Tatsache, dass Schätzungen keine Zusagen sind, wird dabei häufig übersehen, wodurch der Programmierer unnötig unter Druck gerät. Story Points kennen dieses Problem nicht, weil sich aus ihnen nicht so ohne weiteres ein Fertigstellungszeitpunkt ableiten lässt, zumindest nicht, ohne die Entwicklungsgeschwindigkeit vorher gemessen zu haben.

Personentag ≠ Arbeitstag. Ein normaler Entwickleralltag besteht nicht nur aus Programmieren, sondern aus vielen zusätzlichen Tätigkeiten, so dass eine auf 3 Personentage geschätzte Story nicht 3, sondern häufig 4 oder 5 Arbeitstage dauert. Sicher, jeder Projekt- und Abteilungsleiter weiß, was Overhead ist. Trotzdem habe ich immer wieder die Erfahrung gemacht, dass es schwierig zu erklären ist, dass 3 Personentage eine Woche dauern. Was machen denn die Entwickler in der restlichen Zeit? Da ist es viel einfacher zu erklären, dass die Umsetzung einer 3-Punkte-Story in etwa eine Woche in Anspruch nimmt.

Pair Programming. Welche Konsequenz hat Pair Programming auf Schätzungen in Tagen? Ist ein Programmiererpaar doppelt so schnell wie ein einzelner Programmierer, und kann es eine auf 3 Tage geschätzte Story in 1,5 Tagen abarbeiten? Oder ist es besser, die Story von vornherein auf nur 1,5 Tage zu schätzen? Story Points kennen diese Frage nicht, da mit ihnen ausschließlich die Größe einer Story geschätzt wird, unabhängig davon, ob an ihrer Umsetzung ein oder mehrere Entwickler arbeiten. Korrigierendes Werkzeug ist die Velocity des Teams, die misst, wie viele Story Points das Team als Ganzes und nicht jeder Entwickler als Einzelner schafft.

User Stories sind ungenau. Hat man einmal verstanden, dass User Stories keine genaue Spezifikation, sondern vielmehr der Aufhänger für die Kommunikation zwischen Product Owner und Team sind, dann versteht man auch, dass die Story-Karte viel zu wenig Details für eine genaue Schätzung enthält. Entsprechend ist es keine gute Idee, für etwas so Ungenaues wie eine User Story eine so genaue und konkrete Schätzeinheit wie Stunden oder Tage zu wählen. Also verwenden wir eine viel ungenauere Schätzeinheit, nämlich „Größe", ohne festzulegen, was das genau bedeutet.

■ 5.2 Schätzen von User Stories

Die Grundlagen des agilen Schätzens sind gelegt, so dass jetzt mit der richtigen Arbeit begonnen werden kann. Vor dem ersten Sprint sollte das komplette Product Backlog geschätzt werden. Fehlt die Zeit, um wirklich alle Stories zu schätzen, sollten zumindest ausreichend Stories für 1–3 Sprints geschätzt werden. Beim Schätzen einer Story wird alles geschätzt, was für die Umsetzung der Story im Sinne der geltenden „Definition of Done" erledigt werden muss. Dazu ein Beispiel: Story A und Story B sind vom Programmieraufwand in etwa gleich groß, unterscheiden sich aber hinsichtlich ihres Integrationsaufwands, da Story A mit einem externen System kommuniziert. Entsprechend sollte Story A einen höheren Schätzwert als Story B bekommen, da der erhöhte Integrationsaufwand die Story insgesamt größer macht.

Beim Schätzen ist ein vorpriorisiertes Product Backlog hilfreich, so dass die wichtigsten Stories zuerst geschätzt werden können. Allerdings geht das Schätzen des Backlog Hand in Hand mit dessen Priorisierung, so dass der Product Owner einen Kompromiss zwischen grober Priorisierung vor der Schätzung, gefolgt von einer Fein-Priorisierung nach der Schätzung wählen muss. Ergibt sich für eine User Story ein unerwartet hoher Schätzwert, kann es sein, dass er das Thema in seiner Wichtigkeit herunterstuft, weil die Kosten der Story zu groß sind. Ausführliche Informationen zum Thema Priorisierung finden Sie in Kapitel 7, *User Stories fürs Product Backlog*. Jetzt geht es erst mal nur ums Schätzen, und dafür brauchen wir als Erstes eine geeignete Punktesequenz.

5.2.1 Größenordnungen und Punktesequenzen

Menschen sind gut darin, Dinge relativ zueinander zu bewerten, wenn sie sich in derselben Größenordnung befinden. Innerhalb meines Stadtteils kann ich relativ gut sagen, dass der Bäcker zweimal so weit weg ist wie der Kaufmannsladen unten an der Straßenecke. Hingegen fällt es mir deutlich schwerer zu beurteilen, um wieviel mal weiter weg der Stadtteil Altona im Vergleich zum Kaufmannsladen ist. Ich kann zwar recht gut sagen, dass Altona sehr viel weiter weg ist, aber nicht, ob der Stadtteil 67- oder 68-mal so weit weg ist wie der Kaufmannsladen von meiner Wohnung. Bäcker und Kaufmannsladen befinden sich in derselben Größenordnung, Kaufmannsläden und Stadtteile hingegen nicht (siehe Abbildung 5.3).

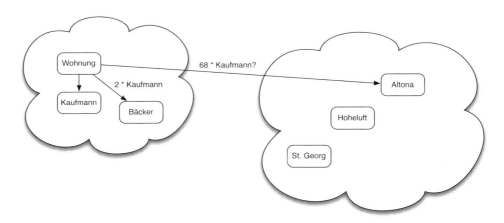

Abbildung 5.3 Entfernungen in unterschiedlichen Größenordnungen

Ähnlich wie mit Einzelhändlern und Stadtteilen verhält es sich mit User Stories. User Stories und Epics fallen in unterschiedliche Größenklassen und sollten nur innerhalb ihrer Klasse relativ zueinander bewertet werden. Es lässt sich recht gut bestimmen, dass eine 2-Punkte-Story zweimal so groß ist wie eine 1-Punkte-Story. Hingegen macht es wenig Sinn zu schätzen, ob ein Epic 20- oder 21-mal so groß ist wie eine 1-Punkte-Story. Dieser Tatsache wird beim agilen Schätzen Rechnung getragen, indem keine lineare, sondern eine exponentielle Punktesequenz verwendet wird, das heißt: eine Sequenz, deren Abstände mit zunehmender Punktgröße größer werden.

Zu Beginn des Projekts einigt sich das Team auf eine zu verwendende Punktesequenz, die über das gesamte Projekt beibehalten wird. Als Sequenz hat sich eine Fibonacci-ähnliche ansteigende Folge nichtnegativer Zahlen bewährt, deren Lücken mit zunehmender Zahlengröße größer werden: 1, 2, 3, 5, 8, 13, 20, 40, 100 [Cohn 2004].

Warum kann man nicht einfach eine lineare Sequenz von Punkten verwenden? Ist es beim Schätzen nicht wichtig, ob eine Story 8 oder 9 Punkte wert ist? Eine Frage, die jeder Scrum-Master kennt und dem Team plausibel beantworten können sollte:

Schätzen hat immer etwas mit Wahrscheinlichkeiten und Unsicherheiten zu tun. Ein Team wird zwar mit zunehmender Schätzerfahrung besser. Was jedoch immer bleibt, ist die Tatsache, dass eine Schätzung immer unsicherer wird, je größer und weniger konkret die zu schätzende User Story ist. Und genau diese Unsicherheit versucht die vorgeschlagene Fibonacci-Folge zu berücksichtigen und in den Schätzungen zum Ausdruck zu bringen. Die zunehmend größer werdenden Lücken in der Sequenz vermeiden, dass eine nicht vorhandene Schätzgenauigkeit suggeriert wird. Je größer die Story ist, desto unsicherer werde ich mir mit der Schätzung, und das drücke ich aus, indem ich einen Wert oberhalb der 13-Punkte-Marke wähle.

Ein erfahrener Web-Entwickler kann relativ sicher sagen, dass die Umsetzung der Login-Story einen Punkt kostet. Die Grenzen und Inhalte der Story sind klar umrissen, und ähnliche Stories wurden vom Team in anderen Projekten mehrmals programmiert. Am anderen Ende der Schätzskala befindet sich die Story „Rechnungsstellung". Die Grenzen dieser Story sind schwammig, ihre Inhalte offen, und das Team hat wenig Erfahrungen mit ähnlichen Stories aus anderen Projekten. Das Team bewertet die Story mit 40 Punkten nicht nur sehr hoch, sondern drückt mit dieser hohen Zahl auch eine relativ große Unsicherheit bezüglich der abgegebenen Schätzung aus.

Bei Schätzungen in der Größenordnung von 20 Punkten ergibt es wenig Sinn, darüber zu diskutieren, ob eine Story 20 oder 21 Punkte groß ist. Der Unterschied zwischen 20 und 21 beträgt gerade mal 5 Prozent, und die Diskussion auf dieser Ebene würde eine nicht vorhandene Präzision suggerieren. Anders hingegen sieht es mit Schätzungen im unteren Punktebereich aus. Die Bewertung einer Story mit einem Punkt drückt eine relativ hohe Schätzsicherheit aus. In diesem Teil der Skala ist es wichtig zu bestimmen, ob eine Story 1 oder 2 Punkte groß ist. Schließlich geht es bei dieser Schätzung um einen Unterschied von 100 Prozent.

Die Verwendung einer Fibonacci-ähnlichen Punktesequenz verhindert unnötige Diskussionen und spart Zeit. Das Team kann zwar sagen, dass dies eine sehr große Story ist, nicht aber, dass eine sehr große Story einen Tick größer ist als eine andere sehr große Story. Schätzungen oberhalb der 13-Punkte-Marke sind eher ein Hinweis darauf, dass die Story ein Epic ist und auf Teil-Stories heruntergebrochen werden sollte.

Bei der Bewertung von Stories mit Punkten hat sich folgende Regel bewährt: User Stories, die nahe an ihrer Umsetzung, das heißt kurz vor der Übernahme ins Sprint Backlog stehen, sollten auf der Skala 1, 2, 3, 5, 8, 13 bewertet werden. Epics hingegen auf der Skala 20, 40, 100. Ein Product Owner weiß so, dass er eine Story mit 20 oder mehr Punkten teilen muss, wenn sie nahe am Sprint ist. Ausführliche Informationen zum Teilen von Epics finden Sie in Abschnitt 7.4 des Kapitels 7, *User Stories fürs Product Backlog*.

5.2.2 Planungspoker

Nach der Festlegung der im Projekt verwendeten Punktesequenz geht es an das eigentliche Schätzen. Ein verbreitetes und erfolgversprechendes agiles Schätzverfahren ist *Planungspoker*. Beim Planungspoker wird jede User Story einzeln von jedem Entwickler im Team geschätzt. Ziel des Pokerns ist die effiziente Ermittlung zuverlässiger Schätzwerte unter Einbeziehung des gesamten Teams.

Abbildung 5.4 Ein Satz Planungspoker-Karten

Für eine Schätzrunde versammelt sich das Team zusammen mit dem Product Owner und ScrumMaster. Jedes Teammitglied erhält einen Satz von Karten[1] mit der im Projekt verwendeten Punktesequenz (siehe Abbildung 5.4). Der ScrumMaster moderiert die Runde und achtet auf die Einhaltung der Regeln. Der Product Owner liest die zu schätzende Story vor und erläutert sie kurz. Das Team stellt Fragen und diskutiert die Story. Anschließend entscheidet sich jedes Mitglied der Runde für eine Punktekarte und legt sie verdeckt auf den Tisch. Liegen alle Karten auf dem Tisch, werden sie gleichzeitig aufgedeckt.

Ziel des Pokerns ist, dass das Team sich auf einen gemeinsamen Wert pro Story einigt. Es ist nicht ungewöhnlich, dass die Punktezahlen in der ersten Schätzrunde relativ weit gestreut sind. Unterschiedliche Experten sehen unterschiedliche Dinge, und genau um das Ausraben dieser Informationen geht es. Der Teilnehmer mit der niedrigsten und der Teilnehmer mit der höchsten Punktzahl erläutert seine Schätzung. Dazu ein Beispiel:

Der Testexperte des Teams bewertet die Story mit 13 Punkten, weil er den Test mit Hilfe eines Frameworks automatisieren möchte. Eine Entwicklerin schätzt die Story auf nur 3 Punkte, weil sie eine ähnliche Funktionalität bereits an anderer Stelle programmiert hat und sich die zugehörigen Klassen sehr gut wiederverwenden lassen. Ein anderer Entwick-

---

[1] Die Karten können Sie zum Beispiel hier http://www.crisp.se/planningpoker bestellen oder selbst anfertigen.

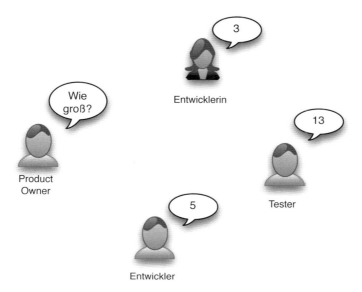

Abbildung 5.5 Erste Runde

ler bewertet die Story mit 5 Punkten, erklärt dies aber nicht, weil seine Schätzung zwischen denen der beiden anderen liegt.

Nach den Erläuterungen und einer kurzen Diskussion geht es in die zweite Runde, und jedes Mitglied entscheidet sich erneut für eine Punktzahl, diesmal mit den ergänzenden Informationen des Höchst- und Niedrigstbietenden im Hinterkopf. Meistens liegen die Punkte nach der zweiten Runde schon deutlich näher beieinander, so dass eine dritte Runde nicht notwendig ist. Für eine Einigung müssen nicht alle Karten den gleichen Wert haben. Zeichnet sich eine Punktzahl deutlich ab, dann kann der Moderator die Mitglieder mit den abweichenden Schätzungen fragen, ob sie damit einverstanden sind, die Story mit der sich klar abzeichnenden Punktzahl zu bewerten.

In Runde 2 bewerten die Entwicklerin und der Entwickler die Story mit 8 Punkten, der Testexperte aber weiterhin mit 13 Punkten. Der Entwickler hat Erfahrung mit dem vom Tester präferierten Testframework und bietet ihm Unterstützung an. Das Team einigt sich auf eine Bewertung der Story mit 8 Punkten.

Das Team sollte sich beim Schätzen bewusst machen, dass die resultierenden Schätzungen nicht perfekt sein müssen. Es geht darum, mit wenig Aufwand eine möglichst realistische Planungsgröße zu bestimmen. Schätzungen können nachträglich korrigiert werden, zum Beispiel bei sich ändernden Anforderungen.

Zu große oder nach drei Schätzrunden immer noch weit auseinander liegende Schätzungen sind ein Zeichen dafür, dass die Anforderungen nicht ausreichend verstanden wurden. In diesem Fall sollte die Story entweder nicht geschätzt, oder durch eine hohe Punktzahl (größer 13) explizit als Epic gekennzeichnet werden. Weitere – das heißt genauere – Schätzungen sind nur möglich, nachdem das Epic in konkretere Stories zerlegt wurde.

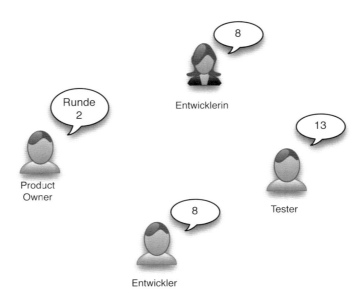

Abbildung 5.6 Zweite Runde

Effiziente Pokerrunden erfordern striktes Timeboxing. Der ScrumMaster der Sitzung muss darauf achten, dass das Team eine vorgegebene Zeit pro Story nicht überschreitet. Als Werkzeug eignet sich hierfür eine Sanduhr, nach deren Ablauf alle Mitglieder ihre Karten auf den Tisch gelegt haben müssen. Insgesamt sollten pro Story nicht mehr als 15 Minuten aufgewendet werden.

5.2.2.1 Schätzen im Team

Planungspoker ist eine Teamaktivität. Ideal ist es, wenn das gesamte Team inklusive Tester, Designer, HTML-Entwickler usw. dabei ist. Die Schätzklausur ist häufig der erste Kontakt des Teams mit der Story, und wenn alle dabei sind, erhält jedes Teammitglied von Anfang an Einblick in die anstehende Arbeit. Außerdem ist nicht von vornherein klar, wer an der späteren Umsetzung der Story arbeiten wird. Wenn von Anfang an alle dabei sind, kann auch später jeder an der Story arbeiten. Es ist gut, dass jeder von Beginn an mitreden darf. Verschiedene Rollen sehen unterschiedliche Dinge, und gerade das Zusammenführen dieser Expertenmeinungen macht die Schätzungen wertvoll und aussagekräftig. Hinzu kommt, dass das Team für die Umsetzung der Stories verantwortlich ist, und wer verantwortlich ist, will schließlich auch ein Wörtchen mitreden.

5.2.2.2 Referenz-Story und Triangularisierung

Relatives Schätzen benötigt einen Bezugspunkt, zu dem die zu schätzenden User Stories in Beziehung gesetzt werden. Deshalb wählt das Team in der allerersten Schätzrunde eine Referenz-Story, schätzt sie und vergleicht fortan die weiteren Stories mit dieser Referenz-Story. Zwei Vorgehensweisen haben sich bewährt: Entweder beginnt man mit einer sehr kleinen oder mit einer mittelgroßen Referenz-Story. Epics bleiben außen vor, das heißt, wir bleiben und bewegen uns ausschließlich im Punktebereich von 1 bis 13.

Bei der Variante „Kleine Story zuerst" wird die nach Meinung des Teams kleinste Story des Product Backlog gewählt und mit einem Punkt bewertet. Danach wird eine zweite Story gewählt und im Verhältnis zur ersten abgeschätzt. Ist die zweite Story doppelt so groß wie die erste, wird sie entsprechend mit 2 Punkten bewertet. Ein Beispiel: Die kleinste Story im Scrumcoaches-Projekt ist die Story „Als Coach will ich mich an- und abmelden". Die Story wird mit einem Punkt bewertet. Als Nächstes schätzt das Team „Als Coach will ich mich registrieren". Die Story wird als mehr als doppelt so groß eingeschätzt und mit einer 3 bewertet. Anschließend kommt die Story „Als Coach will ich mein Profil erstellen" an die Reihe. Die Story ist keine 8, aber schon deutlich größer als die Registrierungs-Story. Das Team einigt sich auf 5 Punkte.

Bei der Variante „Mittlere Story zuerst" wählt das Team eine mittelgroße Story und bewertet sie mit 5 Punkten. Bezogen auf obiges Beispiel könnte dies die Registrierungs-Story sein. Anschließend werden die nächsten Stories mittels Planungspoker im Verhältnis zur 5er-Story abgeschätzt. Mit zunehmender Story-Zahl wird das Bild vollständiger, und die Stories werden nicht mehr nur im Vergleich zur 5er-Story, sondern auch im Vergleich zu den kleineren (1–3 Story Points) und größeren Stories (8–13 Story Points) abgeschätzt.

Nachdem eine Reihe von Stories geschätzt wurden, sollten die Schätzungen miteinander verglichen werden. Mike Cohn bezeichnet dies als *Triangularisierung* [Cohn 2004]. Dabei geht es darum, sicherzustellen, dass die Schätzungen in einem richtigen Verhältnis zueinander stehen. Sind die 2-Punkte-Stories wirklich doppelt so groß wie die 1-Punkte-Story? Sind die beiden 5-Punkte-Stories wirklich ähnlich groß? Eine gute Methode zur Triangularisierung besteht darin, die Story-Karten nach Größe geordnet, wie in Abbildung 5.7 gezeigt, an ein Whiteboard zu hängen. Das Team erhält so einen guten Überblick und kann die Stories innerhalb einer Größenklasse und die Größenklassen zueinander bewerten und gegebenenfalls neu sortieren.

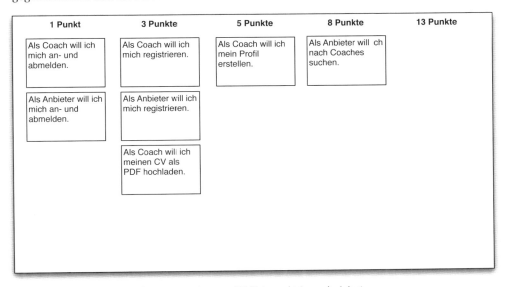

Abbildung 5.7 Die User Stories werden am Whiteboard triangularisiert

5.2.2.3 Planungspoker funktioniert

Planungspoker funktioniert und liefert mit verhältnismäßig wenig Aufwand zuverlässige Schätzungen. Entscheidend dabei ist, dass mit Größe anstatt mit Dauer gearbeitet wird. Dinge anhand ihrer relativen Größe zueinander zu bewerten, ist wesentlich einfacher, als die Entwicklungsdauer einer Story abzuschätzen.

Ein weiterer Punkt, weshalb Planungspoker funktioniert, ist die Versammlung und Nutzung des gesamten im Team vorhandenen Expertenwissens. Am Tisch sitzen genau die Personen, die für die spätere Umsetzung der Story zuständig sind. Unterschiedliche Aspekte, Seiteneffekte und technische Implikationen werden sehr viel schneller aufgedeckt, als wenn der Chefentwickler zusammen mit dem Projektleiter eine Schätzung erstellt.

Planungspoker erzwingt einen Dialog, der die Beteiligten auffordert, ihre Schätzungen zu erklären und zu rechtfertigen. Dieser Dialog, und insbesondere das Involviertsein der Entwickler resultiert in zuverlässigen Schätzungen. Alle Mitglieder des Teams sind beteiligt, und jeder weiß, dass die Schätzung eine Grundlage für das spätere Commitment ist.

Und letztendlich macht Planungspoker Spaß, und Spaß an der Arbeit ist ein ganz entscheidender Faktor für das Erzeugen guter Arbeitsergebnisse.

5.2.3 Wann schätzen?

Vor dem ersten Sprint sollten das gesamte Product Backlog, mindestens aber genügend Stories für die ersten 1–3 Sprints geschätzt werden. Gerade diese initiale Schätzung kann sehr aufwändig und zeitintensiv sein, und Sie sollten darauf achten, bei den einzelnen Stories nicht zu sehr ins Detail zu gehen. Jede Story stellt eine Investition dar, und je länger Sie sich mit einer Story beschäftigen, desto teurer wird diese Investition. Gerade zu Beginn eines Projekts ist noch unsicher, welche Story wirklich wichtig ist, das heißt, welche Priorität sie hat. Es lohnt sich nicht, zu viel Zeit mit Dingen zuzubringen, die es letztlich nicht ins Produkt schaffen, da sie in zwei Monaten doch nicht mehr so wichtig sind, wie ursprünglich gedacht.

Statt einer großen Planungssitzung sollten besser mehrere kleine Sitzungen durchgeführt werden. Einzelne Sitzungen sollten nicht länger als zwei Stunden dauern. Danach lässt die Konzentration nach, und das Team verliert die Lust am Schätzen. Das Resultat wären ungenauere und damit weniger nützliche Schätzungen.

Während des Projekts empfiehlt sich die Durchführung einer Schätzklausur pro Sprint. In dieser Sitzung werden alle nicht geschätzten Stories des Product Backlog geschätzt; natürlich wieder streng nach Reihenfolge, das heißt, die ungeschätzte Story mit der höchsten Priorität kommt zuerst.

■ 5.3 Zusammenfassung

- Agiles Schätzen und Planen unterscheidet zwischen relativer Größe und Dauer. Größe wird geschätzt und Dauer wird abgeleitet.
- Die Größe einer User Story wird in Story Points geschätzt. Story Points sind relativ und bewerten, wie groß eine Story im Verhältnis zu anderen User Stories ist.
- Story Points sagen nichts über die Dauer der Umsetzung einer User Story aus.
- Planungspoker ist ein bewährtes und effizientes Schätzverfahren, bei dem alle Teammitglieder gemeinsam die Größe von User Stories schätzen.

■ 5.4 Wie geht es weiter?

Um zu planen, wie viele User Stories in einen Sprint passen, ist es neben deren Größe wichtig zu wissen, wie viel Kapazität, das heißt, wie viel Platz für User Stories in einem Sprint zur Verfügung steht. Das nächste Kapitel gibt Antwort auf die Frage, wie sich die Kapazität von Sprints messen und auf Basis der gemessenen Werte ein Plan für die Zukunft erstellen lässt.

6 Agiles Planen

Der Schlüssel zum agilen Schätzen und Planen ist die Trennung von Größe und Dauer. Im letzten Kapitel ging es ausschließlich um das Thema Größe, wobei offen geblieben ist, wie basierend auf geschätzter Größe Aussagen über Entwicklungsdauern getroffen werden. In diesem Kapitel geht es um die agile Planung als einen Feedback-basierten Lern- und Planprozess, bei dem Größe ein relativ abstrakter Begriff ist und mit zunehmender Sprint-Anzahl eine immer genauer werdende Aussage über die Dauer des Projekts abgeleitet werden kann.

Nach der Erörterung einiger allgemeiner Eigenschaften agiler Planung führt das Kapitel in das Konzept der *Velocity* als zentraler Mess- und Planungsgröße ein. Es wird gezeigt, wie die Entwicklungsgeschwindigkeit des Teams gemessen und basierend darauf Annahmen über die erwartete Geschwindigkeit der Folge-Sprints getroffen wird. Das Kapitel erklärt, weshalb die Entwicklungsgeschwindigkeit nachhaltig sein sollte, das heißt schnell genug, um viele Features zu entwickeln, aber auch nicht zu schnell, damit genügend Zeit für die Details bleibt und das Team nicht ausbrennt. Das Kapitel gibt außerdem einen kurzen Ausblick auf die Velocity-basierte Sprint- und Releaseplanung, zwei Themen, die in jeweils eigenen Kapiteln ausführlich behandelt werden.

■ 6.1 Was macht Planung agil?

Planung ist die gedankliche Vorwegnahme von Handlungsschritten, die zur Erreichung eines Zieles notwendig scheinen. Planung verfolgt zwei Primärziele: Erstens die Vorhersage, wann etwas voraussichtlich fertig sein wird, und zweitens die Festlegung, welche Schritte als Nächstes zu erfolgen haben. Während das zweite Ziel, die Festlegung der Reihenfolge, weitestgehend durch die Priorisierung des Product Backlog bestimmt ist, haben wir dem ersten Ziel, der Vorhersage, wann welche User Story voraussichtlich fertig sein wird, bisher nur wenig Beachtung geschenkt.

Traditionelle Planung trifft Aussagen auf Basis von äußerst unsicheren Annahmen über die Entwicklungsdauer einzelner Features. Da die gesamte Planung auf diesen Annahmen aufbaut, bricht der Plan in sich zusammen, wenn die geschätzten Dauern falsch sind, was ziemlich wahrscheinlich ist. Um dies zu verhindern, nehmen erfahrene Projektmanager die von den Entwicklern geschätzten Aufwände zur Sicherheit mal zwei, was zwar den Plan ad absurdum führt, aber zumindest die Wahrscheinlichkeit erhöht, den vorausberechneten Fertigstellungstermin zu halten. Agile Planung geht einen anderen Weg und bezieht die Realität der Softwareentwicklung mit ein.

Im Kapitel *Agiles Schätzen* habe ich gezeigt, dass sich die Wahrscheinlichkeit für zutreffende Schätzung entscheidend erhöhen lässt, indem nicht mehr die Dauer, sondern die relative Größe der zu entwickelnden Features geschätzt wird. Das äußerst unsichere Schätzen in Dauern wird auf diese Weise deutlich entschärft und durch ein Verfahren zur Messung der tatsächlichen Entwicklungsgeschwindigkeit ersetzt. Dauer wird gemessen, indem man über mehrere Sprints beobachtet, wie viele Story Points das Team während eines Sprint umsetzen kann (siehe Abbildung 6.1). Basierend auf der so ermittelten Entwicklungsgeschwindigkeit, erfolgt die zukünftige Planung, indem Aussagen darüber getroffen werden, wie viele Story Points das Team pro Sprint abarbeiten kann und in welchem Sprint welche Story voraussichtlich umgesetzt wird.

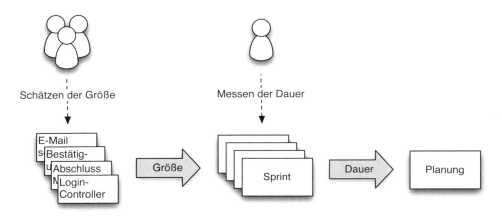

Abbildung 6.1 Größe wird geschätzt und Dauer wird gemessen

Traditionelle Planung arbeitet mit Entwickler-Ressourcen, indem man, basierend auf den geschätzten Personentagen und den zur Verfügung stehenden Ressourcen, ausrechnet, wann welches Feature fertig ist. Ausgehend von der Annahme, dass ein Entwickler pro Arbeitstag 0,5 Personentage leisten kann, dauert eine auf 5 Personentage geschätzte User Story mit einem Entwickler 10 Arbeitstage und mit zwei Entwicklern entsprechend nur 5 Arbeitstage. Agile Planung hingegen denkt nicht in Auslastungen einzelner Ressourcen, sondern sieht das Team als Ganzes. Das Team arbeitet mit einer gemessenen Geschwindigkeit, die sich nicht einfach erhöhen lässt, indem das Team vergrößert wird. Veränderungen der Teamgröße erfordern das Neumessen der Geschwindigkeit und eine Anpassung des Plans.

Agile Planung verzögert das Festlegen von Details, indem Aufgaben nicht mehr detailliert geplant und einzelnen Entwicklern zugewiesen, sondern dem Team stattdessen komplette Arbeitspakete übergeben werden. Der Product Owner kennt nur noch die Schlagzahl, mit der das Team User Stories umsetzt, muss aber nicht mehr wissen, wer was im Einzelnen erledigt. Das Verzögern von Details verringert den Planungsaufwand und überlässt die Detailplanung den Experten. Für die Planung der konkreten Einzelaufgaben im Sprint ist dies einzig und allein das Team.

Zusammenfassend lässt sich sagen, dass agile Planung im Kern die Zuordnung von User Stories zu Sprints basierend auf einer gemessenen Geschwindigkeit des Teams ist. Neben Schätzungen in Story Points ist die Entwicklungsgeschwindigkeit die zentrale Größe der agilen Planung. Was das genau bedeutet, ist Thema des folgenden Abschnitts.

6.2 Velocity

Die Entwicklungsgeschwindigkeit des Teams wird als *Velocity* bezeichnet und ist die Anzahl an Story Points, die ein Team während eines Sprint umsetzen kann. Arbeitet es mit einer Velocity von 15 Punkten, und das Product Backlog enthält Stories mit einer Gesamtgröße von 30 Punkten, dann benötigt das Team zwei Sprints für die Umsetzung sämtlicher Stories. Velocity ist ein adaptiver Wert, der am Ende jedes Sprint aus den erzielten Arbeitsergebnissen abgeleitet wird. Dabei wird zwischen tatsächlicher und angenommener Velocity unterschieden: Tatsächliche Velocity ist die im zurückliegenden Sprint erreichte Punktzahl und angenommene Velocity die für den anstehenden Sprint zugrunde gelegte Velocity.

6.2.1 Tatsächliche Velocity

Tatsächliche Velocity drückt aus, wie schnell das Team wirklich war und ist die Summe aller Story Points der im zurückliegenden Sprint vollständig umgesetzten User Stories.

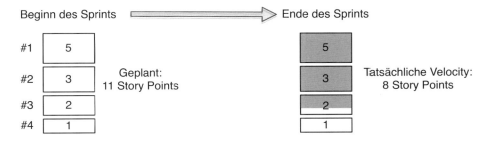

Abbildung 6.2 Berechnung der tatsächlichen Velocity

Abbildung 6.2 zeigt einen Sprint, für den Stories mit insgesamt 11 Punkten geplant waren. Am Ende des Sprint stellt sich heraus, dass Story #1 und #2 vollständig, Story #3 nur unvollständig und Story #4 gar nicht umgesetzt wurden. Entsprechend gehen nur Story #1 und #2 in die tatsächliche Velocity von 8 ein. Selbst eine zu 80 Prozent fertige User Story bleibt bei der Berechnung der tatsächlichen Velocity unberücksichtigt. Hierfür gibt es zwei Gründe: Erstens wissen wir nicht, wie viel Story Points 80 Prozent sind und ob nicht in den letzten 20 Prozent der Story 80 Prozent des Gesamtaufwands der Story stecken.[1] Zweitens

---

[1] Das Pareto-Prinzip des italienischen Ingenieurs, Soziologen und Ökonomen Vilfredo Pareto besagt, dass sich viele Aufgaben mit einem Mitteleinsatz von 20% so erledigen lassen, dass 80% aller Probleme gelöst

geht es bei Scrum um Schaffung von Mehrwert für den Kunden, und der Mehrwert einer zu 80 Prozent fertigen, aber nicht auslieferbaren Story beträgt 0. Nicht fertige Dinge haben einen Wert von 0 und gehen deshalb mit 0 Punkten in die Berechnung der tatsächlichen Velocity mit ein.

Neben der ausschließlichen Berücksichtigung nur wirklich fertiger Stories ist es wichtig, dass immer von der zu Beginn des Sprint gültigen Schätzung ausgegangen wird. Ging eine Story mit 3 Punkten in den Sprint ein, dann geht sie auch nur mit 3 Punkten in die tatsächliche Velocity mit ein, selbst wenn für die Umsetzung der Story mehr Zeit als geplant benötigt wurde. Zur Verdeutlichung: Zwei Stories mit je 3 Punkten werden vollständig abgeschlossen. Obwohl die zweite Story doppelt so viel Zeit wie die erste benötigt hat, gehen beide Stories mit 3 Punkten in die tatsächliche Sprint Velocity mit ein.

Auf den ersten Blick scheint es so, dass aus dem offensichtlichen Schätzfehler nicht gelernt wird. Naheliegend wäre es doch, die Schätzung der zweiten 3-Punkte-Story nachträglich zu korrigieren und mit 6 Punkten in die aktuelle Velocity mit einfließen zu lassen. Tatsächlich wird aber implizit über die Anpassung der Velocity gelernt. Nachträgliche Korrekturen von Schätzung führen nur eine weitere Variable in den ohnehin schon komplexen und unsicheren Schätzprozess ein (dieser Aspekt wird in Abschnitt 6.3.2 ausführlich erklärt). Tatsache ist, dass agiles Schätzen und Planen auch ohne nachträgliche Korrektur von Schätzungen funktioniert, und die Vorhersagen, wann etwas fertig sein wird, mit der Zeit dennoch genauer werden.

Ob und weshalb eine Story länger als geplant gedauert hat, bleibt bei der Berechnung der tatsächlichen Velocity also völlig außen vor. Manch einer mag sich hier fragen, ob die so berechnete Velocity überhaupt einen Wert besitzt. Zugegeben, besonders realistisch klingt die so berechnete Zahl nicht. Es gibt so viele Faktoren, die diese Zahlen beeinflussen: Falsche Schätzungen, falsch eingeschätzter Funktionsumfang, Krankheit oder zu viele Störungen während des Sprint. Dennoch ist es eine Zahl, mit der wir arbeiten können und mit der wir unsere der Planung zugrunde liegende Velocity der Realität annähern können. Letztendlich drückt die Zahl den Unterschied aus zwischen dem, was wir zu erreichen meinten, und dem, was wir wirklich geschafft haben. Die beschriebene Berechnung der Velocity mag auf den ersten Blick merkwürdig erscheinen, ist aber tatsächlich selbstkorrigierend und liegt nahe an der Realität.

6.2.2 Angenommene Velocity

Die angenommene Velocity ist die Anzahl an Story Points, von denen man annimmt, dass das Team sie im anstehenden Sprint umsetzen kann. Angenommene Velocity hat zwei Funktionen: Erstens dient sie dem Team als Anhaltspunkt, wie viele User Stories für den anstehenden Sprint zugesagt werden können, und zweitens ist die angenommene Velocity eine wichtige Planungsgröße für den Product Owner bei der Releaseplanung.

---

werden. Folglich ist es wahrscheinlich, dass die letzten 20% einer User Story 80% des Gesamtaufwands ausmachen.

Die angenommene Velocity wird auf zwei Arten berechnet:
1. Übernommene Velocity: Angenommene Velocity = Tatsächliche Velocity
2. Mittlere Velocity: Berechnung des Velocity-Medians

6.2.2.1 Angenommene Velocity = Tatsächliche Velocity

Solange wir noch wenig über die tatsächliche Entwicklungsgeschwindigkeit des Teams wissen, wird die angenommene Velocity gleich der tatsächlichen Velocity des zurückliegenden Sprint gesetzt. Es wird geguckt, wie schnell das Team im letzten Sprint wirklich war, und angenommen, dass das Team im nächsten Sprint genauso schnell sein wird. Die Berechnung und Anpassung der Velocity ist ein Feedback-basierter Lernkreislauf in dem nichts mehr geschätzt wird, sondern alle verwendeten Planungsgrößen aus Beobachtungen abgeleitet werden.

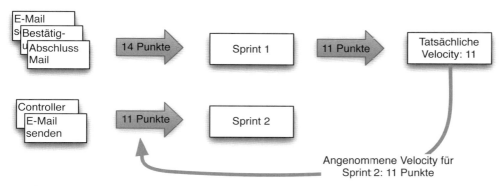

Abbildung 6.3 Velocity-Lernkreislauf

Abbildung 6.3 zeigt einen Velocity-Lernkreislauf, in dem die tatsächliche Velocity von 11 Punkten aus Sprint 1 als angenommene Velocity in Sprint 2 eingeht. Der dargestellte Kreislauf ist allerdings eine idealisierte Form der nicht immer ganz so rund laufenden Wirklichkeit. Es gibt durchaus erste Sprints, die mit einer tatsächlichen Velocity von 0 Punkten enden, weil zum Beispiel viel Zeit mit Infrastrukturarbeiten zugebracht wurde und keine Zeit für die Arbeit an richtigen Stories blieb. In solch einem Fall ist es unsinnig, die tatsächliche Velocity 1 : 1 zu übernehmen. Wenn es zu Ausreißern kommt, sollte die angenommene Velocity unter Berücksichtigung der aktuellen Situation entsprechend angepasst werden. Für den 0-Punkte-Sprint könnte man zum Beispiel einfach dessen ursprünglich angenommene Velocity übernehmen, da man ja jetzt davon ausgehen kann, dass die Infrastrukturarbeiten erledigt sind.

Offen ist noch die Frage nach der Velocity des ersten Sprint, da das beschriebene Übernahmeverfahren voraussetzt, dass es mindestens einen Sprint gibt, aus dem die Velocity übernommen werden kann. Die Antwort ist ganz einfach. Weil wir keine Velocity haben, die einfach übernommen werden könnte, startet das Team ohne angenommene Velocity in Sprint 1. Im Sprint Planning Meeting dieses Sprint wird das Product Backlog von oben nach unten durchgegangen, und nach jeder Story fragt sich das Team, ob die jeweilige Story noch reinpasst und guten Gewissens zugesagt werden kann. Das Commitment erfolgt also rein aus dem Bauch heraus, ohne einen Anhaltspunkt über die tatsächliche Geschwindigkeit zu haben. Letztendlich unterscheidet sich dieses Vorgehen gar nicht besonders von der Sprint-Planung anderer Sprints. Auch hier analysiert und bespricht das Team Story für Story, allerdings mit der zusätzlichen Information, wie viel Arbeit in den zurückliegenden Sprints tatsächlich geschafft wurde.

6.2.2.2 Mittlere Velocity

Die zweite Berechnungsart basiert auf der Betrachtung der tatsächlichen Velocity über einen längeren Zeitraum hinweg. Je mehr Sprints das Team durchgeführt hat, desto mehr nähert sich die gemessene Geschwindigkeit an eine mittlere Velocity an, mit der der Product Owner zuverlässig planen kann. Erfahrungsgemäß pendelt sich die Velocity nach drei Sprints ein. Für die ersten drei Sprints ist die Übernahme der angenommenen Velocity aus der tatsächlichen Velocity der Vorgängersprints also in Ordnung, danach sollte aber mit einem sich sanfter anpassenden Median gearbeitet werden. Voraussetzung hierfür ist das Führen eines Velocity-Charts, mit dem die tatsächliche Velocity der zurückliegenden Sprints protokolliert wird (siehe Abbildung 6.4).

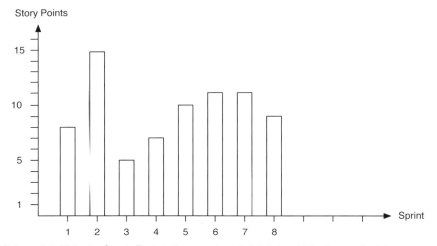

Abbildung 6.4 Velocity-Chart: Protokollierung der tatsächlichen Velocity pro Sprint

Der Median einer geordneten Zahlenfolge ist definiert als der Wert, für den höchstens die Hälfte der Werte unterhalb des Medians und höchstens die Hälfte der Werte oberhalb des Medians liegen. Für eine Folge mit einer ungeraden Zahl an Werten ist das einfach, da es immer genau ein mittleres Element gibt. Ordnet man die Geschwindigkeiten der ersten drei Sprints aus Abbildung 6.4, dann ergibt sich ein Median von 8. Bei einer geraden Zahl an Werten definieren die beiden mittleren Werte den Median, das heißt, bei einer Velocity-Folge von 5, 7, 8, 15 sind dies die 7 und 8. Entsprechend ergibt sich nach Sprint 4 ein Velocity-Median von $(7 + 8)/2 = 7{,}5$ Story Points.

Ein Median hat gegenüber dem Mittelwert den Vorteil, dass er robuster gegenüber Ausreißern ist. Genau wie es Schätzfehler gibt, gibt es gute und schlechte Sprints. Wenn der letzte Sprint ein besonders schlechter war, weil zum Beispiel zwei der vier Teammitglieder krank waren, ergibt es wenig Sinn, dessen tatsächliche Velocity mit voller Wucht auf unsere angenommene Velocity einwirken zu lassen.

Sowohl das Übernahme- als auch das Median-Verfahren setzen eine konstante Sprint-Länge und Teamgröße voraus. Variiert eines oder beides, dann gilt es zu überlegen, diesen Umstand in Form einer angepassten Velocity zu berücksichtigen. Abschnitt 9.4.1.1 im Kapitel 9, *Sprint-Planung*, liefert einige Hinweise für die Anpassung der Velocity.

6.2.3 Velocity-basierte Planung

Agile Planung ist eine Velocity-basierte Planung, in der das Team auf Basis der angenommenen Velocity seinen Sprint-Plan und der Product Owner auf Basis dieser Velocity den Releaseplan erstellt. In der Sprint-Planung wird der Planungshorizont auf maximal 4 Wochen reduziert. Eingangsparameter sind das priorisierte und geschätzte Product Backlog sowie die angenommene Velocity (siehe Abbildung 6.5).

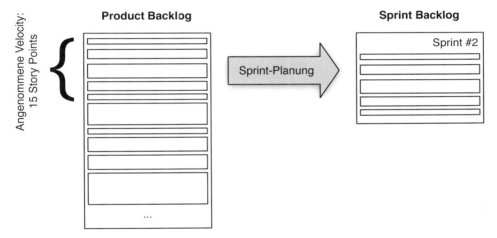

Abbildung 6.5 Velocity-basierte Sprint-Planung

Der Product Owner trifft eine Vorauswahl an User Stories, indem er das Product Backlog den Prioritäten nach durchgeht und so viele Stories wählt, wie es die für den anstehenden Sprint angenommene Velocity zulässt. Die ausgewählten Stories bringt er ins Sprint Planning Meeting ein und bespricht deren Umsetzung im kommenden Sprint mit dem Team. Das Ergebnis ist das Sprint Backlog als Arbeitsgrundlage für den Sprint. Während es in den ersten Sprints noch zu relativ großen Abweichungen zwischen geplanter und tatsächlich geleisteter Arbeit kommen kann, pendelt sich dieses Verhältnis mit zunehmender Sprint-Anzahl immer besser ein. Velocity-basierte Sprint-Planung fixiert die Anforderungen für einen beschränkten Zeitraum und erlaubt für eingespielte Teams eine recht gute Vorhersage für eine Zeitspanne von maximal vier Wochen.

Releaseplanung geht einen Schritt weiter und hat zum Ziel, auf Basis des Product Backlog einen Releaseplan zu erstellen. Ein Releaseplan umfasst ein oder mehrere Releases der Software und erstreckt sich über einen Zeitraum von üblicherweise 3–6 Monaten. Basierend auf der angenommenen Velocity unterteilt der Product Owner das Product Backlog

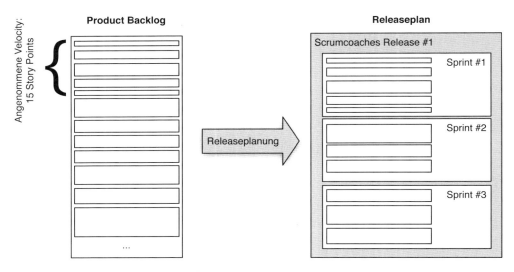

Abbildung 6.6 Velocity-basierte Releaseplanung

in Sprints und gruppiert dabei zusammengehörige Stories zu Sprints und Releases (siehe Abbildung 6.6).

Während die Vorhersage des nächsten Sprint noch relativ gut gelingt, ist das für einen bis zu 6 Monate umfassenden Plan nicht mehr ganz so einfach. Ein Grund ist sicherlich, dass sich die Velocity erst einpendeln muss, insbesondere wenn der Releaseplan sehr früh erstellt wird. Ein anderer und sicherlich entscheidenderer Grund sind Änderungen in den Anforderungen: Prioritäten ändern sich, Anforderungen kommen hinzu oder fallen ganz weg. Änderungen führen zu Anpassungen des Releaseplans und möglichen Verschiebungen geplanter Releases.

Sprint- und Releaseplanung sind zentrale Themen dieses Buches und werden in Kapitel 9, *Sprint-Planung*, und Kapitel 13, *Agile Releaseplanung*, ausführlich behandelt.

6.2.4 Nachhaltige Velocity

Agile Planung in Scrum plant mit einer nachhaltigen Velocity, die zum einen die Entwicklung langfristig wertvoller Ergebnisse ermöglicht und zum anderen über einen längeren Zeitraum durchgehalten werden kann, ohne das Team zu verbrennen.

Ein langfristig wertvolles Ergebnis ist Software, die gut funktioniert und vom Anwender gerne benutzt wird, darüber hinaus aber auch sauber programmiert, refaktorisiert und umfassend getestet ist. Scrum-Teams entwickeln Software, die nicht nur heute, sondern auch in einigen Monaten oder Jahren immer noch gut funktioniert und erweiterbar ist, im weitesten Sinne also nachhaltige Software. Und nachhaltige Software erfordert eine nachhaltige Velocity, das heißt eine Entwicklungsgeschwindigkeit, die es erlaubt, Dinge richtig fertigzustellen, anstatt mit maximaler Geschwindigkeit so viele Features wie möglich zu produzieren.

Ein gutes Bild für nachhaltige und maximale Velocity ist die Geschwindigkeit beim Autofahren. Wenn ich mit 180 Stundenkilometern über die Autobahn fahre, schaffe ich zwar sehr viele Kilometer, übersehe dabei aber vielleicht wichtige Details, wie zum Beispiel das nette Hotel auf dem abseits gelegenen Hügel. Fahre ich hingegen nur 100, dann erhöhe ich die Chance, unterwegs auch Details wahrzunehmen, die mich interessieren und die Reise für mich werthaltiger machen. Übertragen auf die Softwareentwicklung bedeutet dieses Bild, dass, wenn das Team mit maximaler Velocity durch den Sprint rast, es zwar ziemlich viele Stories fertigbekommt, dafür aber keine Zeit hat, sich um deren Details zu kümmern. Eine nachhaltige Velocity verschafft dem Team hingegen die Zeit, sich um die unterflächigen Details der Stories, wie Refactorings oder Unit-Tests zu kümmern.

Abbildung 6.7 verdeutlicht die Konsequenzen einer überhöhten Entwicklungsgeschwindigkeit. Der linke Teil der Abbildung zeigt Team 1, das mit maximaler Geschwindigkeit loslegt und in den ersten Sprints richtig viele User Stories umsetzt. Das Team ist so schnell, weil es weder Unit-Tests schreibt noch den entwickelten Quellcode refaktorisiert. Aber das sieht ja erst mal keiner, und das Team erntet großes Lob für die augenscheinlich guten Arbeitsergebnisse. Die rechte Seite der Abbildung zeigt die Velocity von Team 2, das von vornherein langsamer startet und entsprechend weniger User Stories umsetzt, dafür aber ausschließlich refaktorisierten und ausgiebig getesteten Code abliefert.

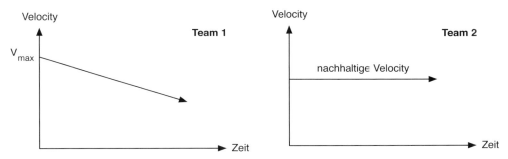

Abbildung 6.7 Maximale versus nachhaltige Velocity

Während die Velocity von Team 1 sukzessive nach unten geht, arbeitet Team 2 auch im 10. Sprint mit einer ähnlichen hohen Velocity wie zu Beginn. Team 2 liefert ausschließlich fertige Arbeitsergebnisse ab, die eine zukünftige Erweiterung des Systems ermöglichen. Als Resultat kann das Team in zukünftigen Sprints auf die guten Ergebnisse der Vorgänger-Sprints aufsetzen und neue Features mit einer ähnlich hohen Velocity integrieren. Die Velocity ist nachhaltig.

Team 1 muss hingegen in zukünftigen Sprints auf die schnell und ohne die nötige Sorgfalt heruntergeprogrammierten Ergebnisse der Vorgängersprints aufsetzen. Der Code aus Sprint 1 wurde beispielsweise überhaupt nicht refaktorisiert und muss deshalb in Sprint 3 komplett umgestellt werden. Das Team ist gezwungen, eine alte Story zu überarbeiten, für die es konsequenterweise keine Punkte kassiert, da sie diese ja bereits in Sprint 1 als Folge einer überhöhten Velocity erhalten hat. Was wir bei Team 1 beobachten, wird in der agilen Softwareentwicklung als *Technical Debt*[2] bezeichnet. Das Team geht Sprint für Sprint eine

---

[2] Auf Deutsch „Technische Schuld".

technische Schuld ein, indem es die User Stories nicht vollständig fertig entwickelt, sondern unausgereift ausliefert. Man könnte sagen, das Team kassiert Story Points auf Kredit. Aber Schulden müssen irgendwann zurückgezahlt werden, und genau das tut das Team, indem es mit zunehmender Sprint-Anzahl immer weniger Story Points kassiert.

Nachhaltige Velocity lässt keine technische Schuld zu, was sich durch ein entsprechendes Kriterium in der geltenden „Definition of Done" sicherstellen lässt. Stories sind erst dann fertig, wenn sie keinerlei Hinweise auf technische Schulden mehr enthalten. Wird zusätzlich sichergestellt, dass die Stories eines Sprint nacheinander abgearbeitet werden, dann hat das Team gute Voraussetzungen zu einer nachhaltigen Velocity zu kommen, die die Entwicklung von langfristig wertvollen Ergebnissen zulässt.

Der zweite Grund für eine nachhaltige Velocity ist das Team selber. Velocity ließe sich ohne Weiteres steigern, wenn das Team Überstunden machen oder auch mal ein Wochenende durcharbeiten würde. Eine in vielen Projekten durchaus übliche Gangart, insbesondere, wenn es eng wird. Zwar lassen sich auf diese Art kurzfristig Sprints oder ganze Projekte retten, auf Dauer gesehen führt Mehrarbeit aber zum gegenteiligen Effekt: Teams brennen aus, werden müde und verlieren die Motivation. Dem entgegen wirkt eine nachhaltige Velocity, das heißt, eine Velocity, die das Team in 40 Arbeitsstunden pro Woche erbringen kann. Velocity ist kein Wettbewerb. Es darf am Ende des Sprint niemals heißen, dass das Team viel langsamer war, als ursprünglich geplant.

■ 6.3 Agile Planung funktioniert

Was wir bisher gelernt haben, ist die Tatsache, dass agile Planung das Messen der tatsächlichen Velocity zurückliegender Sprints und die Planung anstehender Sprints basierend auf einer angenommenen Velocity ist. Angenommene Velocity wird entweder direkt aus der tatsächlichen Velocity des Vorgängersprints übernommen oder nach Durchführung einer Mindestanzahl von Sprints berechnet, niemals jedoch geschätzt.

Auf den ersten Blick scheint es so, dass weder aus Schätz- noch aus Planungsfehlern gelernt wird. Trotzdem liefert das vorgestellte Verfahren zuverlässige Planungsergebnisse. Velocity ist das Schlüsselelement der agilen Planung, mit dem vieles, was in der traditionellen Planung geschätzt wurde, jetzt gemessen wird. Velocity ist die einzige Schraube, an der gedreht wird. Die Schraube wird zu Projektbeginn noch relativ grob, mit zunehmender Laufzeit aber immer feiner justiert.

6.3.1 Velocity korrigiert Schätzfehler

Genauso wie beim Schätzen von Dauern kann man beim Schätzen von Größe danebenliegen. Die Gründe dafür sind vielfältig und in der Softwareentwicklung nichts Ungewöhnliches: falsche Schätzung, ungeplante Tasks, unerwartet viel Produktionssupport, Krankheit usw. Die Gründe, warum eine Story nicht fertig wurde, sind für die Planung auch nicht wirklich wichtig, sondern eher etwas für die Sprint-Retrospektive. Viel wichtiger ist die Berücksichtigung der Tatsache, dass die Story nicht fertig wurde. Der Lerneffekt besteht in der Erkenntnis, dass man weniger geschafft hat, als ursprünglich geplant, und diesen Lerneffekt nutzt man, indem man bei der nächsten Planung eine geringere Velocity zugrunde legt.

Dabei ist es wichtig, nicht an zu vielen Schrauben gleichzeitig zu drehen und darauf zu vertrauen, dass sich das System von alleine zurechtrüttelt. Offensichtliche Schätzfehler werden nicht von Hand, sondern nur über Anpassung der Velocity korrigiert. Auch wenn der gesunde Menschenverstand sagt, dass zwei 3-Punkte-Stories, von denen die eine doppelt so lange wie die andere gedauert hat, eigentlich mit 9 statt mit 6 Punkten veranschlagt werden müssten, plant das Team für den nächsten Sprint nur Stories mit bis zu 6 Punkten. Jetzt gibt es zwei mögliche Ausgangsszenarien: Entweder schafft das Team tatsächlich nur die 6 geplanten Story Points, oder es ist schneller und nimmt eine oder mehrere zusätzliche Stories nachträglich mit in den Sprint. Im ersten Fall war es richtig, die Velocity nicht von 6 auf 9 zu korrigieren. Andernfalls hätte sich das Team überplant und die Stories nicht geschafft. Im zweiten Fall schafft das Team mehr als geplant, was die tatsächliche Velocity jetzt erhöht, wodurch der Schätzfehler der unterschätzten 3-Punkte-Story im Nachhinein korrigiert wird.

6.3.2 Neubewertung von User Stories

Planung ist die Vorhersage eines chaotischen Systems, die umso unsicherer und komplexer wird, je mehr Schrauben dabei gedreht werden. Die Neubewertung unterschätzter User Stories nach ihrer Entwicklung ist eine solche zusätzliche Schraube, die Planung komplexer, aber nicht genauer macht. Dazu muss man verstehen, dass man bei User Stories zwischen Vorher- und Nachher-Wissen unterscheidet [Cohn 2007: p13]. Vorher-Wissen ist das Wissen, das wir über eine User Story haben, bevor sie entwickelt wurde. Ich weiß so viel über die Story, dass ich sie als 3-Punkte-Story einschätze, da sie mir ähnlich groß erscheint wie eine andere 3-Punkte-Story. Nachher-Wissen ist das Wissen über eine Story nach ihrer Entwicklung. Nach der Entwicklung weiß ich deutlich mehr über eine Story und würde sie vielleicht größer bewerten, weil ihre Entwicklung länger als andere 3-Punkte-Stories gedauert hat.

Entscheidend ist, dass es beim Schätzen zu keiner Vermischung von Vorher- und Nachher-Wissen kommt. Vermischung bringt eine weitere Variable in den Schätzprozess mit ein, die unnötige Verwirrung stiftet. Beispiel: Am Anfang eines Projekts wurden alle Stories im Product Backlog auf Basis von Vorher-Wissen geschätzt. Würde das komplette Backlog inklusive der fertigen Stories nach ein paar Monaten neu geschätzt, dann hätte man einige Vorher- und einige Nachher-Zahlen. Wenn man jetzt zwei 3-Punkte-Stories vergleicht, muss man zusätzlich beachten, ob die 3 Punkte Vorher- oder Nachher-Zahlen sind. Ein Umstand, der das Schätzen nicht einfacher macht.

Viel einfacher ist es, wenn alle Schätzungen Vorher-Zahlen sind. Alle User Stories werden auf derselben Grundlage und mit demselben Wissensstand verglichen. Wird eine Story auf 9 Punkte geschätzt, dann, weil sie ähnlich groß ist wie eine andere 9-Punkte-Story. Was aber, wenn die 9 Punkte das Ergebnis einer neubewerteten 3-Punkte-Story ist? Soll dann die neue Story auf 3 oder 9 Punkte geschätzt werden? Diese Frage stellt sich nur, wenn Stories neu bewertet werden.

Grundsätzlich gilt, dass Neubewertung vermieden werden sollte und stattdessen auf den selbstkorrigierenden Effekt von Velocity gesetzt wird. Es gibt allerdings auch Gründe, die für eine Neubewertung von User Stories sprechen. Führt beispielsweise ein massiver Schätzfehler zu einer dramatischen Reduzierung der Velocity des Folge-Sprint, dann sollte die Velocity vielleicht nicht ganz so dramatisch reduziert werden. Ein anderer Grund für Neubewertungen ist der Einsatz neuer Technologien, die im Nachhinein zu einem deutlichen Anstieg der ursprünglichen Schätzung geführt haben. Wir hatten diesen Effekt beim Einsatz einer neuen JavaScript-Bibliothek, die unsere Oberflächen zwar sehr viel „reicher", aber eben auch aufwändiger in ihrer Entwicklung gemacht hat. In diesem Fall ist es sinnvoll, auf Basis dieser Erfahrung eine Story nach ihrer Entwicklung neu zu schätzen und ähnliche Stories im Product Backlog dieser Schätzung anzupassen.

6.3.3 Urlaub, Krankheit und ähnliche Ereignisse

Die der Planung zugrunde liegende Velocity drückt aus, was ein Team unter realistischen Umständen leisten kann. Dass die Realität nicht nur aus Arbeitstagen, sondern auch aus Urlaubs-, Feier- oder Krankheitstagen besteht, ist bereits implizit in der Velocity enthalten. Im ersten Sprint waren zum Beispiel zwei von vier Teammitgliedern krank, im zweiten Sprint war ein Entwickler im Urlaub, und im dritten Sprint findet eine zweitägige Schulung fürs gesamte Team statt. In jedem Sprint wird eine Velocity gemessen, die vermutlich niedriger ist, als sie bei einem über den gesamten Sprint vollzählig anwesenden Team hätte sein können. Selbst wenn das Team im vierten Sprint komplett ist und die Velocity einen Sprung nach oben macht, wird das an der mittleren Velocity nicht viel ändern. Letztendlich gilt für Urlaub, Krankheit oder andere Fehltage das Gleiche wie für Schätzfehler: Interessant ist nicht, weshalb die Velocity so hoch oder niedrig ist, sondern dass sie so ist, wie sie ist.

Aber auch wenn Velocity die unvermeidlichen Fehltage bereits enthält, so ist sie doch nur eine Zahl, die erst an zweiter Stelle nach dem gesunden Menschenverstand kommt. Für das Team ist die angenommene Velocity ein Anhaltspunkt, wie viel Arbeit in einem Sprint erledigt werden kann. Weiß das Team aber, dass im anstehenden Sprint aufgrund von Urlaub oder Feiertagen nur die Hälfte der sonst üblichen Arbeitstage zur Verfügung stehen, dann muss das Team diesen Umstand berücksichtigen und darf seine Velocity nicht voll ausschöpfen. Das Gleiche gilt für den Product Owner und dessen Releaseplanung. Kann er absehen, dass das halbe Team im Juli Urlaub macht, dann muss er die Velocity für den Juli-Sprint von vornherein reduzieren.

6.3.4 Der Plan entsteht

Ein Unterschied und augenscheinlicher Nachteil zur traditionellen Planung ist die Tatsache, dass agile Pläne Zeit brauchen und erst über drei oder mehr Sprints hinweg entstehen. Der Grund ist auch hier das Ersetzen von Schätzungen durch Messungen. Messungen erfordern einen Satz valider Daten, die erst über die Zeit entstehen. Während traditionelle Projektpläne vor dem Projekt erstellt werden, entsteht der Plan für agile Projekte während der ersten Wochen des Projekts.

Aber Moment, benötigen wir nicht zunächst einen Plan, um überhaupt entscheiden zu können, ob sich das Projekt lohnt und gestartet werden soll? Wichtig ist, zwischen einem Plan für die Entscheidung und einem Plan zum Arbeiten zu unterscheiden. Der Entscheidungsplan muss vor dem Projekt da sein, während der richtige Releaseplan in den ersten Wochen des Projekts entwickelt werden kann. Kapitel 13, *Agile Releaseplanung*, beschäftigt sich ausführlich mit diesem Aspekt der agilen Planung.

6.4 Zusammenfassung

- Agile Planung misst die tatsächliche Velocity zurückliegender Sprints und plant zukünftige Sprints auf Basis einer angenommenen Velocity.
- Tatsächliche Velocity ist die Summe der Story Points aller im zurückliegenden Sprint vollständig umgesetzten User Stories.
- Angenommene Velocity ist die Anzahl an Story Points, von der man annimmt, dass ein Team sie innerhalb eines Sprint umsetzen kann. Angenommene Velocity hat zwei Funktionen: Zum einen ist sie ein Anhaltspunkt fürs Team, wie viele Stories für einen anstehenden Sprint zugesagt werden können. Zum anderen ist sie eine wichtige Planungsgröße für den Product Owner bei der Erstellung des Releaseplans.
- Die angenommene Velocity wird entweder aus der tatsächlichen Velocity des Vorgängersprints übernommen oder mit zunehmender Sprint-Anzahl als Median der Folge tatsächlicher Velocities berechnet.
- Velocity sollte nachhaltig sein, damit das Team nicht ausbrennt und ausreichend Zeit hat, die geplanten User Stories wirklich fertig zu entwickeln.
- Schätzungen können falsch sein, werden aber nicht von Hand korrigiert, sondern nur implizit über die Anpassung der Velocity.

6.5 Wie geht es weiter?

Wir wissen jetzt, was User Stories sind, wie man sie schätzt und wie man mit ihnen plant. Ausgestattet mit diesem Wissen geht es im nächsten Kapitel um das Schreiben von User Stories für das Product Backlog. Das Kapitel erklärt, wie man ausgehend von einer Produktvision eine initiale Menge an User Stories schreibt, diese priorisiert und zu große Stories auf kleinere und konkrete Stories herunterbricht.

7 User Stories fürs Product Backlog

Der Product Owner arbeitet kontinuierlich am Product Backlog. Das Product Backlog ist sein strategisches Planungsinstrument, mit dem er die Weichen des zukünftigen Produkts stellt. Der Product Owner ist dem Team immer ein Stück voraus, indem er zwei bis drei Sprints in die Zukunft blickt und das Product Backlog entsprechend strukturiert und ausrichtet. Während ein klassisches Scrum Product Backlog offen für jede Art von Anforderung ist, schlägt dieses Kapitel ein ausschließlich aus User Stories bestehendes Backlog vor. Das Product Backlog wird so zu einem Backlog für den Kunden. Jede enthaltene Anforderung liefert einen sichtbaren Mehrwert und kann hinsichtlich ihres Geschäftswertes bewertet und priorisiert werden.

User Stories im Product Backlog durchlaufen eine zeitliche Dimension. Unwichtige Stories sind groß, wenig detailliert und stehen relativ weit unten im Backlog. Steigt die Priorität einer Story, wandert sie im Backlog nach oben und rückt näher an einen der nächsten Sprints heran. Je wichtiger eine Story wird, desto konkreter und detaillierter muss sie werden. Die Story muss zerschnitten, das heißt, so lange in handhabbare User Stories zerlegt werden, bis sich die resultierenden Teil-Stories für die Umsetzung im Rahmen eines Sprint eignen.

Dieses Kapitel beschreibt, wie Sie ein Story-basiertes Product Backlog erstellen, priorisieren und pflegen. Angefangen mit den ersten Anforderungsworkshops über Techniken zum Aufspüren und Priorisieren von Stories bis hin zu verschiedenen Schneidetechniken erklärt das Kapitel, woher die Stories kommen und welche Stadien sie auf dem Weg von ihrer Entstehung bis zu ihrer konkreten Umsetzung durchlaufen.

Nicht alle Anforderungen eines Scrum-Projekts lassen sich als User Stories beschreiben. Refactorings oder Infrastrukturaufgaben liefern zunächst keinen offensichtlichen Mehrwert für den Kunden und gehören deshalb nicht ins Product Backlog. Trotzdem sind die Anforderungen da und müssen verwaltet, eingeplant und umgesetzt werden. Dieses Kapitel liefert verschiedene Ideen für den Umgang mit dieser Art von Anforderungen.

■ 7.1 Das Product Backlog

Das Product Backlog ist eine Liste aller im Projekt bekannten User Stories. Jedes Scrum-Projekt hat genau ein Product Backlog. Es ist die einzige und zentrale Instanz, die sämtliche funktionalen Anforderungen des Systems enthält.

Wir haben viel darüber diskutiert, welches das beste Werkzeug für die Verwaltung des Backlog ist: Wikis, webbasierte Tools oder Papier? Letztendlich sind wir bei einer elektronischen Tabelle geblieben, die einfach erweiter- und sortierbar ist und auf die alle Beteiligten schnell zugreifen können.

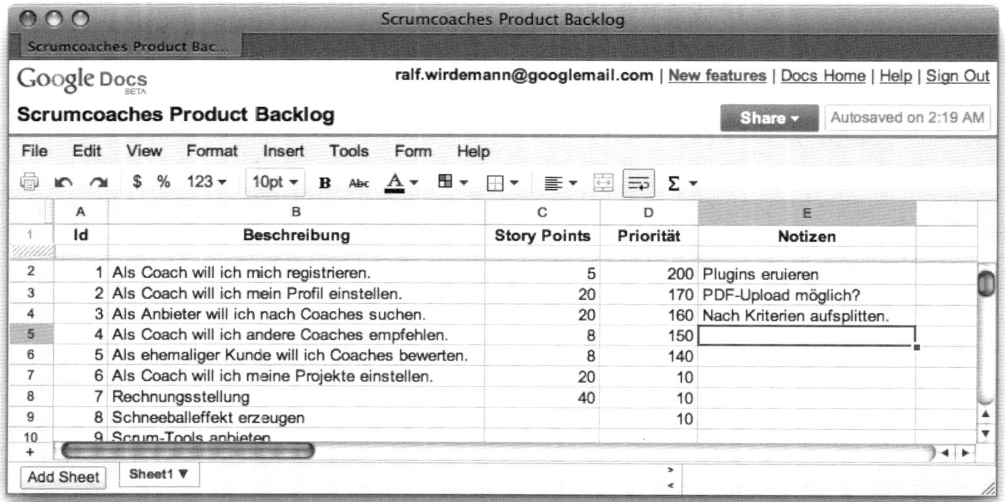

Abbildung 7.1 Ein Product Backlog mit User Stories

Die User Story-Id ist eine eindeutige Identifikationsnummer, die hilft, die Story zu referenzieren, wenn mit weiteren Tools, wie zum Beispiel einem Bugtracking-System, gearbeitet wird. Die Beschreibung der Story drückt in einem Satz das Ziel der User Story aus, und die Spalte Story Points enthält ihre vom Team geschätzte Größe. Für die Priorisierung der Stories verwenden wir beliebig große natürliche Zahlen. Je größer die Zahl, desto höher ist die Priorität einer Story. Die Verwendung von Zahlen hat den Vorteil, dass sich das Backlog mit einem einfachen Klick sortieren lässt und dass dem Backlog immer noch eine Story mit einer noch höheren Priorität zugefügt werden kann. Die Spalte Notizen dient der Erfassung von Hinweisen und Fragen, solange die Story noch nicht auf eine Karteikarte übertragen wurde.

Das Product Backlog ist unvollständig und dynamisch. Beim Erstellen des Backlog ist es keinesfalls Ziel, sämtliche potenziellen Anforderungen des Systems zu erfassen. Stattdessen enthält das Backlog immer nur einen Schnappschuss der aktuell bekannten User Stories. Abgesehen von den User Stories des aktuellen Sprint kann der Product Owner jederzeit Stories ändern, hinzufügen oder entfernen. Außerdem kann er die Priorität einer Story ändern und so ihre Position im Backlog beeinflussen.

Das Product Backlog muss gut sichtbar und für jeden Beteiligten zugänglich sein. Ein vorhandenes, aber nicht sichtbares Product Backlog ist schlecht. Sowohl das gesamte Scrum-Team als auch alle anderen Interessenvertreter haben Anspruch und das Bedürfnis, den Gesamtkontext des Projekts zu sehen. Das Team fragt sich, was als Nächstes, das heißt, nach dem aktuellen Sprint ansteht, und schafft sich so ein Gesamtbild des Projekts. Elektronische Backlogs reichen hierfür nicht immer aus. Zusätzlich ist es sinnvoll, das Backlog regelmäßig auszudrucken und im Teamraum an die Wand zu hängen. Die Verantwortung für die Sichtbarkeit des Product Backlog trägt der Product Owner. Kommt er dieser Verantwortung nicht nach, ist dies ein Impediment und muss vom ScrumMaster beseitigt werden.

Das Product Backlog ist eine der wichtigsten Eingangsgrößen des Sprint Planning Meetings. In ihm wird das Backlog von oben nach unten durchgegangen. User Stories werden auf Basis ihrer Priorität und Schätzung in das Sprint Backlog übernommen. Das Sprint Backlog ist für die Dauer des Sprint fix in Bezug auf die enthaltenen Stories. Das Product Backlog lebt während des Sprint weiter, was jedoch keinen Einfluss auf den Sprint hat, da die Sprint-Stories aus dem Product Backlog entfernt wurden.

Warum ausschließlich User Stories?

Ein traditionelles Scrum Product Backlog enthält jede Anforderung oder Tätigkeit, die irgendwie mit dem System zusammenhängt und erledigt werden muss. Dies können neben User Stories wesentlich mehr Dinge sein, wie beispielsweise Bugfixes, Infrastrukturtätigkeiten oder auch nicht-funktionale Anforderungen wie Skalierbarkeit oder Ausfallsicherheit. Warum also die Einschränkung auf User Stories?

Geschäftswert. Einer der wichtigsten Scrum-Werte ist die Schaffung von Geschäftswert für den Kunden oder Nutzer des Systems. User Stories haben exakt diesen Fokus: sie erzeugen Mehrwert.

Verständnis. Eigner des Product Backlog ist der Product Owner. Er ist der zentrale Anforderer und bestimmt, welche Story welche Priorität erhält, und somit in welchem Sprint sie entwickelt wird. Ein Product Owner, der in der Anwendungsdomäne des Kunden zu Hause ist, kann User Stories viel besser bewerten und hinsichtlich ihres Geschäftswerts priorisieren, als er dies für allgemeine Backlog-Einträge könnte.

Sprache des Kunden. Die ausschließliche Verwendung von User Stories im Product Backlog verleiht dem Backlog eine völlig neue Bedeutung. Das Backlog wird in der Sprache des Kunden geschrieben. Product Owner und Kunde verstehen jeden Eintrag und können die Einträge zueinander in Beziehung setzen.

Für Projekte, die auf der grünen Wiese starten, ist es relativ einfach, ein Backlog, das ausschließlich aus Mehrwert generierenden User Stories besteht, zu schreiben. Aber spätestens nach dem ersten öffentlichen Release der Software sieht die Welt schon anders aus. Fehler tauchen auf, die Anwendung skaliert vielleicht schlechter als erwartet, oder einige Codestellen müssen dringend überarbeitet werden. Wohin also mit all diesen Zusatzaufgaben, die keinen offensichtlichen Mehrwert für den Kunden generieren, aber trotzdem erledigt werden müssen? Abschnitt 7.5 liefert einige Hinweise für den Umgang und die Verwaltung von Anforderungen, die keine User Stories sind. Zunächst konzentrieren wir uns aber weiter auf User Stories und ihre verschiedenen Stadien beim Durchlaufen des Product Backlog.

■ 7.2 Das Product Backlog füllen

Am Anfang des Projekts steht ein leeres Product Backlog. Bevor es losgehen und mit der Planung des ersten Sprint begonnen werden kann, brauchen wir genügend User Stories für mindestens einen Sprint, besser noch für ein erstes Release der Software. Aber woher stammen eigentlich die ersten Stories fürs Product Backlog?

User Stories liegen für gewöhnlich nicht auf der Straße, um einfach aufgesammelt und ins Product Backlog eingetragen werden zu können. Stattdessen muss man nach ihnen suchen und sie aus dem „Meer der Anforderungen" herausfischen. Mike Cohn beschreibt diesen Prozess sehr anschaulich am Beispiel einer Fischfang-Metapher.[1] Der Story-Suchende ist ein Fischer, der ein Netz hinter sich herzieht. Je nachdem, wie groß die Maschen dieses Netzes sind, bleiben unterschiedlich große Stories hängen. Die Fischzüge müssen regelmäßig mit unterschiedlichen Maschengrößen wiederholt werden, so dass nach und nach die wirklich wichtigen Stories herausgefischt werden. Außerdem muss der Story-Suchende ein guter und erfahrener Fischer sein, denn nur gute Fischer fangen den besten Fisch, der sich am Ende auch gut verkaufen lässt.

Die Suche nach Anforderungen beginnt mit dem Aufspüren großer User Stories. Das Product Backlog füllt sich mit Epics, die den Rahmen der Anwendung und ihre zentralen Funktionen definieren. Epics findet man am einfachsten, indem man in die Rollen der verschiedenen Benutzer des Systems schlüpft und sich überlegt, was die jeweilige Rolle mit dem System erreichen möchte. Epics werden priorisiert und müssen mit zunehmender Wichtigkeit in konkretere Stories aufgeteilt werden. Das Füllen des Backlog ist ein iterativer Prozess. Wichtige, das heißt die für das erste Release der Software infrage kommenden Stories werden so lange überarbeitet, zerlegt oder zusammengefasst, bis sie sich für die konkrete Umsetzung im Rahmen eines Sprint eignen.

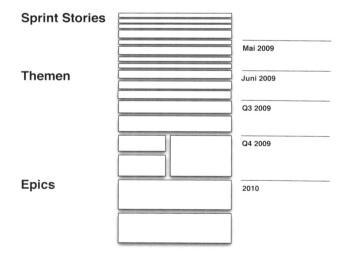

Abbildung 7.2 Initiales Product Backlog

---

[1] Die Fischfang-Metapher wird von Suzanne und James Robertson in ihrem Buch *Mastering the Requirements Process* [Robertson und Robertson 1999] beschrieben und von Mike Cohn in [Cohn 2004] auf den Prozess der Story-Suche übertragen.

Das Ergebnis des Prozesses ist ein Product Backlog, gefüllt mit User Stories (siehe Abbildung 7.2). Weit oben im Backlog stehen die wichtigen Stories, die entsprechend detailliert und geeignet für ihre Umsetzung sind. In der Mitte finden wir eher Themen, das heißt Gruppen zusammengehöriger Stories, die für ein erstes Release wichtig sind, aber noch nicht ausreichend konkretisiert wurden. Ein Beispiel für ein Thema ist „Bewertung und Empfehlung". Das Thema besteht aus einer ganzen Reihe von User Stories, von denen einige schon sehr konkret sind, wie zum Beispiel „Als Coach will ich andere Coaches empfehlen", andere wiederum sich noch im Epics-Zustand befinden und entsprechend weiter konkretisiert werden müssen. Ganz unten im Backlog stehen die zurzeit weniger wichtigen Epics.

7.2.1 Anforderungsworkshops

Für das gemeinsame Erarbeiten eines initialen Product Backlog hat sich die Durchführung eines oder mehrerer Anforderungsworkshops bewährt. In ihnen kommen sämtliche Interessenvertreter zusammen und diskutieren gemeinsam die Anforderungen des Projekts. Interessenvertreter sind dabei nicht nur der Product Owner, ScrumMaster und das Team, sondern auch Vertreter diverser anderer Gruppen, wie Anwender, Marketing, Vertrieb oder die Support-Abteilung. Je nachdem, ob es sich um eine Produktentwicklung für den öffentlichen Markt oder um eine Entwicklung für einen speziellen Kunden handelt, lädt der Product Owner Mitarbeiter aus der eigenen Firma oder aus den verschiedenen Abteilungen des Auftraggebers ein. Der Product Owner kennt und repräsentiert den Kunden und muss sich deshalb gut überlegen, wen er zu den Workshops einlädt. Zu große Gruppen werden ineffizient, zu kleine Gruppen bergen die Gefahr, dass wichtige Vertreter nicht gehört werden.

Der Workshop wird vom Product Owner vorbereitet und moderiert. Zu einer guten Vorbereitung gehört neben dem Versenden der Einladungs-E-Mail und der Buchung des Raumes auch das Versorgen der eingeladenen Personen mit Informationen über das anstehende Projekt. Scrum-Projekte starten häufig nicht nur mit einer Produktvision, sondern auch mit einem über die Vision hinausgehenden Konzeptpapier. Beispielsweise basiert Scrumcoaches.com auf einem zehnseitigen Konzept, das den Rahmen der Plattform, deren Zielsetzung und die beteiligten Rollen beschreibt. Das Konzept wird den Interessenvertretern frühzeitig zugeschickt oder präsentiert, so dass sie vorab Gelegenheit haben, eigene Ideen zu entwickeln und Anforderungen aus ihrer Sicht für das anstehende Projekt zu überlegen.

Entsprechend vorbereitet führen alle Beteiligten einen ersten Anforderungsworkshop durch. Eine bewährte Variante zum Aufspüren der Stories ist das gemeinsame Brainstorming und die Erstellung von Anforderungs-Mindmaps. Das kann entweder mit Hilfe einer Software und einem Beamer oder an einem Whiteboard erfolgen.

Ziel des Brainstormings ist das Zutagefördern möglichst vieler potenzieller User Stories. Der Fokus liegt klar auf Quantität. Bewertet wird später. Der Product Owner startet den Prozess und malt eine initiale Mindmap mit dem Kasten *Scrumcoaches* an die Wand. Nach und nach wirft das Anforderungsteam Epics, konkretere User Stories, aber auch allgemeine Anforderungen in den Raum. Der Product Owner erweitert die Mindmap, indem er die Punkte an den entsprechenden Zweigen notiert.

Das Anforderungsteam schlüpft reihum in die verschiedenen Benutzerrollen und setzt das Mindmapping aus Sicht der jeweiligen Rolle fort. Dabei ist es von Nutzen, sich die Haupt-

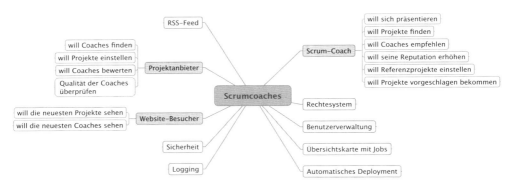

Abbildung 7.3 Anforderungs-Mindmap für Scrumcoaches.com

ziele der jeweiligen Rolle vor Augen zu führen. Was will ein Coach mit dem System anfangen? Er will Projekte finden, seine Reputation verbessern usw. Was erwartet der Projektanbieter von dem System? Er will gute Coaches finden, Scrum-Wissen einkaufen, typische Fehler vermeiden usw. Wird die Mindmap zu groß, kann für jede Rolle eine eigene Mindmap erstellt werden.

Anforderungen müssen nicht zwangsläufig einer Rolle zugeordnet werden, sondern lassen sich auch dafür benutzen, neue Rollen zu definieren. Beispiele sind die Themen Sicherheit oder Logging, die für Administratoren interessant sind – eine Rolle, die bisher noch nicht berücksichtigt wurde.

Das Ergebnis des Brainstormings sind eine oder mehrere Mindmaps mit mehr oder weniger sinnvollen Kandidaten für User Stories und sonstigen Anforderungen, wie zum Beispiel technischen Rahmenbedingungen. Im zweiten Teil des Workshops bewertet das Anforderungsteam die Ergebnisse und überträgt potenzielle User Stories ins Product Backlog. Nicht-funktionale Anforderungen werden zu Constraints und auf Karteikarten notiert (siehe Abschnitt 7.5.2).

7.2.2 Interviews, Markt-Feedback und Abstimmungsrunden

Anforderungsworkshops sind nicht die einzige Möglichkeit, das Backlog initial mit User Stories zu füllen. Eine ergänzende Variante ist das Durchführen von Benutzerinterviews. Anhand eines Fragebogens werden Vertreter der jeweiligen Rollen nach Funktionen und Wünschen für das neue System befragt. Potenzielle Fragen an einen Scrum-Coach könnten sein:

- Wie suchen Sie aktuell nach neuen Aufträgen?
- Welche Informationen wollen Sie in Ihrem Profil veröffentlichen?
- Wie finden Sie die Bewertungsfunktion?
- Sollten auch Anbieter bewertet werden können?
- Welche vergleichbaren Systeme kennen und verwenden Sie?
- Was können vergleichbare Systeme besonders gut?
- Welche Funktionen fehlen in vergleichbaren Systemen?

Nach dem initialen Release einer Software spielt das Markt-Feedback eine entscheidende Rolle bei deren Weiterentwicklung. Foren, Blogs, Support-Anfragen oder gezielt ausgelieferte Fragebögen liefern wichtige Informationen darüber, was die Benutzer gut finden und am Ende wirklich wollen. Nicht selten kommt es nach dem ersten Release zu einer kompletten Überarbeitung des Product Backlog, basierend auf dem Feedback des Marktes.

Gute Ergebnisse erhält man durch Kombination der verschiedenen Methoden zur Anforderungsanalyse. Im Rahmen einer Produktentwicklung für ein Internetstartup sind wir zum Beispiel mit einem kurzen Konzept gestartet und haben mit weniger als fünf Personen mehrere Anforderungsworkshops durchgeführt. Das Ergebnis der Workshops war eine Anforderungsliste mit 50 Einträgen. Diese Liste haben wir den sechs Ländervertretern des Unternehmens präsentiert. Jeder Vertreter kannte den Markt seines jeweiligen Landes und hat die Liste um länderspezifische Anforderungen erweitert. Die Anforderungsanalyse wurde mit einer Abstimmungsrunde abgeschlossen, in der jeder Ländervertreter 50 Bewertungspunkte erhielt und die Punkte beliebig auf die Anforderungen verteilen durfte. Das Ergebnis war eine priorisierte Anforderungsliste, die wir als Basis für die User Stories des initialen Product Backlog verwendet haben.

7.2.3 Überarbeitung und Pflege des Product Backlog

Das Product Backlog ist dynamisch, das heißt, es ist niemals vollständig und wird kontinuierlich verändert. Zuständig für Änderungen und Erweiterungen ist der Product Owner. Er steuert den Geschäftsverlauf des Projekts und muss das Backlog ständig im Blick behalten und die enthaltenen User Stories hinsichtlich des sich weiterentwickelnden Projekts neu bewerten. Erkennt der Product Owner, dass bestimmte Stories nach einiger Zeit nicht mehr so wichtig sind, wie ursprünglich gedacht, verringert er ihre Priorität oder nimmt sie ganz aus dem Backlog. Wiederum andere Stories können an Wichtigkeit zunehmen und müssen entsprechend höher priorisiert werden. Neue Ideen nimmt der Product Owner als Epics oder bereits konkrete User Stories ins Backlog auf, priorisiert sie und lässt sie vom Team schätzen.

Die Neubewertung und Überarbeitung des Product Backlog sollte regelmäßig, zum Beispiel in Form von ein- oder zweimal pro Sprint stattfindenden Anforderungsworkshops durchgeführt werden. In ihnen kommen alle Interessenvertreter des Projekts zusammen und gehen gemeinsam das Backlog durch. Jeder Beteiligte hat in diesem Meeting die Chance, neue Anforderungen einzubringen oder den Product Owner von der zunehmenden Bedeutung bereits im Backlog enthaltener Stories zu überzeugen. In einem meiner Projekte führten wir diese Workshops jeden Montag mit einer relativ kleinen Gruppe durch: Produktmanagement, Product Owner und ScrumMaster. Das Produktmanagement war eine Art Filter, der seine Fühler während der Woche in alle möglichen Richtungen ausstreckte, neue Anforderungen sammelte, vorhandene Anforderungen repriorisierte oder es auch mitbekam, wenn Anforderungen an Bedeutung verloren hatten. Meistens war das Produktmanagement so gut vorbereitet, dass wir nicht länger als eine Stunde benötigten.

Eine weitere wichtige Quelle für neue Anforderungen ist das Sprint-Review, da in diesem Meeting alle am Projekt interessierten Personen zusammenkommen und gemeinsam über dessen weiteren Verlauf diskutieren.

7.3 User Stories priorisieren

Da selten genügend Zeit für die Umsetzung des gesamten Product Backlog bleibt, müssen wir entscheiden, was wir als Erstes machen. Im Sinne des Scrum-Prinzips, die wichtigsten Dinge immer zuerst zu erledigen, fällt die Entscheidung leicht, und wir fangen mit der wichtigsten User Story an. Ist die wichtigste Story fertig, kümmern wir uns um die zweitwichtigste Story, die ja dann die wichtigste ist. Die Abarbeitungsreihenfolge der Stories wird also von deren Wichtigkeit vorgegeben. Was aber macht eine Story wichtig, und wie entscheidet man, ob eine Story wichtiger als eine andere ist?

Ganz allgemein formuliert wird die Wichtigkeit einer Story durch ihren Geschäftswert bestimmt. Eine Story mit hohem Geschäftswert wird vom Product Owner entsprechend hoch priorisiert. Die entscheidenden Faktoren bei der Priorisierung einer User Story sind ihr finanzieller Wert, ihre Kosten, die resultierende Kundenzufriedenheit, ihre Abhängigkeiten zu anderen Stories sowie die von ihr adressierten Risiken. Die folgenden Abschnitte beleuchten jeden dieser Faktoren und schließen mit einer Betrachtung, wie die einzelnen Faktoren zueinander abgewogen und kombiniert werden.

7.3.1 Finanzieller Wert

Da fast alle Unternehmen Geld verdienen wollen, ist ihr finanzieller Wert einer der wichtigsten Faktoren bei der Priorisierung einer User Story. Der finanzielle Wert einer Story lässt sich daran messen, inwieweit die Story dazu beiträgt, Geld einzunehmen oder Kosten zu reduzieren. Gelingt es, Vorhersagen über den finanziellen Wert einer Story zu treffen, dann lassen sich User Stories einander gegenüberstellen und entsprechend ihrer finanziellen Auswirkungen priorisieren.

Finanzielle Vorhersagen sind einfacher für Themen als für einzelne User Stories. Zum Beispiel ist es schwierig, die Story „Als Coach will ich mir die Details eines Projektangebots anzeigen lassen" finanziell zu bewerten. Die Story ergibt für sich allein genommen keinen Sinn, zumindest nicht in finanzieller Hinsicht. Sinnvoller hingegen ist es, ganze Themen, in diesem Fall also das Thema „Projektsuche", finanziell zu bewerten. Angenommen, das Thema „Projektsuche" bringt dem Unternehmen in den nächsten zwei Jahren 100000 Euro ein, während das Thema „Coach-Suche" nur 80000 Euro bringt, dann ist es eine gute Idee, die Projektsuche höher zu priorisieren.

Unternehmen erzielen Einnahmen durch den Verkauf ihrer Dienstleistungen oder Produkte. Einnahmen lassen sich klassifizieren in Einnahmen von neuen Kunden und Mehreinnahmen existierender Kunden. Ein wesentlicher Punkt der finanziellen Bewertung eines Features besteht darin zu bestimmen, wie viele neue Kunden das Feature erwarten lässt und was jeder neue Kunde bereit sein wird, dafür zu bezahlen. Eine andere Überlegung ist, ob existierende Kunden bereit sein werden, für das neue Feature mehr Geld zu bezahlen.

Eine andere Sichtweise auf den finanziellen Wert einer Story ist die Betrachtung ihres Einsparpotenzials. Zum Beispiel würde die Entwicklung eines automatisierten Deploymenttools mindestens einen Entwicklertag pro Sprint einsparen. Ein Entwicklertag kostet 500 Euro, was hochgerechnet auf zwei Jahre mehr als 10000 Euro wären. Darüber hinaus kann der Entwickler in der eingesparten Zeit an anderen User Stories arbeiten und damit zusätzliche Einnahmen erwirtschaften.

Ein anderes Beispiel für Kosteneinsparung ist die Automatisierung manueller Prozesse. Muss der Kunde beispielsweise eine Person pro Monat einen Tag lang für die Erstellung von Mahnungen abstellen, ist das vielleicht im Moment noch in Ordnung, weil nur 20 Kunden pro Monat abgemahnt werden müssen. Was aber passiert, wenn das Geschäft plötzlich anzieht und sich die Kundenzahl verzehnfacht? Vermutlich müssen dann am Monatsende auch zehnmal so viele Mahnungen geschrieben werden, und aus dem einen Personentag werden schnell zehn Tage. Ist abzusehen, dass das Geschäft in den nächsten Monaten deutlich zunimmt, dann birgt die Story „Automatisierung des Mahnwesens" ein hohes Einsparpotenzial und sollte eine hohe Priorität erhalten.

Finanzielle Vorhersage ist ein komplexes Thema, dessen ausführliche Behandlung den Rahmen dieses Buches sprengen würde. Interessierte Leser finden im Buch *Maximizing the Return on Your Software Investment* von Steve Tockey ausführliche Informationen zur finanziellen Bewertung von Software und deren Features [Tockey 2004].

7.3.2 Kosten

Auf der anderen Seite des Mehrwerts einer User Story stehen ihre Kosten. Wesentlicher Faktor ist ihr Entwicklungsaufwand. Mit einiger Erfahrung, das heißt nach einigen Sprints, lässt sich relativ gut vorhersagen, was die Entwicklung einer User Story kostet.

Die Kostenbestimmung erfolgt auf der Basis von Story Points. Es wird ausgerechnet, was ein Team pro Sprint kostet und wie viele Story Points das Team durchschnittlich umsetzt. Angenommen, das Team besteht aus einem Product Owner, einem ScrumMaster und drei Entwicklern. Der Product Owner verdient 5000 Euro, der ScrumMaster und die Entwickler je 4500 Euro im Monat. Für jeden Entwickler schlagen wir noch mal 30 Prozent administrative Kosten drauf. Ein Sprint dauert vier Wochen und kostet entsprechend 6500 + 4 * 5850 = 29900 Euro. Das Team arbeitet mit einer durchschnittlichen Velocity von 28 Punkten. Entsprechend kostet die Entwicklung eines Story Points ungefähr 1000 Euro.

Mit Hilfe der ausgerechneten Kosten lassen sich Stories hinsichtlich ihres Preises bewerten. Bezogen auf das im vorigen Abschnitt angeführte Beispiel, in dem für das Thema „Projektsuche" 100000 Euro und für das Thema „Coach-Suche" 80000 Euro Gewinn vorhergesagt wurde, können wir jetzt die Kosten in unsere Bewertung mit einfließen lassen. Ohne Kostenbewertung erhält die Projektsuche den Vorzug, da es dem Unternehmen mehr Geld bringt. Wurde das Thema „Projektsuche" aber auf insgesamt 80 Story Points geschätzt, während das Thema „Coach-Suche" nur auf 40 Story Points kommt, ist die Entwicklung der Coach-Suche erheblich günstiger. Die Projektsuche kostet 80000 Euro, während die Coach-Suche für 40000 Euro zu haben ist. Unter Berücksichtigung der Kosten bringt die Coach-Suche dem Unternehmen deutlich mehr Geld und sollte höher priorisiert werden.

Die Kosten einer Story können sich im Laufe der Zeit ändern. Beispielsweise verändert sich mit zunehmender Projektlaufzeit die technische Komplexität von Software. Regelmäßiges Refactoring hält die Software zwar über lange Zeit wart- und erweiterbar. Dennoch gibt es User Stories, deren Entwicklung teurer wird, je später man die Story einführt. Ein Beispiel ist die nachträgliche Entwicklung eines Rollen- und Rechtekonzepts. Derartige Stories schneiden tief ins System ein und werden umso komplexer, je größer das System bereits ist.

Neben den reinen Entwicklungskosten gibt es eine Reihe weiterer Faktoren, die Einfluss auf die Kosten einer Story haben:

- Wird zusätzliche Hardware benötigt?
- Erfordert die Story die Nutzung kostenpflichtiger Dienste?
- Muss zusätzliche Software lizensiert werden?
- Welche Support-Kosten wird die Story verursachen?

Diese und andere Fragen müssen geklärt und bei der Kostenbewertung einer Story berücksichtigt werden.

7.3.3 Kundenzufriedenheit nach Kano

Neben ihrem finanziellem Wert ist es ihr Einfluss auf die Kundenzufriedenheit, der den Wert einer User Story bestimmt. Zufriedene Kunden zahlen gerne, das heißt, eine hohe Kundenzufriedenheit hat direkte Auswirkung auf den finanziellen Wert einer User Story. Dieser Abschnitt erklärt, wie sich das sogenannte *Kano*-Modell für die Bewertung von Kundenzufriedenheit und damit auf die Priorisierung von User Stories anwenden lässt. Das Modell stammt von Dr. Noriaki Kano und beschreibt den Einfluss von Features unterschiedlicher Klassen auf die Kundenzufriedenheit bei der Produktentwicklung [Kano 1984].

Was also macht den Kunden zufrieden? Zunächst einmal sind dies die sogenannten *Basis*-Stories. Basis-Stories haben einen hohen Wert, weil die Software ohne sie nicht funktioniert. Scrumcoaches.com wäre insgesamt wenig hilfreich, wenn Coaches keine Profile einstellen können. Ein Marktplatz für Internetwerbung ist sinnlos, wenn keine Kampagnen gebucht werden können. Basis-Stories sind notwendig, sorgen aber gemäß Kano nur bis zu einem gewissen Grad für eine Steigerung der Kundenzufriedenheit. Anders ausgedrückt: Würden im Laufe des Projekts ausschließlich Basis-Stories realisiert, wären die Kunden zwar halbwegs zufrieden, ihre Zufriedenheit würde jedoch einen bestimmten Schwellwert niemals überschreiten, egal, wie viele Basis-Stories die Software enthält.

Neben Basis-Stories gibt es die *Begeisterungs*-Stories. Begeisterungs-Stories sind für das grundsätzliche Funktionieren der Software nicht erforderlich, sorgen aber für einen maßgeblichen Anstieg der Kundenzufriedenheit. Während die Zufriedenheit für Basis-Stories stagniert, geht sie bei Begeisterungs-Stories über diesen Grenzwert hinaus. Basis-Stories realisieren Features, die der Benutzer von der Software erwartet. Er ist enttäuscht, wenn die Software diese Features nicht bietet, aber nur in Maßen begeistert, wenn die Software über sie verfügt. Begeisterungs-Stories hingegen begeistern den Benutzer und erhöhen seine Zahlungsbereitschaft.

Während die Story „Als Anbieter will ich einen Coach anheuern" eine Basis-Story ist, ist die Story „Als Anbieter will ich sehr erfahrene und nachweislich qualifizierte Coaches anheuern" eine Begeisterungs-Story. Die Funktion zum Anwerben von Coaches erwartet der Kunde. Stellt der Kunde dann aber während des ersten Projekts mit dem neuen Coach fest, dass der Coach überdurchschnittlich qualifiziert ist und das Projekt sehr gut voranbringt, wird der Kunde die Software gerne wieder benutzen und bereit sein, einen angemessenen Preis für die Vermittlung zu bezahlen. Der Kunde weiß quasi erst, dass er die von der

Begeisterungs-Story gelieferte Funktionalität unbedingt braucht, nachdem er sie das erste Mal benutzt und ihren positiven Effekt erfahren hat.

Einen ähnlich zufriedenheitssteigernden Effekt wie Begeisterungs-Stories haben *Leistungs*-Features. Leistungs-Features bringen nichts wirklich Neues, sorgen aber für eine qualitative oder quantitative Verbesserung existierender Features. Der Begriff Feature statt Story ist an dieser Stelle bewusst gewählt, weil die Implementierung von Leistungs-Features in der Regel eine verbesserte Umsetzung nicht-funktionaler Anforderungen bedeutet, die für sich genommen keine eigenständigen User Stories sind. Nicht-funktionale Anforderungen werden als Teil von User Stories umgesetzt, so dass es im Sinne steigender Kundenzufriedenheit wichtig ist, Stories von vornherein leistungsstark, zum Beispiel performant oder sehr gut bedienbar zu entwickeln.

Die Kategorisierung der Anforderungen in Basis- und Begeisterungs-Stories sowie in Leistungs-Features sollte auf der Basis von Kundenfeedback, zum Beispiel in Form von Fragebögen erfolgen. Aufbauend auf dieser Kategorisierung, erfolgt die eigentliche Priorisierung. Da Basis-Stories ohnehin Teil des ersten Release sein müssen, sollte nicht zu viel Zeit mit ihrer Priorisierung zugebracht werden. Letztendlich sagt der Begriff *Basis* bereits alles über die Priorität der Story aus, und es geht nur noch um die interne Reihenfolge, in der die Basis-Stories erledigt werden. Allerdings lohnt es sich, darüber nachzudenken, Basis-Stories auf ihre reine Basisfunktionalität zu reduzieren und so Raum für Begeisterungs-Stories oder Leistungs-Features zu schaffen (siehe dazu auch Abschnitt 7.4.5). Einige Stories dieser Kategorien sollten auf jeden Fall Teil des Releaseplans und somit des ersten Release der Software werden.

7.3.4 Risiko

Ein Risiko ist ein unsicheres Ereignis mit negativen Auswirkungen auf das Projekt. Wir unterscheiden zwischen Stories, die Risiken adressieren, und Stories, die selber risikoreich sind. Die Story „Als Coach will ich andere Benutzer einladen" adressiert das Risiko eines ausbleibenden Schneeballeffekts[2], ist aber keinesfalls selber ein Risiko, das heißt, ihre Realisierbarkeit steht nicht infrage.

Risiko-adressierende Stories erhöhen die Erfolgschancen des Projekts oder zeigen im schlechtesten Fall frühzeitig auf, dass das Projekt nicht realisierbar ist. Je höher das von einer Story adressierte Risiko, desto höher sollte die Story priorisiert werden. Hingegen birgt eine risikoreiche Story das Risiko in sich selber, und es ist fraglich, ob die Story überhaupt machbar ist. Eine risikoreiche Story kann gleichzeitig eine Risiko-adressierende Story sein. Beispiel: Eine Story erfordert die Entwicklung eines komplexen Algorithmus, dessen technische Machbarkeit in Frage steht. Ohne den Algorithmus funktioniert aber die gesamte Geschäftsidee nicht, das heißt, die Story birgt ein hohes Risiko bezüglich ihrer eigenen Realisierbarkeit und adressiert dabei gleichzeitig ein hohes Projektrisiko.

---

[2] Plattformen, die auf das Zusammenwirken möglichst vieler Benutzer ausgelegt sind, drohen zu versickern, wenn nicht von Anfang an eine kritische Masse erreicht und überschritten wird. Kommt der Schneeball aber einmal ins Rollen, wird er von ganz alleine schneller und größer.

Wie wirken sich adressierte und enthaltene Risiken auf die Priorisierung aus? Die folgende Liste zeigt die Priorisierungsreihenfolge unterschiedlicher Risiko-/Wert-Kombinationen:

1. Adressiert hohes Risiko / Liefert hohen Wert
2. Adressiert hohes Risiko / Liefert geringen Wert
3. Birgt hohes Risiko / Liefert hohen Wert
4. Birgt hohes Risiko / Liefert geringen Wert

Eine Story, die ein hohes Risiko adressiert, erhält eine hohe Priorität, unabhängig davon, ob sie selber risikoreich ist oder nicht. Liefert sie darüber hinaus einen hohen Wert, steigt ihre Priorität zusätzlich. Risikoreiche Stories, die keine Projektrisiken adressieren, sollten nur gemacht werden, wenn sie einen großen Geschäftswert liefern.

7.3.5 Abhängigkeiten

Neben Risiken und den genannten wertbestimmenden Faktoren einer Story spielt deren Abhängigkeit von anderen User Stories bei der Priorisierung eine Rolle. Abhängigkeiten sollte es gemäß den INVEST-Kriterien zwar nicht geben, lassen sich aber auch nicht immer vermeiden. Ein einfaches Beispiel sind die Anmelde- und die Registrierungs-Story – beides sind Basis-Stories mit derselben hohen Priorität. Dennoch ist es wichtig, dass die Registrierung vor dem Anmelden entwickelt wird. Diese Abhängigkeit ließe sich zwar auch technisch lösen, indem per Hand ein Testuser in die Datenbank geschrieben wird; effizienter ist jedoch die Vorgabe der Reihenfolge mittels entsprechender Prioritäten.

Ein anderer Punkt sind Stories, die eine für das Projekt notwendige Infrastruktur schaffen. Beispiele sind Security- oder OR-Mapping-Frameworks. Stories dieser Art liefern keinen unmittelbaren Kundenmehrwert, adressieren aber Risiken und sind die Basis für die weitere Entwicklung. Zwar behält der Product Owner immer Recht, wenn sich Team und Product Owner uneinig über die Priorität einer Story sind. Es gibt aber Fälle, in denen der Product Owner auf den Rat des Teams hören sollte. Die Erstellung technischer Infrastruktur und die sich daraus ergebende Entwicklungsreihenfolge ist ein solcher Fall.

7.3.6 Priorisierende Faktoren abwägen

Es gibt also eine ganze Reihe von Faktoren, die es bei der Priorisierung von User Stories zu beachten gilt. Ganz oben auf der Liste steht der finanzielle Wert einer Story. Eine Story, die viel Geld bringt und darüber hinaus wenig kostet, sollte möglichst früh entwickelt werden und eine entsprechend hohe Priorität erhalten.

Neben dem direkten finanziellen Wert einer Story ist ihre Auswirkung auf die Kundenzufriedenheit entscheidend. Zufriedene Kunden zahlen nicht nur gerne, sondern sorgen darüber hinaus für neue Kunden, indem sie über das System reden und indirekt dafür werben. Hierdurch kann ein Schneeballeffekt entstehen, der maßgeblichen Einfluss auf den Erfolg oder bei Ausbleiben auf den Misserfolg der Software hat. Solche Effekte lassen sich durch Begeisterungs-Stories erzielen. Gelingt es, einen Marktplatz für Internetwerbung zu bauen, dessen Klick-Performance doppelt so hoch ist wie der Durchschnitt, dann wird sich das ganz schnell herumsprechen. Der Schneeball und somit der Cashflow kommen ins Rollen.

Der dritte Faktor bei der Bestimmung der Priorität einer Story ist das von ihr adressierte Risiko. Stories, die existenzielle Projektrisiken adressieren, sind wichtiger als Stories mit hohem finanziellen Wert. Was nützt es, als Erstes die Story zu realisieren, die viel Geld bringt, um dann mit der zweiten Story festzustellen, dass das gesamte Projekt nicht machbar ist. In diesem Fall wäre es besser gewesen, noch früher zu scheitern und seine Kraft auf anderes zu konzentrieren.

Ähnlich wie der Grad der Risikoadressierung einer Story ihren finanziellen Wert überbieten kann, verhält es sich mit ihren Abhängigkeiten. Sind zwei Stories voneinander abhängig, dann muss die abhängige Story niedriger priorisiert werden, egal ob sie dem Unternehmen mehr Geld bringt oder nicht.

Abbildung 7.4 fasst den Einfluss der priorisierenden Faktoren und ihre Wechselwirkungen zusammen:

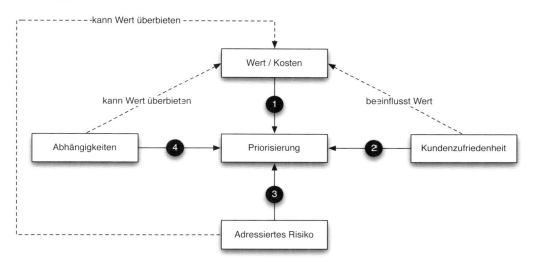

Abbildung 7.4 Priorisierende Faktoren und ihre Wechselwirkungen

Stories priorisieren ist selten einfach. Manchmal hilft es, die Story zu teilen und die Teile einzeln zu priorisieren. Zum Beispiel beinhaltet die Story „Als Coach will ich mein Profil einstellen" eine Funktion zum Hochladen von Lebensläufen im PDF-Format. Die Funktion zum Einstellen von Profilen ist definitiv eine Basis-Story. Hingegen ist das Hochladen von Lebensläufen zwar schön, aber kein Basis-Feature. Beide Funktionen liefern auch für sich alleine betrachtet einen Mehrwert und sind ein guter Ansatzpunkt, die Story zu teilen und den resultierenden Stories unterschiedliche Prioritäten zuzuweisen.

7.3.7 MuSCoW-Priorisierung

Eine alternative Priorisierungsmethode ist die sogenannte *MuSCoW-Priorisierung*. Statt User Stories wie in den vorausgehenden Abschnitten vorgeschlagen einer Wert-, Kosten- und Risiko-Analyse zu unterziehen, bewertet MuSCoW die Stories hinsichtlich der folgenden vier Kriterien:

- **Must Have:** Diese User Stories sind zwingend erforderlich. Ohne sie würde das System nicht funktionieren.
- **Should Have:** Diese User Stories sind sehr wichtig, das System funktioniert aber auch ohne sie, weil zum Beispiel ein Workaround existiert.
- **Could Have:** User Stories dieser Kategorie haben eine geringe Bedeutung und werden nur umgesetzt, wenn neben Must Have- und Should Have-Stories noch Kapazitäten zur Verfügung stehen.
- **Won't have this time:** Diese User Stories sind zurzeit nur vorgemerkt, werden aber aktuell nicht umgesetzt.

MuSCoW eignet sich für eine schnelle und einfache Priorisierung des initialen Product Backlog. Nach dem ersten Anforderungsworkshop enthält das Backlog meistens noch viele Epics, die mit dieser Methode einfach durchgegangen und hinsichtlich ihrer Notwendigkeit für ein Funktionieren des Systems bewertet werden können. Alle Must Have- und Should Have-Stories werden weiterverfolgt und auf konkretere Stories heruntergebrochen. Die resultierenden Teil-Stories werden ihrerseits MuSCoW-priorisiert. Auf diese Art kommt man relativ schnell zu einem sinnvoll priorisierten Product Backlog, das vom Team geschätzt und als Grundlage für die Planung des ersten Sprint genutzt werden kann.

7.4 User Stories schneiden

Eine der Hauptaufgaben des Product Owner ist das Schneiden von User Stories. Immer wenn ein Epic aufgrund steigender Priorität zu nahe an einen der kommenden Sprints rückt, muss die Story zerschnitten und damit Sprint-fähig gemacht werden. Jede für einen Sprint geplante User Story muss sich innerhalb dieses Sprint vollständig umsetzen lassen. Das Verteilen einer Story auf zwei oder mehr Sprints ist keine Option. Ein guter Indikator für die Größe, ab der eine Story geteilt werden sollte, sind 13 oder mehr Story Points. Die konkrete Punktezahl hängt allerdings von der verwendeten Punktefolge ab und basiert in diesem Fall auf der in Kapitel 5, *Agiles Schätzen*, eingeführten Fibonacci-ähnlichen Folge. Neben Größe sind Schwierigkeiten beim Schätzen oder Priorisieren weitere Gründe für das Zerschneiden einer User Story.

User Stories schneiden ist kein stringenter Ablauf, der klaren Regeln folgt. Manchmal liegen die zu schneidenden Stories auf der Hand, und das Schneiden ist eher ein logisches Herunterbrechen auf enthaltene Teil-Features, die ihrerseits gute User Stories abgeben. Die „Coach-Suche" ist ein solches Beispiel, bei dem einige der enthaltenen Teil-Stories auf der Hand liegen: „Ergebnis der Suche als Übersicht darstellen", „Details eines gefundenen Coaches anzeigen" oder „Ergebnismenge verfeinern". In anderen Fällen ist das Schneiden nicht so offensichtlich, lässt sich aber durch die Anwendung verschiedener Schneidetechniken unterstützen. Allen Schneidetechniken liegt das Konzept des *Vertikalen Schneidens* zugrunde, das im folgenden Abschnitt eingeführt wird.

7.4.1 Vertikales Schneiden

Stellen Sie sich einen großen Block mit Anforderungen vor, der über die Schichtenarchitektur der Anwendung gelegt wird und aus dem die User Stories herausgeschnitten werden sollen. Abbildung 7.5 zeigt zwei mögliche Schnitttechniken: Der Block kann vertikal von oben nach unten oder horizontal von links nach rechts zerschnitten werden.

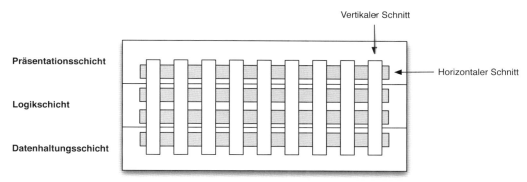

Abbildung 7.5 Vertikaler und horizontaler Schnitt

Eine vertikale User Story berührt alle Schichten der Systemarchitektur und stellt eine End-zu-End-Verbindung zwischen Benutzeroberfläche und Datenbank her. Vertikal geschnittene User Stories treiben die Architektur der Anwendung voran und helfen sie zu etablieren. Im Gegensatz dazu berühren horizontal geschnittene Stories nur eine Schicht und fördern weder die Systemarchitektur, noch liefern sie eine für den Anwender sinnvolle Funktionalität.

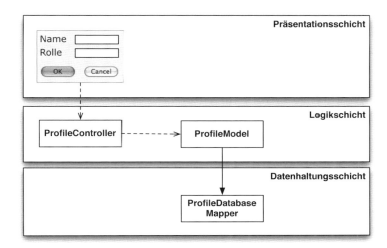

Abbildung 7.6 Die vertikal geschnittene Profileinstellungs-Story

Die Story „Als Scrum-Coach will ich mein Profil einstellen" ist ein gutes Beispiel für eine vertikal geschnittene Story (siehe Abbildung 7.6). Sie beinhaltet eine Oberfläche, über die der Coach sein Profil erfassen kann, eine Controller-Komponente, welche die erfassten Daten entgegennimmt und in Domain-Objekte umwandelt sowie die notwendige Datenbanklogik, die dafür sorgt, erfasste Profile zu persistieren. Ein Negativbeispiel für eine ungünstig horizontal geschnittene User Story ist „Lese Profil und Stundensatz aus der Datenbank". Abgesehen davon, dass die Story nicht dem vorgeschlagenen Muster folgt, berührt sie auch nur die Datenhaltungsschicht des Systems. Die konsequente Anwendung des User Story-Musters *Als Benutzerrolle will ich das Ziel...* unterstützt das Schreiben vertikaler Stories, weil das enthaltene Ziel für die geforderte End-zu-End-Verbindung sorgt.

In den folgenden Abschnitten habe ich einige Ansätze und Regeln zum Schneiden von User Stories zusammengestellt und anhand von Beispielen erläutert. Egal, nach welchem Ansatz Sie schneiden, der Schnitt sollte in jedem Fall vertikal erfolgen, so dass die resultierenden Stories alle Schichten der Anwendung berühren und sinnvolle End-zu-End-Funktionalität liefern.

7.4.2 Schneiden nach Daten

Eine einfache und häufig gut funktionierende Variante des Story-Schneidens ist das Aufteilen der Story anhand der Daten, die sie liest oder verändert. Als Beispiel betrachten wir die Profileinstellungs-Story. Zentrale Datenbanktabelle dieser Story ist die Tabelle *Profile*. Aber auch andere Tabellen sind von der Story betroffen: *Fotos* zum Speichern von Portraitfotos der Coaches oder *Attachments* zum Speichern von Lebensläufen. Die Story bietet eine Vielzahl von Schneideoptionen:

> **Als Coach will ich mein Profil einstellen.**
> ➡ Als Coach will ich ein Foto von mir hochladen.
> ➡ Als Coach will ich meinen Lebenslauf als PDF hochladen.
> ➡ Als Coach will ich mein Basisprofil einstellen: Rolle, Erfahrung, Stundensatz, Verfügbarkeit.
> ➡ Als Coach will ich erweiterte Profildaten einstellen: Fachliches Wissen, Hochschulen, Ausbildung, Zertifikate.

Abbildung 7.7 Schneiden nach Daten

Basierend auf den Tabellen *Fotos* und *Attachments* wird je eine Story zum Hochladen von Fotos und Lebensläufen extrahiert. Weitere Teil-Stories entstehen aus der Unterteilung der Felder der Tabelle *Profile*. Die Tabelle enthält eine ganze Reihe von Feldern, die zu Basis- und erweiterten Profildaten gruppiert zwei neue Teil-Stories liefern: „Erfassung von Basis-Profildaten" und „Erfassung von erweiterten Profildaten".

7.4.3 Schneiden nach Aufwand

Diese Schnittvariante prüft, in welchem Teil der Story der Hauptaufwand steckt, und schneidet diesen Teil als neue Story heraus. Nehmen wir die Story „Als Anbieter will ich das Einstellen eines Projektangebots mit Visa, MasterCard oder American Express bezahlen". Zunächst drängt sich ein Schneiden nach Daten auf: „Bezahlen per Visa", „Bezahlen per MasterCard" und „Bezahlen per American Express". Alle Stories sind zunächst gleich groß, was aber nur vor ihrer Entwicklung gilt. Die Story, die als Erstes umgesetzt wird, ist in Wirklichkeit viel größer, weil sie die Infrastruktur für Kreditkartenzahlung liefern muss. Die beiden anderen Stories können darauf aufsetzen und sind entsprechend kleiner. Der eigentliche Aufwand steckt also eher in der Implementierung des Basis-Frameworks für Kreditkarten und nicht in der Implementierung eines speziellen Kartentyps. Entsprechend ist es besser, die Story nach Aufwand zu schneiden:

> **Als Anbieter will ich das Einstellen eines Projektangebots mit Visa, MasterCard oder American Express bezahlen.**
> ➡ Als Anbieter will ich das Einstellen eines Projektangebots mit einer Kreditkarte bezahlen.
> ➡ Als Anbieter will ich das Einstellen eines Projektangebots mit drei verschiedener Kreditkarten bezahlen.

Abbildung 7.8 Schneiden nach Aufwand

Die resultierenden User Stories sind zwar abhängig, lassen sich aber einfacher schätzen und priorisieren.

7.4.4 Schneiden nach Forschungsanteilen

In fast jedem Projekt finden sich Stories mit Forschungsanteilen, die die Stories komplex und nur schwer schätzbar machen. Manchmal ist nicht klar, ob für die Story eine externe Bibliothek verwendet werden soll, und wenn ja, welche? In anderen Fällen hat keiner im Team Erfahrung mit der API zur Anbindung des SAP-Systems. Entsprechend schätzt das Team die Stories auf 20 oder 40 Punkte und drückt damit eine relativ große Unsicherheit bezüglich ihres Gesamtaufwands aus, obwohl die Unsicherheit eigentlich nur in einem recht kleinen Teil der Story steckt.

Schneiden nach Forschungsanteilen extrahiert den Frageanteil einer Story in eine Forschungs-Story. Beispielsweise standen wir in einem Projekt vor der Aufgabe, ein umständliches und komplexes Formular einer Web-Anwendung mit Hilfe von Sortier- und Gruppierfunktionen benutzerfreundlicher zu machen. Das Team entschied, die Story mit Hilfe einer neuen JavaScript-Bibliothek umzusetzen. Allerdings kamen drei verschiedene Bibliotheken infrage, und niemand im Team verfügte über Erfahrung mit diesen Bibliotheken. Durch Hinzuziehen einer unbekannten JavaScript-Bibliothek hatte die Sortier-Story eine technische Komplexität bekommen, die es dem Team schwer machte, die Story zu schätzen. Das Team entschied sich für das Extrahieren einer Forschungs-Story:

> **Als Anbieter will ich die Ergebnismenge meiner Suche nach Coaches beliebig sortieren und gruppieren können.**
>
> ➥ Als Programmierer will ich wissen, welche JavaScript-Bibliothek am besten die im Projekt benötigten Sortier- und Gruppierfeatures für Tabellen unterstützt.

Abbildung 7.9 Schneiden nach Forschungsanteilen

Ziel der extrahierten Story war die Evaluierung der infrage kommenden Bibliotheken und eine Entscheidung, welche der drei Bibliotheken eingesetzt werden soll. Das Beispiel führt außerdem die neue Rolle *Programmierer* ein. Dies ist eine mögliche Variante, um Anforderungen technischer Natur als User Stories zu beschreiben.

Forschungs-Stories bieten zwar keinen offensichtlichen Mehrwert für den Kunden, können aber dennoch vom Product Owner priorisiert und eingeplant werden. Darüber hinaus führen Forschungs-Stories eine neue Abhängigkeit ein: Die „richtige" Story ist von ihrer Forschungs-Story abhängig und sollte frühestens einen Sprint nach ihr eingeplant werden.

7.4.5 Schneiden nach Qualität

User Stories beschreiben ein Ziel, das der Benutzer erreichen will. Schneiden nach Qualität fokussiert genau dieses Ziel und versucht die Minimalversion einer Story zu bestimmen, mit der der Benutzer gerade eben noch sein Ziel erreichen kann. Abbildung 7.10 zeigt vier qualitativ unterschiedliche Ausprägungen der Benutzerverwaltungs-Story:

> **Als Administrator will ich Benutzer und deren Rechte verwalten.**
>
> ➥ Als Administrator will ich Benutzer per SQL aktivieren und deaktivieren.
>
> ➥ Als Administrator will ich Benutzer über eine graphische Oberfläche aktivieren und deaktivieren.
>
> ➥ Als Administrator will ich Benutzern vordefinierte Rechte zuweisen und entziehen können.
>
> ➥ Als Administrator will ich Rechte dynamisch erstellen und zuweisen können.

Abbildung 7.10 Schneiden nach Qualität

Die Minimalversion der Story ist die Benutzerpflege per SQL. Der Administrator kann sein Ziel erreichen, wenn auch nicht besonders komfortabel oder fehlertolerant. In der zweiten Ausbaustufe erweitern wir die Story um eine Oberfläche, über die Benutzer aktiviert und deaktiviert werden können. Die dritte Teilstory realisiert eine feiner granulare Rechteverwaltung, mit der Benutzern vordefinierte Rechte zugewiesen oder entzogen werden können. In der letzten Ausbaustufe können Administratoren dynamisch Rechte definieren und zuweisen.

Die beschriebene Schnitttechnik ist inspiriert von Stefan Roocks Blog-Eintrag über das Schneiden von User Stories nach der Straßenmetapher [Roock 2008]: Die Minimalversion ist ein Feldweg, Ausbaustufe 2 und 3 sind Kopfstein- beziehungsweise Asphalt-Straße und die Luxus-Ausbaustufe entsprechend eine Autobahn. Während die Story in der ersten Ausbaustufe auf die reine Zielerreichung fokussiert ist, geht es in den Stufen 2, 3 und 4 um die Steigerung der Qualität. Schneiden nach Qualität ist immer dann sinnvoll, wenn es im Sinne der Kundenzufriedenheit nach Kano darum geht, eine Basis-Story auf ihren Kern zu reduzieren, um zum Beispiel Platz für eine Begeisterungs-Story zu schaffen.

7.4.6 Schneiden nach Benutzerrolle

Das Schneiden nach Benutzerrolle analysiert eine Story hinsichtlich der Erwartungen unterschiedlicher Benutzerrollen. Geht zum Beispiel bei der Registrierung etwas schief, dann reicht dem Benutzer in der Regel ein freundlicher Hinweis, dass ein Fehler aufgetreten ist und er die Registrierung zu einem späteren Zeitpunkt noch einmal versuchen soll. Auf der anderen Seite ist das Entwicklungsteam für die schnelle Beseitigung des Problems zuständig und benötigt sehr viel genauere Informationen über dessen Ursache. Unterschiedliche Rollen haben unterschiedliche Anforderungen an die Story „Fehler-Reporting", woraus sich verschiedene Schneideoptionen ergeben:

> **Als ‹Benutzerrolle› will ich im Fehlerfall eine aussagekräftige Meldung, aus der klar hervorgeht, was ich als Nächstes tun muss.**
>
> ➡ Als Scrum-Coach will ich im Fehlerfall eine verständliche Meldung mit klaren Hinweisen, was ich als Nächstes tun soll.
> ➡ Als Programmierer will ich im Fehlerfall, dass der vollständige Stacktrace des aufgetretenen Fehlers in der Logdatei protokolliert wird.
> ➡ Als Programmierer will ich im Fehlerfall, dass der Anwender mir eine eindeutige Id des Fehlers nennen kann, so dass ich den zugehörigen Stacktrace schnell in der Logdatei finden kann.

Abbildung 7.11 Schneiden nach Benutzerrolle

7.4.7 Schneiden nach Akzeptanzkriterien

Die Verwendung von Akzeptanzkriterien als potenzielle Schnittgrenzen für User Stories wird am Beispiel des Epics „Bewertungsgutscheine" beschrieben. Hintergrund des Epics ist das Vermeiden einer inflationären Nutzung der Bewertungsfunktion von Scrumcoaches.com. Die Idee des Epics ist folgende: Jeder neu registrierte Coach bekommt eine feste Anzahl von Gutscheincodes. Ein Gutscheincode wird vom Coach an Kunden oder andere Coaches mit der Bitte um eine Empfehlung verschickt. Jeder Gutscheincode ermöglicht das Abgeben von genau einer Empfehlung für den Coach, dem der Gutschein zugeordnet ist. Eine Anmeldung ist dafür nicht erforderlich. Der Product Owner beschreibt die Kerngeschäftsregeln der Story durch folgende Akzeptanzkriterien:

- Neue Coaches bekommen 10 Gutscheine.
- Die Anzahl der Gutscheine für bereits registrierte Coaches errechnet sich aus ihren bereits vorhandenen Empfehlungen.
- Gutscheincodes sind eindeutig.

- Gutscheincodes bestehen aus 8 alphanumerischen Zeichen.
- Coaches können Gutscheincodes per E-Mail versenden.
- Für die Bewertung eines Coaches ist keine Systemanmeldung erforderlich.

Die Liste der Akzeptanzkriterien gibt eine Reihe offensichtlicher Schnittgrenzen für das ursprüngliche Epic vor:

> **Als Betreiber will ich die Anzahl der Bewertungen beschränken, so dass die inflationäre Nutzung der Bewertungsfunktion unterbunden wird und einzelne Bewertungen an Bedeutung gewinnen.**
>
> ➡ Als neuer Scrum-Coach will ich 10 Bewertungsgutscheine zur Verfügung gestellt bekommen.
>
> ➡ Als aktiver Scrum-Coach will ich 10 - x Bewertungsgutscheine zur Verfügung gestellt bekommen.
>
> ➡ Als Scrum-Coach will ich, dass Gutscheincodes eindeutig sind, so dass sichergestellt ist, dass nur mein Profil mit dem Gutschein bewertet wird.
>
> ➡ Als Scrum-Coach will ich Bewertungsgutscheine per E-Mail versenden.
>
> ➡ Als Bewerter will ich eine Empfehlung abgeben, nachdem ich einen Gutschein empfangen habe.

Abbildung 7.12 Schneiden nach Akzeptanzkriterien

Die Akzeptanzkriterien des Epics werden, sofern notwendig, in die resultierenden Stories übernommen. Beispielsweise ist die Forderung nach alphanumerischen Zeichen ein gutes Akzeptanzkriterium für die Eindeutigkeit-Story, und der Wegfall des Anmeldezwangs sollte ein Akzeptanzkriterium der Story zur Empfehlungsabgabe werden.

7.4.8 Schneiden nach technischer Voraussetzung

Diese Variante habe ich bewusst an die letzte Stelle gesetzt, weil sie nur angewendet werden sollte, wenn keine andere Technik funktioniert. Schneiden nach technischer Voraussetzung extrahiert die technische Basisarbeit aus der eigentlichen Story heraus und beschreibt sie als separate User Story. Dazu ein Beispiel: In einem Marktplatz für Internetwerbung will ein Advertiser eine Kampagne buchen. Der Marktplatz ist an einen externen Adserver[3] angebunden, zu dem die gebuchte Kampagne per API-Aufruf übertragen werden muss. Die Story zum Buchen einer Kampagne ist zu groß für einen Sprint und soll geschnitten werden. Weil das Buchen einer Kampagne bereits eine elementare Basis-Story ist, die sich nicht weiter reduzieren lässt, wird die Story entlang ihrer technischen Voraussetzung geschnitten:

> **Als Advertiser will ich eine Kampagne buchen.**
>
> ➡ Als Product Owner will ich die technischen Voraussetzungen zur Übertragung einer Kampagne aus dem Marktplatz an den Adserver schaffen.

Abbildung 7.13 Schneiden nach technischer Voraussetzung

---

[3] Ein Adserver ist eine Software zur Auslieferung und Erfolgsmessung von Internetwerbung.

Auch in diesem Beispiel wird der Rollentrick angewandt und der Product Owner als derjenige bestimmt, der eine ganz bestimmte Funktionalität will. Die ursprüngliche Story bleibt weiterhin bestehen, ist jetzt nur kleiner und damit schätzbar, aber auch von der extrahierten Story abhängig.

■ 7.5 Andere Anforderungen

Nicht alle Anforderungen lassen sich als User Stories beschreiben. Das klassische Beispiel sind nicht-funktionale Anforderungen, wie Performance, Skalierbarkeit oder Ausfallsicherheit. Weitere Beispiele sind Fehler, Refactorings, das Aufsetzen von Test- und Stagingservern oder auch die Installation eines Bugtracking-Systems.

Scrum im klassischen Sinne hat mit dieser Art von Anforderungen keine Probleme. Sie gehören genau wie jede andere Anforderung ins Product Backlog und werden gemäß ihrer Priorität nach und nach abgearbeitet. Scrum mit User Stories erhebt hingegen den Anspruch, dass jeder Eintrag im Product Backlog einen konkreten und greifbaren Mehrwert für den Kunden haben soll. Aber was hat ein Kunde vom Refactoring des Datenbank-Layers, und wie soll der Product Owner diese Anforderungen priorisieren?

7.5.1 Anforderungen umformulieren

Die erste Option für den Umgang mit Anforderungen, die auf den ersten Blick keine User Stories sind, ist deren Umformulierung. Überlegen Sie, ob es nicht doch eine Möglichkeit gibt, die allgemein oder technisch erscheinende Anforderung als User Story zu formulieren. Die Vorteile liegen auf der Hand: Die Story würde einen konkreten Mehrwert liefern, könnte vom Product Owner priorisiert und ganz normal in den Sprint eingeplant werden.

Eine Möglichkeit des Umformulierens ist das Stellen von Warum-Fragen. Angenommen, das Team möchte den Suchalgorithmus für Coaches refaktorisieren. Der ScrumMaster fragt, warum das sein muss. Das Team antwortet, dass das Refactoring die Implementierung wartbarer und darüber hinaus schneller machen würde. Statt der User Story „Refactoring des Suchalgorithmus" schlägt der ScrumMaster dem Team und Product Owner die Story „Als Projektanbieter will ich sehr schnell nach Coaches suchen" vor. Dem Product Owner ist es egal, ob die Suche mit Hilfe von Datenbankindizes oder dem Refactoring des Codes schneller gemacht wird. Hauptsache, er sieht, was am Ende herauskommt. Weitere Beispiele für das Umformulieren technischer Anforderungen finden Sie in Tabelle 7.1 auf der nächsten Seite.

Eine zusätzliche Hilfestellung beim Umformulieren bietet das Hinzunehmen von Benutzerrollen, die eigentlich gar keine Benutzer des Systems sind, wie die Rollen *Programmierer* und *CTO* aus den beiden letzten Beispielen. Die Stories bieten zwar keinen offensichtlichen Kunden-Wert, drücken aber trotzdem ihren Zweck und damit den Mehrwert fürs Projekt aus. Wichtig ist, dass der Product Owner die Stories versteht und sie priorisieren kann.

Das Umformulieren technischer Anforderungen in User Stories hat seine Grenzen und sollte nicht übertrieben werden. In den folgenden Abschnitten werden Alternativen für den

Tabelle 7.1 Technische Anforderungen umformulieren

Technische Anforderung	User Story
Demo-Server aufsetzen	Als Vertriebsmitarbeiter will ich das System auf einem extern zugänglichen Demo-Server präsentieren.
Datenbank Connectionpool implementieren	Bis zu 50 Scrum-Coaches wollen die Anwendung gleichzeitig benutzen.
Deployment-Prozess automatisieren	Als Programmierer will ich einen automatisierten Deployment-Prozess, so dass die Anwendung schneller und weniger fehleranfällig ausgeliefert werden kann.
Anwendung ausfallsicherer machen	Als CTO will ich, dass die Anwendung auf einem zweiten Server installiert wird, so dass das System maximal verfügbar ist.

Umgang und die Planung technischer und sonstiger Anforderungen beschrieben, die sich nicht sinnvoll als User Story beschreiben lassen.

7.5.2 Constraints

Story-übergreifende, nicht-funktionale Anforderungen werden als Constraints formuliert. Constraints beschreiben technische Randbedingungen, die immer gelten und bei jeder Neu- oder Weiterentwicklung des Systems zu beachten sind. Constraints werden auf Karteikarten notiert und gut sichtbar an die Wand gehängt. Hilfreich ist die Verwendung von andersfarbigen Karteikarten, die deutlich machen, dass es sich bei Constraints weder um normale User Stories noch um die Tasks einer Story handelt. Abbildung 7.14 zeigt einige Beispiele für Constraints.

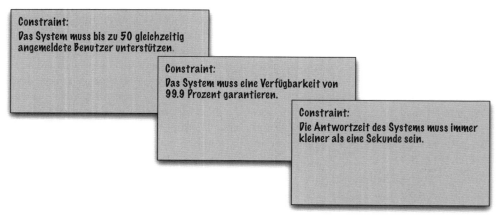

Abbildung 7.14 Constraint-Karten

Constraints müssen bei der Arbeit im Sprint ständig im Auge behalten werden. Muss beispielsweise ein Deploymentskript entwickelt werden, dann weist die Verfügbarkeits-Constraint darauf hin, dass die Anwendung nicht nur auf einem, sondern auf mindestens zwei Servern deployt werden muss. Betrifft eine Constraint eine bestimmte User Story, dann kann die Constraint-Karte neben die Story-Karte gehängt werden, um deutlich zu machen, dass die Constraint bei dieser Story explizit zu beachten ist.

Idealerweise stehen Constraints vor Entwicklungsbeginn fest. Sie können zum Beispiel im Rahmen eines speziellen Anforderungsworkshops vom Product Owner zusammen mit dem Team erarbeitet werden. In der Praxis ergeben sich einige Constraints allerdings erst während der Entwicklung beziehungsweise nach der initialen Auslieferung des Systems. Diese Constraints werden, genau wie alle anderen, auf Karteikarten notiert und sind ab jetzt zu beachten. Darüber hinaus müssen beim Entstehen neuer Constraints auch häufig neue User Stories geschrieben werden, die die neuen technischen Randbedingungen in existierende Funktionalität einbauen.

7.5.3 Fehler

Bugfixing ist ein ständiger Begleiter jedes Entwicklungsteams. Die Fehler der aktuell entwickelten Stories werden sofort behoben. Eine Story mit Fehlern ist nicht fertig und wird vom Product Owner nicht abgenommen (mehr dazu in Abschnitt 10.3.4). Wird eine Story zum Sprint-Ende ohne Fehler geliefert, bedeutet das jedoch nicht zwangsläufig, dass sie auch fehlerfrei ist. Häufig treten nach ihrer Auslieferung neue Fehler auf, die weder das Entwickler- noch das QA-Team trotz intensiven Testens gefunden hat.

Die während des Betriebs auftretenden Fehler werden als Produktionsfehler bezeichnet und fallen in zwei Kategorien: *Planbar* und *Sofort*. Planbare Fehler behindern den Produktionsbetrieb nicht in dem Maße, dass ihre Behebung nicht bis zum nächsten Sprint warten könnte. Sie werden ins Bugtracking-System eingetragen. Sofort-Fehler behindern den Produktionsbetrieb in einem nicht mehr vertretbaren Maße und müssen sofort behoben werden. Das Team ist aber mit der Arbeit an den neuen Stories des aktuellen Sprint beschäftigt und hat häufig keine Zeit, sich um plötzlich auftretende Fehler zu kümmern. Trotzdem gilt, dass der reibungslose Betrieb einer Software höchste Priorität hat, das heißt, für alle produktionsrelevanten Fehler muss sichergestellt werden, dass sie so schnell wie möglich behoben werden. Wie also verfahren?

Fehler sind das Resultat nicht fertiger User Stories und gehören nicht ins Product Backlog. Entsprechend viel haben wir mit Bug-Tasks, Bug-Stories oder Bugfixing-Phasen zwischen den Sprints experimentiert und sind am Ende bei einer relativ einfachen Lösung gelandet: Planbare Fehler werden ins Bugtracking-System eingetragen und je nach Wichtigkeit in einem der nächsten Sprint Plannings mit eingeplant (mehr dazu in Abschnitt 9.5.4). Sofort-Fehler unterbrechen das Team, das seine reguläre Arbeit erst nach Behebung des Fehlers fortsetzen darf. Abschnitt 10.5 im Kapitel *Sprint-Durchführung* beschreibt den Umgang mit Sofort-Fehlern.

7.5.4 Technisches Backlog

Neben Fehlern und Constraints gibt es weitere technische oder allgemeine Anforderungen, die sich nicht als User Stories beschreiben lassen, aber trotzdem irgendwo verwaltet werden müssen. Das klassische Beispiel sind größere Refactorings. Eigentlich sollte es sie gar nicht geben, denn im Sinne der „Definition of Done" sind Refactorings Teil jeder User Story, und eine User Story ist nicht fertig, solange sie nicht refaktorisiert wurde. Dennoch sind sie immer da, und jeder Entwickler weiß um die Stellen im Code, die dringend aufgeräumt werden müssten. Größere Story-übergreifende Refactorings entstehen einfach, da häufig erst im Nachhinein klar wird, welche Teile besser gemacht, zusammengefasst oder neu strukturiert werden müssen.

Technische Anforderungen, die weder User Stories, Constraints noch Fehler sind, werden in einem technischen Backlog verwaltet. Eigner des technischen Backlog ist das Team. Der Product Owner kennt das Backlog, darf es aber nicht editieren. Die effektivste Verwaltungsform fürs technische Backlog ist ein extra Whiteboard, auf dem die Anforderungen auf Karteikarten notiert und nach Wichtigkeit geordnet werden. Die Einträge in diesem Backlog können ganz unterschiedlich dimensioniert sein. Der Eintrag „Zustandsautomaten refaktorisieren" hat eher die Dimension einer User Story und muss für seine Umsetzung auf konkrete Tasks heruntergebrochen werden. Hingegen ist der Eintrag „Deploymentskript um Task zum Löschen alter Releases erweitern" schon relativ konkret und hat eher die Dimension eines Tasks.

Technische Tasks werden ähnlich wie planbare Fehler im Sprint Planning Meeting mit eingeplant. Während bei Fehlern eher der Product Owner die treibende Kraft ist – er muss neue Funktionalität gegen existierende Fehler abwägen –, ist es bei technischen Aufgaben das Team. Sieht das Team, dass etwas dramatisch aus dem Ruder zu laufen droht, muss es den Product Owner im nächsten Sprint Planning Meeting überzeugen, die entsprechende technische Anforderungen zulasten neuer Funktionalität mit in den Sprint zu nehmen.

■ 7.6 Zusammenfassung

- Das Product Backlog ist eine nach Prioritäten geordnete Liste von User Stories. Eigner des Backlog ist der Product Owner. Er verfügt als Einziger über Schreibrechte, muss aber dafür sorgen, dass das Backlog allen Interessenvertretern zugänglich ist und deren Anforderungswünsche Berücksichtigung finden.
- Die initialen Anforderungen des Projekts werden in einem oder mehreren Anforderungsworkshops erarbeitet. Ausgehend von deren Ergebnissen erstellt der Product Owner eine erste Version des Product Backlog.
- User Stories werden gemäß ihres Geschäftswerts priorisiert. Die einfache MuSCoW-Priorisierung klassifiziert User Stories nach „Must Have", „Should Have", „Could Have" und „Won't have this time". Ein aufwändigeres Verfahren bewertet User Stories hinsichtlich ihres Werts, ihrer Kosten, ihrer Kundenzufriedenheit, ihres Risikos sowie ihrer Abhängigkeiten und wägt die Faktoren gegeneinander ab.
- User Stories verändern mit zunehmender Wichtigkeit ihre Größe sowie den Grad ihrer Detaillierung. Große User Stories, die aufgrund zunehmender Priorität in die Nähe der nächsten Sprints rücken, müssen in kleinere Stories zerschnitten werden. Geeignete Schnitttechniken sind:
  - Schneiden nach Daten
  - Schneiden nach Aufwand

- Schneiden nach Forschungsanteilen
- Schneiden nach Qualität
- Schneiden nach Benutzerrolle
- Schneiden nach Akzeptanzkriterien
- Schneiden nach technischer Voraussetzung

- Story-übergreifende, nicht-funktionale Anforderungen werden als Constraints beschrieben.
- Fehler werden in einem Bugtracking-System verwaltet. Planbare Fehler werden in einem der nächsten Sprint Planning Meetings eingeplant, Produktionsfehler sofort behoben.
- Sonstige technische Anforderungen, die sich nicht als User Stories beschreiben lassen, werden vom Team in einem technischen Backlog verwaltet.

7.7 Wie geht es weiter?

Während dieses Kapitel die Befüllung des Product Backlog mit Blick auf einzelne User Stories, deren Priorisierung und Aufteilung in kleinere Stories beschreibt, tritt das folgende Kapitel einen Schritt zurück und wirft einen Blick auf das gesamte Produkt. Das nächste Kapitel beschreibt eine Technik namens „User Story Mapping", einem Werkzeug zur ganzheitlichen Anforderungsanalyse als Basis für die Befüllung des Product Backlog.

8 User Story Mapping

Alles läuft prima. Das Team hat seine ersten Sprints absolviert, in jedem Sprint neue Features geliefert sowie Prozess und Zusammenarbeit in Retrospektiven immer weiter verbessert und an die eigenen Bedürfnisse angepasst. Alle Stakeholder sind begeistert. Doch dann passiert etwas Unerwartetes: Nach einigen Wochen geht die Velocity rapide bergab. Das Team liefert kaum noch neue Features und ist hauptsächlich mit dem Umbau der bis dahin entwickelten Anwendung beschäftigt. Der Grund: Die anfangs noch als relativ unwichtig eingestufte Mobilfähigkeit der Anwendung hat sehr viel schneller als erwartet an Bedeutung gewonnen. Leider erweist sich der bis dato verfolgte monolithische Architekturansatz als denkbar ungeeignet, unterschiedliche Frontends anzubinden. Besser wäre ein separates Backend mit definierter REST-API, das von unterschiedlichen Frontends auf dieselbe Art genutzt werden kann. Dem Team bleibt nichts anderes übrig, als den Monolithen in Frontend und Backend aufzusplitten, wodurch kaum noch Zeit für neue Features bleibt.

Ein anderes Beispiel: Das Team entwickelt ein System für Kautionsverwaltungen, dessen Kern eine Sammelkontoverwaltung mit virtuellen Unterkonten ist. Das Projekt läuft super, Produktmanagement und Kunde sind mehr als zufrieden. Im Laufe des Projekts stellt sich heraus, dass sich die Kernfunktionalität der Sammelkontoverwaltung auch hervorragend für andere Arten von Anwendungen eignet. Allerdings ist diese Funktionalität so tief im Anwendungsmonolithen vergraben, dass sie in unzähligen Sprints mühsam herausfaktorisiert werden musste, so dass die Entwicklung neuer Features für sehr viele Sprints aussetzen musste.

Beide Szenarien haben wir selber erlebt. Sicher lässt sich argumentieren, dass die Situationen auf in frühen Projektphasen gemachten Architekturfehlern beruhen. Aber vielleicht ist es auch einfach so, dass Produktmanagement und Team nicht eng genug zusammengearbeitet haben und das Team von der zukünftigen Mobilfähigkeit einfach nichts wusste. Oder vielleicht haben sich alle Beteiligten nicht ausreichend weit auf Entdeckungsreise gemacht, um das Produkt gemeinsam zu erkunden und dabei weitere potenzielle Anwendungsfelder zu entdecken.

In diesem Kapitel führen wir User Story Mapping ein. Dies ist eine Methode zur Entwicklung „breiter" Product Backlogs, die eingangs beschriebene Velocity-Einbrüche von vornherein vermeiden. User Story Mapping setzt auf das im Vorgängerkapitel vermittelte Wissen zur Backlog-Erstellung auf. Während im Kapitel 7, *User Stories fürs Product Backlog* Epics und deren Zerschneidung in User Stories im Vordergrund standen, tritt dieses Kapitel einen Schritt zurück und versucht mit einem Blick aus der Vogelperspektive zu erfassen, welche Stories für das kommende Release wichtig sind. Das Kapitel beginnt mit einem ersten Blick auf eine existierende Story Map und der Erläuterung der darin enthaltenen Elemente. Anschließend wird die Erstellung einer Story Map Schritt für Schritt beschrieben: Ausgehend von einer Produktvision werden User Tasks gebrainstormed, zusammengefasst und geordnet, so dass nach und nach ein immer kompletteres Bild der Anwendung entsteht. Die so entstehende Story Map bildet den Startpunkt für die Befüllung des Product Backlog, was zum Ende des Kapitels am konkreten Beispiel beschrieben wird.

■ 8.1 User Story Maps

Eine User Story Map beschreibt eine ganzheitliche Sicht auf das zu entwickelnde Produkt. Die Map besteht aus zwei Dimensionen: einer horizontalen, die den Flow von Benutzerinteraktionen durchs System darstellt, und einer vertikalen, die einzelne User Tasks in ihrer jeweiligen Tiefe detailliert. Dazu ein Beispiel: Abbildung 8.1 zeigt einen Ausschnitt der „HGNet"-Story Map, einem sozialen Netzwerk für Hausgemeinschaften mit den Kernfunktionen Problemmeldung und -nachverfolgung, Prozess- und Kostenoptimierung für Verwaltungen sowie Kommunikationsplattform für Bewohner einer Wohnanlage.

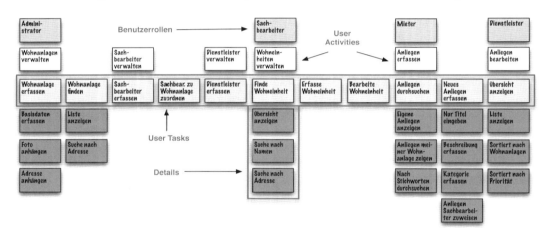

Abbildung 8.1 Die Story Map erzählt die Geschichte des Produkts

Das wichtigste Element einer Story Map sind deren *User Tasks* (Zeile 3 in Abbildung 8.1). Dies sind konkrete Einzelschritte, die ein Benutzer durchläuft, wenn er eine bestimmte Aufgabe mit der Anwendung durchführen will. Die Beispiel-Map veranschaulicht die Schritte, die durchlaufen werden, wenn ein Mieter eine Problemmeldung erfasst und an die Hausverwaltung meldet. Die Map erzählt auf horizontaler Ebene eine kohärente Geschichte, die nicht nur aus dem eigentlichen Erfassen der Problemmeldung besteht, sondern aus einer ganzheitlichen Sicht. Das heißt konkret, dass für die Erfassung der Meldung nicht nur der Mieter im System erfasst und einer Wohnung zugeordnet werden muss, sondern dass diese Wohnung auch einer Wohnanlage, und diese wiederum einer Hausverwaltung (Mandant) zugeordnet sein muss. Die Map erzählt diese Geschichte von links nach rechts.

Der User Task-Flow erstreckt sich über unterschiedliche Benutzerrollen. So werden Wohnanlagen und Sachbearbeiter vom „Administrator" der Hausverwaltung erfasst. Die Verwaltung von Wohneinheiten innerhalb einer Anlage übernimmt die Rolle „Sachbearbeiter". Die eigentliche Erfassung von Anliegen und deren Bearbeitung fallen in das Aufgabengebiet der Rollen „Mieter" und „Dienstleister", zum Beispiel dem Hausmeister der Anlage. Rollen sind in der Story Map als grüne Karten oberhalb der zugehörigen User Tasks hinterlegt.

Verglichen mit einem Product Backlog liefert eine Story Map eine wesentlich kohärentere Sicht auf das Produkt. Im Backlog würde zum Beispiel die Neuanlage einer Wohnanlage ganz oben stehen. Ohne weitere Informationen würde sich nicht unmittelbar erschließen, weshalb die Erfassung einer Wohnanlage in dieser Projektphase besonders wichtig ist. Hingegen liefert die Sicht der Story Map einen Blick aus der Vogelperspektive. Die Map liest sich wie eine Geschichte und es wird klar, dass es im Kern um die Erfassung von Problemmeldungen für die Wohnanlage geht.

Die vertikale Sicht auf die Story Map (Spalten unterhalb der User Tasks) holt den Blick aus der Breite zurück in die Tiefe, bezogen auf einzelne User Tasks. Nehmen wir als Beispiel die gelbe Karte „Finde Wohneinheit": Unterhalb dieser Karte finden sich eine Reihe blauer Karten, die die verschiedenen Arten, eine Wohneinheit zu finden, konkretisieren. Die einfachste Variante ist die Anzeige einer Liste mit Wohneinheiten, durch die der Sachbearbeiter scrollen kann, bis er die gesuchte Wohnung gefunden hat. Nicht sehr komfortabel, aber gangbar. Etwas komfortabler wird die Suche, wenn dem Sachbearbeiter Suchmöglichkeiten nach Postleitzahl oder Straße oder eine Funktion zum Filtern nach Wohnanlagen angeboten werden.

Die Spalten einer Story Map lenken den Blick auf die Details einzelner User Tasks. Bezogen auf die bisher im Buch verwendete Terminologie sind User Tasks Epics und deren Details eine Art „rohe", d.h. noch nicht ausformulierte User Stories.

■ 8.2 Eine Story Map erstellen

Die Kernidee des Story Mappings ist es, sich vor seinem inneren Auge die Einzelschritte vorzustellen, die ein Benutzer beim Ausführen einer bestimmten Aufgabe durchläuft. Das kann und kennt eigentlich jeder. Stellen Sie sich die Einzelschritte zum Versenden einer EMail vor:

1. EMail-Programm öffnen
2. „Neue EMail" im Menü anwählen
3. Empfänger eingeben
4. Betreff eingeben
5. EMail-Text schreiben
6. Datei anhängen
7. EMail absenden

Abbildung 8.2 Schritt für Schritt zur Story Map

Ausgehend von der Kernidee des „innerlichen Visualisierens von Benutzer-Flows", besteht die Erstellung von Story Maps aus fünf Einzelschritten, die in Abbildung 8.2 dargestellt sind.

Die folgenden Abschnitte beschreiben diese Einzelschritte im Detail.

8.2.1 Schritt 1: User Tasks ermitteln

Im ersten Schritt werden die User Tasks nach der Methode „Visualisierung vor dem inneren Auge" ermittelt. Ein User Task ist eine konkrete, klar zu anderen Tasks abgrenzbare Einzelaufgabe oder Aktion. Typische User Tasks von HGNet sind beispielsweise „Neues Anliegen erfassen" oder „Anliegen als erledigt markieren". User Tasks haben aktiven Charakter, das heißt ihre Beschreibung enthält üblicherweise ein Verb, das die entsprechende Aktion ausdrückt.

Ähnlich wie bei User Stories stellt sich für User Tasks die Frage nach der richtigen Task-Größe. Die oben skizzierten Tasks zum Versenden einer EMail sind beispielsweise recht feingranular. Alternativ zu den beschriebenen Schritten ließe sich auch einfach der Task „EMail schreiben" notieren. Welche Variante ist die richtige?

Eine Daumenregel zur Bestimmung der passenden Task-Größe ist das von Alistair Cockburn in [Cockburn 2000] beschriebene Konzept der „Sea Level"-Tasks. Ein Sea Level-Task ist eine Aufgabe, die abgeschlossen wird, bevor mit der nächsten Aufgabe begonnen wird. Zu kleine Tasks, das heißt Tasks, die für sich genommen noch keinen Abschluss definieren, befinden sich unterhalb der Wasseroberfläche. Zu große Tasks liegen entsprechend oberhalb der Wasserlinie eingeordnet.

Bezug nehmend auf das EMail-Beispiel wird deutlich, dass sich die beschriebenen Einzelschritte zur EMail-Erstellung nicht auf Sea Level befinden. Das Eintragen des Empfängers ist keine Aufgabe, die abgeschlossen wird, um anschließend etwas komplett Neues zu beginnen. Die beschriebenen EMail-Schritte sind „Below Sea Level"-Tasks. Die eigentliche Aufgabe der EMail-Erstellung ist erst mit dem Klick auf den Senden-Schalter abgeschlossen. Folglich ist „EMail schreiben" der gesuchte User Task auf Sea-Level-Ebene.

Bei der Arbeit mit Story Maps bekommt man relativ schnell ein Gefühl für die richtige Task-Größe, ohne jedes Mal neu darüber nachdenken zu müssen, ob der Task zu groß oder zu klein ist. Das Schreiben von User Tasks ist ohnehin keine denkintensive Aufgabe, sondern eher ein dem Brainstorming verwandtes Vorgehen, nach dem Motto: Auf den Tisch kommt das, was einem gerade in den Sinn kommt. Ein bewährtes Vorgehen ist das „Silent Brainstorming": Ein Gruppe von Stakeholdern schreibt die Einzelschritte einer konkreten Aufgabe als User Tasks auf je eine Karteikarte oder ein Post-It. Jeder Teilnehmer schreibt für sich, ohne dabei zu sprechen. Der Prozess ist timeboxed und sollte pro Aufgabe nicht länger als fünf Minuten dauern.

Abbildung 8.3 Tasks-Brainstorming: Raushauen, was in den Sinn kommt

Ein Beispiel aus HGNet: Die zu analysierende Aufgabe lautet „Ein Mieter will eine Problemmeldung erfassen". Abbildung 8.3 zeigt Einzelschritte, die einem unmittelbar in den Sinn kommen.

Beim Brainstorming von Tasks hilft es, aus der Sicht einzelner Rollen zu starten. Im Beispiel oben ist dies die Sicht aus Rolle des Mieters. Die resultierenden Tasks liefern Hinweise auf die nächsten Aufgaben, die fortlaufend und häufig aus Sicht anderer Rollen gebrainstormed werden. So richtet die Erfassung von Problemmeldungen den Blick der Brainstorm-Gruppe schnell auf das Thema Wohnanlagen, die von einer anderen Rolle als „Mieter" im System erfasst werden müssen.

8.2.2 Schritt 2: Gruppen bilden – User Activities

In Schritt 2 werden zusammengehörige User Tasks zu Gruppen zusammengefasst. Doppelte Tasks werden aussortiert. Below-Sea-Level-Tasks werden zu übergeordneten Tasks zusammengefasst. Jede Gruppe bekommt einen Namen, der auf einer andersfarbigen Karteikarte notiert wird.

Eine Gruppe zusammengehöriger Tasks wird User Activity genannt. Die Activity repräsentiert das den Tasks übergeordnete Ziel. Abbildung 8.4 zeigt die zu der Activity „Anliegen erfassen" zusammengefassten User Tasks. Das Ziel ist klar: Der Mieter will der Hausverwaltung ein aktuelles Problem mit der Wohnanlage melden.

Abbildung 8.4 User Activity „Anliegen erfassen"

8.2.3 Schritt 3: Ordnung schaffen

Im dritten Schritt werden die User Activities von links nach rechts horizontal in der Reihenfolge angeordnet, in der sich ein Benutzer typischerweise durch die Anwendung bewegt, um sein übergeordnetes Ziel zu erreichen. Im Sinne einer möglichst breiten Sicht kommt es dabei zwangsläufig zu Rollenwechseln. So setzt Problemerfassung das Vorhandensein von Wohnanlagen und Wohneinheiten voraus, diese wiederum das Vorhandensein von Mandanten, usw.

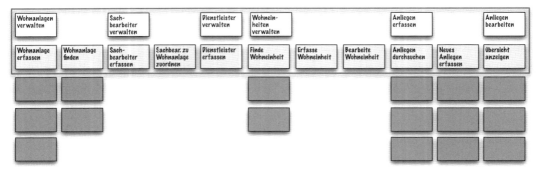

Abbildung 8.5 HGNet: geordnetes Walking Skeleton

Abbildung 8.5 zeigt die nach User Activities und User Tasks geordnete Story Map von HGNet. Die geordneten Activities und Tasks sind der wichtigste Teil einer Story Map und werden als „Walking Skeleton" bezeichnet. Ein Walking Skeleton ist das Skelett der Anwendung, das alle wesentlichen Bausteine enthält, um eigenständig laufen zu können, dem aber noch die entscheidenden Details fehlen.

8.2.4 Schritt 4: User Tasks durchlaufen = Geschichten erzählen

Im nächsten Schritt wird die Liste der User Tasks von links nach rechts mit unterschiedlichen Gruppen von Personen durchlaufen. Genau wie bei der Arbeit mit User Stories ist auch beim Story Mapping Kommunikation der Schlüssel für gute Maps. User Stories erzählen die Geschichten einzelner Funktionen, Stories die des gesamten Produkts. Diese Geschichte gilt es allen Stakeholder zu erzählen.

Der Product Owner wird zum Geschichtenerzähler, indem er Gruppen unterschiedlicher Stakeholder vor der Map versammelt und die Map mit ihnen durchgeht. Im ersten Durchlauf ist dies zum Beispiel eine Gruppe von Mietern, im zweiten eine Gruppe von Sachbearbeitern und im dritten der Hausmeister zusammen mit dem Gärtner einer Wohnanlage. Das Erzählen der Produktgeschichte funktioniert vor einer physisch visualisierten Story Map sehr viel einfacher, als den Beteiligten ein abstraktes Excel-Sheet am Projektor zu präsentieren. Ein gemeinsames Verständnis entsteht, die Motivation steigt, Zusammenhänge werden klar, alle Beteiligten werden gehört.

Neben dem Schaffen von Motivation und Verständnis gilt es, die Lücken und Ungereimtheiten der Produktgeschichte zu finden. Verschiedene Stakeholder sehen unterschiedliche Erzählzweige und entdecken darin neue User Tasks. Der Hausmeister kommt schnell auf die Idee, wie toll eine Location-basierte To-do-Liste auf seinem Smartphone wäre, die ihm bei Ankunft an der Anlage alle heute wichtigen Probleme anzeigt. Dem Sachbearbeiter der Hausverwaltung drängt sich dieser Task nicht unmittelbar auf. Ihm ist stattdessen wichtig, dass die von Mietern erfassten Anliegen direkt den zuständigen Dienstleistern zugeordnet werden.

8.2.5 Schritt 5: User Stories schreiben

Im fünften Schritt des Mappings schließt sich der Kreis von Activities und Tasks hin zu User Stories. Während Tasks eher „flapsig" im Rahmen eines Brainstormings hingeschrieben werden, sind User Stories konkreter, abgrenzbarer und damit „umsetzbarer".

Nehmen wir als Beispiel den User Task „Neues Anliegen erfassen". Die einfachste User Story zur Umsetzung dieses Tasks ist ein Eintrag im virtuellen schwarzen Brett der Wohnanlage. Nicht sehr komfortabel, aber funktionsfähig: Der Mieter sieht mit einem Blick, ob das Problem schon von jemand anderem erfasst wurde, und trägt sein Problem nur dann ein, wenn er der Erste ist. Etwas komfortabler wird die Erfassung von Problemmeldungen über eine einfache Eingabemaske. Weitere Stories machen die Erfassung komfortabler, etwa durch die Erfassung von Details, Kategorien oder auch das Anhängen eines Fotos. Rich-

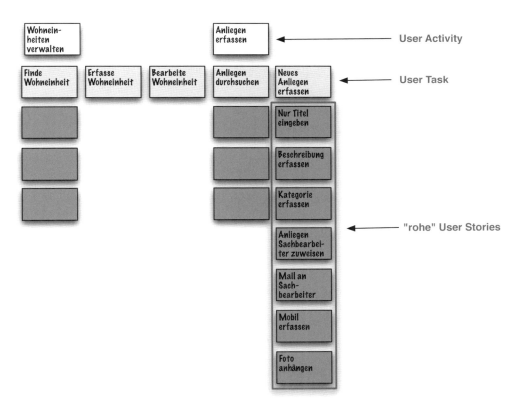

Abbildung 8.6 HGNet: erste User Stories

tig komfortabel wird die Erfassung über eine Mobile App. Abbildung 8.6 zeigte einige Stories des User Tasks „Neues Anliegen erfassen".

Im Kontext der im Buch verwendeten Terminologie entspricht ein Task am ehesten einem Epic, das heißt einer großen, noch sehr vage formulierten Anforderung. Entsprechend folgt das Herunterbrechen von Tasks auf Stories den in Kapitel 7 beschriebenen Prinzipien und Mustern zum Aufsplitten von Epics: Neben Erfahrung und einem Gefühl dafür, welche Art von Story sich gut für die Umsetzung durch ein Software-Team eignet, helfen die Muster beim Finden der passenden Story-Schnitte. Der oben skizzierte Task „Neues Anliegen erfassen" wendet das „Schneiden nach Qualität"-Muster an (siehe Abschnitt 7.4.5). Als Erstes wird eine Story geschrieben, die „halbwegs" funktioniert, das heißt eine Story, mit der ein Anwender das gewünschte Ziel erreicht, wenn auch nicht besonders komfortabel. In der Folge wird die Story Map um weitere Stories vertikal erweitert, die die einfache Story immer komfortabler und damit besser für den Anwender machen.

Ihnen ist beim Lesen dieses Kapitels sicher aufgefallen, dass das im Buch mehrmals betonte User Story-Muster „Als Rolle will ich ..." beim Story Mapping bisher nicht berücksichtigt wurde. Der Grund ist nicht, dass mir das Muster nach vielen Jahren User Stories nicht mehr so wichtig ist, sondern dass die User Stories einer Story Map keine vollständig ausgearbeiteten User Stories sind, sondern nur sehr rohe Vorversionen davon. Die Vernachlässigung des Musters ist ein Grund dafür, dass Story Mapping so schnell geht. Wir müssen uns wenig Gedanken über das Format von Stories machen, sondern einfach aufschreiben, was uns in den Sinn kommt.

Die Aufgabe, „richtige" User Stories zu schreiben, bleibt weiterhin bestehen und ist Teil der Grooming-Arbeit. Im Grooming werden die sprint-nahen Stories konkreter ausgearbeitet und ins Product Backlog überführt (siehe Abschnitt 8.4).

■ 8.3 Warum Story Mapping?

In den vorausgehenden Abschnitten haben wir erklärt, was Story Maps sind und wie sie erstellt werden. Dieser Abschnitt tritt einen Schritt zurück und liefert eine Reihe von Antworten und Gründe dafür, dass es sich lohnt, neben dem klassischen Product Backlog eine Story Map zu erstellen.

8.3.1 Basis für gute Product Backlogs

Story Mapping beschreibt den Prozess des Entdeckens eines Produkts. Die Story Map visualisiert das entdeckte Produkt mit dem Fokus auf Überblick. Story Maps sind kein Ersatz fürs Product Backlog. Während das Product Backlog in die Tiefe geht, zielt der Story-Mapping-Blick in die Breite. Die Map stützt das Backlog und stellt die Grundlage für gute User Stories dar.

Gute Product Backlogs enthalten nicht nur gute User Stories, sondern sind auch gut, das heißt sinnvoll im Hinblick auf Business Value priorisiert. So wie das Mapping beim Entdecken von Stories hilft, unterstützt die Map beim Priorisieren von Stories. Die Map verschiebt die Sicht weg von einzelnen Stories hin zu konkreten Benutzerzielen. Mit dem nächsten Release soll ein bestimmtes Ziel erreicht werden und der breite Blick auf die Story macht es einfach zu erkennen, welche Stories für das Erreichen dieses Ziels erforderlich sind und damit Teil des nächsten Release werden müssen. Wie das geht, erfahren Sie in Abschnitt 8.4.

8.3.2 Kleinstmögliche Releases

Story Maps liefern die Basis für das Schneiden sehr dünner Releases. Diese Releases sind horizontale Schnitte durch das gesamte Produkt, das heißt, sie funktionieren im Hinblick auf das dem Release zugrunde liegende Ziel. Während ein Story-fokussiertes Product Backlog einzelne Stories in den Vordergrund rückt, diese in ganzer Tiefe durchdenkt und dafür sorgt, dass sie richtig fertig sind, forciert eine Story Map eher den Ansatz: Mach doch lieber ein bisschen weniger von der einen Story und nimm dafür einen Teil der anderen Story mit rein, so dass das Produkt als Ganzes nutzbarer wird. Ein Vorteil dieses Denkansatzes wird insbesondere im Hinblick auf den Lean-Startup-Gedanken deutlich (siehe Kasten „Lean Startup"): Business-Hypothesen können sehr früh getestet werden, indem Releases gezielt auf das die Hypothese prüfende MVP zugeschnitten werden.

8.3.3 Motivation und Einsicht für alle Stakeholder

User Stories erzählen die Geschichte einzelner Features. User Story Maps erzählen die Geschichte des gesamten Produkts. Und genau diese Geschichte ist wichtig für das Schaffen von Motivation und ein gemeinsames Verständnis bei allen Stakeholdern des Produkts. Es ist nicht der Product Owner alleine, der für die Erstellung des Produkts und das Schreiben von User Stories zuständig ist. Er ist die treibende Kraft, hält die Fäden zusammen, holt Informationen ein und involviert Stakeholder. Story Mapping ist für den Product Owner ein Werkzeug, dieses gemeinsame Verständnis bei allen Beteiligten zu schaffen.

8.3.4 Lückenlosigkeit

Eine Story Map hilft beim Entdecken von Produktlücken. Beim mehrfachen Durchlaufen der Map mit verschiedenen Stakeholdern fallen fehlende User Tasks sehr schnell auf, weil das Durchlaufen eine Geschichte erzählt, die sinnvoll sein muss. Sinn und Kausalität definiert jede Stakeholder-Gruppe unterschiedlich. Beispiel HGNet: Beim Durchlaufen der Map mit Stakeholdern der Gruppe Mieter ist ziemlich schnell rausgekommen, wie toll es wäre, wenn der Mieter einen Schaden im Hausflur direkt mit seinem Smartphone fotografieren und an die Hausverwaltung leiten könnte. Für den Mieter schreibt sich die Geschichte im Keller, beim Entdecken des Schadens fort und es erscheint im Moment völlig unsinnig, zurück in die Wohnung zu gehen und den Schaden am PC zu erfassen.

8.3.5 Softwarearchitektur

Ein zunehmend spannender werdender Aspekt des Story Mapping ist das Thema Architektur in der agilen Softwareentwicklung. Dieses Thema war und ist nach wie vor Gegenstand vieler Diskussionen und Veröffentlichungen. Emergentes Design oder dedizierte Architektenrollen adressieren den Architekturaspekt häufig nur unzureichend, was zu dem einleitend beschriebenen Velocity-Einbruch in vielen zunächst gut laufenden Projekten führt. Story Mapping ist ein vielversprechender Ansatz, über einzelne User Stories hinausgehende Architekturaspekte einer Anwendung von Anfang an zu adressieren. Zum Beispiel baut man eine Anwendung von vornherein eher als Backend-Kern mit REST-API, wenn man weiß, dass es Features wie „Mobile Erfassung von Schadenmeldungen" gibt. Oder der in Kapitel 14 „Verticals – SCRUM@OTTO" beschriebene Relaunch des Otto-Webshops wurde von Anfang an auf eine Microservice-basierte Architektur gestellt, da das Projekt von Beginn an in seiner gesamten Breite analysiert und definiert wurde.

8.3.6 Multi-Team-Setups

Ein weiterer Punkt bei der Arbeit mit Story Maps ist die Unterstützung von Multi-Team-Setups. Auch in Bezug auf diesen Aspekt dient der Otto-Relaunch als gutes Beispiel: Das Projekt wurde als Multi-Team-Setup aufgesetzt, in dem jedes Team ein möglichst unabhängigen vertikalen Funktionsblock eigenständig verantwortet. Eine Story Map kann dabei helfen, die Teams und Verantwortlichkeiten eines solchen Setups zu definieren. Ausgangspunkt sind die User Activities. Zum Beispiel enthält die HGNet-Map unter anderem die User Activities „Mandantenverwaltung", „Wohnanlagen- und Wohneinheitenverwaltung" und „Anliegenverwaltung". Ein denkbarer Architektur- und Organisationsansatz ist die Umsetzung dieser Activities als unabhängige Vertikale (neudeutsch „Microservices") durch unterschiedliche Teams.

■ 8.4 Von der Story Map zum Product Backlog

Story Mapping ist kein Ersatz fürs Product Backlog, sondern ein unterstützendes Werkzeug zur Erstellung eines Backlogs, das vom ersten Sprint an das gesamte Produkt im Blick behält. Für das Product Backlog besteht weiterhin die Forderung nach einer priorisierten Liste von User Stories. Je weiter oben eine Story im Backlog steht, desto weiter ausgearbeitet muss sie sein, das heißt, sie muss Sprint-Ready sein. Wie entsteht auf Basis der Story Map ein priorisiertes Product Backlog?

Product Backlogs werden auf Basis von User Stories und Epics priorisiert. Story für Story entscheidet der Product Owner, ob es sich um eine Must-Have-Story handelt, welchen Wert die Story liefert oder welches Risiko die Story adressiert (siehe dazu auch Abschnitt 7.3 in Kapitel 7 „User Stories fürs Product Backlog"). Story Maps verlagern den Fokus der Priorisierung weg von der einzelnen Story hin zu den Zielen, die mit der Anwendung erreicht werden sollen. Ziele lassen sich sehr viel einfacher priorisieren als einzelne User Stories. Zum besseren Verständnis, was es damit auf sich hat, werfen wir einen Blick auf einige initiale Ziele von HGNet:

- Braucht die Welt die Anwendung?
- Hausverwaltungen vom Optimierungspotenzial der Anwendung überzeugen
- Softlaunch innerhalb einer Postleitzahlregion

Das erste Ziel ist ein klassisches Minimal Viable Product (MVP)-Ziel im Sinne von Eric Ries Lean-Startup-Ideen ([Ries 2011]). Im Kern geht es darum, so schnell und so einfach wie möglich herauszufinden, ob die Anwendung von den Kernrollen „Hausverwaltung" und „Mieter" angenommen wird. Es handelt sich bei dieser Frage um eine sogenannte MVP-Hypothese, deren Beantwortung über den Fortgang, die Korrektur der Projektziele oder den Stop des Projekts entscheidet.

Für HGNet wird folgende MVP-Hypothese formuliert: 80% der Bewohner einer Anlage übermitteln heute ihre Anliegen per Telefon an die Hausverwaltung. Schafft es HGNet, 50% der Telefonnutzer zur Nutzung der HGNet-Problemerfassung zu konvertieren?

Story-Map-basierte Priorisierung unterteilt die Map in horizontale Bereiche. Die einzelnen Bereiche werden durch sogenannte *Swimlanes* visuell voneinander abgegrenzt. Eine Swimlane repräsentiert dabei ein konkretes Anwendungsziel. Für das MVP-Ziel von HGNet wird dafür eine horizontale Linie im oberen Bereich der Map gezogen. Anschließend werden alle Stories, die nicht für das Erreichen des MVP-Ziels erforderlich sind, unter diese Linie geschoben. Beim Verschieben der Stories kommt es vor, dass weitere Stories und User Tasks entdeckt werden, die für das Erreichen des Ziels erforderlich sind, an die bisher noch nicht gedacht wurde.

Was sind die Minimalanforderungen für die Umsetzung des MVP-Ziels von HGNet? Wir brauchen Wohnanlagen, eine Problemübersicht, eine Funktion zur Problemerfassung sowie eine Funktion zur Übermittlung des Problems an die Hausverwaltung. Um die Anwendung für Mieter minimal komfortabel zu gestalten, wäre zusätzlich eine Funktion zur Aktualisierung des Problemstatus sinnvoll, zum Beispiel nachdem der Hausmeister das Problem behoben hat. Der Fokus des MVP liegt klar auf der Rolle „Mieter". Mit diesen Ideen startet das Produktteam in die erste Priorisierungsrunde und liefert die MVP-bezogene Story Map in Abbildung 8.7 auf der folgenden Seite.

Bezogen auf das MVP wandern eine ganze Reihe von Stories unter die MVP-Swimlane. Oberhalb bleiben nur wenige der bisher bekannten Stories erhalten: „Wohnanlage erfassen", „Anliegen einer Wohnanlage anzeigen".

Hinzugekommen sind die beiden Stories „Mieter per Mail einladen" und „Anliegen per Mail erfassen". Ursprünglich war die Idee, Mieter bei der Erfassung von Wohneinheiten mit anzulegen und einzuladen. Wohneinheiten spielen im Rahmen des MVP allerdings keine Rolle. Um dennoch Mieter ins System zu bekommen, behilft sich das Produktteam mit einer einfachen EMail-Einladung, die den Mieter einer Wohnanlage zuordnet und ihn per Mail über HGNet und dessen Funktionen informiert. Die Mail enthält einen Link auf die Anlage mit einer Ansicht auf die bisher erfassten Probleme.

Die zweite neue Story „Anliegen per Mail erfassen" erreicht der Mieter über einen Link neben den erfassten Problemen seiner Wohnanlage. Der Link öffnet ein Template im EMail-Client des Mieters, das den Empfänger mit dem Verwalter der Wohnanlage vorbelegt. Bei Erhalt der Mail trägt der Verwalter das gemeldete Problem ins System ein, entweder über

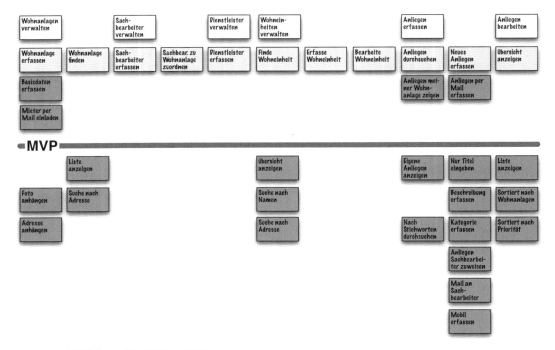

Abbildung 8.7 HGNet: MVP

die Datenbank oder ein spezielles Formular (neue Story). Außerdem übernimmt der Anlagenverwalter die Aufgabe der Übermittlung des Problems an die Hausverwaltung. Da wir dafür im Rahmen des MVP keine Funktion dafür haben, geschieht dies wie gehabt telefonisch: So wie vorher der Mieter, ruft im MVP-System der Anlagenverwalter die Hausverwaltung an.

Das beschriebene MVP-Release folgt konsequent dem Feldweg-Ansatz: wenig Funktionalität, wenig Komfort, manuelle statt automatisierte Prozesse. Bezogen auf die MVP-Hypothese erfüllt das Release jedoch die eingangs formulierten Anforderungen: Wir wollen wissen, ob eine signifikante Anzahl von Mietern das System nutzt. Der Mieter kann ein Problem erfassen und bekommt automatische Updates zum Problemstatus. Die Rolle des Automatisierers wird in diesem Release von einem HGNet-Mitarbeiter ausgefüllt. Er ist es, der als stellvertretender Anlagenverwalter die EMail bekommt, die Hausverwaltung telefonisch informiert und dort die aktuellen Problemstatus erfragt und im System aktualisiert. Außerdem schickt er den Mietern eine Mail, wenn sich bezüglich ihres Problems eine Änderung ergeben hat. Dem Mieter wird die Funktionalität mehr oder weniger vorgespielt, was hinsichtlich der Beantwortung der MVP-Hypothese aber egal ist.

Das Resultat der Priorisierung ist eine Map mit nunmehr vier verbleibenden User Stories. Das Entscheidende aber ist: Die Map enthält sämtliche Anforderungen, mit denen das zuvor formulierte Anwendungsziel erreicht wird. Releaseziel-basierte Priorisierung liefert konsequent die Minimalversion des Produkts. Dies ist insbesondere für MVP-Ziele richtig, schließlich geht es hierbei darum, eine Frage mit so wenig Aufwand wie möglich zu beantworten.

8.4.1 User Stories schreiben

Die Story Map enthält alles, was wir brauchen, um das MVP zu bauen. Was noch fehlt, sind „richtige" User Stories, im Sinne von Stories, die den in diesem Buch beschriebenen Kriterien genügen. Dafür müssen die Map Stories in das „Als Rolle will ich"-Format gebracht, mit Akzeptanzkriterien und Constraints ausgestattet und, falls erforderlich, in kleinere Stories aufgesplittet werden.

Für die Ausarbeitung von User Stories hin zu Sprint-Ready Stories hat sich der Begriff des *Backlog-Grooming* etabliert. Backlog-Grooming findet spätestens vor dem nächsten Sprint Planning Meeting statt. Ausgangspunkt ist eine in Releases unterteilte Story-Map. Ziel ist die Erstellung ausreichend vieler Sprint-Ready Stories für die Übernahme ins Product Backlog, so dass damit mindestens ein Sprint gefüllt werden kann. Als Besetzung von Groomings hat sich das sogenannte Drei-Amigos-Team, bestehend aus Product Owner, Entwickler und Tester, bewährt. Das Team geht die Stories des anstehenden Release durch und entscheidet: Ist die Story zu groß? Reichen zwei bis drei Tage Entwicklungszeit? Muss die Story gesplittet werden? Darüber hinaus werden weitere Stories geschrieben, die im Rahmen der Map-basierten Release-Planung nicht entdeckt wurden.

Fertig gegroomte User Stories wandern ins Product Backlog und werden dort nach den bekannten Kriterien priorisiert.

8.4.2 Die Story Map ersetzt das Product Backlog

Eine zweite Form des Arbeitens mit Story Maps ist der vollständige Ersatz des Product Backlog durch die Story Map. Das Grooming-Team arbeitet direkt auf der Map, splittet und verfeinert Stories und macht sie Sprint-Ready. Neben der Map existiert weiterhin das Sprint Backlog. Sprint-Ready Stories werden im Planning Meeting von der Story Map ins Sprint Backlog bewegt. Im Planning wird die Story vom Team wie gehabt auf Tasks heruntergebrochen. Zum Sprint-Ende wandert jede abgeschlossene Story zurück in die Map und wird dort mit einem andersfarbigen Post-It als „abgeschlossen' markiert. Nicht fertig gewordene Stories wandern ohne Markierung zurück in die Map und sind Kandidaten für den nächsten Sprint.

■ 8.5 Zusammenfassung

- Story Maps sind ein Kollaborationswerkzeug. Product Owner, Entwicklungsteam und Stakeholder rücken enger zusammen und arbeiten gemeinsam an den Anforderungen des Produkts.
- Story Maps ermöglichen eine ganzheitliche Sicht auf das Produkt. Ganzheitlich bedeutet, dass das Produkt nicht bezogen auf einzelne Features in die Tiefe, sondern stattdessen in dünnen Schichten auf ganzer Breite entwickelt wird. Für alle Beteiligten entsteht ein vollständigeres Bild der Anwendung. Gemeinsames Verständnis und Motivation nehmen zu.

- Story Maps helfen, frühzeitig Architekturentscheidungen im Sinne einer ganzheitlichen Anwendung zu treffen.
- Das Rückgrat einer Story Map bilden deren User Tasks. Ein User Task ist ein konkreter Arbeitsschritt, den ein Anwender mit dem Produkt erledigen will. User Tasks werden am besten im Silent Brainstorming ermittelt.
- User Tasks werden zu User Activities gruppiert. Eine User Activity beschreibt ein konkretes Ziel, wie zum Beispiel die Erfassung einer Problemmeldung. Die Zielerreichung besteht dabei nicht nur aus dem reinen Erfassen des Anliegens, sondern auch aus dem vorherigen Prüfen, ob das Problem bereits erfasst wurde, oder aus der automatischen Übermittlung des Anliegens an die zuständige Hausverwaltung.
- User Activities und User Tasks bilden zusammen das Walking Skeleton der Map. Das Produkt könnte theoretisch laufen, weißt aber noch sehr viele Lücken hinsichtlich konkreter Produktdetails auf.
- Das Walking Skeleton wird vertikal ins Laufen gebracht, indem für jeden User Task „rohe" User Stories geschrieben werden. Hierbei handelt es sich nicht um fertig ausgearbeitete Stories, sondern um frühe Versionen davon, die erst dann weiter ausgearbeitet werden, wenn sie in Sprint-Nähe rücken.
- Die Story Map ist die Vorlage für das priorisierte Product Backlog. Priorisiert wird nicht nach Stories, sondern nach Release-Zielen. Die für das nächste Release relevanten Stories werden visuell durch horizontale Swimlanes von den restlichen Stories in der Map getrennt.
- Release-Stories werde vom Amigos-Team zu „richtigen" User Stories ausgearbeitet und ins Product Backlog übernommen.

■ 8.6 Wie geht es weiter?

Nachdem in diesem und im Vorgängerkapitel verschiedene Techniken zur Erstellung von User Stories sowie zur Befüllung des Product Backlog beschrieben wurden, rückt das nächste Kapitel das Team in den Fokus des Geschehens. Das folgende Kapitel beschreibt die konkrete Planung eines Sprint, bei der das Team die wichtigsten User Stories des Product Backlog analysiert, designt und dem Product Owner eine Zusage gibt, welche der Stories im Sprint umgesetzt werden.

9 Sprint-Planung

Jeder Sprint beginnt mit einem eintägigen Sprint Planning Meeting, in dem die Arbeit für den anstehenden Sprint geplant wird. Der Product Owner präsentiert dem Team die Stories, die er gerne im Sprint hätte, und das Team bestimmt, welche Stories es für den Sprint akzeptiert. Das Sprint Planning Meeting ist Analyse- und Designworkshop zugleich. Im Grunde genommen ist das gar nicht so viel anders als im klassischen Wasserfallvorgehen, wo die Analyse der Anforderungen und das Design der Software auch ganz am Anfang durchgeführt wird. Der entscheidende Unterschied zwischen Wasserfall und Scrum besteht darin, dass wir in Scrum gerade eben so viel analysieren und designen, wie wir überblicken können, und das ist der Zeitraum des vor uns liegenden Sprint.

■ 9.1 Überblick und Ablauf

Das Sprint Planning Meeting besteht aus zwei Teilen: Sprint Planning 1 und Sprint Planning 2. Im Sprint Planning 1 geht es um das „Was": Welche Stories werden im kommenden Sprint umgesetzt. Im Sprint Planning 2 geht es um das „Wie": Wie werden die ausgewählten Stories umgesetzt.

Im Sprint Planning 1 stellt der Product Owner die User Stories gemäß ihrer Prioritäten der Reihe nach vor. Das Team diskutiert die Stories und versucht die Anforderungen zu verstehen und hinsichtlich ihres Aufwands zu bewerten. Im Sprint Planning 1 committet sich das Team auf eine ausgewählte Menge an User Stories, dem sogenannten *Selected Back-*

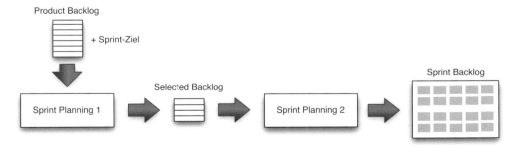

Abbildung 9.1 Input, Ablauf und Ergebnisse des Sprint Planning Meetings

log. Das Sprint Planning 1 endet, sobald das Team entscheidet, keine weitere Story mehr übernehmen zu können, spätestens aber nach vier Stunden.

Das Sprint Planning 2 ist ein Designmeeting, in dem das Team das Software Design der ausgewählten User Stories erstellt. Das Team entwirft die Architektur jeder einzelnen Story, indem es zum Beispiel UML-Modelle, Page-Flows oder das Datenbankmodell der Anwendung entwirft beziehungsweise erweitert. Neben diesen softwaretechnischen Artefakten liefert das Sprint Planning 2 für jede User Story eine Liste von Tasks, die es für die Umsetzung der Story zu erledigen gilt. Die Tasks wandern ins Sprint Backlog, eine Art teamweite Todo-Liste mit den Aufgaben des anstehenden Sprint.

Das Sprint Planning Meeting ist timeboxed und dauert einen Tag. Der Vormittag ist für das Sprint Planning 1 und der Nachmittag für das Sprint Planning 2 reserviert. Bei großen Teams oder langen Sprints ist dies manchmal schwierig einzuhalten. Hier ist das Moderationsgeschick des ScrumMaster gefragt. Er muss ständig im Blick behalten, dass noch fünf weitere Stories anstehen und die Diskussion der aktuellen Story in spätestens 5 Minuten beendet werden muss.

9.2 Beteiligte

Product Owner, ScrumMaster und das komplette Entwicklungsteam sind Pflichtteilnehmer des Sprint Planning Meetings. Darüber hinaus werden alle Personen benötigt, die Informationen besitzen beziehungsweise Entscheidungen treffen können, die für das Commitment des Teams erforderlich sind. Ein Beispiel: Im nächsten Sprint soll der Server eines Drittanbieters angebunden werden. Allerdings ist die vorgesehene API noch nicht vollständig implementiert. Damit sich das Team auf diese Story committen kann, benötigt es entweder eine klare Aussage, wann die API zur Verfügung steht, oder die Anwesenheit eines Hersteller-Vertreters, der entsprechend entscheidungsbefugt ist. Andere Beispiele für erforderliche Personen sind das Management, wenn es um Entscheidungen geht, die die Organisation betreffen oder den Kunden, wenn der Product Owner zu wenig Informationen über die zu entwickelnden Stories besitzt.

Sprint Plannings sind straff organisiert, und meistens funktioniert es nicht, mal eben schnell während Meetings loszurennen, um den CTO zu fragen, ob der für die Story benötigte Graphikdesigner ab Montag verfügbar ist. Der Product Owner muss im Vorfeld des Meetings genau klären, welche Informationen beziehungsweise wessen Anwesenheit für das Commitment des Teams erforderlich sind.

9.3 Ergebnisse

Das Sprint Planning Meeting liefert folgende Ergebnisse: ein Sprint-Ziel, ein Selected Backlog, ein Sprint Backlog, das Commitment von Team und Product Owner auf das beschlossene Sprint-Ziel sowie eine öffentliche Ankündigung des Sprint als sichtbarer Teil des Commitments.

Sprint-Ziel

Das Sprint-Ziel ist eine knappe und präzise Aussage, die den inhaltlichen Kern des Sprint ausdrückt und das Leitmotiv für alle Beteiligten darstellt.

Selected Backlog

Das Selected Backlog enthält die für den Sprint ausgewählten User Stories, auf die sich das Team committet hat. Technisch gesehen ist das Selected Backlog nichts anderes als ein markierter Bereich im Product Backlog. Verwenden Sie für die Verwaltung des Backlog eine Tabellensoftware, dann können Sie die Zeilen des Selected Backlog einfach rot hinterlegen.

Sprint Backlog

Das wichtigste sichtbare Ergebnis des Planning Meetings ist das Sprint Backlog. Es enthält alle für den Sprint geplanten User Stories sowie deren Tasks. Die Form des Sprint Backlog variiert. Wann immer möglich, verwenden wir physikalische Backlogs, das heißt Whiteboards, auf die wir die Tasks mit Hilfe von Karteikarten heften.

Commitment des Teams

Das wichtigste, nicht sicht- oder nachlesbare Ergebnis des Sprint Planning Meetings ist das Commitment des Teams auf das Sprint-Ziel und die ausgewählten User Stories. Die Betonung liegt dabei mehr auf dem Ziel als auf den Stories. Das Team committet sich darauf, flexible und kreative Lösungen zu suchen, die das Sprint-Ziel auch dann erreichen, wenn nicht alle Stories fertig werden.

Was aber heißt es genau, sich auf etwas zu committen? Muss das Team dem Product Owner oder ScrumMaster eine Strafgebühr zahlen, wenn es nicht alle Stories des Sprint vollständig umsetzen kann oder das abgesprochene Sprint-Ziel verfehlt? Natürlich nicht. Commitment ist kein Vertrag oder ein unbedingt zu haltendes Versprechen. Schließlich committet sich das Team auf Schätzungen, die mit einer bestimmten Wahrscheinlichkeit eintreffen, das heißt, es gibt immer einen Unsicherheitsfaktor. Dasselbe gilt für User Stories, die von Natur her relativ vage sind und ihre Details erst während ihrer Entwicklung offenbaren.

Commitment ist vielmehr das Übernehmen von Verantwortung für die zugesagte Arbeit. Verantwortung übernehmen heißt, dass das Team alles tun wird, um die Arbeit im Rahmen des Sprint umzusetzen. Das Team wird nicht nur versuchen, die Stories zu liefern, sondern ein committetes Team weiß, dass es liefern wird. Darauf muss sich der Product Owner verlassen können. Das Team muss überzeugt sein, die zugesagte Arbeit zu schaffen. Zu dieser Überzeugung muss das Team selber kommen, und das funktioniert nur, wenn das Team selber bestimmt, wie viel Arbeit es für den anstehenden Sprint übernimmt.

Commitment heißt aber auch, ein Bewusstsein dafür zu entwickeln, dass es nicht schlimm ist, wenn eine zugesagte Story nicht umgesetzt werden kann. Etwas nicht zu schaffen, hilft auch, die zukünftige Planung zu verbessern. Velocity-basierte Planung basiert genau auf diesem Prinzip. Insbesondere während der ersten Sprints eines Projekts gehört es dazu, geplante Arbeit nicht zu schaffen.

Läuft ein Sprint Gefahr, nicht alle zugesagten Stories zu schaffen, dann bedeutet Commitment, dass sich das Team nicht zurückzieht und sagt: „Dann wird es eben nichts, so ist das halt in Scrum." Stattdessen wird ein verantwortungsvolles Team zusammen mit dem Product Owner nach kreativen Lösungen suchen, mit denen sich das Sprint-Ziel trotzdem noch erreichen lässt. Der Vorteil eines Commitments hinsichtlich eines Ziels anstelle einer Menge an User Stories besteht darin, dass ein Ziel mehr Raum für flexible Lösungen lässt. Hier sind Impulse aus dem Team gefragt. Der Product Owner und andere Stakeholder müssen ein echtes Interesse des Teams am unbedingten Erfolg des Sprint erkennen.

Commitment des Product Owner

Nicht nur das Team, sondern auch der Product Owner committet sich auf den Sprint und dessen Ziel. Der Product Owner ist für den wirtschaftlichen Erfolg des Projekts verantwortlich und verpflichtet sich genauso wie das Team, das Sprint-Ziel zu erreichen. Er muss alles in seiner Macht Stehende tun, um den Sprint zu einem erfolgreichen Abschluss zu führen.

Konkret bedeutet dies, dass er sich voll hinter das Team stellt, es bei Fehlern in Schutz nimmt und unterstützt, wo er nur kann. Er motiviert das Team, indem er die Vision des Projekts und das Ziel des aktuellen Sprint vorlebt und erneuert. Er steht als permanenter Gesprächspartner für die Klärung von Story-Details zur Verfügung. Er ist bereit, den Funktionsumfang einzelner Stories zu reduzieren, damit die anderen Stories des Sprint noch geschafft werden. Und schlussendlich ist der Product Owner dazu verpflichtet, das Team während des Sprint mit neuen Anforderungen in Ruhe zu lassen.

Sprint-Ankündigung

Die Sprint-Ankündigung ist eine öffentliche Bekanntgabe des Ziels, der Inhalte, der Teamzusammensetzung sowie eines Termins für die öffentliche Präsentation des Sprintergebnisses. Die Ankündigung ist Teil des Commitments, indem schon vor Beginn der eigentlichen Arbeit bekanntgegeben wird, an welchen Themen das Scrum-Team bis zu welchem Zeitpunkt arbeiten wird. Wir kündigen unsere Sprints übers Wiki an, indem wir für jeden Sprint eine Seite anlegen und einen Link an alle Stakeholder versenden.

Scrumcoaches Sprint-Ankündigung

Sprint-Ziel

- Wir wollen möglichst schnell viele Coaches auf die Plattform bringen.

Selected Backlog

- Als Coach will ich mich registrieren.
- Als Coach will ich mich anmelden.
- Als Coach will ich mich abmelden.
- Als Coach will ich mein Basisprofil einstellen.

> **Sprint-Plan**
> - Sprint Planning: Dienstag, 4. November 2008
> - Entwicklung: Mittwoch, 5. November–Freitag, 21. November
> - Review: Montag, 24. November, 14:00–15:00, Meetingraum 4
>
> **Team**
> - Astrid
> - Joachim
> - Silke
> - Lars

9.4 Vorbereitung

Effiziente Sprint Planning Meetings erfordern eine gute Vorbereitung. Diese ist im Wesentlichen durch den Product Owner in Zusammenarbeit mit dem ScrumMaster zu erbringen. Der Product Owner ist dafür zuständig, eine ausreichende Menge an User Stories präsentationsgerecht aufzubereiten. Der ScrumMaster bestimmt die angenommene Velocity des anstehenden Sprint auf Basis der tatsächlichen Velocity der Vorgänger-Sprints. Die Vorbereitung des nächsten Sprint erfolgt parallel zum aktuellen Sprint. In der Regel legt der Product Owner direkt nach dem Sprint Planning Meeting mit der Planung des folgenden Sprint los.

9.4.1 Sprint Velocity

Im Vorfeld des Planning Meetings muss der ScrumMaster die angenommene Velocity des anstehenden Sprint ermitteln. Die Velocity ist Grundlage für die Menge der User Stories, die in den Sprint kommen, und somit die Voraussetzung für das Commitment des Teams. Die Verfahren zur Bestimmung der angenommenen Velocity wurden in Kapitel 6 ausführlich besprochen. Während der ersten Sprints wird die tatsächliche Velocity des jeweiligen Vorgänger-Sprint übernommen, und nach frühestens drei Sprints wird mit einem sich über die zunehmende Sprint-Anzahl stabilisierenden Median gearbeitet. Handelt es sich um den allerersten Sprint des Projekts, kann die Velocity mit einem der in Kapitel 13 beschriebenen Verfahren vorhergesagt werden. Alternativ zur Vorhersage kann das Team auch ohne angenommene Velocity in den ersten Sprint starten und sich allein aus dem Bauch heraus committen.

9.4.1.1 Anpassen der Velocity

Teamgröße und Sprint-Länge sollten über einzelne Sprints hinweg konstant sein. Das ist leichter gesagt als getan. Allein diverse, übers Jahr verteilte Feiertage verkürzen Sprints schnell mal um einen oder zwei Arbeitstage. Urlaube oder Schulungen haben einen ähnlichen Effekt auf die Teamzusammensetzung und damit auf die pro Sprint zur Verfügung stehenden Entwicklertage.

Grundsätzlich gilt die Annahme, dass unregelmäßige Abwesenheitstage bereits implizit in der gemessenen Velocity enthalten sind. Diese Annahme trifft umso mehr zu, je mehr Sprints das Team bereits durchgeführt hat, da die übers Jahr verteilten Urlaubs-, Krankheits- und Feiertage von einer über einen langen Zeitraum gemessenen Velocity ausgeglichen werden. Bei nur sehr wenigen Sprints gleicht sich die Verteilung der Abwesenheitstage allerdings nicht so schnell aus. War das Team in den ersten beiden Sprints vollzählig, muss es aber im dritten Sprint nur mit der halben Mannschaft auskommen, dann wird das Team die aus Sprint 1 und 2 übernommene Velocity sehr wahrscheinlich nicht erreichen.

Früher war ich der Meinung, man müsse vorhersehbare Abwesenheitstage berücksichtigen, indem Story Points in Entwicklertage umgerechnet werden, um dann bei Sprints mit weniger Entwicklertagen genau ausrechnen zu können, wie hoch die angenommene Velocity ist. Mittlerweile sehe ich das anders und lasse die Umrechnerei. Letztendlich ist die angenommene Velocity nur ein Anhaltspunkt für das Team, wie viel Arbeit es für den Sprint zusagen kann. Das Team sieht im Sprint Planning Meeting selber, wenn der anstehende Sprint nur mit halber Kraft durchgeführt werden kann, und wird von sich aus weniger Arbeit annehmen, als es die Velocity zuließe. Viel hilfreicher als eine heruntergerechnete Velocity ist ein expliziter Hinweis des ScrumMaster am Anfang des Sprint Plannings, dass zwei Entwickler noch bis Ende übernächster Woche im Urlaub sind.

Ändert sich die Teamgröße jedoch grundsätzlich, muss neu gemessen werden. Eine Verdoppelung der Teamgröße wird mit Sicherheit nicht zu einer Verdoppelung der Velocity führen. Viel wahrscheinlicher ist, dass die Velocity während der ersten zwei bis drei Sprints sogar abnimmt, da die neuen Teammitglieder von den alten eingearbeitet werden müssen. Mike Cohn liefert in [Cohn 2008: p50] einige anschauliche Beispiele für die Auswirkung von veränderten Teamgrößen auf die Velocity. Beispielsweise ergeben seine Messungen, dass die Aufstockung eines 6 Personenteams um eine weitere Person in den ersten beiden Sprints eine reduzierte Velocity und erst ab dem dritten Sprint einen Velocity-Zuwachs um 15% bringt.

9.4.1.2 Bugfixing, Refactoring und andere Aufgaben

Neben der Arbeit an User Stories gibt es in jedem Sprint Entwicklungsarbeiten, die keine für den Kunden sichtbare Funktionalität produzieren. Die besten Beispiele für diese Art von Aufgaben sind Bugfixing und Refactoring. Bugfixing, Refactoring und ähnlich gelagerte Aufgaben werden im Folgenden als Wartungsarbeiten bezeichnet. Wartungsarbeiten sind immer da und müssen erledigt werden. Andernfalls läuft man Gefahr, dass die Software zunehmend weniger wartbar wird, was die Weiterentwicklung erschwert, wenn nicht verhindert. Wer nicht regelmäßig abwäscht, wird irgendwann nicht mehr kochen können.

Eine häufig gestellte Frage ist, wie sich Wartungsarbeiten auf die Velocity auswirken. Ist es besser, die Velocity von vornherein zu reduzieren, um auf diese Art mehr Zeit fürs Bugfixing zu haben? Oder ist es besser, eine Wartungs-Story zu schreiben, in Punkten zu schätzen und dann ganz normal in den Sprint einzuplanen? Ich habe viel über dieses Thema nachgedacht, diskutiert und verschiedene Varianten ausprobiert. Die entscheidende Erkenntnis ist, dass Wartungsarbeiten niemals mit Story Points bewertet werden. Vielmehr ist das Vorhandensein von Bugs oder nicht refaktoriertem Code ein Zeichen dafür, dass das Team Punkte für Stories bekommen hat, die eigentlich noch gar nicht fertig im Sinne der „Definition of Done" waren. Das Team hat die Punkte zu Unrecht eingeheimst. Wenn das Team im anstehenden Sprint neben der Entwicklung neuer Funktionalität zusätzlich Wartungsarbeiten durchführt, dafür aber keine Punkte bekommt, geht die Velocity des Sprint runter. Das Team zahlt die unverdienten Punkte quasi wieder zurück. Die Folge ist eine reduzierte Velocity im nächsten Sprint, wodurch das Team entsprechend weniger Stories annehmen kann. Das hat aber wiederum den gewünschten Effekt, dass das Team implizit mehr Zeit bekommt, die jetzt geringere Anzahl von Stories richtig abzuschließen und besser getestet auszuliefern. Wartungsarbeiten erzwingen eine Reduzierung der Velocity als gewünschten Effekt.

Auch wenn Wartungsarbeiten nicht geschätzt werden, müssen sie natürlich erledigt und damit in den Sprint eingeplant werden. Eigentlich ist das Vorgehen dafür ganz einfach: Der Product Owner überlegt sich, welche Bugs im nächsten Sprint gefixt werden sollen. Das Team überlegt sich, welche Refactorings und sonstigen technischen Aufgaben im nächsten Sprint anstehen. Für alle ausgewählten Aufgaben werden im Sprint Planning 2 Taskkarten geschrieben und den Stories des Sprint zugeordnet. Der konkrete Story-Bezug ist dabei gar nicht so wichtig. Was viel wichtiger ist, ist auch hier die „Definition of Done": Egal, ob sich der Bug oder das Refactoring auf die Story bezieht oder nicht, die Story ist erst dann fertig, wenn alle Tasks inklusive der zugeordneten Wartungs-Tasks abgearbeitet wurden. Dieses Vorgehen wird bei seiner ersten Anwendung sehr wahrscheinlich dazu führen, dass die für den Sprint geplanten Stories nicht fertig werden. Das Team und der ScrumMaster müssen dies zwar dem nach Geschäftswert strebenden Product Owner erklären. Trotzdem liefern nicht fertige Stories den gewünschten Effekt: Die Velocity des nächsten Sprint geht runter, und das Team erhält dadurch automatisch die fürs Bugfixing und Refactoring benötigte Zeit.

9.4.2 Story-Auswahl

Der Product Owner muss sich im Vorfeld des Sprint Plannings überlegen, welche Stories er gerne im Sprint hätte. Die Auswahl der Stories für einen Sprint ist zunächst durch deren Priorisierung im Product Backlog vorgegeben, wird aber maßgeblich vom Sprint-Ziel beeinflusst. Der Product Owner hat zwei Möglichkeiten: Entweder nimmt er die Reihenfolge im Backlog und überlegt sich ein passendes Sprint-Ziel, oder er überlegt sich ein Sprint-Ziel und priorisiert die zugehörigen Stories um. Für beide Varianten definiert die angenommene Velocity eine Obergrenze für die Menge der auszuwählenden Stories. Es ist in Ordnung, wenn der Product Owner eine Story mehr auswählt, um darauf vorbereitet zu sein, dass das Team entscheidet, Platz für eine weitere Story zu haben, als es die Velocity zuließe.

Ein interessanter Hinweis zum Thema Sprint-Ziel und Story-Auswahl stammt von Bernd Schiffer [Schiffer 2008]. Er schlägt in seinem Blog die Definition eines kritischen Pfads vor, der die User Stories eines Sprint bezogen auf dessen Ziel definiert. Die Stories auf dem kritischen Pfad sind so eng mit dem Sprint-Ziel verbunden, dass das Sprint-Ziel nicht erreicht wird, wenn eine dieser Stories nicht fertig wird. Entsprechend sollte der Product Owner darauf achten, dass die Schätzungen aller Stories auf dem kritischen Pfad niedriger als die angenommene Velocity des Sprint sind. Werden die kritischen Stories als Erstes in den Sprint eingeplant, entsteht ein Puffer, der das Erreichen des Sprint-Ziels auch dann noch ermöglicht, wenn nicht alle Stories umgesetzt werden.

9.4.3 Sprint-Länge

Vor dem ersten Sprint muss sich der ScrumMaster Gedanken über die Sprint-Länge machen und mit dem Team und dem Product Owner abstimmen. Idealerweise sind Sprint-Längen konstant, weil sich das Team und der Product Owner so auf einen gemeinsamen Rhythmus einschießen können. Darüber hinaus ist eine konstante Sprint-Länge eine der Grundvoraussetzungen für Velocity-basierte Planung.

Eine konstante Sprint-Länge befreit vom Nachdenken über lästige Routinefragen. Wann war noch gleich die Retrospektive? Eignen sich Montage oder Dienstage besser fürs Planning Meeting? Bei einer konstanten Sprint-Länge entwickelt das Team ein Gefühl für den Ablauf des Sprint. Wann gilt es, einen Zahn zuzulegen? Wann müssen die Tester gebrieft werden, damit noch genügend Zeit fürs Bugfixing bleibt? Wann muss mit der Arbeit an einer Story spätestens begonnen werden, damit noch eine realistische Chance für deren Abschluss besteht?

Variable Sprint-Längen fördern die „Noch einen Tag mehr"-Mentalität, damit man die eine Story noch auf jeden Fall in den Sprint bekommt – ein Phänomen, das besonders häufig in neuen Scrum-Teams beobachtet werden kann. Oft ist es ja auch so, dass es keinen wirklichen Grund gibt, eine harte Deadline zu halten, da viele Sprints interner Natur sind. Letztendlich ist es aber egal, wie viele Stories man pro Sprint schafft. Was zählt, ist, dass man bis zu einem festgelegten Zeitpunkt etwas Fertiges liefert.

Natürlich muss man aber erst mal zu einer optimalen Sprint-Länge finden. Diese hängt von Teamgröße, Story-Größen und Projektlaufzeit ab. Außerdem spielt die Erfahrung des Teams und des ScrumMaster eine Rolle. Teams mit wenig Erfahrung sollten kürzere Sprints wählen, was die Häufigkeit von Retrospektiven erhöht. Das Team lernt so schneller, sich selbst zu organisieren, weil Fehler und Probleme eher sichtbar werden und früher korrigiert werden können.

Die Sprint-Länge sollte aber mindestens so lang gewählt werden, dass etwas Sinnvolles erarbeitet werden kann. Für die meisten Teams hat sich eine Sprint-Länge von 3 Wochen bewährt. Unerfahrene Teams sollten mit einer Sprint-Länge von einer Woche starten, sofern dies die Projekt-Umstände zulassen und innerhalb einer Woche etwas Sinnvolles produziert werden kann. Bei sehr kurzen Sprints sollte außerdem darüber nachgedacht werden, das Sprint Planning, das Review und die Retrospektive in einem großen und insgesamt vier Stunden dauernden Meeting zusammenzufassen [Sutherland 2008]. Andernfalls würde der durch diese Meetings entstehende Overhead bei einwöchigen Sprints zu groß werden.

Unabhängig davon, ob Sprints eine oder vier Wochen lang sind, sollten sie immer einen gleichbleibenden Rhythmus etablieren. Abbildung 9.2 zeigt einen geeigneten Rhythmus für dreiwöchige Sprints:

Abbildung 9.2 Dreiwöchiger Sprint-Rhythmus

Was auf den ersten Blick aussieht wie ein 4-Wochen-Sprint, ist tatsächlich nur ein 3-Wochen-Sprint, weil der Vorgängersprint jeweils bis in die erste Woche des Folge-Sprint hineinreicht. Der Montag als Sprint-Abschlusstag hat sich bewährt, da die Erkenntnisse des Reviews und der Retrospektive direkt und ohne Unterbrechung durch ein Wochenende in den nächsten Sprint mit einfließen.

■ 9.5 Sprint Planning 1

Das Sprint Planning 1 ist ein Analyse-Meeting, in dem das Team entscheidet was im Sprint gemacht wird. Sprint Planning 1 findet am Vormittag des Sprint Planning Meetings statt und ist auf 4 Stunden begrenzt.

9.5.1 Ablauf

Am Morgen des Meetings versammeln sich das Team, der Product Owner und der Scrum-Master sowie alle weiteren eingeladenen Personen zum vereinbarten Zeitpunkt im Besprechungsraum. Der ScrumMaster war bereits eine Viertelstunde vorher da, hat den Beamer aufgebaut und die Agenda des Meetings an ein Flip-Chart geschrieben. Der ScrumMaster ist als Erster an der Reihe. Er begrüßt die Anwesenden und stellt die Agenda vor. Anschließend gibt er einen kurzen Überblick über die Eckdaten des Sprint: Start- und Enddatum, eventuelle Feiertage oder Urlaub sowie Anzahl der zur Verfügung stehenden Entwicklertage.

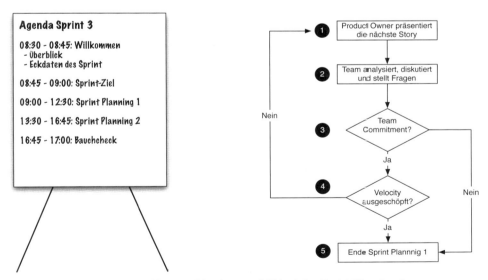

Abbildung 9.3 Agenda des Planning Meetings und Ablauf des Sprint Planning 1

Als Nächstes ist der Product Owner an der Reihe, das Ziel des anstehenden Sprint vorzustellen und zu motivieren und dabei die Vision des Projekts zu erneuern. Anschließend folgt das Meeting einem sich wiederholenden Ablauf (siehe rechte Darstellung in Abbildung 9.3 auf der vorherigen Seite): Der Product Owner stellt die oberste Story des Product Backlog vor, das Team diskutiert die Story und stellt Fragen. Das Vorstellen und Diskutieren der Story gleicht einer Anforderungsanalyse, in der das Team Details und Anforderungen der Story abklopft. Das Team wird vom Product Owner gebrieft und versucht die Story so weit zu verstehen, dass es entscheiden kann, ob es sich auf die Story committen kann.

Kann sich das Team auf die Story committen, reduziert der ScrumMaster die angenommene Velocity um die Schätzung der Story. Ist Platz für eine weitere Story, beginnt der Prozess von vorn, und der Product Owner präsentiert die nächste Story aus dem Product Backlog. Entscheidend ist, dass das Team bestimmt, wie viele Stories in das Selected Backlog übernommen werden. Die angenommene Velocity ist dafür zwar eine gute Richtlinie, aber keinesfalls bindend. Entscheidet das Team deutlich vor dem Erreichen der angenommenen Velocity, keine weiteren Stories mehr anzunehmen, dann hat der Product Owner diese Entscheidung zu akzeptieren. Auf der anderen Seite steht es dem Team genauso frei, die angenommene Velocity zu überschreiten, wenn es das Gefühl hat, noch eine oder mehrere weitere Stories schaffen zu können.

9.5.2 Sprint-Ziel – Warum führen wir den Sprint durch?

Der Product Owner hat sich im Vorfeld des Sprint Planning Meetings ein griffiges Sprint-Ziel überlegt und die Stories hinsichtlich dieses Ziels vorausgewählt. Das Sprint-Ziel wird manchmal – völlig zu Unrecht – belächelt, hat aber eine überaus wichtige Funktion. Es schafft eine Vision, die hilft, das Team zu motivieren und auf den Sprint einzuschwören. Es erhält die Orientierung, wenn es mitten im Sprint chaotisch wird. Das Sprint-Ziel beantwortet die entscheidende Frage, warum wir überhaupt den Sprint durchführen.

Das Sprint-Ziel sollte so gewählt werden, dass es auch dann erreicht werden kann, wenn nicht alle der geplanten Stories umgesetzt werden können. Das Sprint-Ziel des ersten Scrumcoaches-Sprint ist es, möglichst viele Coaches auf die Plattform zu bekommen. Die Stories auf dem kritischen Pfad sind die Registrierungs- sowie die An- und Abmelde-Story für Coaches. Bevor der Product Owner mit der Vorstellung der Stories beginnt, muss er das Sprint-Ziel nennen und dem Team erläutern. Wichtig ist, dass der Product Owner das Ziel vorschlägt, aber nicht bestimmt. Schließlich ist es in erster Linie das Team, das sich auf das Ziel committen soll, und das funktioniert nur für realistische und erreichbare Ziele. Hat das Team bei dem vorgeschlagenen Ziel das Gefühl, dass ein Commitment nicht möglich ist, muss das Ziel gemeinsam überarbeitet werden.

9.5.3 Vorstellung, Analyse und Commitment

Der Product Owner hat das Product Backlog dem Sprint-Ziel gemäß priorisiert und stellt die Story mit der höchsten Priorität als Erstes vor. Wie er die Stories vorstellt, bleibt ihm überlassen. Er ist derjenige, der sich auf diesen Teil des Meetings vorbereiten muss, und sein Ziel ist es, die Ideen der jeweiligen Stories zu vermitteln. Manchmal lässt sich eine

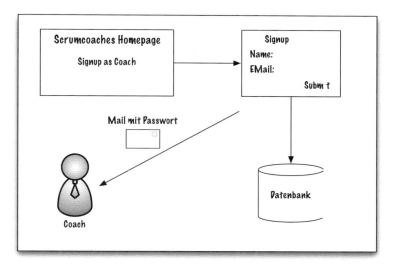

Abbildung 9.4 Der Product Owner skizziert die Registrierungs-Story am Whiteboard

User Story am besten mit Hilfe einer kurzen Präsentation erklären, in der zum Beispiel die vom Product Owner vorab erstellten Screenshots gezeigt werden. In den meisten Fällen reicht ein Whiteboard aber völlig aus, um die Idee der Story zu vermitteln. Schließlich geht es nicht um Genauigkeit, sondern darum, dem Team zu vermitteln, was die Story für den Anwender leisten soll.

Eine Story, für deren Erläuterung ein Whiteboard völlig ausreicht, ist die Registrierungs-Story aus Abbildung 9.4. Der Product Owner stellt sich ans Whiteboard und skizziert die Einstiegsseite der Anwendung, von der aus ein Link das Registrierungsformular öffnet. Er erklärt die erforderlichen Pflichtfelder und die zugehörigen Validierungsregeln. Registrierte Benutzer werden in der Datenbank gespeichert und erhalten eine E-Mail mit ihren Zugangsdaten.

Während der Product Owner die Story vorstellt, schreibt der ScrumMaster die Story auf eine Karteikarte und heftet sie, wie in Abbildung 9.5 auf der nächsten Seite gezeigt, an ein Flip-Chart. Unter die Karte schreibt er drei Überschriften: Anforderungen, Akzeptanzkriterien und Constraints. Das Ziel ist die Visualisierung des Analyseprozesses. Immer, wenn während der Vorstellung und Diskussion eine Anforderung, ein Abnahmekriterium oder eine Constraint der Story klar wird, wird sie vom ScrumMaster notiert.

Für jede Story entsteht ein Flip-Chart, das den Analyseprozess dokumentiert. Die am Flip-Chart gesammelten Informationen werden fotografiert und am Ende des Sprint Plannings auf die zugehörige Story-Karte übertragen.

Die Aufgabe des ScrumMaster ist es, den Prozess zu moderieren und auf die Zeit zu achten. Am Anfang und für Junior-Teams steht er dabei noch selber am Flip-Chart und coacht das Team auf diese Art, wie man eine Story analysiert und deren Anforderungen zusammenträgt. Nach und nach sollte diese Arbeit an die Teammitglieder übergehen, die sich bei der Arbeit am Flip-Chart abwechseln. Es entsteht ein stärkeres Gefühl des Involviertseins, was ein wichtiger Aspekt für ein wirkliches Commitment ist.

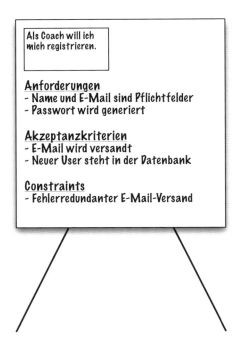

Abbildung 9.5 Der ScrumMaster hält die Details der Registrierungs-Story fest

Bevor mit der nächsten Story fortgefahren wird, entscheidet das Team, ob es sich auf die vorgestellte Story committen kann. Story Points sind dabei mehr als Hinweis, denn als harte Entscheidungsgröße zu verstehen. Sind zum Beispiel noch 5 Punkte übrig, und die nächste Story wurde auf genau 5 Punkte geschätzt, dann heißt das nicht zwangsläufig, dass die Story ins Selected Backlog übernommen wird. Kommt das Team während der Analyse zu dem Schluss, dass die Story zu groß ist, um noch in den Sprint zu passen, hat der Product Owner diese Entscheidung zu akzeptieren, egal, wie groß die Story ursprünglich geschätzt wurde. Das Sprint Planning 1 wäre in diesem Fall nicht zu Ende, da die Lücke von 5 Story Points weiterhin besteht und mit einer anderen Story aufgefüllt werden kann.

Ist die Kapazität ausgeschöpft, ist das Sprint Planning 1 beendet. Das Team sollte seine Velocity nicht überreizen. Es ist besser, mit einer Rest-Velocity von 2 Punkten Schluss zu machen und keine weitere Story mit hineinzunehmen.

9.5.4 Fehler und andere technische Aufgaben

Neben der Entwicklung neuer User Stories ist das Team für die Wartung der entwickelten Software zuständig. Dazu gehört das kontinuierliche Beheben von Fehlern, die Durchführung von Story-übergreifenden Refactorings oder, allgemeiner formuliert, alle technischen Aufgaben, die erledigt werden müssen, aber keinen Bezug zu den User Stories des aktuellen Sprint haben. Kapitel 7 hat vorgeschlagen, Wartungsarbeiten nicht im Product Backlog, sondern Fehler im Bugtracking-System und technische Aufgaben im technischen Backlog zu verwalten.

Wartungsarbeiten werden kontinuierlich, das heißt, während der Arbeit im laufenden Sprint erledigt. Damit sich das Team committen kann, muss es neben den geplanten User Stories auch die anstehenden Wartungsarbeiten kennen. Dazu muss der Product Owner die wichtigsten Fehler und das Team die dringlichsten technischen Aufgaben ins Planning Meeting einbringen. Ein guter Zeitpunkt für das Einbringen dieser Zusatzaufgaben ist, nachdem der Product Owner die Stories des kritischen Pfads vorgestellt hat. Zum Beispiel stellt er drei der fünf User Stories vor und geht anschließend die fünf am dringendsten zu behebenden Fehler durch, so dass sich das Team überlegen kann, welche Fehler es neben den Stories schafft. Statt eine spezielle Fehler-Story zu schreiben, ist es viel einfacher, die Fehler den bereits zugesagten User Stories zuzuordnen, ohne darauf zu achten, ob dies inhaltlich passt.

Ähnlich verfährt das Team mit den anderen technischen Aufgaben und entscheidet, ob neben den bereits zugesagten User Stories und Fehlern noch ausreichend Platz für diese Aufgaben ist. Passt die Menge an Arbeit nicht mehr in den Sprint, ist jetzt der richtige Zeitpunkt zum Nachverhandeln gekommen. Ist der Product Owner bereit, eine weitere Story zu opfern? Kann der ein oder andere Bugfix nicht vielleicht noch warten? Oder sind die technischen Anforderungen doch nicht so wichtig und können noch ein oder zwei Sprints nach hinten verschoben werden. Entscheidend ist, dass das Team das Gesamtbild der von ihm erwarteten Arbeiten kennt, bevor es sich committet.

Das Einplanen von Fehlern und anderen technischen Aufgaben führt zwangsläufig zu einer Korrektur der Sprint-Velocity. Wurden einer 5-Punkte-Story zwei Fehler zugeordnet, dann führt das sehr wahrscheinlich dazu, dass die Story länger dauert, wodurch vielleicht eine andere Story aus dem Sprint fällt. Die angenommene Velocity des nächsten Sprint fällt geringer aus, enthält aber dafür implizit Zeit fürs Bugfixing. Der Effekt ist ähnlich dem von Urlaubs- oder Krankheitstagen. Kontinuierliche Softwarewartung und Fehlerbehebung lässt die Velocity auf ein Maß einpendeln, das die für diese Tätigkeiten benötigte Zeit implizit enthält.

9.6 Sprint Planning 2

Früher dachten wir, dass es im Sprint Planning 2 um Tasks geht, so wie es Mike Beedle und Ken Schwaber ursprünglich in ihrem Buch beschrieben haben [Schwaber und Beedle, 2001]. Wir haben uns als Team zusammen mit dem Product Owner an einen Tisch gesetzt und für jede akzeptierte User Story möglichst viele Tasks aufgeschrieben. Mike und Ken gingen davon aus, dass die Anforderungen im Sprint Planning 2 so klar waren, dass das Team in der Lage sein muss, sämtliche Tasks eines Backlog Items zu kennen und auf Taskkarten zu schreiben. Während des Sprint neue Tasks zu finden, war etwas Schlechtes, da ja dadurch das Task-basierte Burndown-Chart nach oben ging. Also hat sich das Team im Sprint Planning 2 darauf gestürzt, mit gesammelter Kraft möglichst alle Tasks zu finden.

Heute arbeiten wir mit User Stories. Das Team hat die Stories des Selected Backlogs im Sprint Planning 1 zwar schon relativ intensiv besprochen, allerdings immer noch auf einer

Analyse-Ebene. Das Team hat die Idee der Story verstanden, kennt ihre Anforderungen, Akzeptanzkriterien sowie etwaige Constraints. Die User Stories bleiben aber weiterhin das, was sie sind: ein Versprechen des Teams an den Product Owner, dass beide gemeinsam während des Sprint die Details der Story erarbeiten werden.

Wenn im Sprint Planning 2 immer noch nicht klar ist, was die Details und konkreten Ausprägungen einer Story sind, wie soll es dann möglich sein, alle Tasks der Story zu finden und aufzuschreiben? Die Antwort ist einfach: Es ist nicht möglich. Wir haben gelernt, dass das Sprint Planning 2 kein Task-, sondern ein Design-Meeting ist. Genau wie in Wasserfall-Projekten folgt das Design der Analyse, allerdings mit dem Unterschied, dass Scrum-Teams keine 3–6 Monate analysieren und designen, sondern jeweils nur einen halben Tag. Im Sprint Planning 2 erarbeitet das Team die Architektur der Stories, was eben viel mehr ist als das reine Herunterbrechen auf Tasks. Es ist klassisches Software Design: Das Team entwirft Domain-Modelle, analysiert vorhandenen Quellcode, skizziert Pageflows, zeichnet Sequenzdiagramme, entwirft Datenbankmodelle oder prüft die Anwendung möglicher Architekturmuster.

Auch wenn das Sprint Planning 2 kein reines Task-Meeting ist, sind Tasks nach wie vor eines der wichtigsten Ergebnisse dieses Meetings. Tasks bilden in ihrer Gesamtheit das Sprint Backlog und repräsentieren die konkreten Aufgaben, die das Team während des Sprint umzusetzen hat.

9.6.1 Ablauf

Das Sprint Planning 2 findet am Nachmittag des Sprint Planning Meetings statt und ist auf vier Stunden begrenzt. Das Team beginnt mit der ersten Story des Selected Backlog und arbeitet gemeinsam am Design der Story. Das im Sprint Planning 1 erstellte Analyse-Flip-Chart der Story wird hervorgeholt und ist die Grundlage der Architekturbesprechung. Der Product Owner muss nicht mehr die ganze Zeit dabei sein. Er sollte aber trotzdem in der Nähe bleiben, damit fachliche Fragen unmittelbar geklärt werden können. Ist das Design ausreichend weit besprochen, nimmt sich das Team 5–10 Minuten Zeit und zerbricht die Story in Einzeltasks. Hierbei geht es darum, die ganz konkreten Aufgaben zu ermitteln, die für die Umsetzung der Story abgearbeitet werden müssen. Sind die Tasks der Story ausreichend genau bestimmt, setzt das Team seine Arbeit mit der nächsten Story fort.

Die Bearbeitungsreihenfolge der Stories ist durch ihre Prioritäten vorgegeben. Los geht es mit der wichtigsten Story, und wenn etwas liegen bleibt, dann ist zumindest sichergestellt, dass es sich um eine weniger wichtige Story handelt. Das Ziel vom Sprint Planning 2 ist das Design aller ausgewählten Stories. Eine wichtige Aufgabe des ScrumMaster ist deshalb, für die Einhaltung der Timeboxen zu sorgen. Jede Story hat ihre eigene Timebox, die sich rein rechnerisch aus den vier Stunden, geteilt durch die Anzahl der Stories ergibt. Tatsächlich sind die Stories jedoch unterschiedlich groß, und das Design der einzelnen Stories benötigt mal mehr und mal weniger Zeit. Letztendlich bestimmt das Team, wie viel Zeit es für welche Story benötigt. Dem ScrumMaster bleibt nur, regelmäßig darauf hinzuweisen, wie viel Zeit noch bleibt.

Egal, was kommt, das Sprint Planning 2 ist nach vier Stunden beendet. Am Ende dieser vier Stunden steht ein abschließender Bauchgefühl-Check, indem der ScrumMaster das Team noch einmal ganz deutlich fragt, ob das Team alle ausgewählten Stories schaffen wird.

9.6.2 Story-Design

Agile Vorgehensweise verzichtet auf große, vorab durchgeführte Designs für das Gesamtsystem. Das heißt nicht, dass agile Methoden komplett auf Design verzichten. Stattdessen erfolgt das Design, wenn es notwendig ist und die Anforderungen klar sind. Statt das gesamte System vorher zu designen, wird in Scrum gerade ausreichend viel designed. Ausreichend viel bedeutet, dass das Design die Stories des anstehenden Sprint trägt, dabei aber weiterhin konzeptionell stabil, aber auch flexibel und erweiterbar für zukünftige Anforderungen bleibt.

Story-Design ist Software Design. Software Design ist ein Prozess zur Definition der Architektur, Komponenten, Schnittstellen oder anderen Eigenschaften eines Software-Systems. Der Unterschied zwischen Design in klassischen Vorgehensmodellen und Design in Scrum ist, dass wir im ersten Fall genau einmal designen und im zweiten Fall immer wieder, das heißt, genau einmal pro Sprint. Das Design des Gesamtsystems entsteht auf diese Art inkrementell, indem in jedem Sprint und mit jeder Story ein Stück Architektur dazu entworfen wird.

Inkrementelles Design setzt änderungsfreundliche Architekturen voraus. Das schrittweise und wiederkehrende Weiterentwickeln des Anwendungsdesigns ist kein ausschließliches Hinzufügen neuer Komponenten, sondern zieht Änderungen und Anpassungen des bestehenden Designs nach sich. Entwirft das Team im ersten Sprint eine Klasse *Mann* und im zweiten Sprint eine Klasse *Frau*, dann ist es sicher sinnvoll, die Gemeinsamkeiten beider Klassen in eine von beiden genutzte Basisklasse *Mensch* zu abstrahieren. Jede Story wird also nicht für sich designed, sondern unter ständiger Berücksichtigung des Gesamtsystems in dessen Architektur eingebettet.

Was aber passiert jetzt ganz konkret, wenn das Team vor dem Flip-Chart aus dem Sprint Planning 1 steht? Ganz am Ende wollen wir die Tasks haben, die es für Stories abzuarbeiten gilt. Aber Tasks alleine zeigen keine softwaretechnische Lösung auf, die es im Rahmen des Designs zu entwickeln gilt. Vielmehr ist das Design die Basis für das Ableiten konkreter Tasks. Viele Teams beginnen mit dem Entwurf beziehungsweise der Erweiterung des Domain-Modells für die neue Story. Andere Teams starten mit der Analyse des vorhandenen Quellcodes und überlegen, wo und wie sich die neue Story einhängen lässt. Wie designed wird, entscheidet letztendlich das Team. Scrum stellt – ganz im Sinne eines Frameworks – nur den Rahmen zur Verfügung, der festlegt, wann designed wird, nicht aber, wie. Das Wie bestimmt das Team. Das Team ist der Experte in Sachen Softwareentwicklung und weiß, wie man Software designed. Was zählt, ist Erfahrung; ein weiterer Grund für mindestens einen Senior-Entwickler im Team.

Die Entwicklung des Domain-Modells ist eine von vielen Varianten des Story-Designs. Design kann eine ganze Reihe unterschiedlicher Aktivitäten beinhalten, je nachdem, um was für eine Story es sich handelt, welche Technologie zum Einsatz kommt, aber auch, über welche Design-Erfahrung das Team verfügt. Ähnlich vielfältig wie die Aktivitäten sind die Artefakte des Design-Prozesses: Angefangen beim Klassenmodell über Sequenzdiagramme bis hin zu Quellcode-Fragmenten zur Beschreibung von Algorithmen ist alles erlaubt, was dem Team hilft, die softwaretechnische Lösung der Story aufzuzeigen, und darüber hinaus eine gute Basis für das Aufteilen der Story in Tasks ist.

Inkrementelle Designs erfordern eine konzeptionell stabile Basisarchitektur. Weil Scrum-Teams keine dedizierte und einmalig stattfindende Design-Phase beanspruchen, ist es umso wichtiger, dass die grundlegende Architektur des Systems im Zuge der ersten Story-Designs entwickelt und etabliert wird. Es muss ein stabiles Grundgerüst entstehen, auf dem auch veränderliche Anforderungen flexibel wachsen können. Im Rahmen dieser Basisarbeit müssen grundsätzliche Designentscheidungen getroffen werden: Wird das System verteilt gebaut? Wie wird das Schichtenmodell strukturiert? Wie funktioniert die Datenbankanbindung? Welche nicht-funktionalen Anforderungen gilt es zu beachten und als Constraints zu formulieren?

Für die Entwicklung einer grundlegenden Anwendungsarchitektur ist es deshalb wichtig, im ersten Sprint mindestens eine sogenannte *Leuchtspur*-Story umzusetzen. Eine Leuchtspur-Story ist eine vertikal geschnittene User Story, die einmal durch sämtliche Schichten der Anwendung greift und so hilft, deren High-Level-Architektur zu etablieren. Angefangen von der Benutzeroberfläche über die Controller-Schicht bis hinunter auf die Datenbank, werden alle Schichten der Anwendung einmal gestreift. Leuchtspur-Stories stellen eine End-zu-End-Verbindung zwischen den Komponenten der Anwendung her und zeigen so auf, dass die Architektur trägt. Hierbei müssen grundsätzliche Design-Entscheidungen getroffen werden, wie zum Beispiel, welches GUI- oder Datenbank-Framework zum Einsatz kommt, oder ob und wie die einzelnen Komponenten auf verschiedene Rechner verteilt werden. Die Story zieht eine Leuchtspur durch die Anwendung, an der entlang zukünftige Anforderungen weiterentwickelt werden [Hunt und Thomas 2003].

9.6.3 Tasks schneiden

Im Anschluss an das Design einer Story wird sie in Tasks aufgeteilt. Tasks sind kleine, überschaubare Aufgaben, deren Umsetzung nicht länger als einen Arbeitstag dauern sollte. Im Gegensatz zu Stories sind Tasks keine releasebaren Funktionen, das heißt, Tasks liefern für sich alleine genommen keinen konkreten Mehrwert für den Benutzer. Tasks sind eher technischer Natur, während bei einer Story der Kunde und die für ihn sichtbare Funktion im Vordergrund steht. Ein Großteil der Tasks einer Story sind Programmieraufgaben. Aber auch Tasks anderer Natur, wie zum Beispiel Dokumentationsaufgaben oder Infrastrukturarbeiten, sind nicht unüblich. Einige Beispiele für Tasks:

- Erstellung des Domain- und Datenbankmodells
- Dokumentation des implementierten Algorithmus im Wiki
- Dashboard-Seite per CSS gestalten
- Programmierung der E-Mail-Benachrichtigung

Tasks sind neben anderen Architekturartefakten, wie Klassen- oder Sequenzdiagrammen, nur eines von unterschiedlichen Ergebnissen des Sprint Planning 2, aber eben ein sehr wichtiges, weil Tasks die tatsächlich anstehende Arbeit repräsentieren. Einige Gründe für das Aufteilen von User Stories in Tasks:

- **Überblick über die anstehende Arbeit.** Tasks verhelfen dem Team zu einem Überblick, was am Ende wirklich zu tun ist. Sie zwingen das Team dazu, noch einmal gründlich über die Story nachzudenken und so ein besseres Gefühl für die anstehende Arbeit zu bekommen. Das Denken in Tasks schafft eine bessere Voraussetzung für die Überprüfung des Team-Commitments am Ende des Sprint Planning 2.

- **Koordination.** Tasks helfen, die Arbeit des Teams an einer Story zu koordinieren. Sämtliche noch ausstehende Arbeit wird mit Hilfe von Tasks visualisiert. Jedes Teammitglied weiß so, wer woran arbeitet und welche Punkte als Nächstes zu erledigen sind. Mit der Aufteilung der Stories in Tasks erstellt das Team seine Todo-Liste für die Aufgaben des Sprint.
- **Daily Scrum.** Ein Taskboard mit Taskkarten ist ein guter Anker und Mittelpunkt für das Daily Scrum. Das Team versammelt sich um das Board, zeigt auf Tasks, die gestern abgearbeitet wurden und die es heute zu erledigen gilt.
- **Tracking.** Tasks können für das Messen des Sprint-Fortschritts verwendet werden. Je nachdem, ob Tasks geschätzt werden oder nicht, lassen sich mit ihrer Hilfe Task-basierte Burndown-Charts erstellen, die die Anzahl der verbleibenden Tasks beziehungsweise Stunden aufzeigen.

Das Task-Schneiden sollte nicht mehr als 10–15 Minuten pro Story dauern. Dem Team muss klar sein, dass es nicht darum geht und auch gar nicht möglich ist, sämtliche Tasks der Story zu finden. Vielmehr geht es darum, die zum jetzigen Zeitpunkt offensichtlichen Tasks aufzuspüren und zu notieren. Während des Sprint werden weitere Tasks gefunden und andere hingegen obsolet. Das Team sollte ausreichend viele Tasks finden, um einen guten Überblick über die anstehende Arbeit zu bekommen und eine gute Basis zu haben, um mit der Arbeit an der Story starten zu können. Tasks werden auf DIN-A6-Karteikarten notiert, die die spätere Basis für das Taskboard sind. Alternativ funktionieren auch Post-Its, die allerdings den Nachteil haben, dass sie nach einiger Zeit vom Whiteboard fallen und man nicht mehr weiß, ob der Task schon angefangen oder sogar schon fertig ist. Karteikarten haben gegenüber Post-Its außerdem den Vorteil, dass man ihre Rückseiten für Notizen nutzen kann.

9.6.3.1 Taskgröße

Unterschiedliche Teams haben unterschiedliche Meinungen bezüglich der optimalen Taskgröße. Bis sich das Team eine Meinung gebildet hat, starten wir mit einer Task-Obergrenze von einem Tag. Jeder Task sollte sich innerhalb eines Arbeitstages abschließen lassen, was den Vorteil hat, dass morgens Angefangenes am selben Tag fertig wird. Das ist viel besser, als wenn sich Tasks über zwei oder mehr Tage hinziehen, weil es dann auch nicht mehr so viel ausmacht, einen dritten oder vierten Tag in den Task zu investieren.

Tasks mit einer Länge von einem Tag haben darüber hinaus den „Der hing doch gestern schon da"-Effekt. Bei einer Task-Obergrenze von einem Tag ist allen Beteiligten klar, dass jeder Tasks maximal einen Tag in der „In Arbeit"-Spalte am Taskboard hängen darf. Hängt er länger, stimmt etwas nicht, und es muss was unternommen werden. Der Umgang mit zu lange dauernden Tasks wird in Abschnitt 10.4.1 vertieft.

9.6.3.2 Schneidetechniken

Eine einfache und effektive Task-Schneidetechnik ist das Brainstorming. Dafür stellt sich der ScrumMaster oder ein Teammitglied ans Whiteboard, und das Team lässt seinen Gedanken für 5–10 Minuten freien Lauf. Gemeinsam erstellt das Team eine Mindmap mit allen Tasks, die den Teammitgliedern in den Sinn kommen. Anschließend wird die Mindmap gefiltert, indem jeder relevante Task auf eine Karteikarte notiert wird. Die Brainstorming-Variante funktioniert im Übrigen auch gut mit einer Mindmapping-Software, die über einen Beamer an die Wand projiziert wird.

Eine andere Task-Schneidemethode ist das Brainstorming in Paaren. Dazu teilt sich das Team in Paare auf, und jedes Paar notiert für sich die Tasks der Story auf Karteikarten. Anschließend versammelt sich das Team wieder in großer Runde, und jedes Paar legt nacheinander seine Tasks auf den Tisch. Doppelte Tasks werden eliminiert und neue werden übernommen. Die Variante liefert einen recht guten Überblick über die aktuell bekannten Tasks der Stories, da die Story von unterschiedlichen Personen aus unterschiedlichen Perspektiven betrachtet wird.

Beide Varianten funktionieren, weil es beim Task-Schneiden weder um Genauigkeit noch um Vollständigkeit geht. Wichtig ist wie immer die Timebox. Der ScrumMaster muss den Prozess moderieren und unnötige Diskussionen über Task-Details oder darüber, welcher Task der bessere ist, am besten sofort unterbinden.

9.6.3.3 Ungeplante Tasks

Wie bereits angesprochen, ist es sehr unwahrscheinlich, dass während des Planning Meetings alle Tasks gefunden werden. Viele Tasks entstehen erst bei der eigentlichen Umsetzung einer Story. Ein Grund dafür ist, dass sich viele Details der Story erst zum Zeitpunkt ihrer Realisierung basierend auf der Konversation zwischen Team und Product Owner ergeben. Ein anderer Grund ist der, dass das Planning Meeting timeboxed ist, das heißt, wir können uns nicht endlos lange mit einer Story und der Suche nach ihren Tasks beschäftigen.

Die Existenz und das spätere Auftauchen ungeplanter Tasks ist also völlig normal. Ungeplante Tasks verlängern die Entwicklungszeit der entsprechenden Story. Eine Folge kann sein, dass das Team sein Commitment möglicherweise nur schwer einhalten und die ein oder andere Story nicht umsetzen kann. Der eigentliche Grund hierfür sind jedoch nicht die ungeplanten Tasks, sondern vielmehr, dass das Team seine Velocity noch nicht genau genug kennt. Diese wird ja von Sprint zu Sprint genauer, wobei Schätz- und Planungsfehler korrigiert werden. Dazu ein Beispiel: Angenommen, das Team committet sich im ersten Sprint auf Story A mit 3 Punkten, Story B mit 5 Punkten und Story C mit 3 Punkten. Während der Arbeit an Story A stellt sich heraus, dass die Story doppelt so viel Zeit, wie ursprünglich gedacht, in Anspruch nimmt. Die Gründe waren, dass im Sprint Planning 2 das Aufsetzen des Testservers vergessen wurde und dass der Designer des Teams nur an das Design des neuen Formulars, nicht aber an die Entwicklung des Basislayouts der Anwendung gedacht hatte. Die Folge der verdoppelten Entwicklungszeit für Story A ist, dass Story C nur halb fertig wird, so dass für den nächsten Sprint eine Velocity von nur 8 Punkten angenommen wird.

Das Beispiel zeigt erneut die Stärken Velocity-basierter Planung. Die Existenz ungeplanter Tasks wird implizit berücksichtigt, indem die Velocity im nächsten von vornherein reduziert und damit der Realität angepasst wird. Es ergibt also keinen Sinn, ewig lange nach Tasks zu suchen, um sicherzustellen, dass man auch alle findet. Eine Reduzierung der Velocity ist viel effektiver.

9.6.4 Tasks schätzen?

Viele ScrumMaster, Scrum-Coaches und Autoren empfehlen das Schätzen von Tasks in Stunden. Beim Schätzen von User Stories war eines der Hauptargumente gegen das Schätzen in Zeiten die ungenaue Natur von Stories. Im Gegensatz zu Stories sind Tasks genau genug, um sie in Stunden schätzen zu können. Die Zeit für die Entwicklung einer Modellklasse oder eines Login-Formulars lässt sich relativ gut vorhersagen.

Tasks werden in idealen Stunden geschätzt. Eine ideale Stunde ist eine Netto Stunde, in der ein Entwickler ungestört und ohne Unterbrechungen an einem Task arbeiten kann. Die Umsetzung eines auf eine ideale Stunde geschätzten Tasks dauert länger als eine Arbeitsstunde. Henrik Kniberg führt hierzu den Begriff des *Fokusfaktors* ein, der beschreibt, zu wie viel Prozent seiner Arbeitszeit ein Entwickler tatsächlich an einem Task arbeiten kann [Kniberg 2007]. Ein Fokusfaktor von 0.5 ist nicht ungewöhnlich, so dass ein auf eine ideale Stunde geschätzter Task zwei Stunden Arbeitszeit beanspruchen würde.

9.6.4.1 Taskschätzungen sind sinnvoll

Tasks zu schätzen, bedeutet zusätzlichen Aufwand, und jedes Team muss sich gut überlegen, ob sich dieser Mehraufwand lohnt. Taskschätzungen haben durchaus ihren Sinn, zumindest bezogen auf einzelne Tasks. Eine Schätzung in Stunden ist eine Timebox für den Task, die festlegt, wie viel Zeit für den Task zur Verfügung steht. Laut dem Parkinsonschen Gesetz tendiert jede Arbeit dazu, die für sie eingeplante Zeit auch auszufüllen [Parkinson 2001]. Entsprechend dauert derselbe Task zwei Stunden, wenn man ihm zwei Stunden gibt, oder vier Stunden, wenn man ihm vier Stunden zugesteht. Einen definierten Zeitraum für eine Aufgabe zur Verfügung zu haben, zwingt gewissermaßen dazu, sich aufs Wesentliche zu konzentrieren und Unwichtiges wegzulassen. Außerdem gilt: Wer genau weiß, dass er nur wenig Zeit für die Aufgabe hat, der lässt sich auch nicht so leicht unterbrechen, sondern konzentriert sich voll auf die Umsetzung seiner Aufgabe.

Neben dem Timebox-Effekt haben Taskschätzungen den Vorteil, dass sich die Entwickler im Daily Scrum einfacher überlegen können, wie viel Arbeit sie für den anstehenden Tag übernehmen können. Wird eine effektive Arbeitszeit von 5 Stunden pro Arbeitstag zugrunde gelegt, dann ist es einfach zu entscheiden, dass man den 2- und den 3-Stunden-Task heute gut schaffen kann. Sind alle Tasks stattdessen maximal einen Tag groß, muss man schon genauer darüber nachdenken, was heute machbar ist.

9.6.4.2 Taskschätzungen sind unsinnig

Während Taskschätzungen durchaus ihre Vorteile, bezogen auf einzelne Tasks, haben, treten doch eher deren negative Eigenschaften in den Vordergrund, sobald die Schätzungen für die Planung oder das Messen des Sprint-Fortschritts genutzt werden. Beispielsweise arbeiten viele Teams mit stundenbasierten Sprint-Burndown-Charts, auf deren x-Achse die Arbeitstage des Sprint und auf deren y-Achse die Stundensumme der verbleibenden Tasks aufgetragen werden (siehe Abbildung 9.6 auf der nächsten Seite). Eine Gerade symbolisiert den optimalen Sprint-Verlauf, basierend auf der Annahme, dass das Team eine feste Anzahl von Stunden pro Tag abarbeiten kann. Das Chart wird täglich aktualisiert, indem jeden Tag die Stunden der verbleibenden Tasks eingetragen und die reale Kurve fortgeführt werden.

Ich habe selber diverse Sprints mit Hilfe stundenbasierter Burndown-Charts getrackt, bin aber inzwischen davon überzeugt, dass diese Form des Sprint-Trackings eine nicht vorhandene Genauigkeit suggeriert und einen unnötigen Druck aufs Team ausübt. Die nicht vorhandene Genauigkeit rührt daher, dass stundenbasierte Burndown-Charts bereits bei ihrer Erstellung falsch sind, da im Sprint Planning 2 niemals sämtliche Tasks der Stories gefunden werden. Geht man davon aus, dass initial vielleicht drei Viertel der tatsächlich

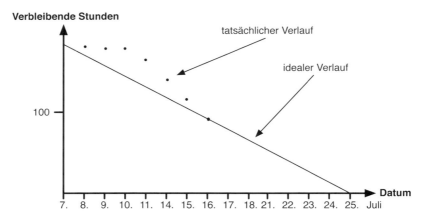

Abbildung 9.6 Ein Stunden-basiertes Sprint-Burndown-Chart

existierenden Tasks gefunden werden, dann stellt das frisch erstellte Burndown-Chart 25 Prozent weniger Arbeit dar, als tatsächlich vorhanden ist. Das Team wird also in Wirklichkeit gut 200 Stunden leisten müssen, während das Burndown nur von 150 Stunden ausgeht. Das wiederum wird dazu führen, dass die reale Kurve nicht wie die optimale Kurve stetig abfällt, sondern häufig auch mal gerade bleibt oder sogar ansteigt. Das Burndown-Chart ist also nicht nur von vornherein falsch, sondern vermittelt darüber hinaus den Eindruck, dass das Team deutlich langsamer ist als geplant. Ein ungewollter Rechtfertigungszwang entsteht, was möglicherweise dazu führt, dass das Team die Taskschätzung im nächsten Sprint mit Sicherheitspuffer schätzt, wodurch das Schätzen von Tasks letztendlich ad absurdum geführt wird.

Das Schätzen von Tasks erweist sich außerdem im Hinblick auf das Hinzufügen und Aufteilen von Tasks als nachteilig. Neu hinzukommende Tasks müssen geschätzt werden, was aufwändiger ist, als den Task einfach nur aufzuschreiben. Das Gleiche gilt für zerschlagene Tasks als Resultat zu lang dauernder Einzeltasks. Das Aufschreiben und Visualisieren von Tasks, sobald sie erkannt werden, ist ein wichtiger Grundsatz. Dieser Grundsatz ist schwieriger einzuhalten, wenn jeder neue Task zunächst geschätzt werden muss.

9.6.4.3 Keine Empfehlung

Aber was ist jetzt die konkrete Empfehlung, wenn Taskschätzungen auf der einen Seite gut, auf der anderen aber doch nicht so gut sind? Leider kann ich keine eindeutige Empfehlung geben, sondern nur die Richtlinien nennen, die ich zugrunde lege:

- **Für unerfahrene Teams:** Taskschätzungen fürs Timeboxing einzelner Tasks und die einfachere Planung der Tagesarbeit im Daily Scrum. Keine stundenbasierten Burndown-Charts.
- **Für erfahrene Teams:** Keine Taskschätzungen, sondern Tasks, die maximal einen Tag lang sind.

Letztendlich entscheidet das Team. Erläutern Sie dem Team die Vor- und Nachteile von Taskschätzungen, und sprechen Sie gegebenenfalls Ihre Empfehlung aus.

9.6.5 Das Sprint Backlog

Aus jedem Task Breakdown einzelner Stories resultiert ein Stapel Karteikarten, die ins Sprint Backlog übernommen werden. Unser Sprint Backlog ist ein großes Whiteboard, das sogenannte Taskboard, an das wir die User Stories des aktuellen Sprint zusammen mit ihren Taskkarten heften.

Das Sprint Backlog ist in Spalten aufgeteilt, die den jeweiligen Story-Fortschritt visualisieren. Ganz links hängen die Story-Karten, die von oben nach unten gemäß ihren Prioritäten sortiert sind. Die Tasks einer Story werden rechts neben die Story, in die Spalte *Offen* geheftet. Sobald ein Teammitglied mit der Arbeit an einem Task beginnt, bewegt er die Karte von *Offen* in die Spalte *In Arbeit*. Abgeschlossene Tasks wandern in die Spalte *Fertig* oder direkt in den Papierkorb.

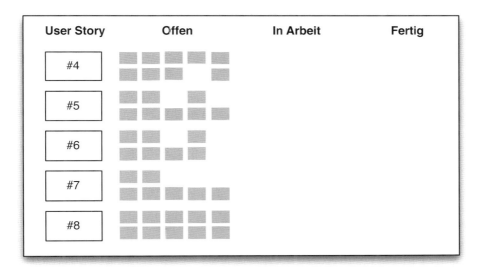

Abbildung 9.7 Das Sprint Backlog

Physische Taskboards sind unser präferiertes System für die Verwaltung des Sprint Backlog. Taskboards visualisieren den Projektfortschritt und sind ständig im Raum präsent, lassen sich also nur schwer übersehen. Taskboards sind ein unschätzbares Werkzeug für die Koordination des Teams bei der Arbeit an einer Story. Sie sind der zentrale Anlaufpunkt für kurze Diskussionen zwischen Entwicklern oder des Teams mit dem Product Owner. Man trifft sich vor dem Taskboard, guckt, welche Punkte noch offen sind, oder entscheidet, welche Tasks vielleicht doch nicht so wichtig sind, wenn die Zeit knapp wird. Taskboards sind außerdem ein gutes Hilfsmittel für Daily Scrums. Jeder Entwickler kann direkt Bezug auf die gestern abgearbeiteten und heute geplanten Tasks nehmen.

Ein Taskboard lässt sich gut mit der Todo-Liste eines einzelnen Programmierers vergleichen. Der Programmierer stellt eine Liste mit offenen Punkten auf. Die Liste ist dynamisch. Neue Aufgaben kommen hinzu, erledigte oder obsolete Aufgaben werden durchgestrichen. Außerdem ordnen die meisten Programmierer ihre Todo-Listen nach Wichtigkeit, so dass die wichtigsten Punkte zuerst erledigt werden. Das Taskboard ist die Todo-Liste des Teams. Statt einer Reihe einzelner Listen verwendet das Team eine zentrale Liste in Form eines Taskboards und macht so sichtbar, was noch alles zu erledigen ist. Aufgaben, die nicht am Taskboard hängen, werden auch nicht gemacht. Dies ist eine wichtige Regel, die zum einen sicherstellt, dass die verbleibende Arbeit auch wirklich visualisiert wird, und zum anderen entscheidend für die Koordination des Teams ist.

Leider ist die Verwendung eines physischen Taskboards nicht immer möglich, zum Beispiel dann nicht, wenn das Team verteilt arbeitet. Für diese Fälle eignen sich elektronische Sprint Backlogs, wie sie zum Beispiel in Mingle[1] oder Jira[2] enthalten sind. Letztendlich entscheidet das Team, mit welchem Werkzeug es am effizientesten arbeiten kann. Der Scrum-Master sorgt dafür, dass das Team dieses Werkzeug erhält.

9.6.6 Fehler und andere technischen Aufgaben verteilen

Im Sprint Planning 1 hat sich das Team neben den User Stories auf eine Reihe von Fehlern und anderen technischen Aufgaben committet. Diese Aufgaben werden im Sprint Planning 2 auf Karteikarten notiert und gleichmäßig über die Stories des Sprint verteilt. Auf diese Art stellt man sicher, dass die zusätzliche Arbeit kontinuierlich über den Sprint abgearbeitet wird und nicht erst am Sprint-Ende, zum Beispiel in Form einer dedizierten Bug- oder Refactoring-Story. Die bleibt nämlich erfahrungsgemäß liegen.

9.6.7 Was tun, wenn es länger wird?

Sprint Planning Meetings sollten nicht länger als 8 Stunden dauern. Wenn sie länger dauern, wird ein weiterer Tag benötigt, der wiederum im Sprint fehlen würde, was die Velocity oder den Sprint-Rhythmus ändern würde. Beides ist nicht gewollt und wird durch striktes Timeboxing vermieden. Was aber tun, wenn es eng wird? Im Selected Backlog befinden sich acht Stories, es ist bereits 16:00 Uhr, und wir sind gerade mit dem Design und dem Schneiden der Tasks von Story 4 fertig geworden. Vor uns liegen vier weitere Stories, aber nur noch zwei Stunden Zeit.

Variante 1 – weitermachen: Es wird weitergemacht wie bisher, und um 18:00 Uhr werden die Stifte fallen gelassen. Problem: Am Ende sind möglicherweise nur 6 der 8 Stories besprochen. Was passiert mit den verbliebenen zwei Stories, auf die sich das Team im Sprint Planning 1 bereits committet hat? Die Antwort ist einfach: Die beiden Stories bleiben liegen und werden weder designed noch in Tasks zerbrochen. Das Design und Schneiden der Tasks wird während des Sprint nachgeholt, sobald es an die konkrete Umsetzung der Stories geht.

---

[1] http://studios.thoughtworks.com/mingle-agile-project-management
[2] http://www.atlassian.com/software/jira

Variante 2 – Timeboxing: Uns stehen noch zwei Stunden für vier Stories zur Verfügung. Wir timeboxen die zwei Stunden und gestehen jeder Story 30 Minuten zu. Das wird auf keinen Fall fürs Design reichen. Dennoch sind 30 Minuten pro Story genug für eine Überprüfung des abgegebenen Commitments.

Ich tendiere zur ersten Variante, sehe aber den ScrumMaster in der Pflicht, die Zeit im Auge zu behalten und das Team entsprechend zu steuern.

9.7 Abschluss

Den Abschluss des Meetings markiert der Bauchgefühl-Check. Das Team kennt das Sprint-Ziel, die zugehörigen User Stories und ihre Tasks sowie etwaige zusätzlich zu behebende Fehler und andere technische Aufgaben. Der ScrumMaster guckt in die Runde und fragt das Team, ob es guten Gewissens die Verantwortung für die besprochene Arbeit übernehmen kann. Alle Beteiligten sollen das Meeting mit einem guten Gefühl verlassen. Das Team muss das Gefühl haben, die anstehende Arbeit leisten zu können. Das funktioniert nur, wenn es sich freiwillig für die Arbeit entschieden hat. Auf der anderen Seite muss der Product Owner Vertrauen ins Team gewinnen, was ihm ermöglicht, das Team für die Dauer des Sprint selbstorganisiert arbeiten zu lassen.

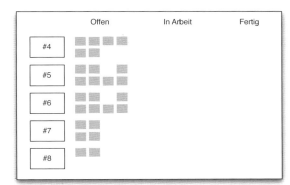 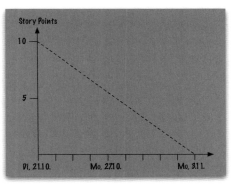

Abbildung 9.8 Sprint Backlog und Burndown-Chart für den anstehenden Sprint

Sind alle Beteiligten zufrieden, erklärt der ScrumMaster das Sprint Planning Meeting für beendet. Die Story- und Taskkarten werden ins Sprint Backlog übernommen und mit Magneten ans Taskboard geheftet. Zusätzlich erstellt der ScrumMaster das Sprint-Burndown-Chart auf einem großen Stück Papier und befestigt es neben dem Taskboard an der Wand. Das Burndown-Chart aus Abbildung 9.8 ist Story Point-basiert und wird immer dann fortgeführt, nachdem eine Story abgeschlossen wurde. Weitere Informationen zum Thema Sprint-Tracking finden Sie im nächsten Kapitel.

9.8 Zusammenfassung

- Das Sprint Planning Meeting ist eines der wichtigsten Meetings in Scrum und schafft die Voraussetzungen für einen erfolgreichen Sprint. Es besteht aus einem Analyse-Teil, dem Sprint Planning 1 und einem Design-Teil, dem Sprint Planning 2. Im Sprint Planning 1 bestimmt das Team, „was" gemacht wird, und im Sprint Planning 2, „wie" es gemacht wird.
- Im Vorfeld des Meetings überlegt sich der Product Owner ein Sprint-Ziel und wählt die dazu passenden User Stories aus, indem er sie entsprechend hoch priorisiert. Die Summe der Schätzungen der ausgewählten Stories sollte der für den Sprint angenommenen Velocity entsprechen.
- Im Sprint Planning 1 stellt der Product Owner die Stories gemäß ihrer Priorisierung vor. Das Team analysiert jede Story und notiert Anforderungen, Akzeptanzkriterien und Constraints auf einem Flip-Chart. Worauf es ankommt, ist die Tatsache, dass das Team Inhalt und Umfang der Story versteht, um zu entscheiden, ob es sich für den Sprint auf die Story committen kann. Der Prozess wird Story für Story fortgesetzt, bis das Team entscheidet, keine weiteren Stories mehr in den Sprint zu nehmen. Das Ergebnis ist das Selected Backlog mit den User Stories, auf die sich das Team committet hat.
- Zusätzlich werden im Sprint Planning 1 Fehler und andere technische Aufgaben besprochen, die der Product Owner und das Team neben den zugesagten Stories im Sprint umgesetzt haben wollen.
- Im Sprint Planning 2 entwirft das Team das Software Design der zugesagten User Stories. Dem Team steht frei, wie und mit welchen Ergebnissen es designed. Am Ende des Designs einer Story sollten jedoch 10–15 Minuten in die Erstellung ihrer Task-Liste investiert werden.
- Tasks repräsentieren die konkreten Einzelaufgaben einer Story und bilden die Grundlage für das Taskboard des Sprint. Tasks werden auf Karteikarten notiert und sollten nicht länger als einen Arbeitstag dauern. Optional können Tasks in Stunden geschätzt werden, die ausschließlich als Timebox für den Task, aber nicht für das Sprint-Tracking genutzt werden.
- Am Ende zählen weder Velocity noch Story Points, sondern Bauchgefühl: Alle Teammitglieder müssen davon überzeugt sein, dass das Team die angenommenen Stories im anstehenden Sprint umsetzen kann.

9.9 Wie geht es weiter?

Jetzt sind wir startklar. Alle Voraussetzungen für den Beginn der richtigen Arbeit liegen vor, und das Team kann mit der Entwicklung der ersten User Story loslegen. Das nächste Kapitel beschreibt, wie sich das Team Story für Story durchs Sprint Backlog in Richtung Sprint-Ziel arbeitet.

10 Sprint-Durchführung

Der Sprint ist geplant und das Sprint Backlog mit User Stories und deren Tasks gefüllt. Im Zentrum des Sprint steht die selbstorganisierte Arbeit des Teams, das das Sprint Backlog Story für Story abarbeitet. Der ScrumMaster sorgt für optimale Arbeitsbedingungen und hält dem Team den Rücken frei. Der Product Owner steht im ständigen Dialog mit dem Team und steuert die Details und konkrete Ausgestaltung der User Stories im Sinne des Kunden.

Dieses Kapitel liefert einen ausführlichen Einblick in die Arbeit des Scrum-Teams während des Sprint. Es beschreibt, wie das Team die geplanten Stories entwickelt, wann eine Story fertig ist, und nach welchen Kriterien sie abgenommen wird. Es wird erklärt, wie sich das Team im Daily Scrum synchronisiert, seine Arbeit mit Hilfe des Taskboard organisiert und die erzielten Arbeitsergebnisse am letzten Sprint-Tag im Review präsentiert. Das Kapitel schließt mit einigen Hinweisen, wie der ScrumMaster das Team bei der Selbstorganisation unterstützen kann, sowie einer Sammlung von „Best Practices" für die Arbeit des Teams im Sprint.

10.1 Die eigentliche Arbeit beginnt

Der Sprint ist die Umsetzungsphase in Scrum. Die eigentliche Entwicklung beginnt am ersten Tag nach dem Sprint Planning Meeting. Ab jetzt hat das Team eine bis maximal vier Wochen Zeit, die zugesagten Stories umzusetzen. Die vier zentralen Variablen eines Sprint sind:

1. Zeit
2. Kosten
3. Qualität
4. Funktionalität

Zeit, Kosten und Qualität werden am Anfang des Sprint festgelegt und sind danach nicht mehr verhandelbar. Die Zeit, das heißt die Sprint-Länge, steht fest und wird eingehalten. Die Kosten eines Sprint sind am Anfang klar und setzen sich im Wesentlichen aus den Gehältern der Teammitglieder plus einigen Kosten für administrativen Overhead zusammen. An der Qualität der umzusetzenden User Stories wird nicht gedreht: eine Story ist erst dann fertig, wenn sie entwickelt, refaktorisiert, getestet, integriert und dokumentiert wurde.

Die einzig variable Größe eines Sprint ist die Funktionalität. Konkret bedeutet dies, dass die Menge der abgelieferten User Stories beziehungsweise der Funktionsumfang einzelner User Stories während des Sprint variieren kann. Insbesondere während der ersten Sprints ist es nichts Ungewöhnliches, wenn eine oder mehrere Stories nicht fertig werden. Das Team ist in seiner Findungsphase und dabei, seine Velocity auszuloten. Funktionalität ist die einzige Schraube, an der während des Sprint gedreht werden darf.

Die Deadline des Sprint wird auf jeden Fall gehalten. Und zwar nicht, wie zu Wasserfallzeiten üblich, durch das Schieben von Nachtschichten oder Wochenendarbeit, sondern ausschließlich durch das Stellen der Funktionalitätsschraube. Mehrarbeit kann vorkommen, aber ausschließlich selbstbestimmt, das heißt, das Team und niemand anders bestimmt, wann Mehrarbeit notwendig ist. Exzessive und über längere Zeit anhaltende Mehrarbeit ist kontraproduktiv. Das Team darf sich nicht verbrauchen, damit es gesund und motiviert in die noch folgenden Sprints starten kann.

Das Ergebnis eines Sprint ist verwendbare Software, die das im Planning Meeting beschlossene Sprint-Ziel realisiert. Verwendbare Software bedeutet, dass das System potenziell ausgeliefert werden könnte, aber nicht zwangsläufig auch ausgeliefert wird. Wir unterscheiden zwischen „normalen" und Release-Sprints. Normale Sprints enden mit der Abnahme der umgesetzten User Stories durch den Product Owner. Release-Sprints erzeugen zusätzlichen Overhead, da am Ende nicht nur die neu entwickelten Stories, sondern außerdem ein Regressionstest für das Gesamtsystem durchgeführt werden muss.

Sprints sind eigentlich ganz einfach

Während des Sprint arbeitet das Team selbstgesteuert und eigenverantwortlich an der Umsetzung des Sprint-Ziels. Das Team hat die volle Autorität, alle benötigten Mittel einzusetzen, die für das Erreichen dieses Ziels erforderlich sind. Der Sprint ist ein geschützter Raum fürs Team, in dem der ScrumMaster für optimale Arbeitsbedingungen sorgt, dem Team aber sämtlichen Handlungsspielraum lässt. Der Product Owner ist immer in der Nähe und steht als Diskussionspartner für die umzusetzenden User Stories zur Verfügung.

Das Team befindet sich im Flow und arbeitet das Sprint Backlog Story für Story ab. Jede Story wird unmittelbar nach ihrer Fertigstellung integriert und getestet. Der ScrumMaster hält dem Team den Rücken frei und beseitigt die auftretenden Störungen. Zwischen Team und Product Owner findet ein kontinuierlicher Dialog statt, und der Product Owner stellt sicher, dass am Ende etwas herauskommt, was er und der Kunde haben wollen.

Sprints sind doch nicht so einfach

Das skizzierte Szenario beschreibt den idealen Ablauf eines Sprint, in dem sich jede Rolle ihrer Aufgaben und Verantwortung bewusst ist. Der beschriebene Rhythmus, der Teamflow und die daraus resultierenden Ergebnisse und Zufriedenheit sind erreichbar, allerdings nicht von heute auf morgen.

Damit der Prozess funktioniert, muss jeder Beteiligte seine Rolle und die damit verbundenen Aufgaben lernen und umsetzen. Der ScrumMaster muss lernen, das Team zu coachen und ihm den notwendigen Handlungsfreiraum zu überlassen. Das ist nicht immer einfach, insbesondere für ScrumMaster, die aus dem klassischen Projektmanagement kommen und es gewohnt sind, Teams zu steuern und Arbeit über das Zuweisen von Aufgaben zu organisieren. Der Product Owner muss lernen, User Stories zusammen mit dem Team im Dialog zu entwickeln. Außerdem muss er lernen, das Team während eines Sprint mit neuen Anforderungen in Ruhe zu lassen.

Die große Herausforderung für das Team ist die neue Art des selbstgesteuerten und eigenverantwortlichen Handelns. Für viele Teams ist Selbstorganisation eine ganz neue Form des Arbeitens, die anfangs mitunter recht verwirrend sein kann und nur schwer umzusetzen ist. Klassisch gemanagte Teams erwarten einen Chef und sind es gewohnt, dass man ihnen sagt, welche Aufgabe als Nächstes zu erledigen ist. Dieses Verhalten legen auch Scrum-Teams nicht so einfach ab. Mit Scrum müssen Teams selbst herausbekommen, wie sie ihre Arbeit organisieren, um das gesetzte Sprint-Ziel zu erreichen.

Selbstorganisation ist ohne Zweifel eine Hürde, die sich aber lohnt, überwunden zu werden. Unternehmensleitungen werden leicht nervös, wenn man ihnen erzählt, man gedenke, das Team für drei Wochen machen zu lassen, was es für richtig hält. Unerfahrene ScrumMaster müssen lernen, nicht ständig einzugreifen, wenn ihrer Meinung nach etwas nicht richtig läuft. Hat man diese Hürden allerdings überwunden und befindet sich das Team auf dem Weg zur Selbstorganisation, dann winken ungeahnte Produktivität und zufriedene Mitarbeiter.

■ 10.2 Wer macht was?

Für einen erfolgreichen Sprint müssen alle Beteiligten ihre Rolle kennen, sich ihrer Verantwortung bewusst sein und genau wissen, was wann zu tun ist. Die einzelnen Rollen eines Scrum-Teams und deren jeweilige Verantwortung wurden in Kapitel 3 bereits ausführlich beschrieben. Die folgenden Abschnitte gehen speziell auf deren Aufgaben und ihre Verantwortung im Rahmen der Arbeit im Sprint ein.

10.2.1 Das Team

Das Team spielt die Hauptrolle im Sprint und ist für die Umsetzung der User Stories zuständig. Es trägt die Verantwortung für den Sprint und das Erreichen des Sprint-Ziels, arbeitet selbstorganisiert und eigenverantwortlich und hat die volle Autorität, alles zu tun, was notwendig ist, um das Sprint-Ziel zu erreichen. Dem Team steht es frei zu entscheiden, wie es arbeitet. Es entscheidet, ob in Paaren programmiert wird, wann es Zeit für eine Refactoring-Phase ist oder ob mehrere Tage zu Hause gearbeitet wird. Diese Bevollmächtigung und Autorität ist das Zugeständnis des Product Owner und der gesamten Organisation ans Team dafür, dass es sich aufs Sprint-Ziel und die damit verbundenen User Stories committet hat.

10.2.2 Der Product Owner

Während des Sprint ist der Product Owner der wichtigste Gesprächspartner des Teams. Kurze Wege, ständige Verfügbarkeit und Offenheit gegenüber dem Team sind die Voraussetzungen. Gemeinsam mit dem Team erarbeitet er die Details der geplanten Stories und treibt sie fachlich voran. Der Product Owner bestimmt, wann eine Story fertig ist, und führt die zugehörigen Akzeptanztests durch. In Release-Sprints hat er das letzte Wort, wenn es darum geht zu entscheiden, ob das fertige Release live geht.

Die Sprints eines von mir betreuten Projekts endeten beispielsweise immer am Freitag. Das Team lieferte den Release-Branch bis spätestens Freitagmittag aufs Staging-System aus. Der Product Owner begann seinen Abnahmetest um 13:00 Uhr und war spätestens um 15:00 Uhr damit fertig. Eventuelle Probleme wurden sofort ans Team kommuniziert und unmittelbar behoben. Alle Teammitglieder verpflichteten sich, an Release-Freitagen bis 18:00 Uhr im Büro zu bleiben, um auftretende Probleme möglichst schnell zu beheben. Auf diese Art sind wir mit einem auslieferbaren Produkt ins Wochenende gegangen und haben das tatsächliche Deployment am darauffolgenden Montag durchgeführt.

Neben der konkreten User-Story-Arbeit ist der Product Owner für die Motivation des Teams sowie die Aufrechterhaltung des Sprint-Ziels und der Produktvision zuständig. Diese Aufgabe wird insbesondere dann wichtig, wenn es eng wird und es sich androht, dass nicht alle der geplanten Stories geschafft werden. Der Product Owner ist gefordert, den Funktionsumfang einzelner Stories mit dem Team zu verhandeln, ohne dabei das Sprint-Ziel aus den Augen zu verlieren.

10.2.3 Der ScrumMaster

Der ScrumMaster hat während des Sprint zwei Hauptaufgaben: Erstens sorgt er für optimale Arbeitsbedingungen des Teams, und zweitens coacht er das Team bei der selbstorganisierten Durchführung des Sprint.

Das Sorgen für optimale Arbeitsbedingungen ist eine vielfältige Aufgabe und kann alles Mögliche beinhalten. Der ScrumMaster muss wach sein, Probleme antizipieren und ein offenes Ohr für alles haben. Er muss dafür sorgen, dass der Sprint der geschützte Raum des Teams bleibt, in dem sich das Team voll auf die Arbeit des aktuellen Sprint konzentrieren kann. Der ScrumMaster stellt sich vor das Team, hält Probleme außen vor und sorgt dafür, dass keine neuen Anforderungen in den Sprint gelangen. Er muss dem Team zeigen, dass er seine Verantwortung wahrnimmt, indem er für das Team arbeitet und auftretende Probleme und Hindernisse unmittelbar beseitigt. Dazu führt der ScrumMaster ein öffentliches und gut sichtbares Impediment Backlog, in dem er alle aktuell bekannten Hindernisse einträgt und deren Abarbeitung dokumentiert.

Die Beseitigung von Hindernissen schafft die Grundvoraussetzung fürs Team, sich selber zu organisieren. Hierbei benötigt es die Hilfe des ScrumMaster, der das Team bei seiner Selbstorganisation unterstützt, ohne es dabei zu diktieren. Er macht Dinge sichtbar und zeigt potenzielle Probleme auf. Er schlägt Lösungen vor, überlässt es aber dem Team, ob und wie es das Problem lösen will. Eine typische und für mich als ScrumMaster immer noch schwierige Situation sind die ersten Tage eines Sprint, an denen ich genau weiß, dass das Sprint-Burndown-Chart erst mal eine gerade Linie bleibt. Wenn ich wahrnehme, dass das Team nicht mit Vollgas in den Sprint startet, fällt es mir immer noch schwer, nicht zu sagen: „Du arbeitest jetzt an Story A, und dafür ist es wichtig, dass du möglichst schnell folgende Punkte klärst." Stattdessen ist es viel besser, im Daily Scrum zu sagen: „Ihr habt noch 20 Tage Zeit, das Burndown-Chart ist in den letzten Tagen nicht heruntergegangen. Die Uhr tickt."

■ 10.3 Story für Story Richtung Sprint-Ziel

Die User Stories und Tasks des Sprint wurden auf Karteikarten geschrieben und ans Taskboard geheftet. Die User Stories sind nach Prioritäten geordnet. Die Wichtigkeit der Stories nimmt von oben nach unten ab, das heißt, die wichtigste Story des Sprint hängt ganz oben und wird als Erstes entwickelt.

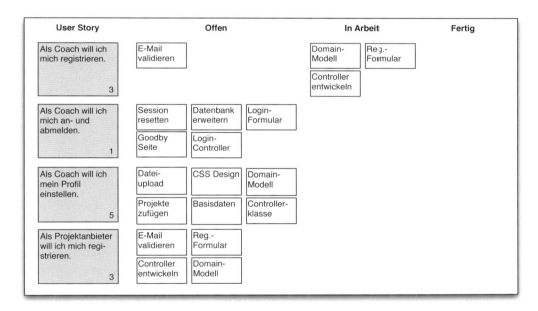

Abbildung 10.1 Ein Taskboard als Sprint Backlog

Priorisierung innerhalb von Sprints gilt übrigens nicht nur für Stories, sondern auch für deren Tasks. Wir gehen in unseren Projekten so vor, dass wir die Tasks einer Story von links nach rechts nach Wichtigkeit geordnet ans Taskboard heften. Die wichtigsten Tasks hängen dabei ganz rechts, also direkt neben der *In Arbeit*-Spalte. Geordnete Tasks geben zum einen die Reihenfolge ihrer Abarbeitung vor, eröffnen zum anderen aber auch Optionen für die Reduzierung des Funktionsumfangs einer Story. Beispielsweise könnte das Team die Dateiupload-Funktion der Profileinstellungs-Story auch weglassen, wenn es während der Entwicklung feststellt, dass es eng wird und die Story langsam zum Abschluss kommen sollte.

10.3.1 Wie viele User Stories zurzeit?

Idealerweise arbeitet das gesamte Team an einer einzigen Story, schließt sie vollständig ab und geht anschließend zur nächsten Story über. Dieses Vorgehen stellt sicher, dass es am Ende keine drei halb fertigen Stories gibt, sondern maximal eine.

Die „Eine Story zurzeit"-Regel funktioniert gut für kleine Teams mit bis zu fünf Entwicklern. Ab einer Teamgröße von mehr als fünf Entwicklern lässt sich das Prinzip nur noch schwer einhalten, und es ist sinnvoll, zwei oder mehr Stories parallel zu entwickeln. Die hierbei möglicherweise entstehenden Seiteneffekte und Integrationsprobleme werden in Abschnitt 10.10 behandelt. Das gleichzeitige Arbeiten an mehr als einer Story erhöht die Gefahr von halb fertigen Stories. Auch wenn nicht alle Entwickler gleichzeitig an einer einzigen Story arbeiten können, sollte zumindest die Anzahl der parallel entwickelten Stories minimiert werden. Außerdem gilt, dass ein Entwickler erst dann seine Story wechseln darf, wenn seine aktuelle Story vollständig abgeschlossen ist.

10.3.2 Arbeit an einer User Story

Bei der Arbeit an einer Story spricht sich das Team ab, wer an welchem Task arbeitet. Die einzelnen Entwickler stehen in einem kontinuierlichen Dialog mit dem Product Owner und besprechen die Details der Story. In Arbeit befindliche Tasks werden am Taskboard von der Spalte *Offen* in die Spalte *In Arbeit* bewegt. Fertige Tasks kommen zunächst in die Spalte *Fertig* und werden im nächsten Daily Scrum vom Taskboard entfernt. Worauf es ankommt, ist das Sichtbarmachen der noch verbleibenden Arbeit, und dafür werden abgeschlossene Tasks nicht mehr benötigt. Außerdem ist es ein gutes Gefühl fürs Team und den Product Owner, während des Sprint zu sehen, wie die Tasks an der Tafel immer weniger werden.

Entdeckt das Team bei der Arbeit an einer Story ungeplante Tasks, wird unmittelbar eine neue Karte geschrieben und ans Taskboard geheftet. Wichtige Scrum-Prinzipien sind Sichtbarkeit und Transparenz: Team, Product Owner und ScrumMaster wollen zu jedem Zeitpunkt des Sprint wissen, wie viel Arbeit noch bleibt und ob das Sprint-Ziel eventuell gefährdet ist. Dazu gehört es, neu auftauchende Arbeit sofort zu visualisieren. Eine Story ist fertig, wenn ihre Tasks alle abgearbeitet sind. An Stories ohne Taskkarten wird nicht mehr gearbeitet, andernfalls würde das Prinzip der Sichtbarkeit verbleibender Arbeit verletzt werden.

10.3.3 Definition of Done

Erst wenn eine User Story vollständig fertig ist, setzt das Team seine Arbeit mit der nächsten Story fort. Eine in Scrum gebräuchliche Phrase für „Fertig" ist die „Definition of Done". Sie definiert eine Sammlung von Kriterien, die genau festlegen, wann eine User Story als abgeschlossen gilt. Typische „Done"-Kriterien von User Stories sind:

Definition of Done

- Die User Story ist programmiert und erfüllt die im Sprint Planning Meeting festgelegten Anforderungen.
- Die User Story ist Unit-getestet, und der Quellcode wurde refaktorisiert.
- Der Quellcode ist für alle Teammitglieder verständlich.
- Die User Story führt zu keinem Anstieg der „Technischen Schuld".
- Die User Story wurde ins Gesamtsystem integriert.
- Die User Story wurde Akzeptanz-getestet. Alle auf der Rückseite der Story-Karte notierten Akzeptanzkriterien sind erfüllt.
- Die User Story wurde vom Product Owner abgenommen.
- Die User Story wurde vom QA[1]-Team abgenommen.

Jedes Team muss seine eigene „Definition of Done" erstellen. Ist „Done" gar nicht oder nur schwammig definiert, kann es durchaus vorkommen, dass das Team ewig lange an einer einzigen Story arbeitet. Niemand weiß wirklich, wann Schluss ist, und jeder weiß, dass Programmierer endlos lang an einer Sache arbeiten können, um die Software immer schöner und den Code noch ein bisschen optimaler zu gestalten. Gerade weil das Ende oder der Abschluss eines Stücks Software so weich ist, ist es so wichtig, eine klare, eindeutige und von allen verstandene „Definition of Done" zu haben. Das Fehlen einer solchen Definition oder deren Missachtung ist ein Impediment und muss vom ScrumMaster beseitigt werden.

Die Missachtung der „Definition of Done" holt das Team mittelfristig ein. Zum Beispiel sind nicht refaktorisierte User Stories nicht fertig, aber durchaus lieferbar. Wird die Story trotzdem geliefert, bleibt die Refactoring-Arbeit weiterhin bestehen, und das Team geht eine technische Schuld ein. Schulden müssen irgendwann beglichen werden, das heißt, das unterlassene Refactoring muss in einem der folgenden Sprints nachgeholt werden. Unterlässt man notwendige Refactorings, wirkt sich dies langfristig auf die Wartbarkeit und somit auf die Lebenszeit der entwickelten Software aus. Beides sind schlechte und durch eine klare und einzuhaltende „Definition of Done" vermeidbare Effekte.

10.3.4 Abnahme fertiger User Stories

Hat sich das Team auf eine „Definition of Done" geeinigt, muss sie im Sprint gelebt werden. Ziel ist es, nicht erst am Ende des Sprint sicherzustellen, dass die Stories auch wirklich fertig sind, sondern einen kontinuierlichen Fertigstellungsfluss zu etablieren, in dem Story für Story überprüft wird, ob sie fertig ist, und erst dann mit der nächsten Story fortzufahren. Wir haben mit dem in Abbildung 10.2 dargestellten Ablauf gute Erfahrung gemacht.

10.3.4.1 Entwicklertest

Als Erstes bestimmt das Team, dass Story #1 aus Entwicklersicht fertig ist. Die Story sollte dafür programmiert, refaktorisiert, Unit-getestet und auf dem Integrationsserver ausgeliefert sein. Außerdem sollte das Team die Story nach ihrer Integration selber testen. Während

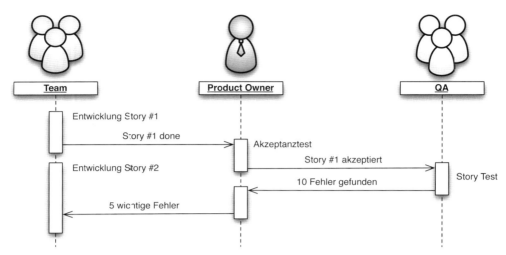

Abbildung 10.2 Abnahme fertiger User Stories

das Schreiben von Unit-Tests mittlerweile selbstverständlich ist, werden Entwicklertests häufig unterlassen. Das gilt um so mehr, wenn die Firma über eine QA-Abteilung verfügt, die die Software ohnehin noch einmal unter die Lupe nimmt. Jedes Team sollte an sich den Anspruch stellen, dass eine aus Entwicklersicht fertige Story keine Fehler enthält. Hat das Team alles so weit erledigt und ist mit dem Ergebnis zufrieden, wird die Story an den Product Owner zwecks funktionaler Abnahme und Akzeptanztest übergeben. Das Team ist damit raus und kann mit der Arbeit an Story #2 beginnen.

10.3.4.2 Akzeptanztest

Der Product Owner überprüft die Story hinsichtlich ihres Funktionsumfangs und führt den Akzeptanztest durch. Er stellt sicher, dass alles so realisiert wurde wie vor und während der Entwicklung abgesprochen. Hat vorher alles gut geklappt, ist der Product Owner nur selten überrascht, schließlich hat er die Entwicklung der Story ja intensiv begleitet. Trotzdem ist dieser Schritt wichtig, weil der Product Owner die Verantwortung für den Geschäftswert der Story trägt und hier das letzte Wort haben sollte. Die funktionale Abnahme kann auch zusammen mit dem Team erfolgen. Dies hat den Vorteil, dass das Team noch nicht mit der Arbeit an der nächsten Story beschäftigt ist und für eventuelle Nachbesserungen zur Verfügung steht. Nimmt der Product Owner die Story funktional ab, wird sie an das QA-Team übergeben, sofern vorhanden. Ausführliche Informationen zum Akzeptanztesten von User Stories finden Sie in Kapitel 11.

10.3.4.3 QA-Abnahme

Das QA-Team prüft die Story ein letztes Mal auf Herz und Nieren und stellt sicher, dass sie reif für den Produktivbetrieb ist. Dabei treten in der Regel weitere Fehler auf, die weder das Team im Entwicklertest noch der Product Owner bei seinem Akzeptanztest gefunden haben. Die gefundenen Fehler werden an den Product Owner kommuniziert, der jetzt entscheiden muss, welche Fehler wichtig und noch im aktuellen Sprint gefixt werden müssen und welche Fehler aus Produktionssicht gerade nicht wichtig sind. Die wirklich wichtigen Fehler gehen zurück ans Team.

10.3.4.4 Frühestmögliche Fehlerbehebung

Um sicherzustellen, dass das Team die gefundenen Fehler zeitnah behebt, werden die Fehler auf Taskkarten notiert und zu ganz normalen Tasks der aktuell bearbeiteten User Story deklariert. Arbeitet das Team gerade, wie in Abbildung 10.2 dargestellt, an Story #2, dann werden die Story #1-Fehler als neue Tasks zur Story #2 gehängt. Der Trick ist, dass wir die „Done"-Kriterien von Story #2 um das Beheben der Story #1-Fehler erweitern. Story #2 darf vom Team erst an den Product Owner zwecks funktionaler Abnahme übergeben werden, wenn alle Tasks und damit auch die Fehler aus Story #1 behoben sind. Ist Story #2 und damit implizit auch Story #1 fertig, geht Story #2 an den Product Owner und Story #1 ohne Umwege direkt zurück ans QA-Team, das die behobenen Fehler gegentestet.

Stories mit Fehlern sind nicht fertig, und unser Ziel ist es, diesen Zustand so kurz wie möglich zu halten. Das beschriebene Verfahren stellt sicher, dass gefundene Fehler so schnell wie möglich nach ihrer Entdeckung behoben werden und die Story dadurch nicht erst zum Sprint-Ende, sondern zum frühestmöglichen Zeitpunkt fertig wird. Weil die Fehler zu „Done"-Kriterien der aktuell bearbeiteten Story werden, muss das Team sie beheben, bevor es mit der Arbeit an der nächsten Story weitermachen darf.

Alternativ zum hier beschriebenen Verfahren haben wir mit Bugfixing-Phasen am Ende des Sprint oder dem Wieder-Öffnen der fehlerhaften Stories experimentiert. Bugfixing-Phasen führen dazu, dass alle Stories erst zum Ende des Sprint fertig werden, weshalb es manchmal eng wird und einige Stories gar nicht fertig werden. Das Wieder-Öffnen der fehlerhaften Story führt zu einem Hin-und-Her-Springen zwischen den Stories im Sprint Backlog. Hingegen behält das vorgeschlagene Verfahren die sequentielle Abarbeitung bei und definiert klare Kriterien, wann es mit der nächsten Story weitergeht. Das Abnahmeverfahren funktioniert auch, wenn mehrere Stories parallel entwickelt werden: Die Fehler des QA-Teams werden nicht mehr zu Tasks der Folge-Story deklariert, sondern zu Tasks der Story, an der das für die Fehler zuständige Teilteam jetzt arbeitet.

■ 10.4 Daily Scrum

Jeden Tag um dieselbe Zeit trifft sich das Team zu einem Standup Meeting, dem sogenannten *Daily Scrum*. Das Daily Scrum wird im Stehen durchgeführt, um es bewusst kurz zu halten. Das Meeting ist timeboxed und sollte nicht länger als 15 Minuten dauern. Reihum beantwortet jedes Teammitglied folgende Fragen:

1. Was habe ich seit dem letzten Daily Scrum erreicht?
2. Was plane ich bis zum nächsten Daily Scrum?
3. Welche Hindernisse gibt es?

Das Daily Scrum ist ein wichtiges Werkzeug und Ritual, mit dem sich das Team selbst organisiert. Das Team synchronisiert sich. Jeder teilt den anderen mit, woran er gerade arbeitet, wie er vorankommt und welche Probleme er aktuell hat. Das Team schafft sich so einen gemeinsamen Fokus für die Ziele des Tages.

Effektive Daily Scrums erfordern Vorbereitung. Jeder Entwickler muss sich vor dem Meeting überlegen, was er gestern getan hat und was er plant, heute zu tun. Das öffentliche Kommunizieren dieser Tagesziele ist ein Commitment des Entwicklers, bezogen auf den anstehenden Arbeitstag. Jeder im Team sieht, dass der andere sich Gedanken macht und seinen Teil zum Gelingen des Sprint beitragen will. Das Zusammengehörigkeitsgefühl nimmt zu, und die Entwickler motivieren sich gegenseitig. Eine Überprüfung des Commitments findet spätestens im nächsten Daily Scrum statt, in dem jeder Rechenschaft über die gestern versprochenen Ziele ablegen muss.

Neben Rückblick und Planung dient das Daily Scrum dazu, Probleme zu berichten. Aber nicht, um sie zu lösen. Das Meeting ist das richtige Forum, um nach Hilfe zu rufen. Das Problem sollte dabei so weit geschildert werden, dass es alle verstehen. Detaillierte Problemlösungen oder weiterführende Diskussionen erfolgen in Anschlussmeetings. Michael: „Ich brauche Hilfe bei der Konfiguration der REST-Routen für Profile." Sascha: „Kein Problem, hab ich gestern fürs Coach-Modell gemacht. Setzen wir uns im Anschluss kurz zusammen."

Im Daily Scrum hat jeder ein Ohr für die Probleme und Hindernisse der anderen. Teammitglieder bieten sich gegenseitig ihre Hilfe an, wenn sie erkennen, dass sie zur Lösung von Problemen beitragen können. Für den ScrumMaster ist das Daily Scrum ein Meeting zum Erkennen von Impediments. Der ScrumMaster sendet ein wichtiges Signal ans Team, indem er erkannte Probleme sofort auf Karteikarten notiert und ins Impediment Backlog übernimmt. Das Team sieht, dass der ScrumMaster für sie da ist, ihre Probleme ernst nimmt und beseitigt.

Genauso wenig, wie das Daily Scrum ein Meeting zum Lösen von Problemen ist, ist es ein Meeting zum Erzählen von Geschichten. Um das Meeting auf dem notwendigen Energielevel jeden Tag durchführen zu können, ist ein knapper und auf die drei Fragen reduzierter Ablauf entscheidend. Das Team interessiert nicht wirklich, dass ein Entwickler zum Lösen des Problems die gesamten Logdateien der letzten Woche durchsucht hat. Sobald ein Entwickler ins Geschichtenerzählen verfällt oder mit dem Lösen von Problemen beginnt, bedarf es eines klaren Signals des ScrumMaster, zum Beispiel, indem er *Story Telling* oder *Problem Solving* ausruft. Beim Story Telling-Signal ist allen klar: Das hat hier nichts zu suchen. Das Problem Solving-Signal hat für alle die gleiche Bedeutung: Setzt euch nach dem Standup zusammen und arbeitet gemeinsam an der Lösung des Problems.

10.4.1 Aktualisierung des Taskboard

Das Daily Scrum ist eine der besten Gelegenheiten für die gemeinsame Aktualisierung des Taskboard. Berichtet ein Entwickler, was er gestern erreicht hat, nimmt er die zugehörigen Taskkarten aus der *In Arbeit*- oder *Fertig*-Spalte und legt sie auf den Stapel fertiger Taskkarten. Hierbei wird unmittelbar offensichtlich, wenn gestern jemand an anderen Dingen als geplant gearbeitet hat. In diesem Fall findet er nämlich die zugehörige Taskkarte nicht, und der ScrumMaster kann explizit nachfragen, weshalb er an anderen Dingen als geplant gearbeitet hat. Aus der Antwort ergibt sich entweder ein zu beseitigendes Impediment für den ScrumMaster oder der gewünschte Lerneffekt fürs Team, nur an Aufgaben aus dem Taskboard zu arbeiten.

Tasks, die gestern schon *In Arbeit* hingen und heute nicht weitergeschoben werden, obwohl an ihnen gearbeitet wurde, bekommen einen schwarzen Punkt (siehe Abbildung 10.3). Auf diese Art wird sichtbar, dass dieser Task schon länger als einen Tag in Arbeit ist. Eine zunehmende Anzahl von Punkten auf einer Taskkarte ist ein Hinweis darauf, dass mit dem Task irgendwas nicht stimmt. Bei der Entwicklung der Registrierungs-Story ist dies zum Beispiel für den Testinfrastruktur-Task der Fall. Der Task dauert jetzt schon den dritten Tag, und der ScrumMaster bittet den verantwortlichen Entwickler um eine Erklärung: Es mussten Server beantragt werden, und jetzt warten wir darauf, dass uns der Administrator bei der Einrichtung der Rechner unterstützen kann. Der ScrumMaster gibt den Hinweis, dass man diesen Task doch besser in weitere Tasks aufsplitten sollte, so dass die noch ausstehende Arbeit transparenter wird und vom Team besser koordiniert werden kann. Lang andauernde Tasks können auch Hinweise auf Impediments sein, um die sich der ScrumMaster zu kümmern hat.

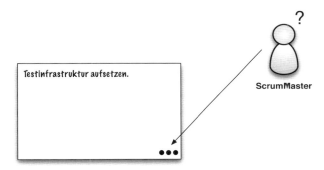

Abbildung 10.3 Ein Task dauert länger als geplant

In der „Was mache ich heute"-Phase nimmt der Entwickler die zugehörigen Tasks und bewegt sie aus der *Offen*- in die *In Arbeit*-Spalte. Jeder Entwickler achtet darauf, dass er nicht mehr Tasks plant, als er am heutigen Tag erledigen kann. Die Tasks sind sein persönliches Commitment für den Arbeitstag. Das können vier kleine oder ein großer Task sein. In der „Was mache ich heute"-Phase entstehen häufig auch Aufgaben, für die es noch keine Taskkarten gibt. Für jeden neu hinzukommenden Task schreibt das Team eine Karte und hängt sie ans Taskboard.

Während die Entwickler reihum berichten und die Tasks bewegen, achtet der ScrumMaster darauf, ob es Tasks *In Arbeit* gibt, an denen niemand gearbeitet hat, und fragt gegebenenfalls explizit nach. Arbeitet wirklich keiner daran, wandert der Task zurück in die *Offen*-Spalte und wird insofern frei für die Übernahme durch einen der anderen Entwickler.

10.4.2 Ein guter Zeitpunkt

Das Daily Scrum findet jeden Tag um dieselbe Zeit statt. Welches die beste Zeit ist, muss jedes Team für sich selber herausfinden. Viele Teams führen das Standup gleich morgens durch und nutzen es als Start in den Tag. Dies hat den Vorteil, dass das Standup eine Art Ritual ist, wobei sich das Team gemeinsam auf den Tag fokussiert. Ein Nachteil sind Leerlaufzeiten als Folge flexibler Arbeitszeiten. Wir haben beispielsweise unsere Daily Scrums jeden Morgen um 10:30 Uhr durchgeführt. Einige der Teammitglieder kommen allerdings erst um 10:00 Uhr zur Arbeit. Für sie war es in Ordnung, die 30 Minuten bis zum Meeting für einen ersten E-Mail-Check und ihre persönliche Tagesplanung zu nutzen. Teammitglieder, die bereits zwischen 8:00 und 9:00 Uhr mit der Arbeit beginnen, empfinden den 10:30 Uhr-Termin hingegen als Unterbrechung ihres Arbeitstages und würden das Meeting lieber früher durchführen.

Inzwischen tendiere ich dazu, das Meeting um 9:15 Uhr stattfinden zu lassen. Bei einem Arbeitsbeginn um 9:00 Uhr haben alle Beteiligten eine Viertelstunde Zeit, sich vorzubereiten. Außerdem halte ich einen gemeinsamen Arbeitsbeginn des Scrum-Teams ohnehin für wichtig und produktiver, als wenn jeder Entwickler zu unterschiedlichen Zeiten mit der Arbeit beginnt. Ein Wecker bewirkt übrigens Wunder, wenn es darum geht, das Team schnell zusammenzutrommeln.

10.4.3 Ein guter Ort

Der beste Ort fürs Daily Scrum ist der Teamraum, in dem das Taskboard und das Sprint-Burndown-Chart hängen. Mit dem Taskboard in der Nähe ist es einfach, den Fokus des Meetings auf den aktuellen Sprint und die zu erledigenden Tasks zu richten. Das Meeting bekommt eine erfrischende Dynamik, wenn die Entwickler nacheinander zum Whiteboard gehen und bei der Darlegung ihrer Tagesziele die zugehörigen Taskkarten referenzieren und verschieben. Außerdem wird so sehr schnell deutlich, ob alle Entwickler auch wirklich an Sprint-relevanten Aufgaben arbeiten, oder auch, ob alle Sprint-relevanten Aufgaben am Taskboard hängen.

10.4.4 Wer ist noch dabei?

Der Hauptzweck des Daily Scrums ist die Synchronisation und das gegenseitige Informieren der einzelnen Mitglieder des Entwicklungsteams. Entsprechend sind das Team und der ScrumMaster auch die wichtigsten Teilnehmer des Meetings. Unentschuldigtes Fernbleiben ist nicht erlaubt. Verhinderte Teilnehmer müssen einen Vertreter schicken oder einen Kollegen vor dem Meeting entsprechend informieren.

Über das Team hinaus sind eine Reihe weiterer Personen in das Projekt involviert: Product Owner, die Marketing- oder Vertriebs-Abteilung oder auch die Geschäftsführung. Dieser Gruppe von Leuten steht die Teilnahme am Daily Scrum frei, um sich einen Überblick über den Stand des Projekts zu verschaffen. Wenn sie allerdings teilnehmen, dann nur in der Rolle von „Chickens":

> A chicken and a pig are together when the chicken says, „Let's start a restaurant!". The pig thinks it over and says, „What would we call this restaurant?". The chicken says, „Ham n' Eggs!". The pig says, „No thanks, I'd be committed, but you'd only be involved!". [Schwaber and Beedle, 2001]

Diese kleine Geschichte vom Huhn (Chicken) und vom Schwein (Pig) zeigt auf, dass Scrum zwei grundsätzliche Arten von Projektbeteiligten unterscheidet: Chickens und Pigs. Chickens sind nur involviert, hingegen haben sich Pigs auf das Vorhaben committet und müssen für die Ergebnisse einstehen. In Bezug auf das Daily Scrum bedeutet dies, dass Chickens zwar dabei sind und zuhören, allerdings nichts sagen dürfen. Pigs hingegen sind die Einzigen, die im Daily Scrum reden dürfen. Sie sind committet und damit für das Erreichen des Sprint-Ziels verantwortlich.

10.4.5 Was macht der ScrumMaster?

Ist der ScrumMaster ein Pig oder ein Chicken? Zu Beginn meiner Arbeit mit Scrum hab ich im Standup genau wie alle anderen Teammitglieder erzählt, was ich gestern gemacht habe, und was ich für den laufenden Tag geplant habe. Bis ich in einer unserer Retrospektiven darauf hingewiesen wurde, dass es für das Team und den Sprint-Fortschritt nicht wirklich wichtig ist, zu wissen, in welchen Meetings ich gestern war und welche User Stories ich mit dem Product Owner für den nächsten Sprint besprochen habe. Das hab ich dann auch schnell eingesehen und begnüge mich im Daily Scrum nunmehr mit der Rolle des Chickens.

Aber nicht immer. Der ScrumMaster moderiert und ist für den reibungslosen Ablauf des Meetings und die Einhaltung der Regeln verantwortlich. Manchmal ist es dafür wichtig, die Entwickler auf *Story Telling* oder *Problem Solving* hinzuweisen oder beim Bewegen der Tasks explizit nachzufragen. Berichtet ein Entwickler über Arbeiten, die nicht am Taskboard hängen oder arbeitet er Tag für Tag am selben Task, dann bittet ihn der ScrumMaster um eine Erklärung und zeigt mögliche Lösungen der Situation auf. Der ScrumMaster hilft dem Team auf diese Weise, sich zu organisieren.

Das Daily Scrum ist außerdem das richtige Forum, das Team auf potenzielle Probleme hinzuweisen. Nimmt der ScrumMaster wahr, dass die dritte Story schon viel zu lange dauert, so dass die vierte und letzte Story des Sprint Gefahr läuft, nicht fertig zu werden, dann ist es seine Aufgabe, das Team darauf hinzuweisen. Dabei gibt er keine Anweisung, sondern schlägt höchstens Ideen zur Lösung des Problems vor. Der ScrumMaster agiert immer als Coach des Teams und nicht als dessen Vorgesetzter.

Der ScrumMaster in seiner Rolle als Coach und Scrum-Implementierer muss im Daily Scrum außerdem sehr genau hinhören, was das Team zu berichten hat. Haben die einzelnen Mitglieder an den Themen gearbeitet, die sie sich im letzten Daily Scrum vorgenommen hatten? Warum kann sich Wolfgang so häufig nicht daran erinnern, was er gestern getan hat? Dies sind Hinweise auf Coaching-Aufträge für den ScrumMaster. Wolfgang bereitet sich offensichtlich nicht wirklich vor, woraufhin der ScrumMaster sich mit ihm zusammensetzt und ihm vorschlägt, bereits am Abend des Vortages kurz zu notieren, woran er an diesem Tag arbeitete und ob er seine Tagesziele erreichte.

10.5 Unterbrechungen

In einer idealen Welt arbeitet das Team Story für Story nacheinander ab und erreicht am Ende das Sprint-Ziel. In der realen Welt wird das Team regelmäßig unterbrochen und mit Aufgaben konfrontiert, die nichts mit den eigentlichen User Stories des Sprint zu tun haben: Schätzklausuren, Bugfixing, Unterstützung des Product Owner bei seiner strategischen Arbeit an den Stories der kommenden Sprints usw.

Müsste nicht eigentlich der ScrumMaster dafür sorgen, dass das Team unterbrechungsfrei und unter möglichst optimalen Bedingungen an den Stories des aktuellen Sprint arbeiten kann? Im Prinzip ja. Aber was ist mit Fehlern, die den Produktionsbetrieb einschränken oder verhindern? Steht das System, muss das Team reagieren. Im Sinne des Scrum-Prinzips „Maximierung des Geschäftswerts" hat nun nicht mehr das Hinzufügen weiterer Features die höchste Priorität, sondern die Wiederherstellung eines laufenden Systems.

Unterbrechungen lassen sich nicht grundsätzlich vermeiden. Einige Unterbrechungen, wie Schätzklausuren oder die technische Beratung des Product Owner bei zukünftigen User Stories sind planbar. Für sie muss der Product Owner entsprechende Meetings planen und dazu einladen, so dass sich die betroffenen Teammitglieder darauf einstellen und vorbereiten können. Andere Unterbrechungen sind nicht planbar und „funken" dem Team direkt in seine aktuelle Story-Arbeit hinein. Das beste Beispiel ist der Produktionssupport.

Produktionssupport

Produktionssupport ist nicht planbar. Tritt ein Fehler auf, muss zunächst entschieden werden, ob der Fehler produktionsrelevant ist oder warten kann. Wir verwenden hierfür zwei einfache Kategorien: *sofort* oder *planbar*. Auf Fehler der ersten Kategorie muss unmittelbar reagiert werden, weil das System gar nicht mehr oder nur noch eingeschränkt zur Verfügung steht. Fehler oder Probleme der Kategorie *planbar* können warten, das heißt, das System läuft auch ohne ihre sofortige Behebung zufriedenstellend weiter, und der Fehler kann regulär in einem der nächsten Sprints eingeplant werden. Die Kategorisierung nach *sofort* oder *planbar* kann entweder vom 1st Level Support, vom ScrumMaster oder vom Product Owner vorgenommen werden. Das Team hat nichts mit dieser Entscheidung zu tun und arbeitet so lange unbehelligt weiter, bis ein Fehler der Kategorie *sofort* aufgetreten ist. Fehler der Kategorie *planbar* werden im Bugtracker erfasst, priorisiert und in einem der kommenden Sprint Planning Meetings eingeplant.

Nach Auftreten eines Sofort-Fehlers unterbricht das gesamte Team seine Arbeit. Die Prioritäten des Sprint haben sich geändert, und den höchsten Wert hat jetzt die Behebung des Problems. Eine effektive Variante zur Kommunikation von Sofort-Problemen ist das Aufstellen und Anstellen einer Signallampe, wie man sie zum Beispiel nachts auf Baustellen verwendet. Leuchtet die Lampe, versammelt sich das Team zusammen mit dem Fehler-Reporter im Teamraum und berät, wie sich der Fehler am schnellsten beheben lässt. Meistens einigt sich das Team auf ein oder zwei Entwickler, die sich ab sofort um das Problem kümmern. Dies sind in der Regel die Entwickler, die am meisten über das Problem wissen, da sie die betroffene Funktionalität entwickelt haben. Der Rest des Teams kehrt unmittelbar an seine zuvor unterbrochene Arbeit zurück.

Die Arbeit an Sofort-Problemen wird nicht unterbrochen. Tritt ein weiteres Problem dieser Kategorie auf, kümmert sich nur das verbleibende Team um das neue Problem. Leuchtet die Supportlampe allerdings ständig, dann stimmt irgendwas Grundsätzliches nicht. In dieser Situation ist es besser, einen regulären Sprint ausfallen zu lassen und durch einen Support-Sprint zu ersetzen, in dem sich das Team um die grundsätzlichen Probleme kümmert.

Produktionsprobleme reduzieren die Velocity. Je häufiger sich ein Team um die Sicher- oder Wiederherstellung des Produktionsbetriebs kümmern muss, desto wahrscheinlicher ist es, dass die ein oder andere User Story des Sprint auf der Strecke bleibt. Im nächsten Sprint wird gleich mit einer geringeren Velocity gestartet, wodurch implizit Luft für die Supportarbeit entsteht.

Produktionsprobleme sind übrigens nicht die einzigen Sofort-Probleme. Andere Probleme dieser Kategorie sind zum Beispiel Probleme mit dem Development- oder Testsystem. Steht das Testsystem, dann können die Tester nicht weiterarbeiten, und das Problem sollte so schnell wie möglich behoben werden, da andernfalls der Sprint ins Stocken geräte. In diesem Fall ist es also auch in Ordnung, wenn der betroffene Tester die Supportlampe anstellt.

■ 10.6 Messen und Anpassen

Das Messen des Sprint-Fortschritts erfolgt auf zweierlei Art – über das Taskboard und über ein Sprint-Burndown-Chart. Das Taskboard visualisiert die noch verbleibende Arbeit und zeigt auf, wo das Team im Sprint steht. Das Sprint-Burndown-Chart visualisiert den Sprint-Fortschritt auf der Basis von Story Points.

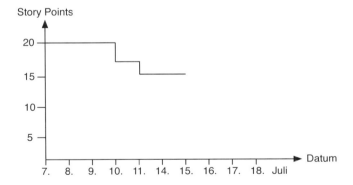

Abbildung 10.4 Das Sprint-Burndown-Chart

Abbildung 10.4 zeigt ein Sprint-Burndown-Chart, auf dessen x-Achse die Arbeitstage des Sprint und auf dessen y-Achse die Summe der zugesagten Story Points aufgetragen sind. Zu Beginn des Sprint wird das Chart auf einem Stück Packpapier gezeichnet und neben das Taskboard in den Teamraum gehängt. Immer wenn eine Story fertig ist, wird der Graph um die entsprechende Punktezahl der Story nach unten verlängert. Der Graph erhält dadurch ein treppenförmiges Aussehen. Dieser treppenförmige Charakter zeigt keinen kontinuierlichen, sondern einen zu bestimmten Zeitpunkten stattfindenden und damit relativ abrupten Fortschritt an. Das kann gerade zu Beginn eines Sprint leicht beängstigend wirken, wenn Tag um Tag ins Land geht, der Graph aber weiterhin eine Gerade bleibt. In diesen Phasen hilft es, öfter mal aufs Taskboard zu gucken, das den Fortschritt wesentlich feingranularer anzeigt.

Letztendlich liefert die Kombination aus Taskboard und Sprint-Burndown-Chart eine gute Sicht auf den Sprint-Fortschritt. Während das Taskboard mehr ein Werkzeug des Teams ist, das zwar anzeigt, wie viel Arbeit noch bleibt, so ist es doch nie vollständig und dokumentiert deshalb nicht die ganze Wahrheit. Das Sprint-Burndown-Chart hingegen zeigt den wirklichen Fortschritt und den bereits geschaffenen Mehrwert an. Geht der Graph nach unten, ist die Story fertig und der Product Owner kann fest davon ausgehen, dass er sie zum Sprint-Ende auch bekommt.

10.6.1 Bug- und technische Burndown-Charts

Neben der Arbeit an den Stories arbeitet das Team im Sprint an Fehlern oder anderen technischen Aufgaben, die nichts mit den aktuellen User Stories zu tun haben. Diese Arbeiten wurden im Sprint Planning zwar den Stories als Tasks zugeordnet und werden deshalb implizit mitgemessen. Dennoch hat es sich sowohl innerhalb des Teams als auch im Sinne der Außenwirkung als hilfreich erwiesen, den Fortschritt bei der Fehlerbearbeitung und den anderen Aufgaben explizit zu visualisieren. Da, wie in Abschnitt 9.4.1.2 begründet wurde, Fehler und Refactorings nicht in Story Points geschätzt werden, erfolgt das Tracking auf der Grundlage von deren Anzahl.

Je nachdem, in wie viele Arten man seine technischen Sprint-Aufgaben unterteilt, werden ein oder mehrere zusätzliche Burndown-Charts gezeichnet, deren x-Achsen der des Sprint-Burndown-Charts entsprechen und deren y-Achsen die Anzahl der jeweiligen Aufgaben anzeigen (siehe Abbildung 10.5). Im Daily Scrum wird die Anzahl der verbleibenden technischen Tasks gezählt und das Chart aktualisiert.

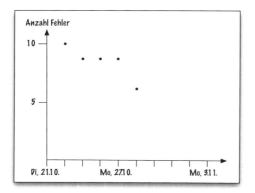 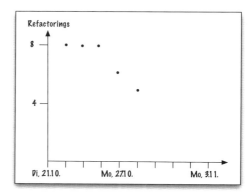

Abbildung 10.5 Ein Bug- und Refactoring-Burndown-Chart

10.6.2 Was tun, wenn es eng wird?

Burndown-Charts werden nicht nur wegen ihres guten Aussehens gezeichnet, sondern um den Sprint-Fortschritt sichtbar zu machen. Das Team kann so frühzeitig erkennen, wenn das Sprint-Ziel in Gefahr gerät und nicht mehr genügend Zeit für die Umsetzung aller Stories bleibt. Was also tun, wenn sich der tatsächliche Arbeitsverlauf immer weiter von der idealen Geraden entfernt? Sobald sichtbar wird, dass das Ziel eines Sprint gefährdet ist, müssen sich Product Owner, Team und ScrumMaster zusammensetzen und gemeinsam beratschlagen, wie es weitergeht. In der Regel bieten sich drei Optionen:

1. User Stories wegfallen lassen
2. Effektiver und kreativer arbeiten
3. Outsourcing

Abhängig davon, wie der Sprint geplant wurde, ist das Wegfallen-Lassen von User Stories die einfachste Variante, das Sprint-Ziel auch dann noch zu erreichen, wenn die Zeit zum Ende hin knapp wird. Wurde ein 20-Punkte-Sprint so geplant, dass 15 der 20 Punkte auf dem kritischen Pfad liegen, dann ist es in Ordnung, die in den 15 Punkten liegenden Stories wirklich fertigzustellen und die restlichen Stories zurück ins Product Backlog zu nehmen. Eine Alternative zum Wegfall ganzer Stories ist die Reduzierung des Funktionsumfangs einzelner Stories. Ein Beispiel ist die Story „Als Coach will ich mein Profil erfassen". Die Story kann nicht einfach weggelassen werden, ohne das Sprint-Ziel zu gefährden. Was aber funktioniert, ist, den ursprünglich geplanten PDF- oder Foto-Upload rauszunehmen und als neue User Story zurück ins Product Backlog zu stellen. Der Funktionsumfang der Story wird so reduziert, ohne dass die Story an Bedeutung verliert. Das Sprint-Ziel bleibt weiterhin erreichbar.

Anstatt komplette Stories oder Teilfunktionen wegfallen zu lassen, kann das Team auch nach anderen Wegen suchen, um das Sprint-Ziel auf eine kreative und effektive Weise zu erreichen. Eine kreative Lösung kann zum Beispiel sein, sich komplett von den ursprünglichen User Stories zu lösen und eine alternative Lösung vorzuschlagen, die das Sprint-Ziel trotzdem erreicht. Hier muss nur der Product Owner mitspielen. Ein Beispiel für eine kreative Lösung ist das Einkaufen von Funktionalität: In einem unserer Projekte mussten wir einen MMS-Composer für die Buchung von Mobilen-Kampagnen entwickeln. Als sich herausstellte, dass wir das nie und nimmer im Rahmen des aktuellen Sprint schaffen können, hat sich das Team kurzerhand für den Kauf eines externen Composers entschieden. Der Composer ließ sich problemlos in das Produkt integrieren, und das Sprint-Ziel wurde erreicht.

Eine weitere Option zur Aufrechterhaltung des Sprint-Ziels ist das Outsourcing. Das Team hat die Autorität, einzelne Aufgaben oder komplette Arbeitspakete auszulagern, natürlich nach Absprache und unter Berücksichtigung etwaiger Budgetvorgaben. Gibt es Teile oder sogar ganze Stories, die von externen Mitarbeitern entwickelt werden können? SAP-Customizing ist ein typisches Beispiel für auslagerbare Arbeiten. Ein Weg, den wir durchaus gegangen sind, als uns bei der Anbindung unserer Accounting-Schnittstelle an ein SAP-System das notwendige Know-how und die notwendige Zeit gefehlt haben. Eine andere Variante des Outsourcings ist die Verstärkung des Testteams um externe Mitarbeiter, um den Entwicklern mehr Zeit fürs Entwickeln zu verschaffen.

Abbruch

Gelingt es dem Team nicht, gemeinsam mit dem Product Owner und dem ScrumMaster eine Lösung zu finden, wie ein gefährdetes Sprint-Ziel trotzdem noch erreicht werden kann, kann der Sprint abgebrochen werden. Allgemeiner ausgedrückt: Ein Sprint kann abgebrochen werden, wenn er sinnlos geworden ist. Die Entscheidung über den Sprint-Abbruch trifft entweder das Team oder der Product Owner.

Für den Product Owner kann ein Sprint aus Geschäftssicht sinnlos werden. Anforderungen oder Unternehmensziele können sich – insbesondere in der Startup-Welt – mitunter so schnell ändern, dass die noch vor einem Monat beschlossenen User Stories im Licht der veränderten Bedingungen wertlos geworden sind. Das Sprint-Ziel kann zwar immer noch erreicht werden, ist aber unter den gegebenen Umständen sinnlos geworden. In diesem Fall sollte der Sprint vom Product Owner abgebrochen werden. Alles andere wäre Geldverschwendung fürs Unternehmen und Beschäftigungstherapie fürs Team.

Für das Team kann die Fortführung des Sprint unzumutbar werden, wenn es sich in seiner Autorität und seinen Befugnissen beschnitten sieht und daraus eine Gefährdung des Sprint-Ziels resultiert. Wird einem Team zum Beispiel das Hinzuziehen eines externen Beraters verweigert, oder wird die unzumutbare Arbeitssituation, in einem viel zu engen Büro ohne Teamraum und Whiteboards zu arbeiten, nicht behoben, dann hat das Team das Recht, den Sprint abzubrechen. Der ScrumMaster und die umliegende Organisation lösen ihren Teil des Versprechens, dem Team optimale Arbeitsbedingungen zu schaffen, nicht ein. Das Team spürt die mangelnde Unterstützung und merkt, dass es die zugesicherte Autorität für das Erreichen des Sprint-Ziels nicht hat.

Sprint-Abbrüche sollten die absolute Ausnahme sein. Jeder sollte aber wissen, dass sie möglich sind. Kommt es so weit, dann muss der ScrumMaster möglichst schnell zu einer Retrospektive einladen, in der die Gründe für den Sprint-Abbruch besprochen werden und aus den Fehlern gelernt wird. Genauso schnell muss das nächste Sprint Planning Meeting her, in dem das neue Ziel formuliert wird und die entsprechenden User Stories geplant werden.

■ 10.7 Reguläres Sprint-Ende

Die Stories des Sprint werden kontinuierlich und nacheinander fertiggestellt, integriert, auf dem Testsystem deployt, dort getestet und abgenommen. Für „normale" Sprints ist das auch schon alles. Alle vom Product Owner und vom QA-Team abgenommenen Stories gelten als fertig und sind Teil der im Sprint erstellten „verwendbaren" Software, das heißt, sie könnten potenziell geliefert werden.

Anders sieht es hingegen mit Release-Sprints aus, die nicht nur potenziell lieferbare Software produzieren, sondern solche, die am Ende wirklich geliefert wird. Da das in Abschnitt 10.3.4 beschriebene Abnahme-Verfahren nur für die User Stories des aktuellen Sprint gilt, ist es für Release-Sprints zusätzlich erforderlich, für das gesamte System einen Regressionstest durchzuführen. Aus diesem Grund sind wir für Release-Sprints dazu übergegangen, am Ende des Sprint eine zweitägige Testphase durchzuführen. Die Testphase ist Teil des Sprint, das heißt, dem Team stehen in Release-Sprints zwei Entwicklungstage weniger zur Verfügung. Dies muss im Sprint Planning Meeting entsprechend berücksichtigt werden. Endet die eigentliche Entwicklungsphase beispielsweise an einem Mittwoch, dann stehen dem Team Donnerstag und Freitag als dedizierte Testtage zur Verfügung, an denen keine neuen Features entwickelt, sondern ausschließlich getestet und Fehler behoben werden.

Wir verstärken unser Team in dieser Zeit in der Regel mit zwei Studenten, die während des Sprint entsprechende Testcases für die neuen Stories geschrieben haben und an den zwei Testtagen Vollzeit anwesend sind und sämtliche in den zurückliegenden Sprints erstellten Testcases ausführen. Das Testteam arbeitet eng mit dem Entwicklungsteam zusammen. Die Entwickler beheben die Fehler unmittelbar nach ihrem Auftreten und aktualisieren anschließend die Software auf dem Testsystem. Auf diese Art werden alle Kernfunktionen der Anwendungen erneut getestet, so dass nicht nur alle neuen User Stories getestet sind, sondern sichergestellt ist, dass das System in seiner Gesamtheit weiterhin funktioniert. Das letzte Wort hat der Product Owner, der sein O.K. am Freitagnachmittag gibt und das Team ins Wochenende entlässt. Die Auslieferung der Software findet am darauffolgenden Montag um 7:00 Uhr statt.

■ 10.8 Sprint-Review

Das Sprint-Review ist das offizielle Abschlussmeeting des Sprint, in dem das Team seine Arbeitsergebnisse präsentiert. Das Meeting wird vom ScrumMaster vorbereitet und moderiert und dauert nicht länger als eine Stunde.

10.8.1 Vorbereitung

Jeder aktive Teilnehmer investiert maximal eine Stunde Vorbereitungszeit. Der ScrumMaster reserviert einen Raum mit Beamer, schickt eine Hinweis-Mail an alle interessierten Personen und rekapituliert das Sprint-Ziel und die zugehörigen User Stories. Ein Teammitglied bereitet die Story-Präsentation vor und geht die Stories auf dem Integrationsserver vor dem Meeting einmal kurz durch. Der Product Owner überlegt sich spätestens jetzt das Ziel und die zugehörigen User Stories des Folge-Sprints.

10.8.2 Ort, Zeitpunkt und Teilnehmer

Ort und Zeitpunkt des Meetings stehen seit Beginn des Sprint fest und wurden bereits in der zugehörigen Sprint-Ankündigung kommuniziert. Das Review wird zusammen mit der Retrospektive am „Tag zwischen den Sprints" durchgeführt. Dies ist der Tag, an dem der auslaufende Sprint noch nicht ganz zu Ende ist, an dem aber auch nicht mehr entwickelt, sondern nur noch ausgeliefert wird. Am Vormittag wird die Software geliefert, und nach dem Mittagessen findet erst das Review und danach die Sprint-Retrospektive statt.

Das Sprint-Review ist öffentlich, und eingeladen ist jeder, der Interesse am Projekt hat: Kunde, Anwender, Marketing, Vertrieb, Geschäftsführung usw. Darüber hinaus ist das Review eine gute Gelegenheit, um Personen aus anderen Abteilungen oder Projekten einzuladen, die zwar nicht direkt in das Projekt involviert sind, dafür aber Interesse an der Arbeitsweise und den Ergebnissen des Scrum-Teams haben.

10.8.3 Ziel

Ursprünglich war das Sprint-Review als Abnahmemeeting für den Product Owner gedacht, in dem das Team die entwickelte Software dem Product Owner präsentiert und dieser die Ergebnisse akzeptiert oder ablehnt [Schwaber und Beedle, 2001]. Bei der Arbeit mit User Stories ist der Product Owner bereits während des Sprint stark in deren Entwicklung und Abnahme involviert. Letztendlich ist jede Story, die es bis ins Review schafft, bereits vom Product Owner abgenommen, so dass das Review seine Funktion als Abnahmemeeting des Product Owner verloren hat.

Deshalb korrigieren wir die Zielsetzung des Meetings ein Stück weit weg vom reinen Abnahmemeeting hin zu einer Präsentation, in der das Scrum-Team seine Arbeit öffentlich vorstellt. Das neue Ziel des Meetings besteht darin, Feedback von der Außenwelt, insbesondere vom Kunden und den Anwendern zu bekommen. Das Review implementiert eine weitere Feedback-Schleife, diesmal unter Einbeziehung der Öffentlichkeit. Im Review haben alle außerhalb des Scrum-Teams stehenden Parteien ein Mitspracherecht und entsprechende Steuerungsmöglichkeiten. Das Review ist eine öffentliche Überprüfung, ob das Projekt noch auf dem richtigen Kurs ist, und der Product Owner bekommt neuen Input für den zukünftigen Verlauf des Projekts. Das Meeting ist zu kurz, um alle Änderungen und neuen Anforderungen im Detail zu diskutieren. Der Product Owner bekommt aber mit, wer welche Ideen hat, und kann sich im Nachgang des Meetings mit diesen Leuten zusammensetzen.

10.8.4 Ablauf

Der ScrumMaster eröffnet das Meeting, nennt das Sprint-Ziel und die zugehörigen User Stories. Er erklärt, ob und mit welchen User Stories das Ziel erreicht wurde und welche User Stories nicht abgeschlossen und deshalb zurück ins Product Backlog genommen wurden. Anschließend übergibt er ans Team, welches die entwickelte Software Story für Story live vorstellt. Das Team stellt nur fertige und damit vom Product Owner abgenommene Software vor. Das System wird immer auf dem Integrationsserver präsentiert. Präsentationen auf lokalen Entwicklungsmaschinen sind verboten. Sie sind ein Hinweis darauf, dass die Software nicht integriert wurde und somit nicht fertig ist.

Während der Story-Präsentationen stellen die Anwesenden Fragen und geben Feedback. Der ScrumMaster achtet darauf, dass die Diskussionen nicht zu sehr in die Tiefe gehen. Der Product Owner notiert sich Ideen und Personen für Anschlussdiskussionen.

Neben der reinen Funktionalität kann das Team das Review nutzen, um Qualitätsmerkmale der Software zu präsentieren. Das kann zum Beispiel die Fehlerrate sein, die während des letzten Sprint stark abgenommen hat, was auf die reduzierte Velocity der letzten drei Sprints zurückzuführen ist. Statt einer Power-Point-Präsentation sollte das Team die während der letzten Sprints geführten Bug-Burndown-Charts an die Wand hängen und darauf verweisen.

Nach Abschluss der Story-Vorstellungen hat der Product Owner das Wort und gibt einen kurzen Ausblick auf das Ziel und die Stories des am nächsten Tag beginnenden Sprints. Das Review ist für ihn eine gute Gelegenheit, das Ziel und die Stories des nächsten Sprint zu überprüfen und gegebenenfalls zu korrigieren.

■ 10.9 Das Team organisiert sich

Selbstorganisation und selbstbestimmtes Arbeiten sind die entscheidenden Merkmale effektiv arbeitender Scrum-Teams. Was früher der Projektmanager gemacht hat, erledigt das Team jetzt alleine. Die Organisation lässt das Team für die Dauer des Sprint in Ruhe und erhält im Gegenzug wertvolle und benutzbare Software mit dem höchstmöglichen Geschäftswert. Mitbestimmung erhöht die intrinsische Motivation der Mitarbeiter. Das Ergebnis sind hoch produktive Teams und zufriedene Mitarbeiter.

Selbstorganisation ist nicht einfach und wird nicht von heute auf morgen erlernt. Teams sind es gewohnt, dass man ihnen sagt, was sie wann zu tun haben. Das fängt im Kleinen an, bei einzelnen Mitarbeitern, die Schwierigkeiten haben, ihren eigenen Arbeitstag zu organisieren, und bezieht sich schließlich auf das gesamte Team, das am ersten Sprint-Tag ratlos zusammensteht und nicht weiß, wie es anfangen und wer welche Aufgabe übernehmen soll.

Letztendlich muss jedes Team für sich selber rausbekommen, wie es sich am besten organisiert und welches die effektivste Form der Zusammenarbeit ist. Der ScrumMaster coacht das Team bei dieser Transition und holt sich selber gegebenenfalls Hilfe von einem externen Scrum-Coach. Dieser Abschnitt gibt einige Hinweise und erklärt Werkzeuge, die die Transition vom gemanagten zum selbstgemanagten Team unterstützen.

10.9.1 Verantwortung übernehmen

Das Gefühl der gemeinsamen Verantwortung ist die Voraussetzung für die Selbstorganisation des Teams. Gemeinsame Verantwortung entsteht durch das freiwillige Commitment des Teams im Sprint Planning Meeting. Das Team muss unbedingt selber bestimmen, wie viel Arbeit es sich zutraut. Weder der ScrumMaster noch der Product Owner noch irgendjemand sonst hat das Recht, das Team zu mehr Arbeit zu drängen. Ein Team, das sich freiwillig und ohne Druck committet hat, spürt, dass dies etwas Besonderes ist. Es erhält einen Vertrauensvorschuss und will dieses Vertrauen weder ausnutzen noch die Vertrauenden enttäuschen.

Bei meiner Arbeit mit Scrum und User Stories fällt mir immer wieder auf, dass einzelne Entwickler relativ schnell Verantwortung für die Story übernehmen, an der sie aktuell arbeiten. Dieses Problem der partiellen Verantwortung entsteht eher wenn mehrere Stories parallel und von unterschiedlichen Entwicklern bearbeitet werden. Jeder will seine Arbeit möglichst gut machen und verliert dabei schnell das Sprint-Ziel und damit die anderen

Stories aus den Augen. Es ist offensichtlich, dass Entwickler ohne großes Zutun Verantwortung übernehmen. Das Problem ist also nicht die mangelnde Verantwortungsbereitschaft. Wie aber bewegt man das Team und die einzelnen Entwickler, diese Bereitschaft von einer Story auf alle Stories und das Ziel des Sprint zu erweitern? Wie erzeugt man ein Bewusstsein, dass die Story an der sie gerade arbeiten, nicht erst in einer Woche, sondern schon morgen fertig sein muss?

Ein wichtiger Baustein für den Blick auf das Ganze ist ein klares und deutliches Sprint-Ziel. Das Sprint-Ziel muss prägnant sein, den Grund des Sprint auf den Punkt bringen und vom Product Owner sehr gut motiviert werden. Entwickler, die das Sprint-Ziel sehen, werden implizit die damit verbundenen Stories im Hinterkopf haben. Sie wissen, dass ihre Story wenig wert ist, wenn das Gesamtziel des Sprint nicht erreicht wird. Ohne ein gemeinsames Sprint-Ziel schafft sich jeder Entwickler sein eigenes Ziel, wodurch das Gefühl für die gemeinsame Verantwortung verloren geht.

10.9.2 Das Team machen lassen und aus Fehlern lernen

Lassen Sie das Team loslaufen. Versuchen Sie, sofern Sie der ScrumMaster des Projekts sind, sich zumindest anfangs zurückzuhalten. Wenn Sie sich schon nach zwei Tagen in den Sprint einmischen, wird Selbstorganisation schnell zu einer wertlosen Floskel, und die Chance der Transition ist erst einmal vertan. Zeigen Sie dem Team, dass Sie es ernst meinen mit der Selbstorganisation, indem Sie für gute Arbeitsbedingungen sorgen, sich aber sonst zurückhalten. Die dadurch anfangs entstehende Stille und Planlosigkeit ist manchmal unangenehm, muss aber vom ScrumMaster ausgehalten werden. Irgendeinen Senior-Entwickler gibt es in jedem Team, der über kurz oder lang das Ruder an sich reißt, einen Weg aufzeigt und das Team motiviert.

Ein wichtiger Baustein auf dem Weg zur Selbstorganisation ist das Lernen aus Fehlern. Das Team einfach machen lassen, führt schnell zu Fehlern und erhöht das Lernpotenzial. Ein typischer Fehler junger Scrum-Teams ist das Über-Commitment im ersten Sprint. Das Team halst sich im ersten Sprint Planning Meeting jede Menge Stories auf, weil es seine Velocity nicht kennt, aber super motiviert ist. Das Ergebnis ist, dass nicht einmal die Hälfte der Stories fertig wird und darüber hinaus das Sprint-Ziel verfehlt wurde. Das Team ist frustriert, merkt aber schnell, dass man ihm weiterhin vertraut und ihm ermöglicht, aus Fehlern zu lernen. Die Velocity wird korrigiert, das Commitment des zweiten Sprint fällt deutlich geringer aus, und der Sprint wird zu einem Erfolg.

10.9.3 Den Product Owner einbeziehen

Teams ohne verfügbaren Product Owner entwickeln mitunter den gesamten Sprint hindurch, bis sie das erste Mal Feedback zu den entwickelten Stories bekommen. Das geht zum einen am Konzept von User Stories völlig vorbei, und zum anderen fehlen dem Team die notwendigen Synchronisationspunkte innerhalb des Sprint, um zu sehen, wo die Story steht und was wirklich noch getan werden muss.

Ein ständig verfügbarer Product Owner ist von unschätzbarem Wert, wenn es darum geht, alle Stories des Sprint im Blick zu haben und das Sprint-Ziel immer wieder zu erneuern.

Der Product Owner muss in jede Story tief einsteigen, sieht aber auch, wann die eine Story fertig sein muss, damit genügend Zeit für die restlichen Stories bleibt. Der Product Owner kann am ehesten entscheiden, was bei einer Story weggelassen werden kann, um sie zu Ende zu bringen. Ein guter Product Owner strebt nicht nach der perfekt umgesetzten User Story, sondern will das Sprint-Ziel erreichen. Dazu muss er irgendwann Schluss sagen und den Fokus des Teams auf die nächste Story lenken.

10.9.4 Software-Pull-Systeme

Software-Pull-Systeme sind eines der wichtigsten Werkzeuge selbst organisierter Softwareteams. Sie basieren auf der Annahme, dass man Entwickler auf zwei Arten dazu bewegen kann, möglichst effektiv zu arbeiten: Entweder man sagt ihnen exakt, was zu tun ist, oder man schafft eine Arbeitsumgebung mit entsprechenden Werkzeugen, so dass jeder Beteiligte zu jedem Zeitpunkt genau weiß, was insgesamt zu tun ist und welches der nächste Schritt ist.

Software-Pull-Systeme verfolgen den zweiten und damit den Scrum-Ansatz selbstgesteuerter Arbeit. Sie sind ein effektiver Weg, Arbeit zu organisieren, ohne dass jemand dem anderen sagen muss, was zu tun ist. Software-Pull-Systeme basieren auf dem sogenannten *Kanban*-Prinzip. Kanban-Systeme ersetzen den Manager in industriellen Fertigungsprozessen und wurden ursprünglich von Toyota für die Automobilproduktion entwickelt [Ohno 2005]. Die nachfolgende Erläuterung des Kanban-Prinzips basiert auf einer Beschreibung von Mary und Tom Poppendieck [Poppendieck 2003]:

Funktionsweise von Kanban-Systemen

Kanban ist japanisch und steht für „Sign" (Hinweis) oder „Placarc" (Anschlagzettel). Trifft ein Lieferauftrag in einem Kanban-System ein, wird er sofort an den für Auslieferungen zuständigen Arbeitsplatz weitergeleitet. Der zuständige Arbeiter sucht die für die Lieferung benötigten Teile aus verschiedenen Regalen zusammen. An jedem Teil hängt eine Kanban-Karte, die er entfernt und im Regal lässt. Ein anderer Arbeiter sammelt in regelmäßigen Abständen die Kanban-Karten aller umliegenden Regale ein und bringt sie zu den Arbeitsplätzen, wo die entsprechenden Teile produziert werden. Der Arbeiter am jeweiligen Produktionsarbeitsplatz stellt das Teil her, heftet die Karte dran und bringt das Teil zum vorgesehenen Regal. Weil der Produktionsarbeiter für die Herstellung des Teils seinerseits Teile benötigt, verfährt er ebenso: er holt sich die benötigten Teile aus den umliegenden Regalen und hinterlässt die daran befestigte Kanban-Karte im Regal. Das System setzt sich kaskadierend durch die gesamte Fabrik fort.

Jeder Arbeiter, der morgens an seinen Arbeitsplatz kommt, findet dort einen Stapel Kanban-Karten und weiß sofort, was er heute zu tun hat. Er fertigt die von den Karten beschriebenen Teile und legt sie in die vorgesehenen Regale. Das Kanban-Prinzip ist äußerst simpel und ermöglicht selbstgesteuerte Arbeit, die ohne Manager auskommt. ∎

Taskboards sind Software-Pull-Systeme und funktionieren nach dem Kanban-Prinzip. Taskboards visualisieren für alle sichtbar den aktuellen Stand der Arbeit und zeigen auf, was noch zu tun ist, um das Ziel zu erreichen. Taskkarten (unsere Kanban-Karten) zeigen die nächsten Schritte auf. Das Taskboard wird von oben nach unten (Story für Story) und von rechts nach links (Task für Task) abgearbeitet. Die anstehende Arbeit wurde vom Product Owner im Sprint Planning Meeting vorgeschlagen und vom Team an das Taskboard gehängt. Tasks werden nicht zugewiesen, sondern von den Entwicklern vom Board *gepullt*. Das sind ideale Voraussetzungen für selbstgesteuerte Arbeit und sich selbst organisierende Teams.

10.9.5 Das Team bei der Arbeit mit Tasks coachen

Die Unterstützung und Anleitung des Teams bei seiner Arbeit mit dem Taskboard habe ich bereits in Abschnitt 10.4 über Daily Scrums angesprochen. Für mich ist Task-Coaching ein wichtiger Hebel, dem Team dabei zu helfen, sich und seine Arbeit zu organisieren. Das Prinzip der Unterstützung ist ganz einfach: Fragen, Fragen, Fragen:

- Ein Teammitglied erzählt im Daily Scrum, was er gestern erreicht hat, ohne auf einen Task zu verweisen: Der ScrumMaster fragt, wo der zugehörige Task ist.
- Ein Teammitglied erzählt im Daily Scrum, was er für heute geplant hat, ohne auf die zugehörigen Tasks zu verweisen: Der ScrumMaster fragt nach den Karten und fordert den Entwickler gegebenenfalls auf, neue Taskkarten zu schreiben.
- Ein Teammitglied hängt im Daily Scrum vier Tasks in die Spalte *In Arbeit*: Der ScrumMaster fragt, ob er sicher ist, dass er alle Tasks heute erledigen kann, und weist darauf hin, dass es besser ist, nachmittags einen Task nachzuziehen.
- Ein Teammitglied erzählt im Daily Scrum, dass er heute an einem Task arbeitet, an dem er gestern schon gearbeitet hat: Der ScrumMaster markiert den Task, fragt nach Gründen und hilft gegebenenfalls den Task herunterzubrechen.
- Es hängen Tasks *In Arbeit*, über die keiner berichtet hat: Der ScrumMaster fragt, was mit den Tasks ist, und hängt sie gegebenenfalls zurück in die Spalte *Offen*.

Ständiges Nachfragen nervt das Team, aber es hilft. Entsteht ein neuer Task, geht es mit dem Daily Scrum erst weiter, wenn der Task auf einer Karte steht und am Taskboard hängt. Das Frageaufkommen reduziert sich mit der Zeit, und der Umgang mit dem Taskboard wird selbstverständlich.

10.9.6 Einzelgespräche

In seiner Rolle als Coach und Führungskraft sollte der ScrumMaster regelmäßig Einzelgespräche mit den Mitgliedern des Entwicklungsteams führen. Einzelgespräche liefern wichtige Hinweise, wo es im Projekt klemmt und welche Hindernisse es gibt, die im Daily Scrum nicht offensichtlich werden oder in der Retrospektive nicht angesprochen wurden. Regelmäßige Einzelgespräche schaffen ein Forum, Dinge zu äußern, für die es sonst keinen Platz gibt. Weisen Sie als ScrumMaster explizit darauf hin, dass die Gespräche vertraulich sind. Bieten Sie Ihre Beratung an, geben Sie ehrliches Feedback, loben Sie, üben Sie Kritik, und geben Sie Hinweise, wo und wie sich der Entwickler besser ins Team einbringen kann. Regelmäßige Einzelgespräche helfen dem Einzelnen, besser zu werden und sich wohler zu fühlen, und insofern dem Team insgesamt, besser und aus sich selber heraus gesteuert zusammenarbeiten zu können.

Neben regelmäßigen Gesprächen müssen Einzelgespräche immer dann geführt werden, wenn es Probleme gibt und Dinge offensichtlich schieflaufen. Nicht alle Probleme werden vom Team alleine gelöst, und es kommt durchaus zu Situationen, in denen deutliche Fronten innerhalb des Teams entstehen. Der ScrumMaster muss hier sehr sensibel sein und die entsprechenden Schwingungen frühzeitig wahrnehmen. Eine typische Situation sind einzelne Teammitglieder, die anfangen, das Team zu dominieren. Oder zwischenmenschliche Probleme zwischen Entwicklern, die nicht zusammenarbeiten können und anfangen, sich aus dem Weg zu gehen. Derartig gelagerte Probleme sollten nicht in der Gruppe, sondern im direkten Gespräch angesprochen und geklärt werden. Dabei können durchaus Situationen entstehen, die den ScrumMaster überfordern und das Hinzuziehen professioneller Hilfe notwendig machen. Wichtig ist, diese Situationen zu erkennen und anstatt die Augen zu verschließen darauf zu reagieren.

Einige Projektsituationen erfordern ernste Worte. Auch wenn der ScrumMaster kein Chef oder Vorgesetzter ist, sehe ich ihn hier in der Verantwortung, insbesondere dann, wenn die Probleme den Prozess betreffen, für den er schließlich verantwortlich ist. Hat das Team beispielsweise mehrheitlich beschlossen, das Daily Scrum statt um 10:30 Uhr in Zukunft um 9:15 Uhr stattfinden zu lassen, und stellt sich einer der Entwickler quer, indem er jeden Tag sehr kapp und unvorbereitet zum Meeting erscheint, sollten Sie bald ein Einzelgespräch mit dem Entwickler führen. Fragen Sie nach den Gründen, und bieten Sie Ihre Hilfe an. Sagen Sie aber auch deutlich, was Sie erwarten und dass Sie keine unvorbereiteten Daily Scrums akzeptieren.

■ 10.10 Sprint Best Practices

Scrum-Teams steht es frei, welche Entwicklungspraktiken sie während eines Sprint nutzen. Tatsächlich jedoch haben sich viele Praktiken des Extreme Programming (XP) [Beck 2005] sehr bewährt und werden von vielen Teams bei ihrer Arbeit im Sprint verwendet. Unit-Testing, testgetriebene Entwicklung, Refactoring und kontinuierliches Integrieren gehören fast schon zum guten Ton agiler Teams. Ich stelle aber auch zunehmend fest, dass viele Teams automatisch zum Pair Programming übergehen, wenn man ihnen völlige Freiheit bei der Wahl ihrer Entwicklungspraktiken lässt.

Neben den bekannten XP-Techniken gibt es eine Reihe weiterer Best Practices, die sich bei der User Story-getriebenen Arbeit im Sprint bewährt haben und in den folgenden Abschnitten vorgestellt werden.

10.10.1 Source Code Management und Story-Branches

Der Einsatz eines Source Code Management-Systems (SCM) ist obligatorisch. Ich kenne kein Team, das ohne arbeitet. Würde ich eins kennen, wäre es mit das Erste, was ich ändern würde. Verbreitete SCM-Systeme sind CVS, Subversion und zunehmend auch Git.

Bei der Verwendung eines SCM-Systems unterscheidet man zwischen Trunk und Branches. Der Trunk enthält den jeweils aktuellen Entwicklungsstrang mit dem neuesten Quellcode der Anwendung. Branches verwendet man für Releases oder auch für die separate Entwicklung neuer Features, um zum Beispiel andere Entwicklungen nicht zu beeinflussen. Änderungen auf Branches werden üblicherweise zurück in den Trunk integriert, so dass hier alle Änderungen wieder zusammenfließen.

Der Grund, weshalb ich das Thema Branches explizit anspreche, ist die Frage, ob User Stories auf dedizierten Story-Branches oder auf dem Trunk entwickelt werden sollen. Parallel entwickelte Stories können sich gegenseitig beeinflussen und behindern. Wenn Story B nicht getestet werden kann, weil Story A die Login-Funktion temporär deaktiviert hat, ist das ein Problem für die Entwickler an Story B. Bei der Parallelentwicklung ist das gesamte Team zusätzlich gefordert, eventuelle Seiteneffekte zu antizipieren und Code gegebenenfalls erst dann zu integrieren, wenn andere Teile nicht behindert werden.

Eine Lösung dieses Problems ist das Anlegen eines separaten Story-Branches für jede User Story. Die Entwickler können dann ungestört an der Story arbeiten, sie testen und erst in den Trunk zurück integrieren, wenn alles funktioniert. Ein Vorteil dieses Vorgehens ist, dass man sich nicht gegenseitig in die Quere kommt. Ein anderer Vorteil ist, dass man keine halb fertige Story im Trunk hat, wenn das Sprint-Ende erreicht und die Story nicht fertig wurde – eine Tatsache, die uns durchaus den ein oder anderen Sprint gerettet hat, da halb fertige Stories sich durchs gesamte System ziehen können, so dass der gesamte Trunk nicht auslieferbar ist, solange die Story nicht fertig ist.

Ein Nachteil von Story-Branches ist das Abkapseln der Entwickler und die damit einhergehende seltenere Integration ins Gesamtsystem. Die Story wird entsprechend seltener von anderen Teammitgliedern getestet, und Seiteneffekte werden erst später erkannt.

Welchen Weg man geht, muss jedes Team von Fall zu Fall entscheiden. Wird eine Story beim Start ihrer Entwicklung als kritisch in Bezug auf ihre Fertigstellung bis zum Sprint-Ende eingestuft, sollte die Story auf einem Branch entwickelt werden. Große Stories, die darüber hinaus Teile des Systems für mehr als einen Tag nicht benutzbar machen, sollten ebenfalls auf einem Branch entwickelt werden. Hingegen sollten überschaubare Stories, die mit hoher Wahrscheinlichkeit fertig werden und zunächst keine offensichtlichen Seiteneffekte haben, auf dem Trunk entwickelt werden.

10.10.2 Kontinuierliches Integrieren

Um zu sehen, ob neu entwickelter Code mit dem Restsystem zusammenspielt, muss der Code möglichst häufig ins Gesamtsystem integriert werden. Continuous Build-Server automatisieren den Prozess der kontinuierlichen Integration, indem sie den aktuellen Entwicklungsstand regelmäßig aus dem SCM auschecken, übersetzen und die Unit-Tests ausführen. Übersetzungs- oder Testfehler werden sofort entdeckt und per E-Mail ans Team gemeldet. Das Team erhält unmittelbares Feedback und kann das Problem sofort beheben, da die Ursache häufig nur wenige Commits zurückliegt.

10.10.3 Automatisierung

Scrum-Teams automatisieren so viel wie möglich, um mehr Zeit für die eigentliche Entwicklung zu haben. Spätestens, wenn dieselbe Tätigkeit zum dritten Mal manuell ausgeführt wird, sollte darüber nachgedacht werden, ob sie sich nicht automatisieren lässt. Beispiele für Automatisierung sind kontinuierliche Integration, automatisierte Unit- und Akzeptanztests oder auch ein auf Knopfdruck ausführbares Deployment [Clark 2005].

10.10.4 Verständlicher Quellcode

Scrum-Teams teilen alles und somit auch den Quellcode. Wichtiger als hoch intelligenter und auf möglichst wenige Zeilen komprimierter Code ist die Verständlichkeit des Codes. Ich begegne gerade in der Ruby-Welt immer wieder Teams, in denen sehr intelligente Ruby-Hacker extrem ausgefeilten Metacode schreiben, der von vielen anderen Entwicklern nur schwer oder gar nicht verstanden wird. Das ist in gewisser Hinsicht beeindruckend, bezogen auf das gesamte Team und den Projekterfolg aber eher kontraproduktiv. Viel wichtiger als ausgefeilte Coderaffinessen ist, dass das gesamte Team den Quellcode versteht und weiterentwickeln kann [Martin 2008].

Deshalb sollte auch das gesamte Team ein Auge auf den eingecheckten Code haben und Probleme mit der Verständlichkeit, aber auch schlecht refaktorisierten Code oder fehlende Unit-Tests sofort adressieren, am besten im nächsten Daily Scrum. Eine Möglichkeit, unverständlichem oder schlechtem Code von vornherein entgegenzusteuern, ist das Programmieren in Paaren, was sich über kurz oder lang ganz von alleine einstellt, wenn man das Team so arbeiten lässt, wie es will.

10.10.5 Elektronische Sprint Backlogs und Burndown-Charts

Softwareentwicklungsteams sind häufig Fans elektronischer Tools, und ich werde als Scrum-Coach häufig mit der Frage konfrontiert, ob es denn keine elektronischen Tools für Sprint Backlogs oder Burndown-Charts gibt. Klar gibt es die, aber ich bin fest davon überzeugt, dass ein Taskboard und ein handgemaltes Burndown-Chart die besten, effektivsten und am einfachsten zu bedienenden Sprint-Werkzeuge sind – zumindest, wenn das Team in einem Raum sitzt.

Für verteilte Teams sieht das anders aus. Sitzt eine Hälfte des Teams in Hamburg und die andere in Berlin, ist es schwierig, ein gemeinsames physisches Taskboard und Sprint-Burndown-Chart zu pflegen. Für diese Organisationsform sind elektronische Werkzeuge oder auch Mischformen besser geeignet. Im aktuellen Projekt pflegen wir zwei separate Taskboards, die nicht synchronisiert werden. Eine andere Variante ist die Pflege eines einzigen Taskboards, das per Webcam zum anderen Team übertragen wird. Das Team, das mit mit dem Kamerabild auskommen muss, bewegt seine Tasks, indem es einen der Entwickler aus dem anderen Team darum bittet. Ein per Webcam übertragenes Taskboard hat außerdem den Vorteil, dass sich das Daily Scrum sehr gut gemeinsam und synchronisiert durchführen lässt.

Ich empfehle, erst dann auf elektronische Werkzeuge zurückzufallen, wenn sich keine zu den physischen Werkzeugen adäquate Alternative finden lässt. Eine gute Übersicht gängiger Scrum-Tools finden Sie zum Beispiel auf der Webseite von Boris Gloger [Gloger 2009].

10.11 Zusammenfassung

- Im Sprint arbeitet das Team die geplanten User Stories in der Reihenfolge ihrer Prioritäten ab. Idealerweise arbeitet das gesamte Team gleichzeitig an einer Story. Für größere Teams ist die parallele Story-Entwicklung häufig effektiver. Trotzdem sollten so wenig Stories wie möglich parallel bearbeitet werden.
- Jede Story wird gemäß der geltenden „Definition of Done" abgenommen und durchläuft dabei verschiedene Abnahmestationen: Entwicklertest, Akzeptanztest, QA-Test, Bugfixing, Retest.
- Das Team arbeitet selbstorganisiert und hat die volle Autorität, alles zu tun, um das Sprint-Ziel zu erreichen. Der ScrumMaster coacht das Team bei seiner Selbstorganisation und der Einhaltung der Scrum-Regeln. Er sorgt für optimale Arbeitsbedingungen, hält dem Team den Rücken frei und beseitigt alle auftretenden Impediments. Der Product Owner ist während des Sprint ständig verfügbar und arbeitet mit dem Team zusammen die Details der User Stories aus.
- Das Taskboard ist eines der wichtigsten Werkzeuge und Hilfsmittel für die selbstorganisierte Arbeit im Sprint. Es implementiert ein Software-Pull-System, das nach dem Kanban-Prinzip funktioniert. Kanban-Systeme organisieren Arbeitsabläufe so, dass sie ohne zentrale Steuerung funktionieren. Die Kernidee ist, sämtliche noch ausstehende Arbeit zu visualisieren und den Teammitgliedern selber zu überlassen, welchen Task sie sich als Nächstes vornehmen, sobald sie ihren aktuellen Task abgeschlossen haben.
- Das Team trifft sich jeden Tag um die gleiche Zeit zum Daily Scrum, informiert sich gegenseitig und deckt aufgetretene Probleme auf. Reihum berichtet jeder Teilnehmer, was gestern war, was für heute geplant ist und welche Hindernisse es gibt. Das Meeting wird vor dem Taskboard durchgeführt: Während ein Teilnehmer spricht, nimmt er direkten Bezug auf die zugehörigen Tasks, verschiebt sie in die entsprechenden Spalten oder nimmt sie nach Fertigstellung vom Taskboard.
- Der Fortschritt des Sprint wird mit Hilfe eines Sprint-Burndown-Charts dokumentiert. Ist absehbar, dass es eng wird und das Sprint-Ziel gefährdet ist, sucht das Scrum-Team gemeinsam nach Lösungen, wie sich das Sprint-Ziel trotzdem noch erreichen lässt. Sprint-Abbrüche sollten die absolute Ausnahme sein.
- Am letzten Tag des Sprint findet das Sprint-Review statt, indem das Team seine fertigen Arbeitsergebnisse live vorführt. Das Meeting ist kein klassisches Abnahmemeeting, sondern verfolgt den Zweck, allen am Projekt interessierten Personen Einblick in den aktuellen Stand zu gewähren und so die Möglichkeit zur Einflussnahme zu geben.

10.12 Wie geht es weiter?

Das folgende Kapitel beschreibt das Akzeptanztesten von User Stories. Es nimmt eine Sonderstellung im Fluss dieses Buches ein, denn eigentlich ist der Sprint beendet und die User Stories wurden im Review präsentiert und abgenommen. Dennoch lohnt sich ein vertiefender Blick auf das Thema, denn Akzeptanztesten ist weit mehr als reines Testen und verdient es, ausführlicher beschrieben zu werden. Sie können sich das Kapitel aber auch für später aufsparen und direkt zu der Sprint-Retrospektive in Kapitel 12 übergehen.

11 User Stories Akzeptanztesten

User Stories sind offen formuliert. Diese Offenheit ist einerseits gewünscht und erlaubt die konkrete Ausgestaltung der Story während des Sprint. Andererseits fehlen klare Vorgaben und Messpunkte, wann die Story fertig ist. Es besteht die Gefahr, dass die Story immer weiter entwickelt wird, da keiner mehr so genau weiß, ob die aktuell bearbeiteten Tasks noch die Kerngeschäftsregeln der Story adressieren oder doch eher „Icing on the cake"[1] sind. Abhilfe bieten Akzeptanzkriterien, die eine Story aus Geschäftssicht konkretisieren und zugleich Basis für Abnahmetests durch den Product Owner sind.

Dieses Kapitel führt in das Thema Akzeptanztesten von User Stories ein. Im Mittelpunkt dieses Prozesses stehen die beiden Begriffe *Akzeptanzkriterium* und *Akzeptanztest*. Akzeptanzkriterien wurden bereits in Kapitel 4 neben Karte und Konversation als dritter Teil einer User Story eingeführt. Dieses Kapitel geht einen deutlichen Schritt weiter und zeigt auf, wie die Akzeptanzkriterien einer User Story ihre Entwicklung zielstrebig und geschäftswertorientiert antreiben. Das Kapitel erklärt, was gute Akzeptanzkriterien auszeichnet, begründet, weshalb sie so wichtig sind, und legt dar, wie die zugehörigen Akzeptanztests geschrieben werden. Der Product Owner kann die Akzeptanztests entweder als Vorlage für manuelle Abnahmetests nutzen, oder bereits in einem vordefinierten Format liefern, das dem Team die einfache Automatisierung der Tests ermöglicht. Letzteres wird als Akzeptanztestgetriebene Entwicklung bezeichnet und im letzten Abschnitt dieses Kapitels beschrieben.

■ 11.1 Was ist Akzeptanztesten?

Am Ende der Entwicklung einer User Story steht ihr Akzeptanztest durch den Product Owner. Ein Akzeptanztest prüft, ob die fertiggestellte User Story die Erwartungen des Kunden hinsichtlich der zugrundeliegenden Geschäftsregeln erfüllt. Damit der Product Owner diese Erwartungen testen kann, muss er sie zuvor formulieren und mit dem Kunden abstimmen. Anschließend schreibt er die Erwartungen als Akzeptanzkriterien der jeweiligen User Story auf. Nach Umsetzung der Story geht der Product Owner die Liste der Akzeptanzkriterien durch, prüft die entsprechende Funktionalität und hakt das Akzeptanzkriterium im

---

[1] Das i-Tüpfelchen, und damit nicht mehr wirklich notwendig.

besten Fall als erfüllt ab. Sind alle Kriterien erfüllt, nimmt er die Story ab. Andernfalls geht die Story zurück in die Entwicklung und muss nachgebessert werden.

Akzeptanztesten unterscheidet zwischen Akzeptanzkriterien und Akzeptanztests. Während ein Akzeptanzkriterium eine konkrete Eigenschaft der Story erklärt, beschreibt ein zugehöriger Akzeptanztest, wie diese Eigenschaft getestet wird. Dieser Unterschied ist essenziell und wird in den folgenden beiden Abschnitten erklärt.

11.1.1 Akzeptanzkriterien

Akzeptanzkriterien sind neben Karte (Card) und Konversation (Conversation) das dritte „C" (für *Confirmation*) einer User Story. Sie beschreiben einen Satz von Bedingungen, die erfüllt sein müssen, damit der Product Owner die User Story abnimmt. Akzeptanzkriterien sind die stabilen Eckpfeiler einer User Story und werden als fester Bestandteil auf die Rückseite ihrer Story-Karte geschrieben:

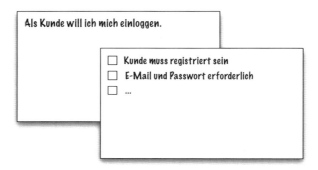

Abbildung 11.1 Akzeptanzkriterien der Login-Story

Abbildung 11.1 zeigt zwei Beispiele für Akzeptanzkriterien der Login-Story: Kunden müssen registriert sein und bei der Anmeldung ihre E-Mail-Adresse und Passwort eingeben. Beides sind Zusatzinformationen, die nicht aus dem Story-Titel hervorgehen, die aber dennoch so feststehen, dass man sie als harte Fakten der Story bezeichnen und entsprechend als Akzeptanzkriterien aufschreiben kann.

11.1.1.1 Akzeptanzkriterien sind Erwartungen

Akzeptanzkriterien beschreiben die Erwartungen des Product Owner an die User Story. Das Aufschreiben dieser Erwartungen hat zwei wichtige Funktionen: Zum einen muss der Product Owner gut darüber nachdenken, bevor er seine Erwartungen klar und präzise formulieren kann und wird so zu einer guten Story-Vorbereitung gezwungen. Zum anderen helfen gut formulierte Erwartungen dem Team, die Story zu verstehen.

Die Story-Karte aus Abbildung 11.1 enthält zwei der Erwartungen des Product Owner an die Login-Story. Daneben gibt es eine Reihe weiterer Erwartungen, die sich durch Fragen und Gespräche bereits im Vorfeld des Sprint klären lassen:

- *Team*: Was soll bei einem fehlerhaften Anmeldeversuch passieren?
- *Product Owner*: Dem Kunden soll Hilfe angeboten werden, zum Beispiel ein Link auf die Passwort-Vergessen-Seite.
- *Team*: Gibt es eine Obergrenze für fehlerhafte Anmeldeversuche?
- *Product Owner*: Ja, nach dreimaliger Eingabe eines falschen Passworts blockieren wir das Benutzerkonto.

Das Besprechen von Erwartungen im Vorfeld des Sprint erzwingt die Zusammenarbeit von Product Owner und Team und erhöht auf beiden Seiten das Verständnis der User Story.

11.1.1.2 Akzeptanzkriterien sind Geschäftsregeln

Akzeptanzkriterien sind Geschäftsregeln, die eine User Story konkretisieren. Eine Geschäftsregel beschreibt das Verhalten der Story aus Sicht des zugrundeliegenden Geschäftsmodells. Nehmen wir zum Beispiel die User Story „Banküberweisung", dann brauchen wir eine Geschäftsregel, die beschreibt, was mit dem Quellkonto nach der Überweisung passieren soll: Es wird um den Überweisungsbetrag verringert.

Geschäftsregeln können Vorbedingungen, Aktionen oder Ergebnisse sein. Vorbedingungen beschreiben, unter welchen Bedingungen die Story überhaupt funktioniert: Der Kunde muss angemeldet sein und sein Konto muss über ausreichend Guthaben verfügen. Aktionen beschreiben, was der Benutzer konkret tun kann: Der Kunde gibt Zielkontodaten ein und bestätigt die Überweisung mit einer TAN. Und Ergebnisse beschreiben, was nach Durchführung einer Aktion als Resultat erwartet wird: Das Zielkonto wird um den Überweisungsbetrag erhöht. Alle Regeln gehören in die Akzeptanzkriterien der Überweisungs-Story.

11.1.2 Akzeptanztests

Die Akzeptanzkriterien einer User Story sind die Grundlage für ihre Akzeptanztests. Ein Akzeptanztest beschreibt, wie ein Akzeptanzkriterium getestet wird. Nehmen wir als Beispiel ein Akzeptanzkriterium der Überweisungs-Story:

> *Das Zielkonto wird um den Überweisungsbetrag erhöht.*

Eine mögliche Variante für einen zugehörigen Akzeptanztest ist eine Liste von Einzelschritten, die beschreiben, wie ein Benutzer das Akzeptanzkriterium testen würde:

1. Ich melde mich an.
2. Ich überweise 10 Euro auf das Zielkonto.
3. Ich melde mich ab.
4. Ich melde mich mit den Zugangsdaten des Zahlungsempfängers an.
5. Ich überprüfe, ob der Kontostand um 10 Euro erhöht wurde.

Während das Akzeptanzkriterium nur beschreibt, dass das Quellkonto um den Überweisungsbetrag erhöht wird, wird der Akzeptanztest deutlich konkreter: Das Konto wird nicht um irgendeinen Betrag erhöht, sondern um 10 Euro. Ein Akzeptanztest als Liste von Einzelschritten eignet sich nicht nur für die Durchführung manueller Akzeptanztests, sondern ist außerdem eine gute Vorlage für die Programmierung eines automatisierten Akzeptanztests. Weitergehende Informationen zur Automatisierung von Akzeptanztests finden Sie in Abschnitt 11.6.1.

In der Regel erfordert ein Akzeptanzkriterium mehr als einen Test. Folgendes Beispiel zeigt, warum:

> *Das Guthaben des Quellkontos muss höher als der zu überweisende Betrag sein.*

Dieses Akzeptanzkriterium erfordert mindestens einen Positiv- und einen Negativ-Test. Im Positiv-Fall gehen wir von einem Konto mit mehr als 10 Euro aus:

1. Gegeben: Mein Kontostand beträgt 20 Euro.
2. Schritte 1–5 aus dem vorherigen Beispiel.

Im Negativ-Fall muss der Test stattdessen von einem Konto mit weniger als 10 Euro ausgehen und überprüfen, dass die Überweisung blockiert wird und sich weder der Kontostand des Quellkontos verringert noch der des Zielkontos erhöht.

Das Beispiel zeigt nur zwei von vielen möglichen Akzeptanztests der Überweisungs-Story. Akzeptanztests sind nie vollständig. Vielmehr handelt es sich um Schlüsselbeispiele, die helfen, das zugehörige Akzeptanzkriterium zu verstehen. Akzeptanztests sind gleichermaßen Test und erklärende Beispiele. Sie werden gemeinsam von Product Owner und Team erarbeitet und fördern das einheitliche Verständnis der User Story und ihrer Akzeptanzkriterien.

11.1.3 Akzeptanztesten

Akzeptanztesten vereint die beiden Begriffe Akzeptanzkriterium und Akzeptanztest zu einem ganzheitlichen Entwicklungs- und Abnahmeprozess von User Stories. Ziel dieses Prozesses ist es, User Stories nicht erst nach Fertigstellung Akzeptanz zu testen, sondern die Stories entlang ihrer Akzeptanzkriterien zu entwickeln und kontinuierlich abzunehmen. Im Detail gestaltet sich dieser Prozess wie folgt:

Der Product Owner schreibt für jede User Story Akzeptanzkriterien. Für jedes Akzeptanzkriterium diskutieren Product Owner und Team ein oder mehrere Akzeptanztests, die schriftlich festgehalten werden. Dem Team dienen die Akzeptanztests als erklärende Beispiele, wie das zugehörige Akzeptanzkriterium umgesetzt werden soll. Dem Product Owner und QA-Mitarbeiter dienen die Akzeptanztests als Vorlage für die Durchführung der Tests. Können alle zu einem Akzeptanzkriterium gehörenden Tests erfolgreich durchgeführt werden, gilt das Akzeptanzkriterium als abgenommen.

11.2 Akzeptanzkriterien schreiben

Akzeptanzkriterien gehören zu jeder User Story und sollten spätestens zum Sprint Planning, besser noch zum Estimation-Meeting vorliegen. Das Schreiben der Akzeptanzkriterien ist Aufgabe des Product Owner, was nicht heißt, dass er das komplett allein bewerkstelligen muss.

Um relevante Akzeptanzkriterien zu bekommen, müssen alle Beteiligten zusammenarbeiten und über die Story sprechen. Nehmen wir als Beispiel unsere User Story für die Suche nach Scrum-Coaches: „Als Projektanbieter will ich nach Coaches suchen". Im Rahmen eines Anforderungsworkshops oder Product Backlog-Groomings[2] definieren Product Owner und Team eine initiale Menge von Akzeptanzkriterien:

- *Team*: Was soll passieren, wenn ich gar nichts eingebe?
- *Product Owner*: Alle Coaches sollen angezeigt werden.
- *Team*: Wie soll die Liste dann sortiert sein?
- *Product Owner*: Nach Verfügbarkeit und Rolle.
- *Team*: Welche Suchkriterien gibt es eigentlich?
- …

Der Dialog hilft dem Team, die Story zu verstehen und dem Product Owner zu erkennen, was er will. Das Ergebnis ist ein initialer Satz an Akzeptanzkriterien als Basis für die weitere Arbeit des Product Owner. Das Schreiben von Akzeptanzkriterien ersetzt keinesfalls die bei der Arbeit mit User Stories im Mittelpunkt stehende Kommunikation zwischen Product Owner und Team. Vielmehr sind Akzeptanzkriterien die treibende Kraft für diese Kommunikation und schriftlich fixierte Akzeptanzkriterien sind der Beweis dafür, dass Kommunikation stattgefunden hat.

Akzeptanzkriterien sind selten vollständig. Tatsächlich gelingt es nur für sehr einfache Stories, sämtliche Akzeptanzkriterien im Vorfeld des Sprint zu definieren. Mit Beginn der Umsetzung einer User Story bekommen Product Owner und Team ein besseres Verständnis für die Story, was in der Regel mit neuen oder geänderten Anforderungen einhergeht. Wichtig ist, dass neue oder geänderte Anforderungen nicht einfach umgesetzt werden, sondern zuvor als weitere Akzeptanzkriterien formuliert werden, sofern die Änderungen Kerngeschäftsregeln der Story betreffen. Andernfalls drohen Missverständnisse, der Product Owner nimmt die Story anhand falscher oder unvollständiger Akzeptanzkriterien ab und der Tester testet falsche oder bestimmte Akzeptanzkriterien gar nicht.

11.2.1 Vom Akzeptanzkriterium zum Akzeptanztest

Akzeptanzkriterien kommen vom Product Owner und sind Pflichtbestandteil jeder User Story. Liegen zum Sprint Planning keine Akzeptanzkriterien vor, ist die Story nicht ausreichend vorbereitet und kann vom Team abgelehnt werden. Akzeptanztests hingegen sind kein Pflichtbestandteil einer User Story, sondern werden in Zusammenarbeit von Product

---

[2] Regelmäßiges Überarbeiten und Pflegen des Product Backlogs im Team, mit dem Ziel, die für die kommenden Sprints anstehenden User Stories vorzubereiten.

Owner, Entwicklern und Testern erarbeitet. Der beste Zeitpunkt dafür ist das Sprint Planning 1. In diesem Meeting sitzen alle relevanten Personen zusammen und versuchen, ein gemeinsames Verständnis für die anstehenden User Stories zu entwickeln.

Ein Akzeptanztest ist ein Beispiel, das beschreibt, wie ein Akzeptanzkriterium funktioniert. Beim Schreiben der Tests muss sich das Team für jedes Akzeptanzkriterium ausreichend viele Beispiele überlegen, die das Akzeptanzkriterium sowohl erklären als auch testen. Betrachten wir ein Akzeptanzkriterium der Login-Story:

> E-Mail und Passwort müssen mit den bei der Registrierung angegebenen Daten übereinstimmen.

Beispiele, die die Gültigkeit dieses Akzeptanzkriteriums validieren, setzen Wissen über bereits registrierte Benutzer voraus. Um konkrete Beispiele zu konstruieren, nehmen wir an, dass ein Benutzer mit der E-Mail-Adresse „ralf@insel.de" und dem Passwort „sylt" registriert ist. Basierend auf dieser Vorbedingung lassen sich verschiedene Beispiele konstruieren, die die Gültigkeit der Geschäftsregel validieren. Ein Positiv-Beispiel: Der Benutzer „ralf@insel.de" kann sich mit dem Passwort „sylt" erfolgreich anmelden. Ein Negativ-Beispiel: Der Benutzer „ralf@insel.de" kann sich nicht mit dem Passwort „java" anmelden. Oder formal ausgedrückt:

Vorbedingung	Ein Benutzer „ralf@insel.de" mit Passwort „sylt" ist registriert
Beispiel 1	Anmelden mit „ralf@insel.de" / „sylt" funktioniert
Beispiel 2	Anmelden mit „ralf@insel.de" / „java" schlägt fehl
Beispiel 3	Anmelden mit „ralf@home.de" / „sylt" schlägt fehl
Beispiel 4	Anmelden mit „ralf@insel.de" / „ " schlägt fehl
Beispiel 5	Anmelden mit „ " / „sylt" schlägt fehl

Selbst für ein relativ einfaches Akzeptanzkriterium lassen sich eine ganze Reihe von Beispielen finden. Die Tabelle enthält ausschließlich Grenzfälle und damit Schlüsselbeispiele der Benutzer-Authentifizierung. Jedes dieser Schlüsselbeispiele wird ein Akzeptanztest des zugehörigen Akzeptanzkriteriums.

11.2.2 Merkmale guter Akzeptanzkriterien

Anforderungsworkshops sind ein guter Startpunkt, einen ersten Satz von Akzeptanzkriterien zu schreiben. Allerdings gleicht das Ergebnis von Anforderungsworkshops eher dem eines Brainstormings. Der Workshop liefert eine ganze Menge an Ideen und Detailinformationen, die zwar wichtig sind, sich aber nicht für die direkte Übernahme als Akzeptanzkriterien eignen. Um wirklich gute Akzeptanzkriterien zu liefern, muss der Product Owner die Workshop-Ergebnisse filtern und aufarbeiten. Die folgende Liste mit Merkmalen guter Akzeptanzkriterien hilft dem Product Owner dabei:

Spezifisch. Ein spezifisches Akzeptanzkriterium hat für verschiedene Leser dieselbe Bedeutung. Das Kriterium „Das Auto soll schön sein" ist nicht spezifisch, sondern schwammig. Peter findet einen Käfer und Paul einen Volvo schön. Hingegen ist „Das Auto soll rot sein" eine spezifische Aussage. Spezifische Akzeptanzkriterien lassen wenig Raum für Interpretationen.

Messbar. Ein messbares Akzeptanzkriterium enthält zähl- beziehungsweise greifbare Elemente. Die Farbe „rot" ist messbar, das Kriterium „schön" hingegen nicht. Bei einer Suche nach Scrum-Coaches kann ich zum Beispiel die Anzahl der gefundenen Treffer zählen. Beim Anlegen eines Profils kann ich zählen, dass das System nach dem erfolgreichen Speichern ein zusätzliches Profil enthält.

Fokussiert. Ein fokussiertes Akzeptanzkriterium zielt auf genau einen Aspekt der User Story. Ein Akzeptanzkriterium der Überweisungs-Story sollte nicht gleichzeitig die Aspekte „Reduzierung des Quellkontos" und „Erhöhung des Zielkontos" adressieren. Vielmehr sollten zwei Akzeptanzkriterien jeweils einen dieser beiden Aspekte adressieren. Fokussierte Akzeptanzkriterien lassen sich gezielter testen und zugehörige Akzeptanztests einfacher automatisieren.

Kein User Interface. Akzeptanzkriterien sollten keine Beschreibung des User Interfaces oder des Ablaufs von Benutzerinteraktionen sein. User Interfaces beschreiben, „wie" der Benutzer etwas tut. Akzeptanzkriterien sollten stattdessen beschreiben, „was" der Benutzer mit der neuen Funktion tun kann. Das Akzeptanzkriterium „Nach Eingabe und Bestätigung der Überweisungsdaten öffnet die Anwendung ein TAN-Eingabeformular" schränkt die User Story hinsichtlich User Interface und Interaktionsfluss unnötig ein. Hingegen bringt die Formulierung „Überweisungen müssen durch eine vom System angeforderte TAN legitimiert werden", die Geschäftsregel auf den Punkt, ohne festzulegen, wie der Benutzer die TAN eingeben soll.

Warum. Häufig verlieren Teams den Blick dafür, warum sie etwas tun. Warum benötigen wir eine Suche nach Nachnamen? Warum müssen wir sowohl nach Scrum-Rolle als auch nach Zertifikat suchen können? Die Warum-Frage sollte für jedes Akzeptanzkriterium einfach zu beantworten sein. Kann der Product Owner die Warum-Frage nicht beantworten, ist das Akzeptanzkriterium nicht wichtig und sollte gegebenenfalls weggelassen werden.

Realistisch. Akzeptanzkriterien sollten realistisch im Sinne von erreichbar und umsetzbar sein. Die Anforderung, ein Auto zu bauen, das 300 km/h fährt und dabei nur einen Löffel Benzin verbraucht, ist unrealistisch und entsprechend nicht umsetzbar. Oder ein anderes Beispiel im Kontext von Scrum-Coaches: „Die Suche soll immer innerhalb von drei Sekunden ein Ergebnis liefern" ist unrealistisch und demotiviert das Team. Hingegen werden realistische Akzeptanzkriterien von allen Stakeholdern als erreichbar und umsetzbar eingeschätzt. Statt eine Suche von unter drei Sekunden zu fordern, sollte ein zugehöriges Akzeptanzkriterium visuelles Feedback für länger andauernde Suchen fordern.

Sprache der Anwendungsdomäne. Ein wichtiges Merkmal von Akzeptanzkriterien ist, dass sie in der Sprache der Anwendungsdomäne geschrieben sind. Die Sprache der Anwendungsdomäne besteht aus nicht-technischen Begriffen des adressierten Geschäftsfelds. Beispiele für Begriffe der Anwendungsdomäne „Bank" sind Konto, Überweisung oder TAN. Technische Spezifikationen oder Beschreibungen des User Interface sind keine Begriffe der Anwendungsdomäne und gehören deshalb nicht in die Akzeptanzkriterien einer User Story. Zum Beispiel ist die Formulierung „Wenn ich auf 'Weiter' klicke, öffnet sich ein Formular zur TAN-Eingabe" eine User Interface-Beschreibung, in der sich eine Geschäftsregel versteckt. In der Sprache der Anwendungsdomäne und damit als Akzeptanzkriterium formuliert, sollte die Regel lauten: „Jede Überweisung muss durch eine TAN legitimiert werden."

Product Owner sollten sich vor jedem Sprint die Zeit nehmen, ihre aufgestellten Akzeptanzkriterien auf diese Merkmale hin zu prüfen.

11.2.3 Akzeptanzkriterien auch für Epics?

Lohnt sich das Schreiben von Akzeptanzkriterien auch für Epics? Letztendlich wird das Epic irgendwann ja doch auf konkretere User Stories heruntergebrochen und es ist fraglich, ob die zuvor definierten Akzeptanzkriterien für die resultierenden Stories weiterhin gültig sind.

Die Antwort lautet: Ja, auch für Epics sollten Akzeptanzkriterien geschrieben werden. Letztendlich gilt für Epics das Gleiche wie für User Stories: Kommunizieren hilft, das Epic zu verstehen. Akzeptanzkriterien treiben diese Kommunikation voran und halten das Ergebnis fest. Darüber hinaus eignen sich die Akzeptanzkriterien eines Epics als Schnittgrenzen für konkrete Stories. Beispielsweise lassen sich aus den Akzeptanzkriterien „Suche nach Verfügbarkeit" und „Suche nach Rolle" des Epics „Coach-Suche" relativ einfach zwei Stories schneiden, die das jeweilige Suchkriterium umsetzen. Die beiden Akzeptanzkriterien werden auf die resultierenden Stories verteilt. Ein weiteres Beispiel für das Schneiden nach Akzeptanzkriterien finden Sie in Abschnitt 7.4.7 des Kapitels 7, *User Stories fürs Product Backlog*.

11.3 Beispiel: Suche nach Coaches

Im Folgenden sind die Akzeptanzkriterien und Akzeptanztests der User Story „Als Anbieter will ich nach Coaches suchen" exemplarisch ausgearbeitet. Für jedes Akzeptanzkriterium wurden eine Reihe von Akzeptanztests erarbeitet, die das Kriterium genauer erklären und außerdem dessen Grenzfälle testen. Die Tests sind zunächst als nicht-formale Beispiele geschrieben und werden im nächsten Abschnitt exemplarisch zu einer DSL refaktorisiert.

1. Akzeptanzkriterium: Suche liefert Liste von gefundenen Coaches
   - Test: Eine leere Suche liefert alle im System gespeicherten Coaches
2. Akzeptanzkriterium: Suche nach Nachnamen
   - Test: Suche nach Nachnamen „Wirdemann" liefert Coach „Wirdemann"
   - Test: Suche nach Nachnamen „" liefert alle im System gespeicherten Coaches
   - Test: Suche nach Nachnamen „   " liefert keinen Treffer
3. Akzeptanzkriterium: Suche nach Rolle
   - Test: Suche nach Rolle „Product Owner" liefert alle Product Owner
   - Test: Suche nach Rolle „ScrumMaster" liefert alle ScrumMaster
   - Test: Suche nach Rolle „Developer" liefert alle Entwickler
4. Akzeptanzkriterium: Suche nach Erfahrung
   - Test: ≥ 1 liefert alle Coaches mit mindestens einem Jahr Erfahrung
   - Test: ≥ 2 liefert alle Coaches mit mindestens zwei Jahren Erfahrung
   - Test: ≥ 5 liefert alle Coaches mit mindestens fünf Jahren Erfahrung

5. Akzeptanzkriterium: Suche nach Zertifikat
   - Test: Suche nach Zertifikat „CSM" liefert alle Certified ScrumMaster
   - Test: Suche nach Zertifikat „CSPO" liefert alle Certified Scrum Product Owner
   - Test: Suche nach Zertifikat „CSP" liefert alle Certified Scrum Practitioner
   - Test: Suche nach Zertifikat „CSD" liefert alle Certified Scrum Developer
6. Akzeptanzkriterium: Suche nach Verfügbarkeit
   - Test: Suche nach „Juli 2011" liefert alle Coaches, deren Verfügbarkeitsdatum ≥ Juli 2011 ist
   - Test: Ergebnisliste ist nach Verfügbarkeitsdatum aufsteigend sortiert
7. Akzeptanzkriterium: Wildcard-Suche in Nachnamen
   - Test: Suche „Wir*" liefert Coach „Wirdemann"
   - Test: Suche „*" liefert alle Coaches

Die Liste erhebt keinen Anspruch auf Vollständigkeit, macht aber deutlich, wie hilfreich Akzeptanzkriterien und zugehörige Akzeptanztests für das Verständnis der Story sind. Insbesondere die Suche nach Rolle, Erfahrung und Zertifikat zeigt, wie wichtig Akzeptanztests nicht nur für die eigentliche Test-Durchführung, sondern auch für das Verständnis der jeweiligen Akzeptanzkriterien sind. Die Tests für die Rollen-Suche definieren die Rollen, nach denen gesucht werden darf. Das Gleiche gilt für die Suche nach Erfahrung: Eine Suche nach Coaches mit mindestens einem, zwei oder fünf Jahren Erfahrung soll möglich sein.

Interessant ist auch die Frage, ob die Liste der aufgestellten Akzeptanzkriterien den in Abschnitt 11.2.2 definierten Merkmalen guter Akzeptanzkriterien genügt. Hält das Kriterium „Suche nach Verfügbarkeit" den geforderten Merkmalen stand?

Ja, denn das Kriterium ist **spezifisch**, da ein Verfügbarkeitsdatum für jeden Benutzer ein klar definierter Begriff mit einer nur schwer misszuverstehenden Bedeutung ist. Das Kriterium ist **messbar**, da ich prüfen kann, ob alle Coaches mit einem kleineren als das in der Suche eingegebenen Verfügbarkeitsdatum gefunden werden. Das Akzeptanzkriterium ist **fokussiert**, da es sich auf einen konkreten Aspekt der Suche konzentriert. Das Akzeptanzkriterium beschreibt **kein User Interface**, sondern ausschließlich, was der Benutzer mit der Funktion tun kann. Die **Warum**-Frage kann für das Akzeptanzkriterium einfach beantwortet werden: Mich interessieren nur Coaches, die auch für den von mir benötigten Zeitraum zur Verfügung stehen.

11.4 Kleine Bausteine: Auf dem Weg zur DSL

Die Akzeptanztests einer User Story hängen häufig eng zusammen und weisen oftmals ähnliche Schritte auf. Zum Beispiel setzen die Akzeptanztests der Coach-Suche voraus, dass Coaches mit bestimmten Merkmalen registriert sind, so dass nach ihnen gesucht werden kann. Wird dieser Aspekt als eigenständiger Baustein „Registriere Scrum-Coach Wirdemann" formuliert, kann dieser Baustein in verschiedenen Akzeptanztests wiederverwendet werden. Der Baustein taucht zum Beispiel in den Tests für Nachnamen- oder Rollen-Suche auf und kann für beide Tests als Vorbedingung verwendet werden.

Die Konstruktion kleiner und kombinierbarer Bausteine fördert die Entstehung einer Akzeptanztest-DSL[3] und damit einer Sprache speziell für den Product Owner, mit der er seine Tests durch Kombination vorhandener Bausteine schreiben kann.

Bei der Konstruktion einer Akzeptanztest-DSL empfiehlt es sich, die Sprachbausteine nach Vorbedingung, Aktion und Nachbedingung zu klassifizieren. „Coach Wirdemann ist registriert" ist eine Vorbedingung, „Suche nach Wirdemann" ist eine Aktion und „Ergebnisliste enthält einen Treffer" ist eine Nachbedingung. Die folgenden Beispiele zeigen, wie sich die Akzeptanztests für die Nachnamen-Suche mit Hilfe kleiner Bedingungs-, Aktions- und Erwartungsbausteine formalisieren lassen:

1. Suche nach Nachnamen „Wirdemann"

   Vorbedingung: Ein Coach „Wirdemann" ist registriert
   Aktion: Suche nach Nachnamen „Wirdemann"
   Erwartung: Ergebnisliste mit einem Treffer „Wirdemann"

2. Suche nach Nachnamen „Wirde"

   Vorbedingung: Ein Coach „Wirdemann" ist registriert
   Aktion: Suche nach Nachnamen „Wirde"
   Erwartung: Ergebnisliste ist leer

3. Suche nach Nachnamen „"

   Vorbedingung: Ein Coach „Wirdemann" ist registriert
   Aktion: Suche nach Nachnamen „"
   Erwartung: Ergebnisliste mit einem Treffer „Wirdemann"

Die Tests weisen eine formale Struktur als Basis für eine spätere Automatisierung auf, bleiben dabei aber weiterhin menschenlesbar. Das Schreiben DSL-basierter Akzeptanztests ist aufwändiger als das Schreiben informaler Tests. Entsprechend gilt die Forderung nach kleinen Bausteinen nicht zwingend für sämtliche Akzeptanztests. Für das reine Verständnis von Akzeptanzkriterien ist die im Beispiel 11.3 verwendete informale Variante völlig ausreichend. Sollen Akzeptanztests hingegen automatisiert werden, ist die DSL-Variante zu bevorzugen. Mehr dazu in Abschnitt 11.6.

■ 11.5 Akzeptanztesten während des Sprint

Akzeptanztesten ist ein fortlaufender Prozess, der nicht erst am Ende des Sprint, sondern kontinuierlich, das heißt zum Ende der Entwicklung einer User Story, oder besser nach Umsetzung jedes einzelnen Akzeptanzkriteriums, stattfindet. Akzeptanztesten wird zum Motor des Sprint und beginnt im Sprint Planning 1. Der Product Owner präsentiert dem Team seine Stories mit den zugehörigen Akzeptanzkriterien. Anhand von Beispielen be-

---

[3] Domain-Specific Language: Eine formale Sprache, die speziell für ein bestimmtes Problemfeld, in diesem Fall Akzeptanztesten, entworfen und implementiert wird.

sprechen Product Owner und Team, wie die Akzeptanzkriterien getestet werden sollen. Die Beispiele werden als Tests auf Karteikarten notiert:

```
Akzeptanzkriterium: Suche nach Rolle

Vorbedingung: System enthält zwei Product Owner
Aktion:       Suche nach Product Owner
Ergebnis:     Liste enthält zwei Treffer
```

```
Akzeptanzkriterium: Suche nach Erfahrung

Vorbedingung: System enthält einen Coach mit einem
              Jahr und einen Coach mit zwei Jahren
              Erfahrung
Aktion:       Suche nach einem Jahr
Ergebnis:     Liste enthält zwei Treffer
Aktion:       Suche nach zwei Jahren
Ergebnis:     Liste enthält einen Treffer
```

Abbildung 11.2 Akzeptanzkriterien und zugehörige Testbeispiele

So vorbereitet wird das Sprint Planning 2 zu einem Akzeptanztest-getriebenen Design-Meeting. Die im Sprint Planning 1 erarbeiteten Testkarten sind Leitfaden für die Entwicklung des Software Designs der Stories.

Angenommen, das Team entwirft ein Design für die im vorangegangenen Abschnitt beschriebene Story zur Coach-Suche. Ausgehend vom ersten Akzeptanzkriterium, der Basissuche, entscheidet das Team, dass eine Klasse *SearchService* benötigt wird. Die Klasse implementiert eine Methode *search*, die initial eine Liste aller registrierten Coaches zurückliefert. Das zweite Akzeptanzkriterium, die Suche nach Nachnamen, führt zum Entwurf der Klasse *Criteria*, einem Container für mögliche Suchwerte. Bezogen auf die Suche nach Nachnamen enthält diese Klasse nur ein Attribut, wird aber Akzeptanzkriterium für Akzeptanzkriterium um die zusätzlich benötigten Suchparameter erweitert. Im Rahmen der Design-Diskussion schreibt das Team die gefundenen Tasks auf Karteikarten. Die erarbeiteten Karten für Akzeptanztests und Tasks werden ans Taskboard gehängt. Abbildung 11.3 auf der nächsten Seite liefert einen Vorschlag für ein Akzeptanztest-Taskboard.

Im Akzeptanztest-getriebenen Sprint werden nicht mehr nur Tasks und Stories, sondern zusätzlich Akzeptanztests bewegt. Der Gedanke der geschäftswertgetriebenen Softwareentwicklung wird von den User Stories auf deren Geschäftsregeln übertragen. Das Team nimmt sich den wichtigsten Akzeptanztest, hängt die Karte nach „In Arbeit" und setzt die zugehörigen Tasks um. Ist der Test implementiert, wird die Test-Karte in die Spalte „Fertig" bewegt. Ein fertiger Akzeptanztest ist integriert und wird vom Tester in der Integrationsumgebung abgenommen.

Für Akzeptanztests gilt die selbe Regel wie für Stories: Möglichst wenige Tests in paralleler Bearbeitung. Entscheidet sich der Product Owner im Laufe des Sprint, dass zum Beispiel die Suche nach Rolle doch nicht so wichtig ist, dann kann er das Akzeptanzkriterium und die zugehörigen Tests nachträglich aus dem Sprint nehmen, ohne Gefahr zu laufen, dass bereits Code oder Tests für dieses Kriterium entwickelt wurden.

Akzeptanztest für Akzeptanztest wandert von links nach rechts über das Board. Der Product Owner sieht nicht nur, welche Stories bereits gestartet oder fertig sind, sondern er sieht auch, welchen Stand die sich „In Arbeit" befindlichen Stories haben. Im Gegensatz zu technischen Tasks versteht er die Akzeptanztests. Hängen alle Test-Karten in der Spalte „Fertig", ist die zugehörige Story fertig.

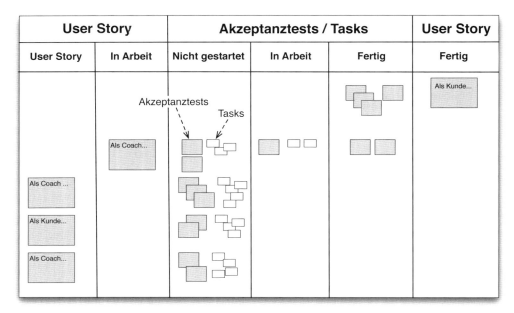

Abbildung 11.3 Visualisierung von Akzeptanztests am Taskboard

Kontinuierliches Akzeptanztesten im Sprint rückt Product Owner und Tester sehr nah an das Entwicklungsteam und die Umsetzung der Stories. User Stories müssen fortlaufend in das Gesamtsystem integriert werden. Seiteneffekte werden unmittelbar sichtbar und das Entwicklungsteam erhält zeitnahes Feedback zu der geleisteten Arbeit.

■ 11.6 Die hohe Schule: Akzeptanztest-getriebene Entwicklung

Akzeptanztesten wird richtig spannend, wenn die Akzeptanztests einer User Story automatisiert werden. Ein automatisierter Akzeptanztest ist ein Test, dessen Einzelschritte auf Knopfdruck ausgeführt werden und bis zum Ende ohne weitere Benutzerinteraktion durchlaufen. Gleich einem Unit Test steht der Test am Ende auf rot oder grün: Rot zeigt an, dass die getestete Funktionalität gar nicht oder fehlerhaft implementiert wurde. Bei grün ist alles in Ordnung.

Akzeptanztest-getriebene Entwicklung (ATDD = Acceptance Test-driven Development) ist eine Vorgehensweise, bei der die funktionalen Anforderungen einer User Story als konkrete und automatisierte Beispiele vor der eigentlichen Entwicklung geschrieben werden. Der zugrundeliegende Prozess ist vergleichbar mit dem der testgetriebenen Entwicklung (TDD = Test-driven Development): Der Programmierer schreibt einen fehlschlagenden Test für

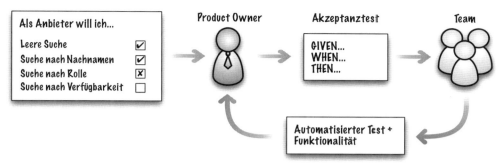

Abbildung 11.4 Der ATDD-Kreislauf

eine nicht vorhandene Funktion. Anschließend programmiert er die Funktion und bringt den Test so zum Laufen.

Abbildung 11.4 zeigt den ATDD-Prozess als eine Art TDD auf Geschäftsebene. Statt in Funktionen auf Quellcode-Ebene wird in Geschäftsregeln auf User Story-Ebene gedacht. Der Product Owner liefert dafür die Akzeptanztests der Stories in einem speziellen Given/When/Then-Format (mehr dazu im nächsten Abschnitt), das dem Team als Vorlage für die Automatisierung der Tests dient. Das Team nimmt sich Test für Test vor, automatisiert den Test und entwickelt gerade genug Funktionalität, dass der Test erfolgreich ausgeführt werden kann. Dieser ATDD-Kreislauf läuft kontinuierlich ab und treibt die Entwicklung der Stories entlang ihrer Akzeptanzkriterien. Sobald ein automatisierter Akzeptanztest erfolgreich ausgeführt werden kann, werden Test und Funktionalität ins Gesamtsystem integriert und die Arbeit mit dem nächsten noch nicht automatisierten Test fortgesetzt.

11.6.1 ATDD-Beispiel: Suche nach Coaches

Die Automatisierung eines Akzeptanztests wird am Beispiel von Cucumber[4] gezeigt, einem ATDD-Werkzeug aus dem Ruby on Rails-Umfeld. Cucumber verwendet das im vorangegangenen Abschnitt angesprochene Given/When/Then-Format. Jeder Akzeptanztest besteht aus einem oder mehreren Given-, When- und Then-Statements. Ein Given-Statement beschreibt die Vorbedingung des Tests. Ein When-Statement beschreibt die eigentliche Aktion und ein Then-Statement das erwartete Ergebnis. Das folgende Testszenario zeigt einen Cucumber-Test für die Suche nach Nachnamen:

```
SCENARIO: Suche nach Nachnamen
   GIVEN ein ScrumMaster mit Nachnamen Wirdemann
   AND ein Product Owner mit Nachnamen Ritscher
   WHEN ich nach "Wirdemann" suche
   THEN enthaelt die Ergebnisliste den Treffer "Wirdemann"
   WHEN ich nach "Ritsch" suche
   THEN enthaelt die Ergebnisliste keinen Treffer
```

---

[4] http://cukes.info

```
WHEN ich nach " " suche
THEN enthaelt die Ergebnisliste keinen Treffer
```

Der Test formalisiert die für das zugehörige Akzeptanzkriterium definierten Schlüsselbeispiele in natürlicher Sprache. Als Vorbedingung enthält das System zwei Coaches „Wirdemann" und „Ritscher". Der Test beschreibt, wie sich das System verhalten soll, wenn nach einem existierenden Namen, einem unvollständigen Namen und einer leeren Zeichenkette gesucht wird. Er beschreibt die Erwartungen des Product Owner an die Nachnamen-Suche und gibt dem Team vor, was programmiert werden soll.

Nachdem der Product Owner das Testszenario geliefert hat, ist das Team an der Reihe, den Test zu automatisieren. Dazu wird für jedes Statement des Testszenarios ein zugehöriger Ruby-Aufruf programmiert, der je nach Statement-Typ die Vorbedingung herstellt, die Aktion ausführt oder die beschriebene Erwartung überprüft. Für das Given-Statement „ein ScrumMaster mit Nachnamen Wirdemann" muss zum Beispiel die Methode `Given` aufgerufen und entsprechend instruiert werden,[5] dass sie einen Coach mit Namen „Wirdemann" in der Datenbank speichert. Cucumber stellt die Beziehung zwischen dem Statement des Testszenarios und dem zugehörigen Ruby-Aufruf über einen regulären Ausdruck her, der dem Aufruf als Parameter übergeben wird:

```
Given /ein ScrumMaster mit Nachnamen (\w+)/ do |nachname|
  Coach.create(:nachname => nachname)
end
```

Ist der Test beschrieben und automatisiert, kann er von Cucumber aufgerufen und ausgeführt werden. Wurde der Test vor der eigentlichen Suche nach Nachnamen implementiert, schlägt er erwartungsgemäß fehl. Es fehlt der dritte Schritt im ATDD-Kreislauf: die Programmierung der geforderten Funktionalität. Das Team muss eine Suchfunktion implementieren, die die Nachnamen der registrierten Coaches durchsucht und als Ergebnis die passenden Treffer liefert.

Werkzeuge wie Cucumber helfen, die Entwicklung von User Stories entlang ihrer Kerngeschäftsregeln voranzutreiben. Konsequent angewendet wird nur das entwickelt, was auch als Akzeptanztest beschrieben wurde. Die Entwicklung erfolgt fokussiert und geschäftswertgetrieben. Über die Zeit entsteht ein immer dichter werdendes Netz von automatisierten Akzeptanztests. Die Gültigkeit der Geschäftsregeln wird kontinuierlich validiert. Fehler und Seiteneffekte werden unmittelbar entdeckt und können zeitnah behoben werden.

Ein weiterer interessanter Aspekt bei der Verwendung von Cucumber ist das Entstehen einer lebendigen und sich anpassenden Systemdokumentation. Cucumber-Tests sind menschenlesbar und beschreiben jederzeit den aktuellen und gültigen Stand der implementierten Features. Ändert sich das System, müssen die Tests und damit die Systemdokumentation angepasst werden. Folglich ist die Dokumentation niemals veraltet.

---

[5] Im Beispiel als Ruby-Block, der der Given-Methode als Parameter übergeben wird.

11.6.2 Product Owner love writing Tests?

Programmierer lieben es, ihre Software zu testen. Allerdings nur dann, wenn sie ihre Tests programmieren anstatt sie manuell durchzuführen.[6] Gilt das auch für Product Owner? Sind Product Owner willens oder überhaupt in der Lage, Cucumber-Szenarien zu liefern, die den Ansprüchen der Akzeptanztest-getriebenen Entwicklung genügen und sich als Vorlage für die Automatisierung durchs Team eignen?

Meine Erfahrung ist leider die gegenteilige. Heutige ATDD-Werkzeuge verfolgen zwar die Idee, dass der Product Owner die Testszenarien schreibt und bei Änderungen pflegt. In der Praxis funktioniert das leider nur selten, wofür ich zwei Ursachen sehe: Zum einen sind die Werkzeuge zu programmierlastig und setzen ein bestimmtes Denken voraus, das nicht jedem Product Owner zu eigen ist. Und zum anderen kostet das Schreiben guter Testszenarien sehr viel Zeit, die vielen Product Ownern im Projektalltag fehlt.

Auch wenn Product Owner Tests nicht besonders gerne schreiben, so haben Cucumber-Testszenarien einen entscheidenden Vorteil gegenüber Tests in nativen Programmiersprachen: sie sind Kunden-lesbar. Ein Product Owner kann einen Cucumber-Test sehr viel besser lesen, verstehen und darüber diskutieren als einen in Ruby oder Java programmierten Test. Dies ist insbesondere im Hinblick auf den kommunikativen Aspekt der Akzeptanztest-getriebenen Entwicklung sowie für das Entstehen einer lebendigen und sich mit dem System ständig weiterentwickelnden Systemdokumentation von großem Wert.

In der Praxis sind es häufig die Tester im Team, die das Schreiben der Tests übernehmen. Tester verfügen in der Regel über die für das Schreiben von Cucumber-Tests erforderlichen Programmierfähigkeiten und wissen, worauf es ankommt. In enger Zusammenarbeit mit dem Product Owner überführen sie seine Akzeptanzkriterien und Schlüsselbeispiele in Cucumber-Szenarien. Außerdem sind sie für das Refaktorisieren der Tests verantwortlich.

11.6.2.1 Alternative JCriteria

Meine Erfahrungen bei der Arbeit mit Tools wie Cucumber oder JBehave, dem Äquivalent aus der Java-Welt, haben mich zu der Entwicklung von JCriteria[7] bewogen. JCriteria verlangt vom Product Owner keine komplizierten Given/When/Then-Szenarien, sondern ausschließlich User Stories mit zugehörigen Akzeptanzkriterien:

```
Story: Als Anbieter will ich nach Coaches suchen
Criteria: Suche nach Nachnamen
Criteria: Suche nach Rolle
Criteria: Suche nach Erfahrung
...
```

JCriteria stellt die Verbindung zwischen Akzeptanzkriterien und zughörigen Tests her und führt sie auf Knopfdruck aus. Der Product Owner liefert die Stories und das Team programmiert die Tests. JCriteria sorgt für die enge Zusammenarbeit beider Parteien, ohne den Product Owner beim Schreiben der Stories zu überfordern.

---

[6] Die Überschrift dieses Abschnitts ist eine Anspielung auf einen der ersten JUnit-Artikel „JUnit Test Infected: Programmers love writing Tests" (http://junit.sourceforge.net/doc/testinfected/testing.htm).

[7] http://jcriteria.org

■ 11.7 Lohnt sich das Ganze?

Sie haben jetzt eine ganze Menge zum Thema Akzeptanztesten erfahren und stellen sich möglicherweise die Frage, ob sich das Ganze lohnt. Schließlich beinhaltet Akzeptanztesten doch eine ganz Menge Arbeit, die weit über das Schreiben von User Stories hinausgeht: Akzeptanzkriterien müssen erarbeitet und sauber formuliert werden, Beispiele müssen überlegt, diskutiert und als Akzeptanztests aufgeschrieben werden. Sollen die Tests automatisiert werden, müssen sie in Cucumber-Szenarien überführt und vom Team programmiert werden. Außerdem ändern sich Systeme über die Zeit und damit auch ihre Akzeptanztests, wodurch zusätzlicher Wartungsaufwand entsteht. Gewinnen wir wirklich mehr, als wir investieren?

Die zusätzliche Arbeit lohnt sich. Akzeptanztests und der Prozess des Akzeptanztesten sind sehr viel mehr, als es der bloße Name vermuten lässt. Akzeptanztesten geht weit über das eigentliche Testen und Abnehmen von User Stories hinaus. Es handelt sich vielmehr um eine Form der geschäftswertgetriebenen Softwareentwicklung. Das gesamte Team wird von Beginn an darauf fokussiert, sich auf die wirklich wertschöpfenden Aspekte einer User Story zu konzentrieren. Der Product Owner muss sich im Vorfeld der Story sehr viel mehr Gedanken darüber machen, welche dies sind. Er muss Akzeptanzkriterien und die zugehörigen Beispiele so formulieren, dass das Team sie versteht und ein besseres Gesamtverständnis der Story erhält. Die wesentliche Arbeit beim Akzeptanztesten ist neben der engen Zusammenarbeit das Erkennen und Erklären, was wirklich wichtig und werthaltig ist. Das dabei entstehende Netz automatisierter Akzeptanztests und die daraus resultierende Sicherheit entsteht quasi nebenbei.

Richtig ist, dass werthaltige und sorgfältig durchdachte Akzeptanzkriterien nicht mal eben in 5 Minuten runtergeschrieben werden. Das Erarbeiten von Akzeptanzkriterien ist aufwändig und erfolgt idealerweise in Gruppen, zum Beispiel im Rahmen eines Anforderungsworkshops. All dies kostet Zeit, muss im Vorfeld des Sprint Plannings erfolgen und liegt in der Verantwortung von häufig überlasteten Product Ownern. Klar muss jedoch sein, dass gute Akzeptanzkriterien am Ende Zeit sparen. Sie helfen allen Projektbeteiligten, sich aufs Wesentliche zu konzentrieren, keine unnötigen Features zu entwickeln, dann aufzuhören, wenn alle Geschäftsregeln implementiert sind und am Ende Software zu liefern, die der Kunde wirklich will.

■ 11.8 Zusammenfassung

- Akzeptanztesten ist ein ganzheitlicher Entwicklungs- und Abnahmeprozess von User Stories. Der Product Owner schreibt für jede User Story Akzeptanzkriterien und zugehörige Akzeptanztests. Das Team entwickelt die Story entlang dieser Kriterien und Tests. Product Owner oder Tester führen die Akzeptanztests mit dem Ziel der Story-Abnahme durch.
- Ein Akzeptanzkriterium beschreibt eine Geschäftsregel der User Story. Akzeptanzkriterien sind fester Bestandteil einer User Story und werden vom Product Owner vor dem Sprint erarbeitet.

- Ein Akzeptanztest beschreibt, wie ein Akzeptanzkriterium getestet wird. Ein Akzeptanztest ist Test und erklärendes Beispiel zugleich. Akzeptanztests werden gemeinsam vom Product Owner und Team im Sprint Planning Meeting erarbeitet.
- Akzeptanzkriterien sollten spezifisch, messbar, fokussiert, unabhängig vom User Interface, realistisch und in der Sprache der Anwendungsdomäne formuliert sein. Außerdem sollte jedes Akzeptanzkriterium die Warum-Frage beantworten: Warum ist dieses Kriterium für das Funktionieren der Story erforderlich?
- Akzeptanztests können informal oder DSL-basiert geschrieben werden. Letzteres empfiehlt sich insbesondere dann, wenn die Tests automatisiert werden sollen.
- Akzeptanztesten ist ein kontinuierlich stattfindender Prozess, der nicht erst zum Ende des Sprint, sondern bereits während der Entwicklung, spätestens aber nach Fertigstellung der User Story stattfindet. Die Visualisierung von Test-Karten am Taskboard unterstützt diesen Prozess, fokussiert das Team und schafft Klarheit für den Product Owner.
- Bei der Akzeptanztest-getriebenen Entwicklung (ATDD) werden die Akzeptanztests einer User Story vor der Entwicklung der eigentlichen Funktionalität geschrieben und automatisiert.
- ATDD-Werkzeuge wie Cucumber, JBehave oder JCriteria unterstützen Product Owner und Tester beim Schreiben von Akzeptanztests als Basis für die Test-Automatisierung durch das Entwicklungsteam.

■ 11.9 Wie geht es weiter?

Der Sprint ist beendet. Die User Stories wurden Akzeptanztest-getrieben entwickelt und vom Product Owner abgenommen. Was jetzt noch fehlt, ist ein Blick auf den Entwicklungsprozess selber und damit auf die Art und Weise, wie das Team zusammenarbeitet. Es ist Zeit für die Sprint-Retrospektive.

12 Sprint-Retrospektive

Die Art und Weise der Zusammenarbeit des Teams entscheidet maßgeblich über Erfolg oder Misserfolg von Softwareprojekten. Genauso, wie ein Fussballtrainer nach jedem Spiel mit seiner Mannschaft eine Analyse und ein Debriefing durchführt und daraus Erkenntnisse und Entwicklungsmöglichkeiten für das nächste Spiel gewinnt, führen Scrum-Teams nach jedem Sprint eine Retrospektive durch. Im Mittelpunkt der Retrospektive steht nicht das Ergebnis des Sprint, sondern der eigentliche Entwicklungsprozess und die Zusammenarbeit des Teams.

Retrospektiven folgen dem „Beobachten und Anpassen"-Prinzip und haben die kontinuierliche Verbesserung des Entwicklungsprozesses zum Ziel. Dabei wird dem Team nicht von außen diktiert, was besser werden muss, sondern das Team entscheidet selber, welche Arbeitsweisen es beibehalten und in welche Richtung es sich weiterentwickeln will. Der ScrumMaster bestimmt also nicht, was gut oder schlecht war, sondern hilft dem Team nur dabei, diese Punkte zu erkennen, daraus zu lernen und entsprechende Aktionspläne zu entwickeln.

Mit der Durchführung einer Retrospektive investiert das Team in seine Zukunft. Selbst sehr gute Teams können immer noch besser werden. Ähnlich wie ein Weltklassesportler gibt sich ein Scrum-Team nicht mit dem Status quo zufrieden, sondern legt die Latte immer ein Stückchen höher. Scrum-Teams streben im Sinne der japanischen Lebens- und Arbeitsphilosophie *Kaizen*[1] nach ständiger Verbesserung. „Besser werden" macht Spaß und ist aus sich selbst heraus motiviert. Retrospektiven definieren Ziele für die bessere Zusammenarbeit und motivieren Teams, diese Ziele im nächsten Sprint gemeinsam zu erreichen.

Gute Retrospektiven funktionieren nicht von alleine, sondern erfordern einen erfahrenen ScrumMaster. Er leitet die Retrospektive und verhilft dem Team durch verschiedene Aktivitäten zu Erkenntnissen und Hinweisen für mögliche Verbesserungen. Dieses Kapitel führt in die Grundlagen von Retrospektiven ein und liefert Ideen für die Durchführung erster eigener Retrospektiven. Was für die gesamte Scrum-Einführung gilt, gilt für Retrospektiven ganz besonders: Was zählt, ist Erfahrung. Retrospektiven werden von Mal zu Mal und von Projekt zu Projekt besser. Das Wichtigste an einer Retrospektive ist, dass man sie durchführt.

---

[1] Frei übersetzt bedeutet Kaizen *Veränderung* (= Kai) *zum Besseren* (= Zen) und steht für die ständige und inkrementelle Verbesserung des Arbeitsprozesses.

12.1 Nach dem Sprint ist vor dem Sprint

Das Ziel einer Retrospektive ist die schrittweise und kontinuierliche Verbesserung des Entwicklungsprozesses. Das Team blickt zurück und rekapituliert die während des Sprint aufgetretenen Ereignisse und Erfahrungen. Positive Erfahrungen werden sichtbar gemacht und dadurch verstärkt. Sie etablieren sich so als Teil des Prozesses. Erfährt das Team zum Beispiel das Programmieren in Paaren als positive und produktive Erfahrung, dann führt allein die Betonung dieser Tatsache dazu, dass Pair Programming zu einem festen Bestandteil des Entwicklungsprozesses wird. Auf der anderen Seite geht es in Retrospektiven um das Aufspüren von Entwicklungsmöglichkeiten. Wo kann das Team in seiner Zusammenarbeit noch besser werden, und welche konkreten Schritte sind notwendig, um die erkannten Verbesserungsmöglichkeiten in die Tat umzusetzen?

Eine typische Retrospektiv-Runde besteht aus dem Team, dem ScrumMaster und dem Product Owner. Die Teilnahme des Product Owner ist optional, aber von Zeit zu Zeit notwendig, insbesondere, wenn die Zusammenarbeit zwischen Product Owner und Team verbessert werden soll. Die Retrospektive wird vom ScrumMaster geleitet. Im Vorfeld der Retrospektive überlegt er sich den konkreten Ablauf und bereitet die geplanten Aktivitäten vor. Retrospektiven sind timeboxed und sollten nicht länger als drei Stunden dauern. Damit die Timebox für die gesamte Retrospektive funktioniert, bestimmt der ScrumMaster für jede Aktivität eine eigene Timebox. Eine Retrospektive hat nur dann einen wirklichen Wert, wenn am Ende konkrete Aktionen für die Umsetzung der erkannten Entwicklungsmöglichkeiten beschlossen werden. Deshalb ist es wichtig, dass am Ende der drei Stunden ausreichend Zeit für die Entwicklung von Aktionsplänen und einen geordneten Abschluss der Retrospektive bleibt.

Der beste Zeitpunkt für die Durchführung der Retrospektive ist der letzte Sprint-Tag, oder, besser gesagt, der „Tag zwischen den Sprints", an dem nicht mehr entwickelt wird. Darüber hinaus ist es besser, die Retrospektive am Anfang statt am Ende der Woche durchzuführen, da die gewonnenen Erkenntnisse so nicht erst durch ein Wochenende geschleppt werden müssen, sondern unmittelbar mit dem Start des Folge-Sprints am nächsten Tag umgesetzt werden können.

12.2 Ablauf von Retrospektiven

Retrospektiven wurden ursprünglich gar nicht von Ken Schwaber und Mike Beedle als Teil von Scrum formuliert [Schwaber und Beedle, 2001]. Die Praxis und Erfahrungen aus anderen agilen Methoden haben jedoch gezeigt, dass Teams das Bedürfnis haben, über ihre Art der Zusammenarbeit zu reflektieren und diese dadurch kontinuierlich zu verbessern, so dass Retrospektiven mittlerweile zu einem festen Bestandteil von Scrum geworden sind und auch von Ken Schwaber in einem seiner späteren Bücher beschrieben wurden [Schwaber 2004].

Im Kern der Retrospektive stehen die beiden Fragen „Was haben wir gut gemacht?" und „Was können wir das nächste Mal besser machen?". Aufbauend auf diesen beiden Fragen haben sich vier Hauptphasen einer Retrospektive etabliert. Um zu erkennen, was im Sprint gut und was nicht so gut lief, brauchen wir Daten, die ein einheitliches Bild des zurücklie-

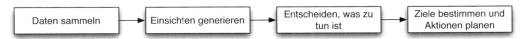

Abbildung 12.1 Der Ablauf einer Sprint-Retrospektive

genden Sprint schaffen. Dies ist Phase 1, die sogenannte Datensammelphase. Aufbauend auf den gesammelten Daten erzeugen wir in der zweiten Phase Einsichten, die uns erkennen lassen, was gut war und was wir noch besser machen können. In der dritten Phase entscheiden wir, welche Dinge wir konkret angehen und überlegen uns in Phase vier, welche Aktionen dafür notwendig sind. Der Ablauf von Retrospektiven, bestehend aus diesen vier Phasen, ist in Abbildung 12.1 dargestellt.

Der grobe Ablauf bleibt von Retrospektive zu Retrospektive weitestgehend gleich. Es geht immer darum, Daten zu sammeln, Erkenntnisse zu gewinnen und aufbauend auf diesen Erkenntnissen zu überlegen, was zu tun ist. Worin sich Retrospektiven allerdings unterscheiden, sind die konkreten Aktivitäten, die in den einzelnen Phasen durchgeführt werden.

Aktivitäten treiben die Retrospektive

Eine Aktivität ist eine konkrete Tätigkeit, die vom Team während der Retrospektive durchgeführt wird, um ein bestimmtes Ziel, bezogen auf die jeweilige Retrospektiv-Phase zu erreichen. Eine Aktivität fokussiert die Gruppe auf ein bestimmtes Thema und unterstützt die gleichmäßige Kommunikation und Beteiligung aller Mitglieder. Jede Retrospektiv-Phase kennt spezielle Aktivitäten. Zum Beispiel gibt es eine ganze Reihe von Aktivitäten, um Daten über den zurückliegenden Sprint zu sammeln. Die von uns am häufigsten verwendete und in diesem Kapitel beschriebene Datensammelaktivität ist die Erstellung einer „Timeline", bei der die einzelnen Teammitglieder Ereignisse sammeln und auf einer vorbereiteten Zeitachse notieren. Ein anderes Beispiel für eine Aktivität, um zu bestimmen, welche der erkannten Verbesserungen konkret angegangen werden, ist das „Dot Voting". Jedes Teammitglied darf eine festgelegte Anzahl von Punkten frei auf die gesammelten Verbesserungsvorschläge verteilen, so dass am Ende die drei Vorschläge mit den meisten Punkten umgesetzt werden. Timelines und Dot Voting sind nur zwei von vielen Aktivitäten für die unterschiedlichen Phasen einer Retrospektive.

Wichtig ist, dass der ScrumMaster jede Aktivität explizit einführt und motiviert. Damit die Aktivität etwas wert ist und die gewünschten Ergebnisse liefert, muss den Teammitgliedern klar sein, warum sie etwas tun sollen. Die Erstellung einer Timeline kann der ScrumMaster beispielsweise folgendermaßen motivieren:

> Ich möchte, dass wir gemeinsam ein einheitliches Bild des zurückliegenden Sprints entwerfen und dafür alle wesentlichen Ereignisse oder sonstigen Dinge, die euch aufgefallen sind, zusammentragen. Nehmt euch jeder für sich 15 Minuten Zeit und lasst den Sprint noch einmal vor eurem geistigen Auge Revue passieren. Notiert bitte alles, was euch dabei auffällt, egal, ob es ein spezielles Ereignis, eine Beobachtung oder ein Gefühl war, auf je einem Post-It.

Mir hat es in der Vorbereitung meiner ersten Retrospektiven geholfen, die einleitenden Worte einer Aktivität auszuformulieren und auch mal laut vorzusagen.

Ähnlich wichtig wie die Motivation von Aktivitäten ist deren Debriefing. Der ScrumMaster macht deutlich, dass die Aktivität zu Ende ist und eine neue Phase beginnt. Dazu fasst er die durchgeführte Tätigkeit kurz zusammen, hebt bemerkenswerte Beobachtungen explizit hervor und gibt einen Ausblick, wie die Ergebnisse im weiteren Verlauf der Retrospektive verwendet werden. Abschnitt 12.6.1 liefert einige Hinweise zum Debriefing der Timeline-Aktivität.

Die meisten der in diesem Kapitel vorgestellten Aktivitäten stammen aus dem Buch *Agile Retrospectives* von Esther Derby und Diana Larsen [Derby und Larsen 2006]. Ich habe in diesem Kapitel die Aktivitäten beschrieben, die für meine Teams funktioniert und gute Ergebnisse geliefert haben. Das zitierte Buch enthält viele weitere Aktivitäten für unterschiedliche Retrospektiv-Arten und ist eine Fundgrube für die Suche nach Variationen, zum Beispiel für länger andauernde Projekte.

■ 12.3 Retrospektiven vorbereiten

Retrospektiven sollen sich lohnen, und damit sie es tun, müssen sie gut vorbereitet sein. Für den ScrumMaster beginnt die Retrospektive deshalb mit ihrer Vorbereitung. Diese beinhaltet neben eher praktischen Dingen, wie der Buchung eines Raumes, der Beschaffung von Materialien oder dem Versenden der Einladungs-Mail, vor allem die inhaltliche Planung. Der ScrumMaster muss sich überlegen, welche Aktivitäten er in welcher Reihenfolge und mit welchem Ziel durchführen will. Dies hängt von einer Reihe Faktoren ab, wie zum Beispiel der Länge der geplanten Retrospektive, die wievielte Retrospektive es ist oder auch, wie die Stimmung im Team gerade ist. Wichtig ist darüber hinaus, dass die gewählten Aktivitäten zueinander passen und inhaltlich aufeinander aufbauen. Für jede der geplanten Aktivitäten bestimmt der ScrumMaster eine Timebox und überlegt sich, wie er die Aktivität motivieren will. Steht der Plan, schreibt der ScrumMaster die Agenda zusammen mit den vorgesehenen Timeboxen an ein Flip-Chart im Retrospektiv-Raum.

Einige der Retrospektiv-Aktivitäten erfordern eine gezielte Vorbereitung, die der ScrumMaster unbedingt vor der eigentlichen Retrospektive durchführen sollte. Ein Beispiel hierfür ist die Timeline, für die das Team ein großes Blatt Papier mit einer Zeitachse benötigt, die die Eckdaten des Sprint aufzeigt. Damit die ersten 10 Minuten der für die Timeline geplanten Timebox nicht für deren Vorbereitung verloren gehen, muss der ScrumMaster die Timeline vorher zeichnen und an die Wand hängen. So wird sichergestellt, dass das Team direkt nach Einführung der Aktivität loslegen kann.

■ 12.4 Retrospektiven leiten

Retrospektiven werden vom ScrumMaster geleitet. Seine Hauptaufgabe besteht dabei darin, die Aktivitäten der Retrospektive zu managen, das heißt, sie explizit einzuführen, ihren Ablauf zu moderieren, die geplante Timebox zu beachten und die Aktivität am Ende zu debriefen.

Der ScrumMaster ist für den Prozess und nicht für den Inhalt verantwortlich. Er gibt sich eher neutral und mischt sich nur ein, wenn er es für notwendig hält. Er muss dafür sorgen, dass alle Teilnehmer gleichermaßen mitarbeiten. Dazu gehört es, nicht nur einzelne Teilnehmer zum Reden zu bewegen, sondern auch mal einzelne Personen in ihrer Aktivität zu stoppen.

In gruppendynamischen Prozessen wie Retrospektiven geht es durchaus auch mal emotionaler zu. Das ist nicht weiter schlimm, solange es nicht persönlich wird oder zu Schuldzuweisungen kommt. Droht die Retrospektive aus dem Ruder zu laufen, ist es Aufgabe des ScrumMaster, die Retrospektive zurück in ein sachlicheres Fahrwasser zu lenken. Kommt es zu Schuldzuweisungen oder gar zu Beleidigungen, muss der ScrumMaster intervenieren. Auch Schreien ist nicht akzeptabel und wird vom ScrumMaster unterbunden.

Der ScrumMaster muss also immer ruhig Blut bewahren und auch in emotional hoch hergehenden Situationen die Kontrolle bewahren und eine gewisse Souveränität ausstrahlen. Aus Erfahrung weiß ich, dass dies nicht immer einfach ist. Im Zweifelsfall ist es besser, eine Pause zu machen, tief durchzuatmen und die Retrospektive in einer Viertelstunde fortzusetzen. Sofern es die Situation erfordert, ist es auch in Ordnung, die Retrospektive ganz abzubrechen.

■ 12.5 Agenda und Check-in

Eine Retrospektive beginnt damit, dass der ScrumMaster das Team begrüßt und einen Überblick über den Ablauf und die geplanten Aktivitäten der Retrospektive gibt. Ist der ScrumMaster gut vorbereitet, dann hat er die Agenda bereits vor der Retrospektive an ein Flip-Chart geschrieben. Die Agenda ist so während der gesamten Retrospektive sichtbar, vereinfacht die Orientierung und unterstützt das Timeboxing.

Nach Vorstellung der Agenda muss der ScrumMaster eine der Retrospektive angemessene Atmosphäre schaffen. Retrospektiven sind Räume der Sicherheit, in denen das Team Themen auf den Tisch bringen kann, für die es sonst kein Forum gibt. Dieses Gefühl der Sicherheit muss aber erst mal geschaffen werden. Eine einfache Variante, dies zu tun, ist die Durchführung einer geheimen Ja/Nein-Abstimmung. Dazu fragt der ScrumMaster in die Runde, ob jeder der Anwesenden das Gefühl hat, offen reden zu können. Alle Teilnehmer schreiben ihre Antwort verdeckt auf einen Zettel und geben ihn dem ScrumMaster. Ein oder mehrere Neins zeigen auf, dass irgendwas nicht stimmt, das heißt noch keine Atmosphäre der Sicherheit vorhanden ist. In diesem Fall kann der ScrumMaster das Team fragen, ob und wie er helfen kann, die Neins in Jas umzuwandeln. Er kann dazu alle Nicht-Teammitglieder, wie Product Owner oder das Management, sofern sie eingeladen waren, kurz vor die Tür schicken und dem Team 15 Minuten Zeit geben, das Problem zu lösen. Manchmal ist es nur die Anwesenheit bestimmter Personen, die ein Gefühl der Sicherheit verhindern, und darüber lässt es sich einfacher reden, wenn die betreffenden Personen nicht im Raum sind. Nach spätestens einer Viertelstunde folgt eine zweite Abstimmungsrunde. Liegen dann immer noch Neins auf dem Tisch, sollte man trotzdem anfangen und die Gründe für die Unsicherheit zu einem späteren Zeitpunkt klären, zum Beispiel in Einzelgesprächen nach der Retrospektive.

Abbildung 12.2 Der ScrumMaster hat die Agenda an ein Flip-Chart geschrieben

Ein alternativer Check-In ist die Durchführung einer Erwartungsrunde. Reihum sagt jeder Teilnehmer in ein bis zwei Sätzen, was er von der heutigen Retrospektive erwartet, zum Beispiel: „Ich wünsche mir, dass es ruhiger zugeht als beim letzen Mal", oder „Hoffentlich wird das Thema Refactoring heute als so wichtig erkannt, dass wir es endlich mal konkret angehen können".

■ 12.6 Phase 1: Daten sammeln

Nachdem der ScrumMaster die Agenda vorgestellt und den Teilnehmern die Möglichkeit zum Check-In gegeben hat, geht es mit der Datensammelphase der Retrospektive weiter. In dieser Phase geht es darum, alle Beteiligten auf denselben Stand zu bringen und die Geschichte des Sprint gemeinsam, aber aus verschiedenen Perspektiven zu erzählen:

- Was ist wann an Bemerkenswertem passiert?
- Welche User Stories wurden umgesetzt?
- Welche User Stories sind liegen geblieben?
- Wurden neue Technologien ausprobiert?
- Welche Höhen und Tiefen gab es?
- Wie lief der Produktionssupport?
- Was hat genervt?
- Was gab es zu feiern?

Ohne die Datensammelphase hat jeder sein eigenes Bild vom Sprint, und diese Bilder können unter Umständen stark voneinander abweichen. Unterschiedliche Leute nehmen ganz unterschiedliche Dinge wahr, und es ist erstaunlich, welches Bild sich ergibt, wenn diese Daten zusammengetragen werden. Das gemeinsam erschaffene Bild ist die Basis für den Rest der Retrospektive.

12.6.1 Erstellung einer Timeline

Eine bewährte Datensammeltechnik ist die Erstellung einer „Timeline". Die Timeline ist eine Aktivität, bei der jeder Teilnehmer der Retrospektive die für ihn bemerkenswerten Ereignisse des Sprint auf je einem Post-It notiert. Dies können positive sowie negative Ereignisse, Beobachtungen oder Fakten sein, wie zum Beispiel:

- Die Test-Abdeckung ist viel besser geworden.
- Die Codequalität wird schlechter.
- Abschluss der Registrierungs-Story.
- Continuous Build fehlgeschlagen.
- Am Dienstagabend hat mir Thomas sehr geholfen.
- Am Freitag fühlte ich mich vom Team alleine gelassen.

Die Beispiele zeigen, dass es nicht ausschließlich um Fakten, sondern auch um Gefühle geht. Das Gesamtbild des Sprint ergibt sich aus beiden Informationsarten. Während Thomas sich am Freitagabend vom Team alleingelassen fühlte, war der Rest des Teams an diesem Abend vielleicht sehr froh über den frühen Start ins Wochenende.

Der ScrumMaster bereitet die Timeline vor, indem er die Eckdaten des Sprint auf einer Zeitachse einzeichnet. Am besten eignet sich hierfür ein 2 mal 1 Meter großes Stück Packpapier, das der ScrumMaster im Teamraum an die Wand hängt. Der ScrumMaster erklärt die Aktivität und geht kurz auf die Eckdaten des zurückliegenden Sprint ein. Anschließend erhalten die Teammitglieder 15 Minuten Zeit, in denen jeder für sich den Sprint Revue passieren lässt und die von ihm erlebten Fakten und Gefühle auf Post-Its notiert. Die Runde endet, wenn alle Teilnehmer ihren Stift auf den Tisch gelegt haben spätestens aber nach 15 Minuten.

Anschließend gehen die Teilnehmer reihum nach vorne und kleben ihre Post-Its an die Timeline. Post-Its, die sich nicht in Bezug zu einem Datum setzen lassen, werden in den unteren Bereich der Timeline geklebt. Jedes Post-It wird vom jeweiligen Teilnehmer kurz kommentiert. Abbildung 12.3 zeigt, wie nach und nach die Geschichte und ein gemeinsames Bild des Sprint entsteht.

Im Anschluss an die Runde debrieft der ScrumMaster die Timeline-Aktivität. Er hebt bemerkenswerte Ereignisse hervor, die zum Beispiel von vielen Teammitgliedern ähnlich wahrgenommen wurden. Oder er hebt einzelne Ereignisse hervor, die von verschiedenen Teilnehmern ganz unterschiedlich wahrgenommen wurden. Möglicherweise lässt die Timeline auch Muster erkennen, wie zum Beispiel die hohe Produktivität in der zweiten Sprint-Woche. Das war in den vorangegangenen Sprints bereits ähnlich, und es wäre interessant zu erkennen, weshalb sich die Produktivität erst in der zweiten Woche so steigert. Darüber hinaus hebt der ScrumMaster die positiven Ereignisse noch einmal explizit

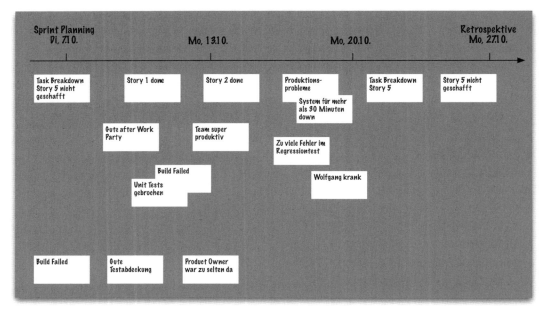

Abbildung 12.3 Die Geschichte des Sprint entsteht

hervor und bekräftigt so deren Beibehaltung und Etablierung im Entwicklungsprozess. Bemerkenswert kann zum Beispiel sein, dass die Testabdeckung stark zugenommen hat, was ein Ergebnis einer der zurückliegenden Retrospektiven zeigt. Das Team nimmt wahr, dass sich Retrospektiven auszahlen und positive Effekte sichtbar werden.

12.6.2 Erweiterung der Timeline um Energiepunkte

Eine Variante zur Erweiterung der Timeline ist die Bewertung der gesammelten Daten um Energiepunkte. Dazu erhält jeder Teilnehmer je 10 Klebepunkte in zwei unterschiedlichen Farben. Rot bedeutet hohe Energie, und Blau bedeutet niedrige Energie. Nacheinander fordert der ScrumMaster die Teammitglieder auf, nach vorne zu gehen und Ereignisse oder Fakten der vorausgehenden Datensammelphase mit roten oder blauen Punkten zu markieren. Rote Punkte sind positiv und markieren Ereignisse, an denen das Team mit viel Kraft und hoher Energie gearbeitet hat. Blaue Punkte sind negativ und markieren Ereignisse, bei denen es nicht so gut lief.

Energiepunkte sind eine gute Vorbereitung für die kommende „Einsichten generieren"-Phase. Rot markierte Ereignisse sind gut, und das Team kann analysieren, wie es zu diesen Ereignissen kam und wie man daraus lernen kann. Blaue Ereignisse sind schlecht. Von diesen Ereignissen kann das Team lernen, was schiefgelaufen ist.

12.7 Phase 2: Einsichten generieren

Die Timeline war dafür da, um die Gefühlslage und ein gemeinsames Bild des zurückliegenden Sprints zu bestimmen, wirft aber noch keine konkreten Erkenntnisse oder Einsichten ab. In dieser Retrospektiv-Phase geht es darum, einen Gesamtblick auf das gemeinsam entworfene Bild zu werfen und zu überlegen, was gut funktioniert hat und wo es noch Probleme gibt. Das Ergebnis der Einsichten-Phase sind zwei Listen: Die *Positiv-Liste* enthält die guten Punkte, das heißt alles, was man beibehalten möchte, und die *Delta-Liste* enthält Probleme und Entwicklungsmöglichkeiten, an denen das Team noch arbeiten muss.

12.7.1 Positiv- / Delta-Liste

Eine einfache Aktivität zur Generierung von Einsichten besteht darin, dass jeder Teilnehmer 15 Minuten darüber nachdenkt, was ihm im letzten Sprint an positiven und negativen Dingen aufgefallen ist. Er wählte die wichtigsten drei Positiv- und drei Negativ-Punkte aus und schreibt sie auf Post-Its. Anschließend geht jedes Teammitglied reihum nach vorne, heftet seine Post-Its an ein vorbereitetes Flip-Chart und kommentiert sie kurz. Die Aktivität wird vom ScrumMaster nachbereitet, indem er die berichteten Erkenntnisse und Einsichten gruppiert und ein neues Flip-Chart mit einer Positiv- und einer Delta-Liste erstellt (Abbildung 12.4).

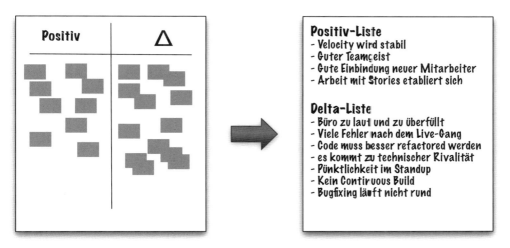

Abbildung 12.4 Einsichtensammlung und Zusammenfassung durch den ScrumMaster

Machen Sie Ihrem Team klar, dass es in dieser Phase nicht darum geht, die Post-Its der Timeline durchzugehen und positive und negative Post-Its zu markieren. Mir ist aufgefallen, dass viele Entwickler genau das in dieser Phase tun, nachdem in Phase 1 eine Timeline entworfen wurde. Die Timeline ist ein temporäres Zwischenergebnis, die jeder im Hinterkopf haben aber nicht direkt weiterverwenden sollte.

12.7.2 Warum-Fragen

Eine interessante Fortführung der beschriebenen Positiv-/Delta-Aktivität ist das Stellen von Warum-Fragen, um den gefundenen Problemen tiefer auf den Grund zu gehen und so vielleicht ihre wirklichen Ursachen aufzudecken. Dazu teilt sich das Team in Paare, und jedes Paar nimmt sich ein oder mehrere der identifizierten Probleme vor und fragt fünf mal „Warum?". Einer fragt, und der andere antwortet:

1. Warum hatten wir so viele Fehler nach dem Live-Gang? Weil wir zu wenig getestet haben.
2. Warum haben wir so wenig getestet? Wir hatten keine Zeit.
3. Warum hatten wir keine Zeit? Weil wir alle Stories fertigbekommen mussten.
4. Warum mussten wir alle Stories fertigbekommen? Weil der Product Owner Druck gemacht hat.
5. Warum hat der Product Owner zu viel Druck gemacht? Weil der ScrumMaster uns nicht ausreichend geschützt hat.

Eine Ursache für die hohe Fehleranzahl nach dem Live-Gang war also, dass der ScrumMaster sein Team nicht ausreichend geschützt hat und dem Product Owner gewährt hat, sämtliche Funktionalitäten durchzuboxen. Die Ursache des Fehlerproblems wurde durch das Stellen von Warum-Fragen konkretisiert und liefert einen neuen Punkt auf der Delta-Liste: „Definition of Done erweitern und besser beachten".

12.8 Phase 3: Entscheiden, was zu tun ist

Die Einsichten-Phase liefert in der Regel eine ganze Reihe von Ideen und Anhaltspunkten, was das Team verbessern möchte. In der jetzt folgenden Entscheidungsphase geht es darum zu entscheiden, welche Themen ganz konkret in Angriff genommen und im Laufe des nächsten Sprint umgesetzt werden sollen. Es ist besser, sich auf zwei bis drei Themen zu konzentrieren, als alle Themen gleichzeitig anzugehen, um am Ende festzustellen, dass vieles angefangen, aber nichts richtig umgesetzt wurde.

Dot Voting

Eine bewährte Aktivität für die Priorisierung verbesserungswürdiger Themen ist das *Dot Voting*. Beim Dot Voting erhält jedes Teammitglied zehn Magnetpunkte. Reihum gehen die Teammitglieder ans Whiteboard und verteilen ihre Magneten auf die ihrer Meinung nach wichtigsten Themen. Wie verteilt wird, entscheidet jeder selbst. Das Ergebnis der Dot Voting-Runde ist eine priorisierte Verbesserungsliste.

Die zwei oder drei Themen mit der höchsten Punktzahl schaffen es in die nächste Runde, in der das Team die konkreten Schritte zur Umsetzung der identifizierten Verbesserungen erarbeitet. Alle anderen Verbesserungsvorschläge sind zwar auch wichtig, aber eben nicht so wichtig wie die Top 3. Lassen Sie die restlichen Themen unter den Tisch fallen. Das wird nicht jedem gefallen, aber schließlich wurden die drei Themen vom Team bestimmt. Nach

So wollen wir weitermachen	Entwicklungsmöglichkeiten	
Aufbau einer Bibliothek	Wir müssen mehr refactoren	•••
Große Hilfsbereitschaft im Team	Definition of Done verbessern	•
Pair-Programming funktioniert gut	Weniger Stories annehmen	•
	Neues Büro suchen	•
	ScrumMaster muss Product Owner ausbremsen	••

Abbildung 12.5 Priorisierung per Dot Voting

der Retrospektive ist vor der Retrospektive, und wenn die heruntergefallenen Themen nach dem kommenden Sprint immer noch wichtig sind, werden sie es wieder an die Tafel und dann vielleicht auch unter die Top 3 schaffen.

■ 12.9 Phase 4: Ziele formulieren und Aktionen planen

Häufig stellen Teams in ihren Retrospektiven fest, dass sie besser refaktorisieren müssen. Das Thema wird in die Liste der verbesserungswürdigen Punkte aufgenommen und nach ganz oben priorisiert (siehe Abbildung 12.5). Am folgenden Tag geht es mit dem Sprint los, neue Stories stehen auf dem Programm, der Product Owner drängt auf Umsetzung oder anders formuliert: Der Sprint-Alltag beginnt, und das Team richtet seine volle Kraft auf das beschlossene Sprint-Ziel.

Schwammig formulierte Vorschläge funktionieren nicht. Um zu entscheiden, was jetzt ganz konkret zu tun ist, müssen die identifizierten Verbesserungsvorschläge in greif- und messbare Ziele umformuliert werden. Ich habe mehr als eine Retrospektive erlebt, in der das Thema Refactoring mit großer Regelmäßigkeit auf einem der vorderen Plätze der zu verbessernden Themen gelandet ist. Wir haben das vermeintlich konkrete Ziel „Wir müssen mehr refactoren" zusammen mit den anderen Themen an die Wand gehängt und darauf gebaut, dass das Team im nächsten Sprint mehr refactored. In der nächsten und übernächsten Retrospektive passierte das Gleiche: „Wir müssen unbedingt refactoren" landete ganz oben auf der Verbesserungsliste.

Das Problem mit „Wir müssen mehr..."-Zielen ist, dass sie zu wenig konkret und am Ende nicht messbar sind. Es lassen sich keine konkreten Aktionen definieren, die nacheinander abgearbeitet werden und das Team auf dem Weg zur Umsetzung der Verbesserung unterstützen. Außerdem weiß keiner so genau, wer sich jetzt um das Thema kümmern soll. Um zu entscheiden, was jetzt ganz konkret zu tun ist, muss das Team zunächst die von ihm bestimmten Verbesserungsthemen entsprechend konkretisieren.

Das Team fängt mit dem Refactoring-Ziel an und überlegt sich ganz konkret, wie das Refactoring im nächsten Sprint in Angriff genommen werden soll:

> *Im kommenden Sprint verwenden wir einen Tag pro Woche ausschließlich aufs Refactoring. Die an diesem Tag durchzuführenden Refactorings werden morgens gemeinsam formuliert und als Tagesziele an ein Whiteboard geschrieben. Ein Refactoring-Burndown-Chart visualisiert den Fortschritt während des Sprint. Am Ende des Refactoring-Tages kommen wir zusammen und stellen die durchgeführten Refactorings vor.*

Das so umformulierte Refactoring-Ziel enthält einen konkreten Aktionsplan, dessen Ergebnis sowohl nach jedem Refactoring-Tag als auch während des gesamten Sprint mit Hilfe des Refactoring-Burndown-Charts messbar ist. Die Verantwortung für die Durchführung dieser Aufgabe trägt das Team. Aufbauend auf diesem Ziel werden konkrete Einzelaktionen definiert:

- Refactoring Backlog erstellen (Thomas, der Senior des Teams)
- Refactoring-Burndown-Chart entwerfen und an die Wand hängen (Torsten)
- Termine für die Refactoring-Tage ausgucken und kommunizieren (Sascha)

Das Team und die einzelnen Mitglieder wissen, was zu tun ist. Der Refactoring-Tag wird so zu einem kleinen Sprint im Sprint: morgens die Planung, tagsüber die Umsetzung und abends das Review.

12.10 Abschluss

Mit der Formulierung konkreter Ziele, den zugehörigen Aktionen und der Benennung von verantwortlichen Personen endet die Retrospektive. Die letzten 15 Minuten sollte der ScrumMaster für eine Retrospektive der Retrospektive nutzen, um auf diese Art selber Feedback darüber zu bekommen, ob die Retrospektive dem Team hilft und was beim nächsten Mal anders gemacht werden sollte. Ähnlich wie in der Erkenntnis-Phase kann dazu eine Positiv-/Delta-Übersicht erstellt werden, die vom ScrumMaster folgendermaßen motiviert wird:

> *Die Retrospektive hilft uns, den Entwicklungsprozess zu verbessern, und dafür haben wir heute einige wichtige Erkenntnisse gewonnen. Mit dieser abschließenden Aktivität möchte ich meinen eigenen Prozess verbessern und ein besserer Leiter von Retrospektiven werden. Dabei könnt ihr mir helfen, indem jeder aufschreibt, was ihm an dieser Retrospektive gut gefallen hat und was hingegen nicht so hilfreich war. Vielleicht habt ihr auch eigene Ideen für Aktivitäten, die wir in der nächsten Retrospektive ausprobieren sollten. Bitte nehmt euch 10 Minuten Zeit und notiert die euch wichtigen Punkte auf Post-Its.*

Die Post-Its werden anschließend reihum an ein Flip-Chart geklebt und von den Teammitgliedern optional kommentiert. War der letzte Teilnehmer an der Reihe, bedankt sich der ScrumMaster beim Team für die Offenheit und konstruktive Arbeit im Sprint und in der Retrospektive. Er kündigt an, die Ergebnisse der Retrospektive in einem Aktionsplan zu dokumentieren und an die Wand zu hängen. Der ScrumMaster hat während des nächsten Sprint ein Auge darauf, wie die Arbeit an den vorgenommenen Themen voranschreitet.

12.11 Themenorientierte Retrospektiven

Die kontinuierliche und schrittweise Verbesserung des Entwicklungsprozesses reicht als Motto für viele Retrospektiven aus. Von Zeit zu Zeit ist es jedoch hilfreich, eine Retrospektive zu einem bestimmten Thema durchzuführen und spezielle Ideen nur zu diesem Thema zu sammeln. In einem unserer Projekte haben wir zum Beispiel festgestellt, dass sowohl die Fehler als auch die Änderungswünsche für eigentlich fertige User Stories mit zunehmender Sprint-Anzahl immer mehr wurden. Darüber hinaus wurde die Codequalität zunehmend schlechter. Auf der anderen Seite hat das Team Sprint für Sprint alle geplanten User Stories pünktlich abgeliefert. Nach außen hin erschien das gesamte Projekt als außerordentlich erfolgreich. Was passiert war: Das Team hatte zwar sämtliche der geforderten Funktionalität Sprint für Sprint geliefert, dafür aber unter der Haube nicht richtig aufgeräumt, das heißt, schlechten und nicht refaktorisierten Code mit zu wenig Unit-Tests abgeliefert. Das Team ist eine technische Schuld eingegangen, indem es Stories nicht wirklich fertig im Sinne seiner „Definition of Done" entwickelte. Die eingegangene Schuld musste nach und nach immer stärker zurückgezahlt werden, da die Zeit fürs Bugfixing und für die Einarbeitung nachträglicher Änderungswünsche immer größer wurde.

Als mir diese Tatsache bewusst wurde, habe ich in einem unserer Daily Scrums in die Runde gefragt, ob jemandem der Begriff *Technical Debt* etwas sagt. Keinem war der Begriff bekannt, und das Thema für unsere nächste Retrospektive war geboren. Ich wollte das Thema *Technical Debt* vorstellen und gemeinsam mit dem Team Maßnahmen überlegen, wie wir in Zukunft weniger Schulden machen.

Themenorientierte Retrospektiven starten mit einer kurzen Präsentation zur Vorstellung und Motivation des Themas. Anschließend folgt die Retrospektive dem bekannten Muster „Daten sammeln", „Einsichten generieren", „Entscheiden, was zu tun ist", gefolgt von der „Entwicklung konkreter Ziele und zugehöriger Aktionen"-Phase.

Als Datensammeltechnik für themenorientierte Retrospektiven eignet sich die Timeline allerdings nicht so gut, weil das Team nicht auf die konkreten Ereignisse des letzten Sprint zurückblickt, sondern vielmehr auf ein dem Sprint übergeordnetes Thema. Eine Alternative zum Datensammeln per Timeline ist das Sammeln so vieler Ideen wie möglich zum vorgestellten Thema. Jedes Teammitglied hat dazu fünf Minuten Zeit und schreibt seine zum Thema passenden Ideen auf ein Blatt Papier. Zum Thema „Technical Debt" können dies zum Beispiel folgende Punkte sein:

- Wir brauchen eine bessere Definition of Done.
- Alle sollten an einer Story gleichzeitig arbeiten.
- Der Product Owner muss bestimmen, wann die Story fertig ist.

Am Ende der ersten fünf Minuten reicht jeder Teilnehmer seinen Zettel an seinen linken Nachbarn weiter. In den folgenden fünf Minuten erweitert jeder Teilnehmer die Ideen seines Vorgängers um seine eigenen, aber zu den Vorgängerideen passenden Punkte. Die

Runde wird so lange fortgesetzt, bis die Blätter wieder bei ihren ursprünglichen Verfassern angelangt sind. Ab einer Teamgröße von sechs Personen bietet es sich an, in kleinen Gruppen zu arbeiten und zu zweit einen Zettel zu schreiben.

Aufbauend auf den gesammelten Ideen, generiert das Team Einsichten und diskutiert konkrete Maßnahmen zur Verbesserung des erkannten Problems. Bei der „Technical Debt"-Retrospektive kam zum Beispiel heraus, dass unsere „Definition of Done" unzureichend war und wir Stories nie richtig fertig entwickelt haben, um auf jeden Fall noch die weiteren Stories des Sprint zu schaffen. Konkrete Aktionen als Ergebnis der Retrospektive waren die Überarbeitung unserer „Definition of Done" sowie die neue Regel, dass die nächste Story erst dann angefangen werden durfte, nachdem die aktuelle Story wirklich fertig und vom Product Owner abgenommen war. Des Weiteren hatte der ScrumMaster die Aufgabe, dem Product Owner und anderen Stakeholdern des Projekts klarzumachen, dass gegebenenfalls die eine oder andere Story nicht fertig wird. Mit der Zeit war es so selbstverständlich, dass das Team immer alles wie abgesprochen lieferte, dass eine völlig überzogene Erwartungshaltung herrschte, die vom ScrumMaster korrigiert werden musste.

Weitere Ideen für themenorientierte Retrospektiven sind zum Beispiel „Definition of Done erarbeiten", „Organisation des Produktionssupport" oder „Bugfixing während des Sprint".

■ 12.12 Zusammenfassung

- Retrospektiven beleuchten den Entwicklungsprozess mit dem Ziel, diesen kontinuierlich zu verbessern. Pflichtteilnehmer sind der ScrumMaster und das Entwicklungsteam. Weitere Teilnehmer sind erlaubt und werden bei Bedarf eingeladen. Die Retrospektive wird vom ScrumMaster vorbereitet und moderiert und sollte nicht länger als drei Stunden dauern.
- Dieses Kapitel schlägt einen festen Ablauf für Retrospektiven vor, bestehend aus den folgenden vier Phasen: „Daten sammeln", „Einsichten generieren", „Entscheiden, was zu tun ist" sowie „Ziele formulieren und Aktionen planen".
- Jede Phase ist durch die Ausführung einer oder mehrerer Aktivitäten bestimmt, die das Ziel der jeweiligen Phase unterstützen. In länger andauernden Projekten sollten die Aktivitäten variieren. Eine umfassende Sammlung verschiedenster Retrospektiv-Aktivitäten finden Sie in [Derby und Larsen 2006].
- Alternativ zur Durchführung allgemeiner Retrospektiven können von Zeit zu Zeit themenorientierte Retrospektiven durchgeführt werden, deren Ziel die Analyse und Verbesserung eines ganz konkreten Themas sind.
- Zum Abschluss der Retrospektive kann der ScrumMaster das Team um Feedback zur Retrospektive selber bitten, um so seine Fähigkeiten als Leiter und Moderator zu verbessern, aber auch um das Team in den Prozess der Ideenfindung für Aktivitäten zukünftiger Retrospektiven einzubeziehen.

12.13 Wie geht es weiter?

Mit der Beschreibung von Retrospektiven schließt sich der Kreis der zentralen und rhythmisch wiederkehrenden Scrum-Abläufe. Der Prozess, bestehend aus Sprint-Planung und Sprint-Durchführung, gefolgt von Review und Retrospektive, wiederholt sich so lange, wie das Projekt läuft. Was jetzt noch fehlt, ist ein übergeordneter Blick auf das Projekt, der zeigt, in welche Richtung es steuert und wo das Projekt in einem viertel oder halben Jahr stehen wird. Das nächste Kapitel vervollständigt das Bild und beschreibt, wie ein über einzelne Sprints hinausgehender Releaseplan erstellt wird.

13 Agile Releaseplanung

Das Release einer Software bezeichnet deren Veröffentlichung und Auslieferung an den Kunden. Projekte umfassen in der Regel mehrere Releases, die geplant und in Form eines Releaseplans kommuniziert werden müssen. Releaseplanung beinhaltet die Bestimmung des Zeitpunkts und des Funktionsumfangs von einem oder mehreren Releases. Der Plan verschafft dem Kunden einen Überblick, was er für sein Geld bekommt, und ermöglicht ihm zu entscheiden, ob sich das Projekt für ihn lohnt. Viele Unternehmen benötigen einen Releaseplan für ihre strategische Planung und die Kommunikation nach außen, zum Beispiel in Form von Pressemitteilungen oder Messeankündigungen. Darüber hinaus ist ein Releaseplan ein Wegweiser für das Team, der einen Kontext schafft und Sprints zu einem sinnvollen Ganzem kombiniert.

13.1 Releaseplanung

Releaseplanung in Scrum ist einfach. Ausgehend von einem Product Backlog mit priorisierten und geschätzten User Stories sowie einer Planungs-Velocity, lässt sich relativ einfach ein Releaseplan erstellen (siehe Abbildung 13.1 auf der nächsten Seite). Die Planungs-Velocity basiert auf der in Kapitel 5 eingeführten tatsächlichen Velocity und gibt vor, wie viele Story Points das Team pro Sprint umsetzen kann. Wir unterscheiden zwischen Themen- und Datum-Releases. Themen-Releases sind bestimmt durch eine Menge von Features, die im nächsten Release enthalten sein sollen. Datum-Releases gehen von einem festen Release-Datum aus, und es wird bestimmt, wie viele und welche Features bis zu diesem Datum umgesetzt werden können.

13.1.1 Themen-Releases

Themen-Releases geben dem Release einen Sinn und definieren ein über einzelne Sprint-Ziele hinausgehendes Release-Ziel. Ausgehend von einem oder mehreren Themen geht der Product Owner das Product Backlog durch und bestimmt die zum Release-Thema passenden User Stories. Gemäß der Planungs-Velocity werden die geschätzten Stories auf Sprints verteilt und so ein erstes Releasedatum abgeleitet. Häufig spiegelt das Product Backlog bereits die für das Release benötigte Story-Reihenfolge wider. Releaseplanung und Product-

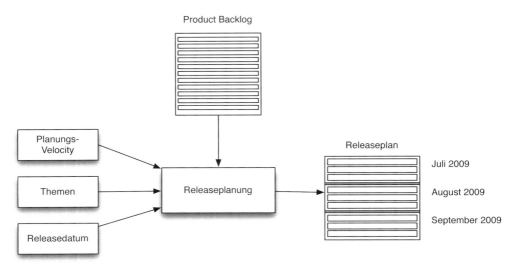

Abbildung 13.1 Agile Releaseplanung in Scrum

Backlog-Pflege gehen Hand in Hand. Bei seiner Arbeit mit dem Product Backlog hat der Product Owner bereits im Blick, welche Themen als Nächstes wichtig werden, und diese Themen entsprechen in der Regel den Themen der Releaseplanung.

Die Themen des ersten Scrumcoaches-Release könnten zum Beispiel die Coach- und Projektsuche inklusive einer einfachen Form der Kontaktaufnahme sein. Der Product Owner bestimmt alle Stories, die für die Umsetzung dieser beiden Themen benötigt werden. Er wählt elf Stories mit insgesamt 50 Story Points aus, so dass das Release bei einer zugrunde liegenden Planungs-Velocity von 18 Story Points knapp drei Sprints benötigen wird.

13.1.2 Datum-Releases

Datum-Releases schlagen den entgegengesetzten Weg ein und bestimmen auf Basis eines festen Release-Datums und einer Planungs-Velocity die Menge an User Stories, die bis zu diesem Zeitpunkt umgesetzt werden können. Feste Release-Termine sind häufig durch externe und nicht beeinflussbare Ereignisse bestimmt. Zum Beispiel könnte es sein, dass unser größter Konkurrent sein Produkt in der ersten September-Woche veröffentlichen wird, so dass wir spätestens Mitte August mit einer ersten Version am Markt sein müssen. Ein anderes externes Ereignis könnte die anstehende Messe im Juni sein, auf der unser Vertrieb viele potenzielle Kunden treffen wird. Feste Termine sind nicht verschiebbar, und der Product Owner muss sich überlegen, was bis zu dem jeweiligen Termin machbar ist. Ausgehend von der Planungs-Velocity weiß er, wie viele Sprints zur Verfügung stehen, und kann die User Stories des Backlog diesen Sprints zuordnen. Dabei kann er, wie im ersten Fall, ein Thema im Kopf haben und die User Stories gemäß diesem Thema auswählen, nur eben mit dem Unterschied, dass die Stories in die feste Anzahl an Sprints und deren Kapazität passen müssen.

13.1.3 Releaseplanungs-Workshop

Themen- und Datum-getriebene Releaseplanung sind von der Methodik und dem benötigten Handwerkszeug her ähnlich. Im ersten Fall wird geguckt, wie viele Sprints wir brauchen, und im zweiten Fall wird entschieden, welche Stories wir auf eine fest vorgegebene Anzahl an Sprints verteilen. Für beide Varianten bietet sich die Durchführung eines Planungsworkshops an, zu dem der Product Owner alle wichtigen Stakeholder einlädt. In dem Workshop werden die für das Release in Frage kommenden User Stories auf Karteikarten übertragen. Ein Whiteboard visualisiert die zur Verfügung stehenden Sprints, deren jeweilige Kapazität der Planungs-Velocity entspricht. Abbildung 13.2 zeigt, wie das Planungsteam die Stories gemäß ihren Schätzungen auf die Sprints verteilt.

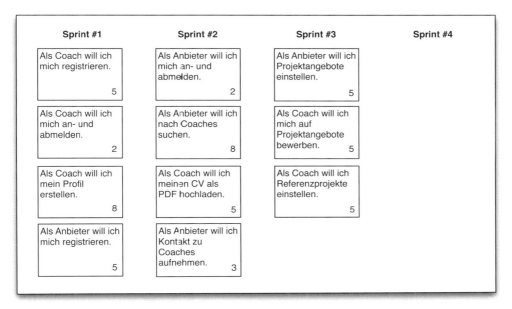

Abbildung 13.2 Gemeinschaftliche Releaseplanung am Whiteboard

Das Ergebnis des Planungsworkshops kann zu einer Neu-Priorisierung des Product Backlog führen, dessen Story-Reihenfolge der des Releaseplans entsprechen sollte.

13.1.4 Was macht die Planung agil?

Dieses Kapitel heißt *Agile Releaseplanung*, was zu der berechtigten Frage führt, was an der beschriebenen Planung agil ist. In erster Linie ist es die Tatsache und das Bewusstsein, dass der erstellte Plan das ist, was sein Name suggeriert: ein Plan und keine Vorhersage der Zukunft. Der Plan hat die Funktion, uns heute zu leiten und uns Entscheidungen basierend auf dem heutigen Wissensstand zu ermöglichen. Anstatt jedoch stur an dem einmal erstellten Plan festzuhalten, akzeptiert die agile Releaseplanung Veränderungen als Teil des Plans und kommuniziert sie frühzeitig und ehrlich.

Neben gewollter Veränderbarkeit ist agile Planung einfach und geht schnell. Es wird nicht ewig diskutiert, abgewogen oder hin und her geschoben. Stattdessen werden aus den ohnehin vorhandenen Artefakten und Messungen, wie Product Backlog und Velocity, weitere Aussagen für die Planung abgeleitet.

13.2 Planungs-Velocity

Planungs-Velocity basiert auf der in Kapitel 5 eingeführten tatsächlichen Velocity. Abhängig davon, zu welchem Zeitpunkt der Releaseplan erstellt wird, steht mit der Median-Velocity eine relativ verlässliche Planungsgröße zur Verfügung. Muss der Releaseplan hingegen sehr früh, zum Beispiel nach ein oder zwei Sprints erstellt werden, ist die tatsächliche Velocity noch zu unsicher, als dass sich basierend auf ihr ein verlässlicher Plan erstellen ließe. Im ungünstigsten Fall muss der Releaseplan vor dem ersten Sprint erstellt werden, also zu einem Zeitpunkt, zu dem es noch gar keine Hinweise auf die tatsächliche Velocity des Teams gibt. Dieser Abschnitt beschreibt Techniken, wie sich auch ohne eine über mehrere Sprints gemessene Velocity eine ausreichend sichere Planungs-Velocity bestimmen lässt.

13.2.1 Durchführung von Test-Sprints

Die beste Möglichkeit zur Bestimmung einer initialen Planungs-Velocity ist die Beobachtung der Team-Geschwindigkeit im Rahmen eines oder mehrerer Test-Sprints. Das Sprint Planning Meeting eines Test-Sprint findet ohne angenommene Velocity statt, und das Team committet sich aus dem Bauch heraus auf eine Reihe ausgewählter User Stories. Am Ende des Sprint wird die tatsächliche Velocity wie gehabt als Summe der Story Points aller fertigen User Stories errechnet.

Je nachdem, wie viele Test-Sprints durchgeführt werden, stehen unterschiedliche Werte für die Festsetzung der Planungs-Velocity zur Verfügung. Je mehr Werte wir haben, desto einfacher ist die Berechnung eines verlässlichen Medians. Bei sehr wenigen Werten ist es hingegen besser, mit einer Velocity-Range zu arbeiten. Die Velocity-Range wird errechnet, indem der Median jeweils mit 0.6 und 1.6 multipliziert wird. Die Faktoren basieren auf der von Barry Boehm formulierten und von Steve McConnell als „Cone of Uncertainty" bezeichneten Beobachtung, dass der geschätzte Aufwand eines Projekts um 60% bis 160% vom tatsächlichen Aufwand abweicht [McConnell 2006]. Entsprechend ergibt sich für eine mittlere Velocity von 7.5 eine Velocity-Range von 4.5–12.0, auf deren Basis der Product Owner drei Releasepläne erstellen kann: einen besonders schnellen, einen realistischen und einen eher pessimistischen Plan.

13.2.2 Historische Daten

Ideal ist die Übernahme der Velocity aus einem Vorgängerprojekt, das heißt, die Velocity-Bestimmung erfolgt auf Basis historischer Daten. Damit dies möglich ist, muss eine Reihe von Voraussetzungen erfüllt sein:

- Das Team sollte in derselben Zusammensetzung schon einmal zusammengearbeitet haben.
- Die Länge der Sprints sollte identisch sein.
- Die Technologie sollte die gleiche sein.
- Die Anwendungsdomäne sollte die gleiche sein.
- Die User Stories des aktuellen Projekts sollten vom selben Team wie die Stories des Referenzprojekts geschätzt werden.

Liegen die genannten Voraussetzungen vor und ist sogar der Product Owner derselbe, kann die Velocity übernommen werden. Leider ist dies nur sehr selten der Fall, da Teams nach Projektabschluss häufig auseinandergerissen werden oder eine der anderen Voraussetzungen für das anstehende Projekt nicht erfüllt ist.

13.2.3 Das Team bestimmen lassen

Eine weitere Variante zur initialen Velocity-Bestimmung ist die Einbeziehung des gesamten Teams. Dazu geht das Team das Product Backlog von oben nach unten durch und schätzt ab, ob die jeweilige User Story noch in den fiktiven Sprint passen würde. Irgendwann sagt das Team „Stop" und macht den ersten Sprint zu. Weiter geht es mit der Story, die es nicht mehr in den ersten Sprint geschafft hat, und das Team schätzt ab, wie viele Stories in den zweiten Sprint passen würden. Sofern genügend konkrete Stories zur Verfügung stehen, wird auch noch ein dritter Sprint auf diese Art abgeschätzt. Die initiale Planungs-Velocity ergibt sich aus dem Durchschnitt der Story Point-Summen der fiktiv geplanten Sprints und wird gegebenenfalls durch eine Velocity-Range abgesichert.

13.2.4 Auswahl eines Verfahrens

Wann immer es geht, sollte ein Releaseplan frühestens nach drei Sprints erstellt werden. Die drei regulären Sprints werden dadurch zu Velocity-Test-Sprints erklärt, und die resultierende mittlere Velocity ist eine gute Planungsgröße für einen verlässlichen Releaseplan. Erwartet der Auftraggeber den Releaseplan bereits vor dem Start des Projekts, dann ist es ideal, wenn der Product Owner auf historische Daten zurückgreifen kann. Leider ist dies nur selten der Fall, so dass allzu häufig die dritte Variante herhalten und das Team die Velocity bestimmen muss.

Ein Releaseplan erzeugt immer eine Erwartungshaltung beim Kunden, und egal, wie agil der Plan und der Kunde auch sind, es ist nie schön, die einmal erzeugten Erwartungen zu enttäuschen. Es lohnt sich deshalb, den Kunden von einer Verzögerung der Releaseplanerstellung zu überzeugen. Viele Kunden wollen einen Plan, um genau zu sehen, was sie für ihr Geld bekommen. Dabei spielt es keine Rolle, dass der Kunde jetzt noch gar nicht weiß, was er braucht, sondern erst mit zunehmender Projektlaufzeit erkennen wird, was seine wirklichen Anforderungen sind. Was der Kunde in dieser Phase eigentlich braucht, ist eine Entscheidungsgrundlage, ob sich das Projekt für ihn lohnt. Dafür sind die exakten Kosten und die genaue Reihenfolge, wann was entwickelt wird, oft gar nicht so wichtig.

Wenn ich als Kunde weiß, dass mir ein Projekt eine Million Euro bringen wird, dann ist es egal, ob das Projekt 100000 oder 150000 Euro kostet. Wenn das Projekt aber 800000 Euro kostet, ist mir das Risiko zu groß, und ich werde das Projekt nicht machen. Das Beispiel macht deutlich, dass Größenordnungen viel wichtiger sind als genaue Werte und sich darüber hinaus auch viel leichter bestimmen lassen. Zum Beispiel lässt sich auf einer vom Team bestimmten Planungs-Velocity eine Range berechnen, auf deren Basis der Product Owner recht einfach verschiedene Kennzahlen bestimmen kann. Dazu summiert er die Schätzungen aller „Must Have"- und „Should Have"-Stories des Backlog und berechnet basierend auf einer Velocity-Range drei Zahlen: Was kostet ein Story Point, wenn das Team sehr schnell, mittelschnell oder besonders langsam ist. Das Gleiche ist für die voraussichtlichen Liefertermine möglich: ein früher Termin, ein realistischer Termin und ein sehr später Liefertermin. Der Kunde kann die Zahlen mit seinen Kosten und erwarteten Einnahmen vergleichen und überlegen, ob sich das Projekt für ihn auch dann noch lohnt, wenn es besonders schlecht läuft. Vielleicht gelingt es, den Kunden von solch einem eher „einfachen" Entscheidungsplan zu überzeugen und im Gegenzug die Erstellung des Releaseplans noch einige Sprints hinauszuschieben.

■ 13.3 Der Releaseplan

Der Releaseplan wird vom Product Owner erstellt und enthält ein oder mehrere Releases. Der Detaillierungsgrad des Plans kann von Projekt zu Projekt variieren. Denkbar ist ein sehr grober Plan, der nichts weiter als die Liste der User Stories und ein Release-Datum enthält. Oder der Plan geht bis auf Sprint-Ebene hinunter und beschreibt, welche Stories in welchem Sprint geliefert werden. Die zweite Variante ist aufwändiger. Zwar muss die Zuordnung von Stories zu Sprints im Laufe des Projekts ohnehin erfolgen. Erfolgt die Zuordnung aber frühzeitig, das heißt im Rahmen der Releaseplanung, kann es sein, dass sie wieder geändert werden muss, da sich Anforderungen oder Prioritäten geändert haben. Ein Kompromiss ist, die Zuordnung der Stories für die ersten drei Sprints, den Rest aber offen zu lassen.

Der Releaseplan ist ein öffentliches Dokument, das von anderen Personen als nur dem Scrum-Team eingesehen wird. Entsprechend sollte der Plan management- beziehungsweise kundengerecht aufbereitet werden, so dass er im Geschäftsführermeeting oder in Kundenpräsentationen vorgezeigt und diskutiert werden kann. Tabelle 13.1 zeigt eine einfache, aber ausreichende Releaseplan-Variante.

Der Plan enthält die Anzahl der Sprints mit ihren jeweiligen Start- und End-Terminen sowie die Zuordnung der Stories zu Sprints. Er enthält weder Start- und End-Termine für User Stories noch eine Zuordnung, welcher Entwickler an welcher Story arbeitet. Der Plan basiert auf einer festen Teamgröße und der für dieses Team bekannten, beziehungsweise vorhergesagten Planungs-Velocity. Die Vergrößerung des Teams resultiert nicht in einem linearen Anstieg der Velocity, sondern erfordert eine Velocity-Neubestimmung und die Anpassung des Plans.

Tabelle 13.1 Scrumcoaches.com – Release 0.1

Beschreibung	Start	Ende
Sprint #1	8. Juni	22. Juni
Als Coach will ich mich registrieren.	–	–
Als Coach will ich mich an- und abmelden.	–	–
Als Coach will ich mein Profil einstellen.	–	–
Als Anbieter will ich mich registrieren.	–	–
Sprint #2	22. Juni	6. Juli
Als Anbieter will ich mich an- und abmelden.	–	–
Als Anbieter will ich nach Coaches suchen.	–	–
Als Anbieter will ich Kontakt zu Coaches aufnehmen.	–	–
Als Coach will ich meinen CV als PDF hochladen.	–	–
Sprint #3	6. Juli	20. Juli
Als Anbieter will ich Projektangebote einstellen.	–	–
Als Coach will ich mich auf Projekte bewerben.	–	–
Als Coach will ich Referenzprojekte einstellen.	–	–

13.4 Sichere Planung

Einige Projekte erlauben keine Terminverschiebung. Ein Beispiel ist das Bundesliga-Tippspiel für die Fußballsaison 2009/2010, das spätestens am 7. August 2009 produktiv sein muss. Steht das System nicht bis zum genannten Termin, ist es für die anstehende Fußballsaison wertlos, und der Releasetermin verschiebt sich zwangsläufig um ein Jahr. Projekte mit unverrückbaren Endterminen erfordern eine entsprechend sichere Planung, indem Puffer eingeplant werden. Eine nahe liegende Variante ist die Einführung von Sicherheitsschätzungen, was aber das Prinzip der relativen Größe ad absurdum führt. Eine zur Sicherheit auf 8 Punkte geschätzte 5-Punkte-Story verliert ihre Bedeutung in Bezug auf ihre relative Größe. Stattdessen erfolgt die gepufferte Planung über eine Reduzierung der Planungs-Velocity, basierend auf einer gemessenen Velocity-Verteilung.

13.4.1 Sichere Velocity

Abbildung 13.3 zeigt die jeweilige Anzahl an Sprints, die eine bestimmte Mindest-Velocity erzielen. Insgesamt wurden acht Sprints durchgeführt, von denen jeder mindestens 8 Story Points geliefert hat. Entsprechend beträgt der Anteil an Sprints mit einer Velocity von 8 oder mehr Punkten 100%. Sieben der acht Sprints haben 12 oder mehr Story Points geliefert, ein Anteil von 87%. Die Hälfte aller Sprints erzielen 16 Story Points, zwei der Sprints mehr als 20, und nur ein Sprint erzielt die maximale Velocity von 24 Story Points.

Entsprechend dieser Verteilung entsteht ein wirklich sicherer Plan, wenn er auf Basis von 8 Story Points geplant wird. Allerdings sind 8 Punkte viel zu wenig, um einigermaßen sinnvolle Funktionalität über den zur Verfügung stehenden Planungszeitraum zu liefern. Auf

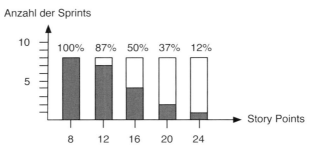

Abbildung 13.3 Eine über acht Sprints gemessene Velocity-Verteilung

der anderen Seite zeigt die Velocity-Verteilung, dass ein auf der mittleren Velocity von 16 Story Points basierender Releaseplan eine Eintrittswahrscheinlichkeit von nur 50% hat, was für einen sicheren Plan zu wenig ist. Die Wahrheit liegt irgendwo dazwischen und hängt vom jeweiligen Projekt ab. Ist das Projekt wertlos, wenn der geplante Endtermin nicht gehalten werden kann, dann sollte die Planungssicherheit entsprechend hoch und zum Beispiel bei 90% liegen. Laut der Velocity-Verteilung aus Abbildung 13.3 liegt die 90%-Velocity bei ungefähr 11 Story Points, das heißt, 90% aller durchgeführten Sprints liefern 11 oder mehr Story Points.

Eine auf 11 Story Points basierende Releaseplanung liefert eine lokale 90%-Sicherheit. Was wir hingegen brauchen, ist eine globale 90%-Sicherheit, das heißt, eine Sicherheit, die nicht für einzelne Sprints, sondern für den gesamten Releaseplan gilt. Zur Verdeutlichung: Die Eintrittswahrscheinlichkeit, dass ein Sprint 11 Punkte liefert, ist 90%. Hingegen liegt die Eintrittswahrscheinlichkeit, dass sechs Sprints 66 Punkte liefern, bei mehr als 90%, da die mittlere Velocity nicht 11, sondern 16 Punkte beträgt und die tatsächliche Velocity mit zunehmender Anzahl an Sprints näher an der 16 als an der 11 liegen wird. Entsprechend liegt eine globale 90%-Sicherheit bei mehr als 11 Punkten, hängt aber von der Anzahl der geplanten Sprints ab. Bei einem nur einen Sprint umfassenden Releaseplan bleibt die Planungs-Velocity bei 11 Punkten. Bei drei Sprints kann sie leicht erhöht werden, da es wahrscheinlich ist, dass ein unterdurchschnittlicher erster Sprint von den beiden folgenden ausgeglichen wird.

Das in diesem Abschnitt vorgeschlagene Verfahren zur Bestimmung einer sicheren Velocity basiert auf einer relativ kleinen Stichprobe und geht davon aus, dass die Zukunft ähnlich wie die Vergangenheit verlaufen wird. Was Sie jedoch bei aller Rechnerei auf keinen Fall außer Acht lassen sollten, ist die Überlegung, unter welchen Bedingungen die Velocity-Verteilungen gemessen wurden. War in den zurückliegenden Sprints niemand krank oder hatte Urlaub und ist beides für die kommenden Sprints zu erwarten, dann sollten Sie die Sicherheits-Velocity sogar noch auf weniger als 11 Punkte ansetzen.

13.4.2 Sicherheit durch weniger wichtige User Stories

Eine Alternative zur reduzierten Velocity ist die Einplanung von weniger wichtigen User Stories. Statt mit einer Planungs-Velocity von 11 Punkten zu planen, wird mit den 50%-wahrscheinlichen 16 Punkten geplant, dabei aber darauf geachtet, dass nur die ersten 11 Story Points jedes Sprint mit „Must Have"-Stories gefüllt werden. Die verbleibenden 5 Punkte werden mit „Should Have"-Stories gefüllt, deren Wegfall gerade noch akzeptabel wäre.

```
Sprint #1          Sprint #2          Sprint #3
  11    5           11    5            11    5
```

Abbildung 13.4 Ein Sicherheitspuffer für jeden Sprint

Abbildung 13.4 zeigt, wie auf diese Art für jeden Sprint ein Puffer entsteht, durch den die minimalen Sprint-Ziele auch dann noch erreicht werden können, wenn die jeweiligen „Must Have"-Stories mehr als die veranschlagten 11 Punkte verbrauchen und den Sicherheitspuffer von 5 Punkten aufzehren. Der Ansatz läuft konträr zu der sonst üblichen prioritätsbasierten Planung, in der alle „Must Have"-Stories vor den „Should Have"-Stories geplant werden, was aber die Wahrscheinlichkeit des Scheiterns einzelner Sprints erhöht.

13.5 Monitoring und Aktualisierung

Der Releaseplan wird zu einem bestimmten Zeitpunkt erstellt und repräsentiert den zu diesem Zeitpunkt bekannten Wissens- und Anforderungsstand. Sobald es mit dem Projekt losgeht, laufen Plan und Realität auseinander. Wie bereits erwähnt, sind Veränderungen nichts Schlechtes, schlecht ist nur, wenn sie weder beachtet noch kommuniziert werden. Aus diesem Grund ist es wichtig, den Projektfortschritt zu beobachten und in einem Release-Burndown-Chart zu dokumentieren.

Das Release-Burndown-Chart in Abbildung 13.5 protokolliert, wie viele Story Points pro Sprint umgesetzt wurden und wie viel an Restaufwand bleibt. Wurden beispielsweise für die drei Sprints des ersten Release 60 Story Points geplant, dann muss jeder Sprint um die 20 Story Points liefern. Für den ersten Sprint kommt das auch hin, aber der zweite Sprint liefert nur 10 der geplanten 20 Punkte. Diese Abweichung wird vom Product Owner im Re-

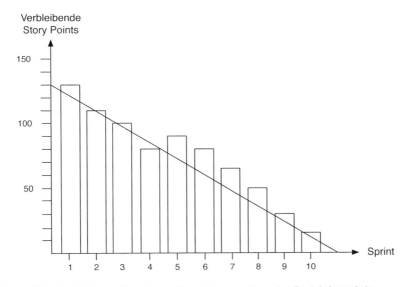

Abbildung 13.5 Das Release-Burndown-Chart dokumentiert den Projektfortschritt

leaseplan dokumentiert. Zusammen mit dem Kunden stimmt er das weitere Vorgehen ab. Aufgrund der Verzögerung rutschen zwei der für Sprint #2 geplanten Stories in den dritten Sprint, wodurch dieser zu voll wird und die Gefahr besteht, dass ein oder zwei Stories aus dem Release fallen. Je nachdem, um welche Stories es sich handelt, muss sich der Kunde überlegen, ob der potenzielle Wegfall in Ordnung ist oder ob das Release um einen Sprint verlängert werden soll. Releases sind keine Timeboxen, sondern Meilensteine, deren Ende nicht durch einen festen Zeitpunkt, sondern durch das Erreichen eines bestimmten Funktionsumfangs definiert ist. Insofern sind Releases verschiebbar, vorausgesetzt, es gibt keine zwingenden Gründe für die Einhaltung des festgesetzten Termins.

13.6 Zusammenfassung

- Agile Releaseplanung beinhaltet das Erstellen eines aus einem oder mehreren Releases bestehenden Releaseplans. Themen-orientierte Releases bestimmen die zu einem Thema passenden User Stories und berechnen basierend auf deren Schätzungen sowie einer Planungs-Velocity ein Release-Datum. Datum-Releases bestimmen ausgehend von der Planungs-Velocity die Anzahl der bis zum Release-Datum zur Verfügung stehenden Sprints und teilen die Stories darauf auf.
- Idealerweise wird der Releaseplan frühestens nach drei Sprints erstellt, so dass der Planung eine relativ stabile Velocity zugrunde liegt. Häufig fordern Kunden oder Geschäftsführung den Releaseplan jedoch schon vor dem ersten Sprint. In diesem Fall muss die Planungs-Velocity nach einem der folgenden drei Verfahren bestimmt werden: Test-Sprints, historische Daten oder Teambestimmung.
- Das Ergebnis der Releaseplanung ist ein relativ einfach gehaltener Releaseplan, der die Sprints mit ihren Start- und Endterminen sowie die Zuordnung der geplanten User Stories zu Sprints enthält.
- Einige Projekte erlauben keine Verschiebung und erfordern eine entsprechend sichere Planung. Dazu wird auf Basis einer gemessenen Velocity-Verteilung eine sichere Planungs-Velocity bestimmt, die eine höhere Eintrittswahrscheinlichkeit als die mittlere Velocity besitzt. Alternativ erfolgt die Releaseplanung vollständig auf Basis dieser sicheren Velocity, oder einzelne Sprints werden durch weniger wichtige Stories gepuffert.
- Der Projektfortschritt wird mit Hilfe eines Release-Burndown-Charts verfolgt. Abweichungen werden im Releaseplan dokumentiert und führen gegebenenfalls zu einer Verschiebung des Release-Zeitpunkts.

13.7 Wie geht es weiter?

Unser Buch endet mit dem folgenden Kapitel „Verticals – SCRUM@OTTO", einem Praxisbericht, in dem Sie viele der in diesem Buch beschriebenen Elemente von Scrum wiederfinden. Das Kapitel ist in doppelter Hinsicht wertvoll: Zum einen war das Otto-Projekt ein Multi-Team-Projekt, in dem wir gelernt haben, wie Scrum im Großen funktioniert. Zum anderen zeigt der Bericht, dass Scrum selten strikt nach Lehrbuch Anwendung findet, sondern im Laufe des Projekts iterativ an das jeweilige Projektsetup angepasst werden sollte.

14 Verticals – SCRUM@OTTO

14.1 Warum ich über diese Geschichte schreibe

Als ich im Mai 2012 bei der Otto GmbH & Co. KG[1] in Hamburg meinen ersten Arbeitstag begann, war ich der festen Überzeugung, ich könne mit meinem reichhaltigen Know-how als agiler Manager, mit meinen Jahren bei dem sehr erfolgreichen Sozialen Netzwerk XING der Otto-Organisation helfen, Erfolg zu haben. Bei XING haben wir Scrum in 2008 im ersten Projekt sehr erfolgreich eingeführt und seitdem in immer mehr Teams verwendet. 2009 kam Kanban als Methode in betriebsnahen Projekten hinzu. 2012 dachte ich, alles über agile Methoden zu wissen. Weit gefehlt.

Nach außen hin sah die Otto-IT immer etwas langweilig aus. Das Unternehmen hat in Hamburg den Nimbus, sehr solide, aber eben auch etwas behäbig zu sein. Die Performance des E-Commerce-Shopsystems war schlecht, und alles wirkte etwas verstaubt. Meinem neuen Chef sagte ich auf die Frage, was ich denn als meine Aufgabe sähe, mein Ziel sei es, die coolste IT-Organisation nördlich der Donau zu schaffen[2]. Kurz, ich kam mit viel Bravado, einer gehörigen Portion Arroganz und mit viel Tatendrang in das gerade aufgesetzte Lhotse-Projekt.

Tatsächlich habe ich in meinen zwei Jahren bei Otto viel mehr gelernt, als erwartet. Dachte ich vorher, nicht mehr über Agilität lernen zu können, so wurde ich bei Otto schnell bescheidener. Ich fand engagierte Kollegen vor, Experten, Menschen mit ausgeprägten Meinungen, ein gut organisiertes großes Projekt, Projektmanager, die ihre Teams und ihr Vorhaben mit flammender Begeisterung verteidigten, Erfolg und Freunde bis heute. Für mich war Otto und im Besonderen das „Lhotse-Projekt", der komplette Austausch der E-Commerce-Plattform durch eine Eigenentwicklung, eines meiner beruflichen Highlights. Heute kann ich sagen, bei Otto ist die Produktentwicklung auf einem Stand, wie ich ihn nördlich der Donau besser nicht kennengelernt habe.

Ich schreibe darüber, wie wir es mit dem Lhotse-Projekt (Abbildung 14.1) geschafft haben, einen der größten E-Commerce-Shops Europas (Abbildung 14.2) erfolgreich durch Eigenentwicklung von einem schlechten Alexa-Ranking >50 in 2012 auf heute Platz 24 (Mai 2016,

---

[1] Ich war bei der Einzelgesellschaft Otto GmbH & Co. KG angestellt. Wenn ich im Text von Otto spreche, dann meine ich damit immer die Otto GmbH & Co. KG mit etwa 4500 Mitarbeitern in Hamburg und dem zugehörigen E-Commerce shop otto.de.

[2] Südlich der Donau ist Google in München und Zürich, das wäre ja vermessen.

Abbildung 14.1 Lhotse ist nicht nur einer der höchsten Berge der Welt, sondern Lhotse war auch der Name des Projekts, in dem 2012 bis 2014 das komplette Shopsystem von otto.de auf ein eigenentwickeltes E-Commerce-System umgestellt wurde.

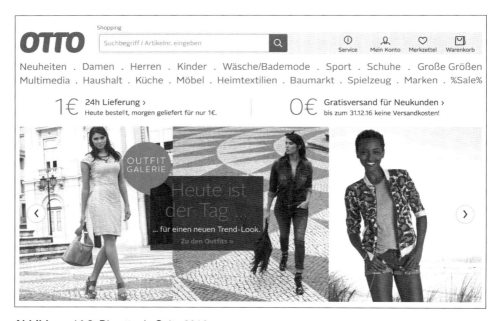

Abbildung 14.2 Die otto.de Seite 2016

Deutschland) zu bringen, die Performance um über 30% zu verbessern und die Kundenzufriedenheit entsprechend zu erhöhen.

Und ich berichte über die Art, wie wir bei Otto Scrum als agile Methode verwendet haben. SCRUM@OTTO ist Scrum mit einigen Ergänzungen, über die bislang wenig geschrieben wurde, die aber für unseren Erfolg sehr wichtig waren. Dabei lernte ich Dinge kennen, die mir im agilen Kontext bis dato fremd waren. Triaden, Vertikale, Technical-Designer und die erfolgreiche Einbindung eines übergreifenden Portfolio-Managements, all das kannte ich vor 2012 nicht.

Dinge, die ich besonders merkenswert finde, sind in diesem Kapitel so hervorgehoben.

In dieses Buch passt das gut, denn der Austausch von otto.de durch eine Eigenentwicklung war der Start für die vielleicht größte und erfolgreichste agile Transition eines Konzerns im deutschsprachigen Raum.

User Stories spielten dabei eine große Rolle, Story-Mapping hingegen war 2012 noch kein sehr verbreitetes Thema. Die bei Otto.de gefundenen vertikalen Schritte ergäben sich jedoch sofort aus einem Story-Mapping-Prozess.

■ 14.2 Die Vorgeschichte

Otto verkaufte anfangs Schuhe. Das begann im Jahr 1949. Der Knüller war 1950, dass Otto einen Katalog der Schuhe mit Bildern und Beschreibungen auf den Markt brachte. Und, dass Kunden mit dem Produkt eine Rechnung bekamen. Das heißt, die Bezahlung erfolgte erst nach dem Empfang des Produkts. Zum Einkauf musste man erstmals das Haus nicht verlassen. Mit dieser Idee wurde Otto in den nächsten 50 Jahren ein weltweit handelnder Konzern. Viele aus der Generation X erinnern sich heute noch an die schönen Kataloge aus ihrer Kindheit, die viele interessante Dinge enthielten, die das Bedürfnis nach „haben wollen" hervorriefen.

Als um das Jahr 2000 das Internet für Firmen immer bedeutsamer wurde, war Otto mit dabei. Im Jahr 2003 wurde dann sogar eine strategische Partnerschaft mit dem E-Commerce-Hersteller Intershop geschlossen und die Verkäufe über das Internet stiegen in den darauf folgenden Jahren stetig an. Im Jahr 2012 wurden schließlich ca. 80% aller Verkäufe über das Internet getätigt. Damit wurde Otto einer der größten E-Commerce-Shops Europas, nach außen ein riesiger Erfolg.

Doch es gab auch damals schon deutliche Warnsignale. Im Wettbewerb platzierte Zalando starke Werbekampagnen und steigerte seinen Umsatz jährlich. Das eigene Produkt, otto.de, war vergleichsweise langsam und ließ Kunden zwischen zwei Klicks über drei Sekunden warten. Die Produktentwicklung bestand aus einer großen Mannschaft von meist externen Mitarbeitern, die in mühevoller Arbeit den in den letzten zehn Jahren gewachsenen IT-Monolithen in zweiwöchigen Releases auf die neuesten Kundenbedürfnisse anpassten. Trotz eines der ausgefeiltesten Multiprojekt-Managements war die Produktentwicklung sehr träge und kleinste Änderungen waren stets mit hohem Risiko behaftet. Server ächzten unter der Last der Benutzer.

In der Vergangenheit hatte Otto schon zweimal versucht, mit einem Update auf die neueste Version des verwendeten Shopsystems die Situation zu verbessern. Solche Release-Wechsel sind eigentlich normal und verlangen auf einem Handy heute nur einen Klick. In großen Unternehmen hingegen sind sie oft Projekte mit mehr als zwölf Monaten Laufzeit.

Zweimal war Otto am Versuch, die Systeme zu erneuern, gescheitert. Ein anstehendes Upgrade auf die neueste Intershop-Version wurde als hohes Geschäftsrisiko und als mehrjähriges Projekt mit einem Volumen über viele Millionen Euro eingestuft. Kurzum, der Karren war ganz schön tief in den Dreck gefahren.

In dieser Situation hatten die Manager der E-Commerce-Abteilung die Idee, es mit einer Eigenentwicklung zu versuchen. Ermutigt von einem funktionierenden selbstgebauten Prototypen entstand die Idee des Lhotse-Projekts, benannt nach einem der höchsten Berge im Himalaya. Die beteiligten Manager waren interessanterweise für das Produktmanagement, das Programmmanagement und die IT verantwortlich. Während der Planung des Lhotse-Projekts kam es auf der Managementebene zu einem bis dahin nie dagewesenen Schulterschluss. Ein wesentlicher Erfolgsfaktor ist genau darin zu suchen, dass irgendwann in 2011 bei Otto einige Manager das Kriegsbeil begruben und begannen, gemeinsam zu arbeiten.

14.3 Das Lhotse-Projekt – Zahlen, Daten, Fakten

Einige Zahlen, Daten und Fakten zum Lhotse-Projekt bei Otto finden sich in der Tabelle 14.1.

Tabelle 14.1 Eckdaten zur Neuentwicklung von otto.de im Lhotse-Projekt

Start:	Herbst 2011
Going Live:	24.10.2014
bis dato (2016):	Weiterführung der Produktentwicklung
Personal:	4 Teams à 6-10 Personen in 2012
	8 Teams à 8-23 Personen 2013
	12 Teams à 10-15 Personen in 2016
Softwareentwickler:	ca. 60 am Ende des Projkts in 2014
	ca. 110 in 2016
Gesamte Personalstärke:	ca. 300 inkl. Produktmanagement, Projektmangement, Controlling, Management, Operations, ...
Budget:	zweistelliger Millionenbetrag (€)
Web-Performance:	unter 2 Sekunden zwischen Klick und Auslieferung der Seite
Hits pro Sekunde:	2014 gebaut für 500/s
	Highscore (2015) 1337/s (this is not a nerd joke)

Es gibt einige Besonderheiten dieses Projekts, die mir vorher so noch nirgendwo begegnet sind und die in den nächsten Abschnitten behandelt werden. Dazu gehören:

- Die Otto-Architektur in Vertikalen
- Triaden – das Produktmanagement eines Teams
- Die Rolle des Team-Architekten (Technical-Designer)
- Live-Deployment in 10 Minuten

Weiterhin ist erwähnenswert, dass es neben dem sehr prominenten Lhotse-Projekt ein fast ebenso großes Projekt zur Auslagerung der IT-Operations aus dem hauseigenen Rechenzentrum in Hamburg-Wandsbek in zwei Co-Location-Rechenzentren im Hamburger Umfeld gab. Heute läuft der gesamte Shop auf einer virtualisierten Umgebung. Im ersten halben Jahr 2014 hat die Otto-Operations-Truppe mehr als 70.000 virtuelle Maschinen abgerissen und wieder aufgebaut.

Dieses Infrastrukturprojekt war eine Grundvoraussetzung für den Erfolg von Lhotse. Daraus ergibt sich folgende Erkenntnis:

Kommunikation ist wertvoller als Infrastruktur.
Server und Infrastruktur dürfen in einem erfolgreichen Projekt niemals zum Engpass werden.

Seit dem jüngsten Siegeszug der Virtualisierung stellt die Verfügbarkeit von Servern im Gegensatz zu früher keine Limitierung mehr dar.

14.4 Das Team – Menschen im Mittelpunkt

Im Mittelpunkt der Produktentwicklung bei otto.de steht das Team. Waren die anfangs vier Teams am Projektstart von Lhotse mit etwa acht Teammitgliedern noch relativ klein, so wuchsen sie schnell an. Zu Beginn fast reine Entwicklungsteams mit etwas Produktmanagement und einer noch zentral agierenden Qualitätssicherung wurden schrittweise größer. Nicht nur kamen mehr Softwareentwickler hinzu, es wurden auch mehr Funktionen in die Teams integriert: zunächst die Qualitätssicherung Mitte 2013, dann Usability und Design, teilweise Operations und weitere Ergänzungen im Produktmanagement. Zwei der Teams hatten zeitweilig über 20 Mitglieder und ächzten unter der Last ausgiebiger Meetings und umständlicher Kommunikation, bevor sie sich durch Team-Splits verkleinerten.

Als Grundregel für die Bildung von Teams wurde verankert, dass jedes Team mit seiner Arbeit direkten Kundenkontakt haben sollte. Das führte konsequenterweise zu einem vertikalen Schnitt der Team-Verantwortungen. Dazu wurde otto.de in Bestandteile entlang der User-Journeys aufgeteilt. Diese Bestandteile waren zunächst wie in Abbildung 14.3 dargestellt:

- Suchen
- Persönlich empfehlen
- Benutzer identifizieren
- Bewerten[3]
- Kaufen

Die Methode der Wahl war 2012 Scrum mit einigen Adaptionen. Das wurde SCRUM@OTTO genannt. Alle Teams starteten im selben Sprint-Rhythmus: zweiwöchige Sprints mit täglichen Standup-Meetings, Sprint Planning 1 und 2, einem Review, der häufig in einem

---

[3] Anfangs waren Suchen und Bewerten in einem Team. Ebenso Kaufen und Benutzer identifizieren.

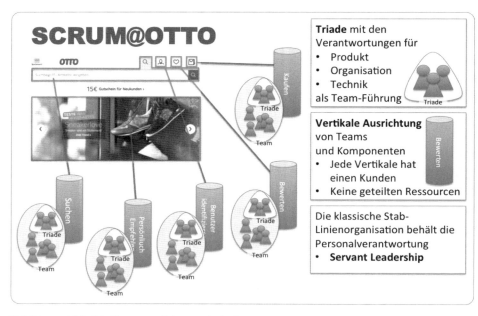

Abbildung 14.3 Die Teams und der vertikale Schnitt durch den otto.de-Webshop

Messe-Format[4] stattfand, und der Retrospektive. Dazu kamen jede Woche ein Estimation-Meeting für Themen, die meist in fernerer Zukunft lagen.

Bemerkenswert war, dass die Teams im Gegensatz zu herkömmlichen Scrum-Teams mit drei Führungskräften besetzt waren. Nicht Scrum Master und Product Owner steuerten das Team, sondern eine sogenannte „Triade" aus Projektleiter, Produkt-Designer und Technical-Designer. Die Rolle dieser Personen und das Zusammenspiel werden im nächsten Abschnitt genauer erklärt.

Heute arbeiten nur wenige der Teams noch nach dem selben Sprint-Rhythmus. Die meisten Teams haben nach und nach ihren Arbeitsprozess angepasst. Das gab zwar anfangs Diskussionen und erzeugte Unsicherheit im Management, letztendlich wurde hier aber dem agilen Gedanken gefolgt, dass jedes Team selbst am besten über seine Arbeitsweise entscheiden kann. Schritt für Schritt löste sich somit auch das klassische Otto-Management von der Tradition, den Arbeitsprozess in Mikromanagementschritten vorzugeben.

Insgesamt sind die Teams bei Otto heute sehr eigenständig unterwegs und erreichen damit eine herausragend hohe Geschwindigkeit und ein hohes Maß an Eigenverantwortung.

 Schnelle Expertenteams tragen Verantwortung, treffen selbst Entscheidungen auch in kritischen Situationen und bestimmen selbst darüber, wie sie arbeiten.

---

[4] Beim Messe-Format stellen zwei Personen aus allen Teams ihre Sprint-Ergebnisse gleichzeitig vor. Alle Besucher der gleichzeitig stattfindenden Reviews können nun wie auf einer Messe herumgehen und die verschiedenen Ergebnispräsentationen besuchen.

14.5 Triaden – die Führung eines Teams

Die Triade ist die Kommunikationsschnittstelle aus den Teams nach außen in die anderen Teams und in die Organisation. Weiterhin organisiert sie die Aufgaben im Team.

Nur zusammen mit dem Projektmanager, dem Produktmanager und dem Technical Designer ist die Triade, die Führungsmannschaft eines Teams bei Otto, vollständig. Dieses Teilen von Verantwortung auf einer Führungsposition ist für klassische Projektleiter ungewohnt. Bei Otto bekamen die Triaden zu Beginn ihrer Arbeit eine Triadenschulung. Dazu wurde in Zusammenarbeit mit einem externen Coach und dem Otto-Management eine halbtägige Schulung aufgesetzt, in der die Mitglieder der Triade unter anderem mit ihren Rollenbeschreibungen (siehe Abschnitte 14.6.1, 14.6.2 und 14.6.3) und den Leitplanken (siehe Abschnitt 14.10), also mit ihrem neuen Job, vertraut gemacht wurden.

Und auch während der laufenden Produktentwicklung wurden die Triaden regelmäßig von einem ausgebildeten Coach begleitet.

Das Konzept der Triade soll dem im Gesamtprojekt hohen Kommunikationsbedarf in den drei Richtungen Methode & Portfolio, Produkt und Technik gerecht werden. Die beiden Rollen Projektmanager und Produktmanager sind mit Scrum Master und Product Owner in Scrum schon ähnlich angelegt. Die Rolle des Technical-Designers hebt sich besonders von den Scrum-Rollen ab. Im Laufe des Lhotse-Projekts wurde klar, wie bedeutend gerade diese Rolle für eine gut funktionierende Architekturorganisation ist. Nur durch die Technical-Designer und die weiter unten vorgestellte TD-Runde konnte sich die vertikale Architektur bei Otto etablieren.

Bis die Triaden sich in den Teams zusammengerauft hatten, vergingen in der Regel einige Monate, denn auch sie durchlaufen den Tuckman-Cycle[5]. Danach wurden sie dann ein sehr gut kommunizierendes und sich ergänzendes Führungsteam, das in der Regel mit hohem Durchsatz arbeitete. Es lohnte sich, den Triaden und den ebenfalls recht großen Teams bei Otto die nötige Zeit zur Findung einer guten Zusammenarbeit einzuräumen.

> **Gute Performance braucht Zeit:**
> Ungeduldiges und unnötiges Umbauen von Teams ist zu vermeiden, denn mit jedem Umbau eines Teams muss der Tuckman-Cycle erneut durchlaufen werden.

14.6 Die Triade – Rollenbeschreibungen

Eine der Managementaufgaben bestand darin, die Rollenbeschreibungen für die Triade vorzunehmen. Neben den unterschiedlichen Aufgaben wurde darauf geachtet, Kooperationsziele aufzunehmen und auf Überschneidungen hinzuweisen. Während in klassisch aufgebauten Organisationen Rollen immer disjunkt, also überschneidungsfrei, definiert werden, stellte sich bei Otto heraus, dass der Fokus auf Zusammenarbeit und geteilte Verant-

---
[5] https://en.wikipedia.org/wiki/Tuckman's_stages_of_group_development

wortung zu weniger Verantwortungslücken führte. In den folgenden drei Abschnitten werden die Rollen des Projektmanagers, des Produktmanagers und des Technical-Designers beschrieben. Grob entspricht das den Verantwortungen für Methodik, Produkt und Technologie.

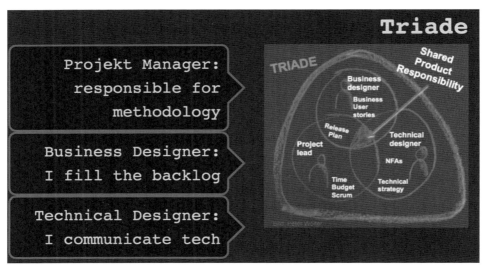

Abbildung 14.4 Die Triade zur Führung eines Teams vereint methodische Kompetenz, Produktkompetenz und technische Kompetenz.

14.6.1 Der Projektmanager – Project-Lead

Der Projektmanager (im OTTOspeak Project-Lead oder PL) ist die aus dem klassischen Projektmanagement verbliebene Rolle mit einigen Änderungen. Als Projektmanager in einem Team ist man Teil der Triade, das heißt, die Highlander-Regel aus der PMI-Ausbildung, „es kann nur einen geben", gilt nicht mehr. Die Aufgaben des Projektmanagers sind:

- die methodische Verantwortung im Team analog zu einem ScrumMaster,
- das Sammeln von Informationen für das übergeordnete Programm- oder Portfoliomanagement, etwa die Ergebnisse vor Zeit und Aufwandsschätzungen des Teams,
- das Lösen von organisatorischen Abhängigkeiten zu anderen Teams,
- das Management von übergreifenden Abhängigkeiten, die sich nicht im Team lösen lassen, etwa: Es wird ein Experte aus einem anderen Team benötigt oder es gibt zu wenig Meetingräume während des Sprintwechsels,
- die Kommunikation der Sprint-Ergebnisse nach außen, beispielsweise die Organisation von teamübergreifenden Reviews zum Austausch von Arbeitsergebnissen.

14.6.2 Der Produktmanager – Business-Designer

Der Business-Designer (oder BD in der otto.de-Terminologie) ist analog zum Produktmanager in Scrum für die Fachlichkeit zuständig. Er ist die Nahtstelle zum Kunden und zu den Nutzern des erstellten Produkts. Er schreibt User-Stories, priorisiert sie und befüllt das Backlog.

Bei Otto.de hatten die Business-Designer eine sehr stark auf die Nutzer ausgerichtete Verantwortung. Die Produktabteilung hatte eigene Experten für Search-Engine-Optimization (SEO), User-Research und UX-Design. Dementsprechend waren oft mehr als eine produktverantwortliche Person einem vertikalen Team zugeordnet. Die Koordination dieser Produktexperten oblag ebenfalls dem Business-Designer.

14.6.3 Der Team-Architekt – Technical-Designer

Die Rolle des Technical-Designer (TD) oder Team-Architekten in der Triade besteht vor allem darin, Architekturkonformität und Softwarequalität über die Teams hinweg sowie die Betriebsfähigkeit des erstellten Produkts in der Zukunft zu sichern. Im Folgenden wird die Rolle des TD in Form von messbaren Zielen und Aufgaben beschrieben. Aufgabenbereiche des TD sind:

- Gemeinsame Verantwortung für das Produkt mit dem Business-Designer (fachlicher Produktmanager) und dem Project Lead (Projektmanagement und Methodik) und dem gesamten Team. Dabei ist die Triade aus BD, PL und TD für die Kommunikation nach außen und die Organisation nach innen verantwortlich.
- Strategische technische Ausrichtung des Produkts (technische Marktbeobachtung, Impulsgeber für technische Innovationen im Team, solide Einbindung in die vorhandenen technischen Systeme bei Otto)
- Betriebsverantwortung: Sicherstellen reibungsloser technischer Betrieb und Zusammenarbeit mit der Operations-Abteilung
- Technische Verantwortung: Einbringen der technischen Sicht in die fachlichen Produktentwicklungsprozesse und Verantwortung für die technische Konzeption und Umsetzung von User-Stories
- Technische Qualitätsverantwortung: Sicherstellen eines effizienten QS-Prozesses in der agilen Softwareentwicklung und der Zusammenarbeit mit zentralen QS-Verantwortlichen

Jedes Team hat einen TD. Der TD koordiniert für das Team die technischen Aufgaben im Backlog und vertritt das Team nach außen in der TD-Runde, dem regelmäßigen Treffen aller Architekten.

Eine exemplarische Rollenbeschreibung des TD folgt im grauen Kasten:

Rollenbeschreibung Team-Architekt

Der Team-Architekt (TA) hat die Aufgabe, eine bessere Verzahnung der Kommunikation zwischen den Teams sowie zwischen den Teams und den [Enterprise-, Zentral-Firmen-, Sicherheits-] Architekten zu erreichen. Die TDs aller Teams zusammen sind für die Erarbeitung und Einhaltung der Architekturregeln des Unternehmens verantwortlich (Mikro- und Makroarchitektur).

Daraus leitet sich der hohe Anspruch nicht nur an die kommunikativen und vermittelnden Fähigkeiten des TA, sondern auch an sein integratives zukunftsorientiertes Handeln ab.

Technische und architekturelle Entscheidungen im Team beeinflusst der TA und wägt die Vor- und Nachteile ab. Alle TAs zusammen bilden ein übergreifendes Architekturboard. Der TA hat Ideen und vertritt die im Team abgestimmte Meinung. Dadurch wird für eine bessere Verzahnung zwischen den Teams und allen anderen architekturbeitragenden Parteien (IT-Sicherheit, QA, Operations, DEV-OPS) gesorgt.

Kernaufgaben:

- Kommunikationsschnittstelle zwischen dem eigenen Team und den anderen Teams,
- ist bei übergreifenden Architekturthemen Kommunikator und Unterstützer,
- unterstützt bei der Definition der technischen Rahmenbedingungen und Leitplanken, stimmt sie mit dem Team ab und stellt die Einhaltung sicher,
- stellt in Zusammenarbeit mit dem Team, den Vertretern aus den anderen Teams und den Senior-Architekten die Integrität des Gesamtsystems sicher,
- fokussiert auf schnelles Deployment und größtmögliche Unabhängigkeit der Teams,
- stellt die Architekturkonformität im Team sowie die Betriebsfähigkeit des erstellten Produkts in der Zukunft sicher,
- nimmt am Architekturboard teil, entscheidet dort mit über die Makroarchitektur und bringt sich in Diskussionen und Entscheidungen ein,
- ist Moderator für Architekturthemen im Team.

Fähigkeiten und Erfahrungen:

- stark in der Vermittlung von Architekturthemen,
- interessiert an technologischen und architektonischen Entwicklungen und Trends und kann deren Relevanz wirtschaftlich abwägen,
- verfügt über sehr gute Koordinations- und Kommunikationsfähigkeiten,
- hat ein gutes fachliches und technisches Verständnis der Komponenten im Team und idealerweise einen guten Überblick über das Gesamtsystem,
- hat sehr gute Erfahrungen in der Entwicklung, Konfiguration und dem Betrieb von IT.

14.7 Die TD-Runde

Das Architekturboard (TD-Runde) traf sich während des Lhotse-Projekts zwei mal in der Woche für eine Stunde. Einberufen und moderiert wurde durch Stefan X., der als zentral agierender Architekt (etwa wie ein Systemarchitekt) für IT-Sicherheit und Performance übergreifend verantwortlich ist. Die TD-Runde hat ein eigenes Backlog gepflegt. Der Inhalt des Backlogs umfasste Dinge, die das eigenständige Handeln der Teams stärken sollten und gleichzeitig übergreifende Interessen des Unternehmens sicherstellen. Themen waren unter anderem Performance, IOT-Sicherheit, schnelles und unkompliziertes Deployment, übergreifende QA-Prozesse usw. Eine der Aufgaben der TDs war es, zu gewährleisten, dass die Themen dieses Backlogs auch Eingang in die Backlogs der Teams fanden. Das führte des Öfteren zu einem erhöhten Abstimmungsbedarf mit den Produkt-Managern der Teams, was durch die Konstruktion der Triaden kein Problem darstellte. Weitere Teilnehmer waren die Vertreter der Qualitätssicherung und Operations.

Typische Themen der TD-Runde sind:
- Teams sollen ihre Ergebnisse selbst deployen können.
- Consumer-Driven-Contract (CDC)-Tests zwischen Vertikalen sollen Regressionen verhindern.
- Wir möchten im Team Scala als Programmiersprache nutzen, bislang steht aber Java auf der Makroarchitektur. Also möchten wir die Regeln für die Makroarchitektur lockern.
- Sicherheits-Awareness-Schulung aller Entwickler
- Java8-Upgrade steht an. Was tun?

In der TD-Runde konnten die Technical-Designer dafür arbeiten, dass ihre jeweiligen Teams immer unabhängiger und schneller deployen konnten.

Johannes Mainusch: Im Sommer 2012 führten wir die von mir später so benannten Deployment-Wars. Damals gab es noch eine zentrale QA-Verantwortung vor dem Live-Stellen der Software. Bei jedem Deployment musste die QA-Abteilung eine Batterie von zentral angelegten Regressionstests (in Selenium) abfahren, um so sicherzustellen, dass mit dem neuen Software-Stand nichts kaputt ging. Nun hatten wir damals schon fünf vertikal aufgestellte Teams. Auf die Frage, wie lange ein Integrationstest dauern solle, sagte die QA, sie benötige mindestens vier Stunden für teils umfangreiche manuelle Tests. Somit war klar, dass mit dieser Methode maximal acht bis zehn Deployments pro Woche möglich wären, realistisch eher nur fünf.

Da auf der Integrationsumgebung entweder nur getestet oder nur deployt werden konnte, wurde eine Art Schrankenwärter als Ansprechpartner für die Teams zentral etabliert. Nachdem der Schrankenwärter einige Male kurz vor dem benötigten Deployment überhaupt nicht auffindbar war, wurde schnell klar, dass dieser Prozess so nicht funktionierte.

Schritt für Schritt wurde in den folgenden Monaten die QA-Verantwortung auf die Teams verteilt, der eine Schrankenwärter wurde zu einem Schrankenwärter pro Team, die zentralen Regressionstests wurden auf die Teams verteilt.

Im Mai 2016 lief Otto.de mit etwa 150-180 Deployments pro Woche aus 14 Teams. Im September 2016 mit bis zu 340 Deployments pro Woche. Dies ist nur durch die konsequente Automatisierung der Tests und des gesamten Deploymentprozesses in allen beteiligten Teams möglich.

Dezentralisierung:
Schrittweise Dezentralisierung von Verantwortung beschleunigt die Produktentwicklung.

Durch die TD-Runde und die Technical-Designer entstand bei otto.de ab 2012 schrittweise eine Architekturorganisation, die neben der klassischen Führungsstruktur parallel existierte. Diese Organisation etablierte die bis heute bestehende Otto-Architektur in Vertikalen.

14.8 Die Otto-Architektur in Vertikalen

Vertikale Architekturen waren für mich 2012 neu. Die Entscheidung, die Teams und Komponenten vertikal zu schneiden, beruht auf der Entscheidung, dass jedes Team und jede entwickelte Komponente echte Nutzer haben soll. Das heißt, jede Komponente implementiert ein Stück Frontend und jedes Team ist für einen Teil des Einkaufserlebnisses im E-Commerce verantwortlich. Diese Entscheidung war gleichzeitig der Todesstoß für die bislang verwendete monolithische Schichtenarchitektur. Konsequenterweise änderte das auch die gesamte Organisation weg von der klassischen Projektorganisation (Ablauforganisation) mit Projekten und Projektketten hin zu einer Produktorganisation mit vertikal aufgestellten cross-funktionalen Teams.

14.8.1 Warum die klassische IT versagt

Fast immer, wenn über IT-Architekturen gesprochen oder gelehrt wird, tauchen Schichten auf. Im Studiengang Informatik lernen wir das OSI/ISO Schichtenmodell kennen, im Unternehmen dann die Unterscheidung zwischen Frontend und Backend und früher gern auch 3-Tier Architekturen.

Unweigerlich denken also ausgebildete IT-Experten in Schichten, wobei in den höheren Schichten durch Abstraktion die Komplexität der unten liegenden Schichten verborgen wird.

Hinzu kommt, dass die klassischen IT-Organisationen diese IT-Schichten mit eigenen Abteilungen bedienen. Es gibt Abteilungen, die für Netzwerke, Datenbanken, Operations und Entwicklung zuständig sind. Skalierung von IT-Vorhaben wird durch Ausbau der Abteilungen und damit respektive der Schichten vorangetrieben. So wächst jede Schicht nur in die Breite (siehe Abbildung 14.5).

Im Laufe der Zeit werden zwischen den Schichten dann immer mehr Verbindungen/Abhängigkeiten geschaffen. Es entsteht der Monolith. Kein einzelnes Teil ist mehr zu ändern, ohne dass es Auswirkungen auf weit verzweigte Abhängigkeiten gibt. Kleine Änderungen in einem Teil haben Folgen an ungeahnten Stellen auf der anderen Seite. Das Paradigma der Lokalität für einfache Strukturen wird gebrochen.

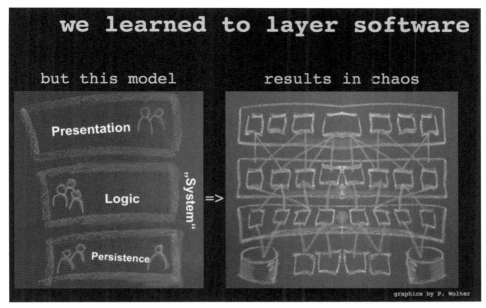

Abbildung 14.5 IT-Schichtenmodell und wie es mit der Stab-Linienorganisation und deren Einheiten korrespondiert

Irgendwie erinnert das an den metaphorischen Flügelschlag des Schmetterlings in Brasilien, der einen Tornado in Texas auslöst. Dieser Schmetterlingseffekt[6] ist eine Metapher, die für chaotische Systeme und Chaostheorie verwendet wird. Und in ähnlicher Weise haben wir in der IT in den letzten 30 Jahren Systeme und Organisationen gebaut, die alle Merkmale von Chaos in sich tragen. Kleinste Änderungen an einer Stelle haben ungeahnte Auswirkungen an anderer Stelle. Oder, wie ein Kollege bei der Lufthansa Technik früher sagte: Das System ist wie ein erkalteter Teller Spagetti. Immer wenn wir versuchen, nur einen herauszuziehen, kommen alle anderen mit vom Teller.

Nun versucht die IT-Architektur, die Herrschaft über dieses Chaos wiederzuerlangen, nur leider mit einem völlig falsch definierten Ziel. Liest man in Wikipedia nach, so steht unter dem Wikipedia-Eintrag für IT-Architektur[7] zusammengefasst und etwas pointiert Folgendes:

> **(klassische) IT-Architektur ist die Kunst alter Männer, Bilder von alter Software zu malen.**

Das ist falsch. Wir brauchen eine neue oberste Direktive der IT-Architektur.

 Die neue Direktive für IT-Architektur:
make IT changeable

---

[6] Schmetterlingseffekt: https://de.wikipedia.org/wiki/Schmetterlingseffekt
[7] https://de.wikipedia.org/wiki/IT-Architektur

Abbildung 14.6 Wir brauchen in der IT-Architektur eine neue oberste Direktive: make IT changeable

Und das wiederum bedeutet für IT-Architekten, dass sie zunächst das Deployment im Unternehmen und in den Teams verstehen und das Deployment entsprechend schnell machen müssen. Mit Deployment ist der Prozess der Live-Stellung neuer Software von der Entwicklungsumgebung bis zum Live-Server gemeint.

Bei Otto.de dauert (Stand 05/2016) das Deployment einiger Teams weniger als zehn Minuten. In einer Woche werden bis zu 340 Deployments durchgeführt (Stand 09/2016). Das ist nur durch eine sehr hohe Unabhängigkeit der Teams und durch eine sehr starke Automatisierung aller beteiligten Prozessteile möglich.

Software in Schichten, Stab-Linienorganisationen ohne weitere Kommunikationsstränge und die fehlende visionäre Ausrichtung der IT-Architektur sind drei strukturelle Fehler in den IT-Systemen heutiger Industrieunternehmen. Werden diese nicht systematisch repariert, so steht es schlecht um die Zukunft der betroffenen Unternehmen.

Bei Otto manifestierte sich der Systemfehler in den bis 2012 mehrfachen vergeblichen Versuchen, das bestehende IT-Shopsystem zu erneuern. Weiterhin gab es im Betrieb des alten Systems alle Kennzeichen von Chaos:

- Teure Bugs wurden aus dem System nur im 2-Wochen-Rhythmus entfernt.
- Hohe Frustration aller Beteiligten
- Viel Know-how bei externen Dienstleistern im Gegensatz zur relativ geringen internen Kompetenz
- Relativ hohe Kündigungsrate
- Wenig Attraktivität als Arbeitgeber aufgrund der von außen wahrgenommenen Trägheit und Innovationsferne

Aber Otto hatte auch starke Pluspunkte. Dazu gehörten eine sehr hohe Wertschätzung der Mitarbeiter, eine gute finanzielle Ausstattung, wahrgenommene Sicherheit im Job und vor allem der Wille zur Verbesserung der Situation. Das ist erwähnenswert, da Veränderung immer einen fruchtbaren kulturellen Boden im Unternehmen braucht.

14.8.2 Warum vertikale Schnitte helfen

Vertikalisierung der IT-Strukturen ermöglicht die Skalierung von Bereichen in Personalstärken jenseits von 30 Mitarbeitern, ohne dabei Abhängigkeiten und in der Folge Chaos zu schaffen. Das Ziel vertikaler Strukturen ist dabei immer maximale Unabhängigkeit von Teams und IT-Komponenten.

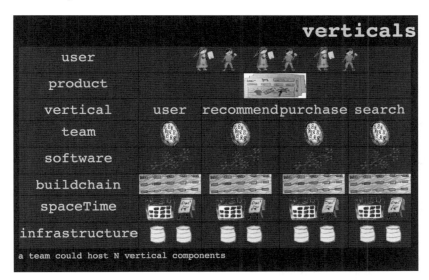

Abbildung 14.7 Zwischen Vertikalen wird nichts geteilt (Share-Nothing-Prinzip).

Dazu gehört unbedingt das Share-Nothing-Prinzip zwischen vertikalen Teams. Jedes Team ist in seinen Entscheidungen, in seiner Arbeitsweise und mit den erstellten Produkten maximal unabhängig von Nachbarteams. Nur durch diese Unabhängigkeit kann sicher gestellt werden, dass die erstellten Produkte/Artefakte unabhängig voneinander ausgeliefert werden können.

Für die Software bedeutet das, ein Team kann jederzeit ein Release machen und live stellen, ohne andere Teams zu fragen. Das geht natürlich nur, wenn das Team auch sicher ist, dass in anderen Teams durch das eigene Deployment keine Fehler entstehen. Und das wiederum geht nur durch Unabhängigkeit, sehr hohe Automatisierung und eine umfassende Abdeckung mit automatisierten Tests innerhalb der Produkte, die das Team baut.

 Vertikale Schnitte ermöglichen die nachhaltige Skalierung von IT-Organisation und IT-Architektur.

Nur durch das gleichzeitige Betrachten von Organisation und IT-Architektur lassen sich große Monolithen kleiner schneiden. Da bislang in Organisationen immer nur entweder die Organisationsstruktur oder die IT-Architektur angefasst wurde, scheiterten diese Ansätze fast immer.

14.8.3 Was eine Vertikale ist

Was nun kennzeichnet eine Vertikale? Folgende Zutaten machen eine Vertikale aus:

- ein agiles und cross-funktionales Team, in dem möglichst alle Teilnehmer zu 100% ihrer Arbeitszeit zugeordnet sind,
- ein eigener Technologie-Stack, kein Teilen von Datenbanken oder Servern mit anderen Teams,
- eigene IT-Infrastruktur, beispielsweise als virtualisierte Server oder AWS-Instanzen,
- eine eigene Triade, die das Team leitet,
- ein agiler Entwicklungsprozess und damit die Hoheit über die Ausgestaltung dieses Prozesses,
- Regeln und Gremien zur Zusammenarbeit mit Nachbar-Vertikalen, beispielsweise die regelmäßig stattfindenden TD-Runden zweimal pro Woche,
- Regeln und Gremien zur Zusammenarbeit mit der restlichen Unternehmensstruktur,
- Regeln und Gremien zur Zusammenarbeit mit dem klassischen Management, das diese Freiräume erst Schritt für Schritt schaffen muss und dabei voller Hoffnung, Spannung und Ungewissheit auf diese Vertikalen schaut, und das im Notfall jederzeit am Steuerruder ist (denn das ist eine der Aufgaben des klassischen Managements, ähnlich der Aufgabe einer Stewardess im Flugzeug: Da wird in der Notsituation dann bitte auch nicht diskutiert, ob man diese Masken nun wirklich über Mund und Nase ziehen muss...),
- generische Vorgehensweise – vertikal organisierte Teams bauen vertikale Produkte und teilen sich bei Wachstum wieder in vertikale Teams.

Eine Vertikale ist also ein eigenständiges Team. Dazu gehören Aspekte von Organisation, Technolgie und Arbeitsmitteln mit dem Ziel, eine große Organisation aus kleinen, möglichst unabhängigen Einheiten zu bauen. Denn kleine schlagkräftige Einheiten sind in chaotischen Verhältnissen überlebensfähiger als große schwerfällige Armeen.

Vertikal organisierte Teams sollten folgende Regel beachten. Die von einer Vertikale erstellten Produkte sollten ebenfalls vertikal gebaut sein. Beispiel: Ein Team verantwortet in einem E-Commerce-System einen Warenkorb. So ist das Team für alle Webseiten/Prozessteile verantwortlich, die auf den Klick des Warenkorb-Symbols bis hin zum Bezahlen an der Kasse folgen. Nun soll für den Kunden ein Merkzettel im Shopsystem gebaut werden. Dafür gäbe es ja die Möglichkeit, den Merkzettel als eine Ausprägung des Warenkorbs zu bauen. Das entspräche einem Warenkorb, dem die Bezahlung an der Kasse fehlt. Somit hätte man bestehende Programmteile effizient wiederverwertet. Das hätte dann natürlich den Preis einer etwas höheren Komplexität der Komponente. Das passt so nicht ins Konzept von Vertikalen.

Ein vertikal denkendes Team würde diese Möglichkeit verwerfen und stattdessen ein eigenständiges System für den Merkzettel bauen. Somit würden bestimmte Funktionalitäten doppelt gebaut werden. Das neue Merkzettelsystem hätte seine eigene Datenbank, eigene Server, ein eigenes Repository und eigenes Deployment. Das erscheint in der klassischen Schichtendenkweise von Architektur zunächst widersinnig, werden hier doch redundante Systeme gebaut. Die Vorteile überwiegen jedoch.

- *Zellteilbarkeit:*
  Vertikale Komponenten in einem vertikalen Team ermöglichen die Skalierung von Organisationen durch selbstorganisierte Zellteilung. Wird das vertikale Team zu groß, kann es sich teilen und die vertikalen Komponenten auf die zwei neuen Teams verteilen. Das geht dann sehr leicht ohne den üblichen Know-how-Verlust.
- *Resilienz:*
  Beim Ausfall von einzelnen Systemen sind die Auswirkungen beschränkt und Fehler schneller auffindbar.
- *Organisatorische Skalierbarkeit:*
  Durch die Zellteilbarkeit kann eine Organisation so sehr groß werden, ohne dass die üblichen kommunikativen Bruchstellen auftreten.

Voraussetzung hierfür ist, dass die Vertikalisierung zum Bestandteil der Leitplanken und Makroarchitektur der Organisation wird. Wachstum der Organisation kann dann wie bei der Zellteilung in der Biologie erfolgen. Zunächst baut und betreut ein größer werdendes Team mehrere vertikale Komponenten. In der Regel werden sich dann innerhalb des Teams Substrukturen bilden, indem einige Teammitglieder eher an einem Teil der Komponenten arbeitet, die anderen Teammitglieder an anderen Komponenten. Das Team sollte das natürlich völlig autonom entscheiden. Beispiel: Bei Otto.de teilte sich so das Team **Suchen und Bewerten** in zwei Teams mit den Aufgaben **Suchen** und **Bewerten**. Es gab auch wesentlich schwieriger teilbare Teams, in der Regel dort, wo die fachliche Domäne nicht teilbar war, etwa im **Recommendations-Team**. Die Schritte der Teilung können wie folgt aussehen:

1. Ein Team baut eine Komponente.
2. Mehrere vertikale Komponenten existieren im Team.
3. Das Team bekommt schrittweise mehr Mitglieder, etwa, indem weitere Entwickler ins Team aufgenommen werden. Es beginnt, seine Arbeit in Subteams zu organisieren.
4. Zur Vorbereitung der Zellteilung werden für die Subteams fachliche Domänennamen gesucht.
5. Eine neue Triade wird für das Team etabliert, aus dem Team heraus oder mit Hilfe von außen. Das Team wird personell weiter aufgebaut.
6. Zellteilung

Abbildung 14.8 stellt diese Form der Zellteilung eines Teams dar.

 Vertikalisierung als Teil der Unternehmens-DNA hilft bei der Skalierung von Produktentwicklung. Das Wachstum der Organisation geht über Zellteilung. ∎

Abbildung 14.8 Phasen der Teilung eines vertikal organisierten Teams in einer skalierbaren Organisation

14.8.4 Wie vertikale Schnitte gefunden werden können

Bei otto.de wurde der Ansatz gewählt, das Produkt entlang der User-Journey in einzelne Teile zu zerlegen. Es galt das Paradigma: **Jedes Team hat einen Kunden**. Dadurch wurden die Verantwortungsschnitte der Teams so gewählt, dass es kein Backend- und Frontend-Team gab, sondern dass das Gesamtangebot in kleine am Kundenprozess orientierte Teile zerlegt wurde. Abbildung 14.9 skizziert den gewählten Schnitt.

So zerfällt ein E-Commerce-System beispielsweise in die Teile:

- *User*
  Die User-Vertikale beinhaltet die Registrierung von Benutzern, das Login und die Authentifizierung für alle Programmteile, die nur im eingeloggten Zustand erreichbar sein sollen. Später könnte hier eine weitere Unterteilung in die eben genannten drei Teile erfolgen. Die so entstehende Vertikale hat die Datenhoheit über alle Benutzerdaten.
- *Suche*
  Die Suche findet Artikel im Shop. Sie ist eine völlig eigenständige Funktion. Die Suche hat in diesem Beispiel keine Datenhoheit über die Artikeldaten, sondern nur lesenden Zugriff darauf. Aus Performance-Gründen wird die Suche wahrscheinlich zukünftig eine eigene Kopie der Artikeldatenbank aufbauen.

Abbildung 14.9 Eine Methode zur Findung von vertikalen Schnitten ist die Segmentierung entlang der Nutzung der Produkte durch den Kunden. Rot-gestrichelt die Aufteilung des Produkts in Vertikalen aus Benutzersicht.

- *Artikeldetails*
  Die Seite mit den Artikeldetails hat die Datenhoheit über alle Artikel im Shop. Für den Kunden stellt sie diese dar, für andere Konsumenten (wie etwa die Suche) gibt es eine REST-Schnittstelle.
- *Recommendations*
  Hier wird das Schaufenster des Shops dargestellt. Das könnte im einfachsten Fall eine statische Seite sein. Oder eine sehr spezialisierte Recommendation-Engine erzeugt für jeden Besucher ein persönliches Schaufenster.
- *Check-out*
  Im Check-out werden der Warenkorb und der Prozess bis zum Verkauf implementiert, alles vom Einkaufswagen bis hinter die Kasse.
- *After-Sales*
  After-Sales beinhaltet alle Service-Funktionen nach dem Einkauf, beispielsweise den Versand, Retouren, Klärungsfälle etc.
- *Navigation*
  Hier wird die Navigation im Shop implementiert.

 Vertikale Schnitte orientieren sich an der Nutzung des Produkts aus Benutzersicht.

Abbildung 14.10 Vertikale lassen sich durch voneinander unabhängige Teile in der Nutzung eines Produkts finden, wie durch die roten Linien angedeutet.

So kann die gesamte Domäne in kleinere und unabhängige Teile zerlegt werden. In einigen Fällen wird das so allerdings nur schwer gelingen. Es gibt immer schwer teilbare oder schlichtweg übergreifende Dinge. Bei otto.de wurde beispielsweise eine Pattern-Library gebaut, die alle Interaktionsmuster auf der Webseite für alle Vertikalen enthält. Da alle Vertikale von dieser Pattern-Library abhängen, muss diese eine Stabilität und Unabhängigkeit aufweisen, wie etwa die jQuery-Library oder ähnliche Open-Source-Produkte. Warum Pattern-Libraries trotzdem helfen, beschreibt Wolf Brüning in seinem Blog[8] am Beispiel der otto.de Pattern Library.

■ 14.9 Makro- und Mikroarchitektur

Makro- und Mikroarchitektur beschreiben die Regeln für den Einsatz und die Verwendung von Technik.

Die Idee zur Unterscheidung von Makro- und Mikroarchitektur wurde bei Otto.de erstmals in 2012 durch Stefan Tillkov eingebracht und ist im Otto-Blog beschrieben[9]. Makro- und Mikroarchitektur beschreiben, welche Architekturregeln übergreifend vorgegeben werden (Makroarchitektur) und welche Dinge im Team entschieden werden können (Mikroarchitektur).

---

[8] http://www.produktbezogen.de/bauanleitung-pattern-library-1/
[9] url https://dev.otto.de/2013/04/14/architekturprinzipien-2/

14.9 Makro- und Mikroarchitektur

Jede IT-Organisation hat Architekturregeln. Oft werden diese nicht explizit ausgesprochen und Produktentwicklungsteams müssen dann schmerzhaft herausfinden, was möglich ist, und was nicht. Eine explizite Benennung dieser Architekturregeln und die Aufteilung in Makro (übergreifend) und Mikro (vom Team entscheidbar) hilft enorm. Außerdem ist das einer der ersten Schritte, um später mehr Entscheidungsfreiheit in die Teams zu geben und somit sukzessive der Gesamtorganisation mehr Handlungskompetenz zu ermöglichen.

14.9.1 Makroarchitektur

Die Makroarchitektur eines Unternehmens sind alle technischen Regeln, die übergreifend für alle Teams gelten, etwa die Festlegung auf eine Programmiersprache als Standard oder auch eine Datenbanktechnologie.

Wenn Technologien, die zur Makroarchitektur gehören, geändert werden müssen, ist das sehr aufwendig und teuer. Beispielsweise wird die Entscheidung, Oracle 12c im Unternehmen zum Standard zu erheben, dann sehr aufwendig und teuer, wenn der nächste Release-Wechsel kommt. Die gesamte DB-Infrastruktur des Unternehmens wird angepasst werden müssen.

14.9.2 Mikroarchitektur

Die Mikroarchitektur sind technische und architektonische Regeln, die sich ein einzelnes Team selbst auferlegt. Etwa: Wir arbeiten nach BDD oder wir verwenden Spring.

Wenn man das Führungsprinzip, Entscheidungen auf die Kompetenzebene und somit auf die Arbeitsebene zu verlagern, konsequent verfolgt, wird man ebenso versuchen, wenig Makro- und viel Mikroarchitektur zu betreiben. Somit schafft man starke und autonome Teams. Das bedeutet, weniger übergreifende Unternehmensstandards in der IT festzulegen.

Hier genau ist ein wesentlicher Unterschied zur klassischen IT, die mit dem Argument von übergreifenden Synergien gerne viele unternehmensweite Standards und Verfahren festlegt. Das kann dann bis hin zu einem starken Regulierungswillen führen. Bei otto.de gilt:

Dezentralisierung:
Dezentrale Kompetenz ist wichtiger als zentrale Standards.

An dieser Stelle wird das Gegenargument eingebracht, dass das Wechseln von Experten in andere Teams durch teamindividuelle Mikroarchitekturen erschwert wird. Das ist korrekt. Dem kann entgegengesetzt werden, dass die Besetzung neuer Teams mit neuen Technologien im Recruiting oft einfacher ist, als ständig mehr Experten mit gleichem Skillset zu finden. Weiterhin ist die Möglichkeit, Neues zu erlernen, einer der größten Motivationsfaktoren für Nerds. Nur in einer Organisation, die Vielfalt zulässt, geht das. Bei otto.de sind die in den letzten Jahren immer größer werdenden technologischen Freiheiten eines der Erfolgskonzepte der heute so schlagkräftigen Organisation.

14.10 Werte und Leitplanken statt Richtlinien und Governance

Leitplanken sind Regeln für Menschen und ihre Zusammenarbeit. Im Lhotse-Projekt legte das Otto-Management viel Wert darauf, das große Ziel vorzugeben und weniger den Weg dahin genau vorzuzeichnen. Somit wurde Freiraum auf der Arbeitsebene geschaffen, das Management kümmert sich um die Beantwortung der Fragen nach dem **Warum** und dem **Was**. Wie genau Dinge zu erledigen sind, wird den Experten in den Teams überlassen.

In den Leitplanken wurden die gemeinsam erarbeiteten Regeln zur Zusammenarbeit festgelegt, also der Handlungsspielraum der Mitarbeiter und des Managements definiert.

Leitplanken ersetzen Richtlinien und Governance und waren eine Neuerung zum klassischen Managementverständnis, wie Mitarbeiter geführt werden. Und vor allen Dingen dienten die Leitplanken der Zusammenarbeit vormals zerstrittener Bereiche, wie eine Magna-Charta.

Leitplanken zwischen IT, Produktmanagement und Projektmanagement können beispielsweise die Folgenden sein:

- Entscheidungen über Dinge, die Auswirkungen auf Nachbarbereiche haben, werden gemeinsam getroffen.
- Alle unterstützen nach bester Möglichkeit die vertikalen Teams.
- Konsens ist wichtiger als Schnelligkeit.
- Wir haben regelmäßige fachbereichsübergreifende Management-Retrospektiven.
- Ich schenke jedem meiner Kollegen 100% Vertrauen.
- Informationen werden immer allen transparent zur Verfügung gestellt.
- Personalentscheidungen über die Besetzung von Triaden werden gemeinsam getroffen.

Diese Leitplanken sind Beispiele. Wichtig ist, dass Leitplanken gemeinsam erarbeitet und für gut befunden werden.

14.11 Das klassische Management in der agiler werdenden Organisation

Agilität kommt häufig als grassroot-Bewegung in ein Unternehmen, in dem zunächst eines und später mehrere Teams anfangen, agil zu arbeiten. Das geht so lange gut, bis entweder die agilen Teams an den Glasdeckel des inzwischen verunsicherten Managements stoßen, oder durch zahlreiche schnell gewachsene IT-Architekturen neue und komplexe IT-Architekturen im Umfeld alter Systeme entstehen. So entsteht ein neuer team-übergreifender Regulierungsbedarf.

Falsch wäre es, die eigene Managementposition durch Mikromanagement zu betonieren. In klassisch aufgestellten IT-Organisationen werden die Manager häufig zum Kommunikationsengpass, und das trotz teils sehr hohem Arbeitseinsatz von weit mehr als 50h/Woche.

Manager in klassischen IT-Organisationen sind durch vielschichtige kommunikative Aufgaben und zugestopfte Kalender operativ so fest eingebunden, dass für die Hege des Erfolgs in der Zukunft keinerlei Zeit und Energie übrig bleibt.

Die Aufgabe des klassischen Managements sollte es sein, die Rahmenbedingungen für eine agile Transition eines Unternehmens abzustecken und für die entstehenden Teams eine optimale Arbeitsumgebung zu schaffen. Besonders im IT-Management muss ein starkes Augenmerk auf die Organisation der Architektur gelegt werden. Agilität überträgt mehr Verantwortung und Aufgaben auf die Arbeitsebene.

Johannes Mainusch: „Als IT-Manager hatte ich wenig mit der operativen Steuerung der agilen Teams zu tun." Die klassische Managementrolle als Team- oder Abteilungsleiter ließ daher viel Zeit, sich unterstützend um folgende Themen zu kümmern:

- Skill-Managment
- Durchführung regelmäßiger Personalgespräche mit den zugeordneten Mitarbeitern um deren Erfolg in der Zukunft sicher zu stellen.
- Recruiting
- Personalmarketing
- Aufbau und Unterstützung einer Architekturorganisation (TDs, TD-Runde, Mikro- und Makroarchitektur)
- Beschaffung externer Experten
- Budgetsteuerung
- Innovationen (strategische Ausrichtung, Web-Performance Monitoring, Pair-Programming-Coach, Hackathons, Offsites, Konferenzen, Partys, …)
- Langsames De-Staffing der alten Plattform
- Verhandlungsführung bei Umstaffing von Experten in neue Teams
- Initialisierung neuer Teams
- Beziehungsmanagement mit Nachbarabteilungen
- Generelle Lückenfüllerei: beispielsweise die Initiierung eines neuen Produktteams, das Assessment der Sinnhaftigkeit des Einsatzes bestimmter Werkzeuge oder Stellvertretungen in Urlaubssituationen.

Anstatt von einem Engpass oder Notfall zum nächsten zu laufen, konnte sich das Management mit der so frei gewordenen Zeit um seine Kernaufgabe kümmern:

Die oberste Direktive von Management:
den Erfolg des Unternehmens und seiner Mitarbeiter in der Zukunft sichern.

Ein weiterer Effekt bei Otto war die Erhöhung der Führungsspanne. So kann heute ein Abteilungsleiter für 15 und mehr Mitarbeiter direkt verantwortlich sein. In der Transitionsphase zum agilen Unternehmen sind die Führungskräfte und ihre Fähigkeit zur Veränderung entscheidend für den Erfolg. Verharren sie in ihren alten Strukturen, so können sie großen Schaden anrichten. Beginnen sie, selbst Teil des Wandels zu werden, so kann eine vormals verstaubte und unbewegliche Produktentwicklung die Zukunft des ganzen Unternehmens gestalten.

■ 14.12 Scrum@Otto – 100 Sprints später

Inzwischen hat Otto die ehemalige Projektorganisation in eine Produktorganisation gewandelt. Dort, wo 2012 mit vier Teams gestartet wurde, arbeiten heute 17 Teams an der Weiterentwicklung von otto.de. Jedes Team vertritt einen Teil des angebotenen Produkts und hat somit direkten Kundenkontakt[10].

Vor 2012 hat ein sehr ausgefeiltes Multiprojektmanagement eine festgefahrene IT-Situation mit einem langsamen und in die Jahre gekommenen Shopsystem gemanagt, heute arbeiten 17 agile Teams an einem der schnellsten und größten E-Commerce-Systeme Europas. Das Produkt wurde komplett selbst entwickelt.

Die Arbeitsweise der Teams hat sich in den letzten Jahren seit 2012 schrittweise verändert. Deutlich sichtbar wird diese Veränderung durch den Vergleich der Team-Kalender 2012 und 100 Sprints später im Jahr 2015. Abbildung 14.11 zeigt den zweiwöchigen Rhythmus der vier Start-Teams von Otto.de im Jahr 2012. Die Teams begannen mit Scrum im zweiwöchigen Sprint-Rhythmus. Der Sprint startete donnerstags mit Sprint-Planning 1 und 2. Insgesamt gab es zum Start des Projekts 2012 folgende Meetings:

- Sprint-Planning 1 und 2 flankiert von zusätzlichen Scrum of Scrums[11]
- Täglich um 10:00 ein Standup-Meeting
- Das tägliche Scrum of Scrum Meeting (SOS) um 10:30
- An den beiden Dienstagen ist vormittags ein Estimation-Meeting
- Am Mittwoch am Sprintende (alle zwei Wochen) erst das Scrum-Review, dann die Retrospektive

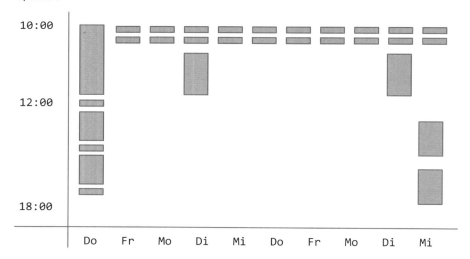

Abbildung 14.11 Der Scrum-Teamkalender im Lhotse-Projekt zu Projektbeginn

---

[10] Derzeit gibt es hier ein Team, dass eine Ausnahme bildet und einen klassischen Service erbringt.
[11] Scrum of Scrums (SOS) Meetings sind eine Methode zur Koordination und der Beseitigung von Arbeitshindernissen zwischen Scrum-Teams in einer größeren agilen Organisation. Dazu entsendet jedes Scrum-Team einen Botschafter in ein SOS-Meeting. Oft findet das SOS-Meeting nach dem täglichen Standup der Scrum-Teams statt.

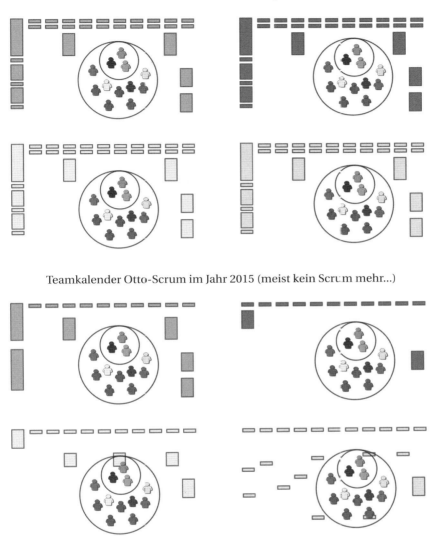

Abbildung 14.12 Der Team-Kalender der vier Lhotse-Teams im Jahr 2012 und 100 Sprints später im Jahr 2015. In 2012 starteten alle Teams mit dem gleichen Scrum-Teamkalender, für 2015 sind nur vier Teamkalender der damals schon zwölf Teams abgebildet. Die Bilder wurden aus dem Vortrag „*100 Sprints Otto.de*" von Christian Stamm zur Verfügung gestellt.

Damit kamen die Teams in Summe auf ca. 18 bis 20 Stunden Meetings pro Sprint. Das wurde besonders bei den Entwicklern oft als sehr hoch empfunden. 20 Stunden entspricht 25% der im Sprint zur Verfügung stehenden Arbeitszeit. Dazu kamen dann noch alle außerplanmäßigen Treffen und Veranstaltungen, Abteilungstreffen, Off-Sites, Recruiting-Hilfe, Interviews mit externer Verstärkung, Fortbildungen und so weiter.

Im Laufe der Jahre veränderten die meisten Teams schrittweise ihre Arbeitsweise. Aus den Retrospektiven und in Abstimmung mit dem Management und den umgebenden Teams kamen verschiedene Änderungsvorschläge, die nach und nach teamindividuell umgesetzt wurden. In Abbildung 14.12 ist diese Veränderung anhand eines Vergleichs von vier Teams dargestellt. Nur eines der Teams (im Bild oben links) hat den ursprünglichen Scrum-Prozess nahezu unverändert beibehalten. Eines der Teams (unten rechts) arbeitet 2015 in einem Prozess, der nur die folgenden Meetings aus dem urspünglichen Scrum-Prozess beibehalten hat:

- Täglich ein Standup-Meeting
- Plannings, wann immer nötig und kurz
- Die Retrospektive

In Summe kommt dieses Team (2015) nur noch auf ca. elf Stunden Meetings pro Sprint (etwa 15%). Es zeigt sich, dass die Meetings **Daily-Standup**, **Planning** und **Retrospektive** in agilen Prozessen auch bei Methodenwechsel erhalten bleiben, ihnen kommt daher eine besondere Bedeutung zu.

■ 14.13 Fazit

Otto hat es geschafft, vom Katalogversender zu einem Major-E-Commerce Player zu werden. Damit ist Otto dort erfolgreich, wo andere wie Quelle oder Neckermann gescheitert sind. Allein das ist bemerkenswert, ein internationaler Konzern mit ca. 50.000 Mitarbeitern überlebt einen Paradigmenwechsel seines Geschäftsmodells.

Weiterhin hat Otto mit dem Lhotse-Projekt, einem IT-Großprojekt, Erfolg gehabt. Lhotse und das begleitende Infrastrukturprojekt zur Virtualisierung der IT liefen über zwei Jahre und hatten jeweils ein Budget im zweistelligen Millionen-Euro-Bereich. Auch das schafften in den letzten Jahren im IT-Bereich nur wenige. Die meisten IT-Projekte in dieser Größenordnung scheitern.

Bemerkenswert ist weiterhin die Kununu-Bewertung von Otto. Bei Kununu werden Arbeitgeber aus Sicht von Mitarbeitern bewertet. Otto steht hier mit 4 (Stand Mai 2016) sehr gut da. Damit ist Otto ein attraktiver Arbeitgeber in Hamburg, einer Region, in der die Rekrutierung von IT-Experten ein harter Job ist.

Auch die Bewertung des otto.de shops mit einem Alexa-Ranking von Platz 24 in Deutschland ist sehr gut (2012 etwa Platz 50). Auf Alexa werden Internet-Plattformen hinsichtlich ihrer Nutzung verglichen. Zalando.de wurde von Otto seit ihrer "Schrei vor Glück"-Marketingkampagne als starke Konkurrenz wahrgenommen und hat im Mai 2016 den weit zurückliegenden Platz 54.

Am wichtigsten jedoch erscheint es, dass Otto es mit dem Lhotse-Projekt und der nachfolgend gewachsenen Organisation um otto.de geschafft hat, in Deutschland ein herausragendes Beispiel einer agilen Transformation eines etwas verstaubten E-Commerce-Produkts zu zeigen. Heute gilt Otto damit als ein Musterunternehmen, das für andere Branchen mit ähnlichen Herausforderungen Modellcharakter hat.

Glossar

Akzeptanztest
Vom Product Owner durchgeführter Test gegen die spezifizierten Akzeptanzkriterien einer User Story. Ein bestandener Akzeptanztest bestätigt, dass die Story alle aus Geschäftssicht erforderlichen Anforderungen erfüllt.

Akzeptanztest-getriebene Entwicklung
Entwicklungsvorgehen, bei der die funktionalen Anforderungen einer User Story als konkrete und automatisierte Tests vor der Entwicklung der eigentlichen Funktionalität geschrieben werden. Die fehlschlagenden Tests werden anschließend durch die inkrementelle Umsetzung der Story Schritt für Schritt zum Laufen gebracht.

Angenommene Velocity
Anzahl an Story Points, von der man annimmt, dass das Team sie in einem anstehenden Sprint umsetzen kann.

ATDD
Abkürzung für *Acceptance Test-driven Development*. Siehe *Akzeptanztest-getriebene Entwicklung*.

Bugtracking-System
Software-System zur Erfassung, Dokumentation und Nachverfolgung des Bearbeitungsstatus von Software-Fehlern.

Commitment
Verantwortung für eine Aufgabe oder ein Arbeitsergebnis übernehmen, sich mit der Verantwortung identifizieren und alles dafür tun, ihr gerecht zu werden.

Constraint
Technische Randbedingung, die für das gesamte System oder eine spezielle User Story gilt. Typische Beispiele für Constraints sind nicht-funktionale Anforderungen wie Wartbarkeit oder Zuverlässigkeit. Siehe *Nicht-funktionale Anforderungen*.

Continuous Build-Server
Ein System, das den aktuellen Stand der Software kontinuierlich integriert, indem der Quellcode aus dem SCM exportiert, übersetzt und automatisch getestet wird. Das System deckt Integrationsprobleme so früh wie möglich auf, was deren Beseitigung erheblich einfacher macht.

CTO
Abkürzung für *Chief Technology Officer*, den technischen Leiter eines Unternehmens.

Daily Scrum
Ein täglich zur selben Uhrzeit stattfindendes Standup-Meeting, in dem sich das Team synchronisiert und seine Arbeit koordiniert. Das Meeting ist auf 15 Minuten begrenzt und folgt einem standardisierten Ablauf. Reihum berichten die Teammitglieder, was sie gestern erreicht haben, was sie heute planen zu tun und welche aktuellen Probleme es gibt.

Definition of Done
Sammlung von Kriterien, die festlegt, wann eine User Story fertig ist.

Delta-Liste
Ergebnisliste einer Retrospektiv-Aktivität, die die erarbeiteten Probleme und Entwicklungsmöglichkeiten aufzeigt.

Domain-Specific Language
Eine formale Sprache, die speziell für ein bestimmtes Problemfeld, zum Beispiel Akzeptanztests, entworfen und implementiert wird.

Dot Voting
Retrospektiv-Aktivität, in der das Team gemeinsam die Prioritäten von identifizierten Problemen bestimmt. Dazu erhält jedes Teammitglied eine feste Anzahl von Punkten, die beliebig auf die zur Auswahl stehenden Probleme verteilt werden können.

DSL
Siehe *Domain-Specific Language*.

Entwicklertest
Vom Entwicklungsteam durchgeführter Test, nachdem eine User Story fertig entwickelt und integriert wurde.

Epic
Eine User Story, die zu groß für ihre konkrete Umsetzung im Rahmen eines Sprints ist. Epics werden häufig als Platzhalter im Product Backlog verwendet, um Ideen oder zukünftige Themen zu repräsentieren und müssen mit zunehmender Priorität auf konkretere User Stories heruntergebrochen werden.

Impediment
Problem oder Hindernis, das die Arbeit des Teams erschwert oder komplett blockiert und vom ScrumMaster beseitigt werden muss.

Impediment Backlog
Eine für alle im Scrum-Team sichtbare Liste mit den aktuellen Impediments und deren Status.

Kanban-System
System zur Steuerung und Organisation selbstorganisierter Arbeit, das ohne zentrale Kontrollinstanz auskommt und stattdessen die ausstehende Arbeit visualisiert und aufzeigt, was als Nächstes zu tun ist.

Leitplanken
Aus SCRUM@OTTO: Leitplanken sind die gemeinsam vereinbarten Regeln zur Zusammenarbeit im gesamten Bereich. Beispiel: Personalentscheidungen in Teams werden immer mit dem Team und den Führungskräften zusammen entschieden.

Makroarchitektur
Aus SCRUM@OTTO: Mit Makroarchitektur werden alle teamübergreifenden Architekturregeln bezeichnet.

Mikroarchitektur
Aus SCRUM@OTTO: Mit Mikroarchitektur werden alle Architekturregeln bezeichnet, über die ein Team selbst bestimmen kann.

Nicht-funktionale Anforderungen
Eigenschaften, die das System aufweisen muss, die aber keine direkte Funktionalität für den Benutzer im Sinne seines Geschäftsmodells liefern. Typische nicht-funktionale Anforderungen sind Ausfallsicherheit oder Performance.

Pair Programming
Programmierstil, bei dem zwei Entwickler gemeinsam an einem Rechner arbeiten. Einer der beiden programmiert, während der andere den erstellten Quellcode kontinuierlich begutachtet, hinterfragt, Verbesserungen vorschlägt oder auf fehlende Tests hinweist.

Planungspoker
Agiles Schätzverfahren, bei dem das Team die User Stories gemeinsam schätzt. Eine Story wird geschätzt, indem jedes Teammitglied einen zunächst verdeckten Schätzwert bestimmt und diesen anschließend mit dem Team abstimmt.

Planungs-Velocity
Die dem Releaseplan zugrunde gelegte Velocity.

Positiv-Liste
Ergebnisliste einer Retrospektiv-Aktivität, die die positiven und beizubehaltenden Erfahrungen und Erkenntnisse aufzeigt.

Product Backlog
Priorisierte Liste aller Anforderungen des Projekts. Während ein klassisches Scrum Product Backlog „allgemeine Items" und damit Anforderungen jeglicher Art enthält, schlägt dieses Buch ein ausschließlich User Stories enthaltendes Product Backlog vor.

Product Backlog-Grooming
Regelmäßiges Durchgehen und Überarbeiten des Product Backlog im Team, mit dem Ziel, ein gemeinsames und vorausschauendes Verständnis für die anstehenden User Stories der kommenden Sprints zu schaffen.

Product-Designer
Aus SCRUM@OTTO: Bezeichnung für den Product Owner in der Terminologie bei otto.de.

Product Owner
Eine Scrum-Rolle, deren Hauptverantwortung der geschäftliche Erfolg des Projekts ist. Der Product Owner repräsentiert den Kunden und sorgt für die kontinuierliche Erzeugung von Mehrwert im Sinne von dessen Geschäftsmodell. Der Product Owner schreibt die User Stories, pflegt das Product Backlog und ist für die Releaseplanung verantwortlich.

Projektleiter
Aus SCRUM@OTTO: Führungsrolle im agilen Team bei otto.de. Handelt im Team als ScrumMaster und teamübergreifend durch Mitarbeit im Portfolio-Management. Bei Otto wurde die Bezeichnung Projektleiter gewählt, da die Rolle von den vormals nach der klassischen Spice/PMI-Methodik arbeitenden Projektleitern übernommen wurde.

QA-Team
Abteilung oder Gruppe von Personen, die für die Sicherstellung der Qualität des entwickelten Systems verantwortlich ist.

Release
Veröffentlichung und Auslieferung der Software an den Kunden.

Release-Burndown-Chart
Story-Point-basierter Bericht, der dokumentiert, wie viele Story Points jeder Sprint abliefert und wie viel Restaufwand für das Gesamtprojekt bleibt.

SCM
Siehe *Source Code Management-System*.

ScrumMaster
Eine Scrum-Rolle, deren Hauptverantwortung die Implementierung von Scrum und das Sicherstellen von optimalen Arbeitsbedingungen für das Team sind. Der ScrumMaster stellt die Zusammenarbeit von Team und Product Owner sicher, sorgt dafür, dass jede Rolle ihre Verantwortung wahrnimmt, und beseitigt die sich dem Team in den Weg stellenden Hindernisse. Siehe *Impediments*.

Selected Backlog
Die im Sprint Planning Meeting für den aktuellen Sprint ausgewählten User Stories.

Software-Pull-System
Organisationswerkzeug selbstgesteuerter Softwareteams. Software-Pull-Systeme arbeiten nach dem *Kanban*-Prinzip, indem sie die noch ausstehende Arbeit visualisieren, es aber den Teammitgliedern überlassen, um welche Aufgabe sie sich als Nächstes kümmern. Software-Pull-Systeme werden üblicherweise durch *Taskboards* realisiert.

Source Code Management-System
System zur Verwaltung und Versionierung des Quellcodes eines Softwaresystems.

Sprint
Ein- bis vierwöchige Entwicklungsphase, in der das Team eigenverantwortlich und selbstorganisiert an der Umsetzung der User Stories des Sprint arbeitet. Jeder Sprint beginnt mit einem eintägigen Sprint Planning Meeting und endet mit dem Sprint-Review und der Sprint-Retrospektive.

Sprint-Ankündigung
Öffentliche Ankündigung des Sprint, die das Ziel, die User Stories, das Team und den Termin des Reviews nennt und am Ende des Sprint Planning Meetings verkündet wird.

Sprint Backlog
Verzeichnis der User Stories und zugehörigen Tasks des aktuellen Sprint. Wann immer es geht, sollte das Sprint Backlog als physisches Taskboard geführt werden.

Sprint-Burndown-Chart
Story-Point-basierter Bericht, der den Sprint-Fortschritt dokumentiert und die Anzahl der bereits fertiggestellten sowie noch abzuarbeitenden Story Points visualisiert.

Sprint Planning Meeting
Eintägiger Planungsworkshop, in dem das Team sich auf die User Stories des Sprint committet, sie analysiert und ihr Software Design erstellt.

Sprint-Retrospektive
Ein Meeting, in dem das Team den Entwicklungsprozess und seine Zusammenarbeit im letzten Sprint analysiert und bespricht und gemeinsam Vorschläge für Verbesserungen erarbeitet.

Sprint-Review
Abschlussmeeting eines Sprint, in dem das Team seine erzielten Arbeitsergebnisse öffentlich präsentiert und die Stakeholder Einfluss auf den weiteren Projektverlauf nehmen können.

Sprint-Ziel
Ein den User Stories übergeordnetes Ziel des Sprint. Das Ziel steht in engem Zusammenhang mit den User Stories des Sprint, sollte sich aber auch erreichen lassen, wenn nicht alle der geplanten User Stories fertig werden.

Stakeholder
Eine oder mehrere Personen, die die Projekt-Interessen einer zusammengehörigen Gruppe von Personen wahrnehmen und vertreten.

Story-Karte
Eine Karteikarte mit einer kurzen Beschreibung der User Story, Fragen, die vor oder während der Entwicklung der Story entstehen, den Akzeptanzkriterien der Story sowie etwaigen Story-spezifischen Constraints.

Story Point
Schätzeinheit zur Bewertung der Größe von User Stories. Story Points sagen zunächst nichts über die Dauer der Entwicklung einer Story aus, sondern bewerten ausschließlich ihre relative Größe im Verhältnis zu anderen User Stories.

Task
Konkrete Einzelaufgabe einer User Story.

Taskboard
Übersichtstafel mit den User Stories und Tasks des aktuellen Sprint. Das Taskboard visualisiert zu jedem Zeitpunkt die noch ausstehende Arbeit, wird kontinuierlich aktualisiert und ist das zentrale Arbeitsmittel des Teams während des Sprint.

Tatsächliche Velocity
Summe der Story Points der in einem Sprint vollständig fertiggestellten User Stories.

TD-Runde
Aus SCRUM@OTTO: übergreifendes Gremium zur Klärung, Definition und Beseitigung technischer Abhängigkeiten zwischen Komponenten und Scrum-Teams.

Team
Eine Scrum-Rolle, deren Hauptverantwortung die selbstorganisierte Umsetzung der User Stories im Sprint ist. Darüber hinaus ist das Team für die Behebung von Softwarefehlern sowie die Unterstützung des Product Owner beim Schätzen von User Stories und technischen Fragen zuständig.

Technical Debt
Technical Debt – zu Deutsch „technische Schuld" – entsteht aus dem Unterlassen technisch erforderlicher Entwicklungsarbeiten wie Refactorings oder Schreiben von Unit-Tests. Die entwickelte Software wirkt zwar nach außen hin wie fertig, wird aber unter der Haube immer unaufgeräumter und insofern mittelfristig immer weniger wart- und erweiterbar.

Techical-Designer
Aus SCRUM@OTTO: Scrum Rolle bei otto.de. Der Techical-Designer ist für das technische Backlog, die Abstimmung und Beseitigung technischer Abhängigkeiten in der Team-übergreifenden TD-Runde verantwortlich.

Technische Schuld
Siehe *Technical Debt*.

Thema
Sammlung zusammengehöriger User Stories, die in der Regel aus dem Herunterbrechen von Epics resultieren. Themen werden vorwiegend für die Priorisierung und Releaseplanung verwendet.

Timeboxing
Managementtechnik, die einer Tätigkeit ein festes Zeitbudget zugesteht. Das Ende einer Timebox wird nicht verschoben. Stattdessen wird der Umfang der innerhalb einer Timebox zu erledigenden Arbeit variiert.

Timeline
Retrospektiv-Aktivität, mit der die Ereignisse, Fakten oder Emotionen des zurückliegenden Sprint erarbeitet und visualisiert werden, so dass ein gemeinsames Bild des Sprint entsteht.

Triade
Aus SCRUM@OTTO: Oberbegriff für die drei Führungsrollen (Projektleiter, Product-Designer und Techical-Designer) eines agilen Teams bei otto.de. Diese drei Rollen entsprechen dem Scrum-Master, dem Product Owner und einer dritten Rolle für die technische und architektonische Verantwortung.

User Activity
Im Kontext einer Story Map: Eine Gruppe zusammengehöriger User Tasks.

User Story
Eine aus Anwendersicht beschriebene Anforderung an das zu entwickelnde Softwaresystem. Jede User Story liefert einen konkreten Mehrwert und besteht aus einer Karte mit der Beschreibung der Story, ihrer Konversation, in der die Details der Story besprochen werden, sowie ihren Akzeptanzkriterien.

User Story Mapping
Eine Methode zur ganzheitlichen Anforderungsanalyse als Basis für die Erstellung „breiter" Product Backlogs.

User-Story-Muster
Ein Muster, das den Aufbau einer User-Story-Beschreibung vorgibt. Das Muster besteht aus einem einzigen Satz und enthält die Benutzerrolle der Story, das Ziel der Benutzerrolle sowie den optionalen Grund für dieses Ziel.

User Task
Im Kontext einer Story Map: Eine konkrete, klar zu anderen User Tasks abgrenzbare Einzelaufgabe oder Aktion, die ein Benutzer mit dem zu entwickelnden System durchführen kann.

Velocity
Die Entwicklungsgeschwindigkeit des Teams. Die Velocity gibt an, wie viele Story Points das Team pro Sprint umsetzen kann. In der agilen Planung werden drei Arten von Velocity unterschieden. Siehe *Angenommene Velocity*, *Tatsächliche Velocity* und *Planungs-Velocity*.

Velocity-Median
Mittlere Velocity, die basierend auf einer Reihe gemessener tatsächlicher Velocities ermittelt wird. Der Median einer geordneten Zahlenfolge ist definiert als der Wert, für den höchstens die Hälfte der Werte unterhalb des Medians und höchstens die Hälfte der Werte oberhalb des Medians liegen.

Velocity-Range
Der einer Releaseplanung zugrunde gelegte Velocity-Bereich, wenn nur sehr wenige Messungen der tatsächlichen Velocity zur Verfügung stehen. Basierend auf diesem Bereich, wird ein pessimistischer, realistischer und optimistischer Releaseplan erstellt und mit dem Kunden abgestimmt.

Vision
Die Vision beschreibt die Idee des zu entwickelnden Systems und benennt klar, welche Kundenbedürfnisse das System befriedigt.

Wiki
Webbasiertes Hypertext-System, dessen Inhalte von den Benutzern nicht nur gelesen, sondern auch verändert werden können.

Literatur

[Adzic 2005] Adzic, Gojko: Bridging the Communication Gap: Specification by Example and Agile Acceptance Testing, Neuri Limited, 2009

[Beck 2005] Beck, Kent: Extreme Programming Explained, Addison-Wesley, 2005

[Callan 2005] Callan, Eoin: Acceptance Criteria – The true measure of Task and Project Success, 2005, http://www.allpm.com/index.php?name=News&file=article&sid=1354

[Clark 2005] Michael Clark: Projekt-Automatisierung, Hanser, 2005

[Cockburn 2000] Cockburn, Alistair: Writing Effective Use Cases, Addison Wesley, 2000

[Cohn 2004] Cohn, Mike: User Stories Applied, Addison-Wesley, 2004

[Cohn 2006] Cohn, Mike: Agile Estimation and Planning, Prentice Hall, 2006

[Cohn 2007: p13] Cohn, Mike: To Re-Estimate or not; that is the question, http://blog.mountaingoatsoftware.com/?p=13

[Cohn 2008: p24] Cohn, Mike: Advantages of the „As a user, I want" user story template, 2008, http://blog.mountaingoatsoftware.com/?p=24

[Cohn 2008: p50] Cohn, Mike: Predicting Velocity When Team Membership Or Size Changes Frequently, 2008, http://blog.mountaingoatsoftware.com/?p=50

[Cohn 2008: p62] Cohn, Mike: Non-functional Requirements as User Stories, 2008, http://blog.mountaingoatsoftware.com/?p=62

[Cohn 2010] Cohn, Mike: Succeeding with Agile, Addison-Wesley, 2010

[Csikszentmihalyi 1990] Csikszentmihalyi, Mihaly: Flow – The Psychology of optimal Experience, Harper Perennial, 1990

[Derby und Larsen 2006] Derby, Esther und Diana Larsen: Agile Retrospectives, The Pragmatic Bookshelf, 2006

[Evans 2004] Evans, Eric: Domain-Driven Design, Addison-Wesley, 2004

[Gloger 2008] Gloger, Boris: Scrum. Produkte zuverlässig und schnell entwickeln, Hanser, 2008

[Gloger 2009] Gloger, Boris: Scrum Tools 2009, http://scrum4you.wordpress.com/2009/01/27/scrum-tools-list/

[Fisher 2000] Fisher, Kimball: Leading Self-Directed Work Teams: A Guide to Developing New Team Leadership Skills, Mcgraw Hill Book Co, 2000

[Hunt und Thomas 2003] Hunt, Andy und David Thomas: Der Pragmatische Programmierer, Hanser, 2003

[Jeffries 2001] Jeffries, Ron: Essential XP: Card, Conversation, Confirmation, 2001

[Kano 1984] Kano, Noriaki: Attractive Quality and Must-be Quality; Journal of the Japanese Society for Quality Control, H. 4, S. 39-48, 1984

[Kniberg 2007] *Kniberg, Henrik*: Scrum and XP from the Trenches, InfoQ, 2007

[Martin 2008] *Martin, Robert C.*: Clean Code: A Handbook of Agile Software Craftsmanship, Prentice Hall International, 2008

[McConnell 2006] *McConnell, Steve*: Software Estimation: Demystifying the Black Art, Microsoft Press, 2006

[Oestereich und Weiss, 2008] *Oestereich, Bernd und Christian Weiss*: APM – Agiles Projektmanagement, dpunkt.verlag, 2008

[Ohno 2005] *Ohno, Taiichi*: Das Toyota-Produktionssystem, Campus, 2005

[Parkinson 2001] *Parkinson, Cyril Northcote*: Parkinsons Gesetz und andere Studien über die Verwaltung, Econ Taschenbücher, 2001

[Pichler 2008] *Roman, Pichler*: Scrum: Agiles Projektmanagement erfolgreich einsetzen, dpunkt.verlag, 2008

[Poppendieck 2003] *Poppendieck, Mary und Tom*: Lean Software Development, Addison-Wesley, 2003

[Poppendieck 2007] *Poppendieck, Mary und Tom*: Implementing Lean Software Development – From Concept to Cash, Addison-Wesley, 2007

[Ries 2011] *Ries, Eric*: The Lean Startup: How Constant Innovation Creates Radically Successful Businesses, Portfolio Penguin, 2011

[Robertson und Robertson 1999] *Robertson, Suzanne und James*: Mastering the Requirements Process, Addison-Wesley Professional, 1999

[Roock 2008] *Roock, Stefan*: Stories Schneiden, 2008
http://stefanroock.blogspot.com/2008/12/stories-schneiden.html

[Schiffer 2008] *Schiffer, Bernd*: Horizontaler und Vertikaler Schnitt von Stories, 2008,
http://berndschiffer.blogspot.com/2008/11/horziontaler-und-vertikaler-schnitt-von.html

[Schwaber 1996] *Schwaber, Ken*: Controlled Chaos: Living on the Edge, 1996,
http://jeffsutherland.com/oopsla96/schwaber.html

[Schwaber und Beedle, 2001] *Beedle, Mike und Ken Schwaber*: Agile Software Development with Scrum, Prentice Hall, 2001

[Schwaber 2004] *Schwaber, Ken*: Agile Project Management with Scrum, Microsoft Press, 2004

[Sutherland 2008] *Sutherland, Jeff*: Self Organization in Scrum, 2008

[Takeuchi und Nonaka 1986] *Takeuchi, Hirotaka und Ikujiro Nonaka*: The New Product Development Game, Harvard Business Review Article, 1986

[Tockey 2004] *Tockey, Steve*: Return on Software: Maximizing the Return on Your Software Investment, Addison-Wesley, 2004

[Wirdemann 2010] *Wirdemann, Ralf*: Das vergessene C, 2010,
http://www.projekt-log.de/agile_softwareentwicklung/das-vergessene-c

[Wolf 2005] *Wolf, Henning, Stefan Roock und Martin Lippert*: eXtreme Programming: Eine Einführung mit Empfehlungen und Erfahrungen aus der Praxis, dpunkt.verlag, 2005

Stichwortverzeichnis

A
Acceptance Test-driven Development
– Cucumber 199
– Definition 198
– JCriteria 201
Akzeptanzkriterien 52
– Merkmale 192
Akzeptanztest 166
– Automatisierung 199
Akzeptanztesten 187
– Akzeptanztest-Taskboard 197
– Während des Sprint 196
Anforderungsworkshop 10, 101
Angenommene Velocity 15
ATDD → Acceptance Test-driven Development
Automatisierung 184

B
Backlog-Grooming 133
Benutzerinterviews 100
Benutzermodellierung 56
Benutzerrollen 99
Beobachten und Anpassen 32, 205
Brainstorming 56, 99, 151
Branch 183
Bugtracking-System 117

C
CCC 51
Change-Manager 40
Chicken 170
Commitment 138, 145, 179
Cone of Uncertainty 224
Constraints 61, 100
Cross-funktional 37
Cucumber 199

D
Daily Scrum 18, 30
– Aktualisierung des Taskboard 168
– Chickens and Pigs 170
– Coaching des Teams 171
– Moderation 168
– Ort 170
– Selbstorganisation 167
– Vorbereitung 168
– Zeitpunkt 169
Datum-Release 222
Dauer 70
Definition of Done 90, 118
– Fehlerbehebung 167
– User Stories abnehmen 165
Delta-Liste 213
Detaillierungsgrad 60
Domain-Specific Language 195
Done 33
Dot Voting 214

E
Einzelgespräche 182
Empirische Prozesskontrolle 46
Entscheidungsplan 226
Entwicklertest 165
Entwicklungsgeschwindigkeit 15
Epic 57
– Akzeptanzkriterien 194
– Zerschneiden 108
Extreme Programming 183

F
Fehler 117
– Aus Fehlern lernen 180
– Behebung 167, 172, 177
– Burndown-Chart 174
– Einplanen 141, 147, 156
– Planbare Fehler 117
– Produktionsfehler 117
– Schätzen 140
– Sofort-Fehler 117

Fibonacci-Folge 73
Fischfang-Metapher 98
Flow 27
Fokusfaktor 153
Forschungs-Story 111

G
Geschäftswert 102
Given, When, Then 199
Größe 68

H
Historische Daten 225
Horizontales Schneiden 110

I
Impediment 19, 38
Impediment Backlog 39, 168
Inspect and Adapt → Beobachten und
 Anpassen

J
JCriteria 201

K
Kaizen 205
Kanban-System 181
Kano 104
klassische IT 242
klassisches Management 252
Kontinuierliches Integrieren 184
Kosten 103, 159
Kritischer Pfad 175
Kunde 10

L
Leitplanken 252
Leuchtspur-Story 150
Lhotse-Projekt 234

M
Makro- und Mikroarchitektur 250
Makroarchitektur 251
Markt-Feedback 101
Median 86
Mehrarbeit 160
Meilenstein 230
Messen
– Release-Burndown-Chart 229
– Sprint-Burndown-Chart 173
– Sprint-Fortschritt 173
– Velocity-Verteilung 228

Mikroarchitektur 251
Mindmap 10, 99, 151
Minimal Viable Product 131
Moderation 39
– Daily Scrum 171
– Sprint Planning 145, 152
– Sprint-Retrospektive 208
– Sprint-Review 177
MuSCoW-Priorisierung 107

N
Nachhaltige Velocity 88
Nicht-funktionale Anforderungen 105, 115, 116

O
Otto-Architektur in Vertikalen 242
Outsourcing 175

P
Pair Programming 45, 71, 183
Pareto-Prinzip 83
Personentag 71
Pig 170
Planen 81
– Angenommene Velocity 84
– Dauer 82
– Entwicklungsgeschwindigkeit 83
– Messen der Geschwindigkeit 82
– Nachhaltige Velocity 88
– Releaseplanung 221
– Schätzfehler 90
– Schätzungen korrigieren 84
– Sprint-Planung 87
– Tatsächliche Velocity 83
– Urlaub und Krankheit 92, 228
– Velocity 83
– Velocity-basierte Planung 87
– Velocity-Median 86
– Ziele 81
Planning Poker → Planungspoker
Planungspoker 74
Planungs-Velocity 221
Planungsworkshop 223
Positiv-Liste 213
Priorisieren 12
– Abhängigkeiten 106
– Faktoren abwägen 106
– Finanzieller Wert 102
– Kano 104
– Kosten 103
– Kundenzufriedenheit 104
– MuSCoW 107

- Risiko 105
- Themen 102

Product Backlog 10, 28
- Andere Anforderungen 115
- Tools 96
- Überarbeitung und Pflege 101

Product Owner 9
- Arbeit mit dem Team 17, 43
- Aufgaben im Sprint 162
- Commitment 138
- Kunden repräsentieren 42
- Product Backlog verwalten 42
- Releaseplanung 226
- User Stories schreiben 42
- User Stories vorstellen 144

Produktionsfehler 117
Produktionssupport 172
Produktkonzept 99
Produktmanager 239
Projektmanager 238
Punktesequenz 72

Q

QA-Abnahme 166
Qualität 159

R

Refactoring 117
- Burndown-Chart 174
- Einplanen 147, 156

Referenz-Story 76
Regressionstest 176
Relative Größe 68
Release-Burndown-Chart 229
Releaseplan 26, 87, 225
- Aktualisierung 230
- Form 226

Releaseplanung 87
- Datum-basiert 222
- Sichere Planung 227
- Themen-basiert 221
- Workshop 223

Release-Sprints 30
Risikomanagement 105
Rollen 9
- Product Owner 41
- ScrumMaster 38
- Team 37

S

Schätzen 13
- Dauer ableiten 70

- Epics 73, 75
- Fibonacci-Folge 73
- Größenklassen 69
- Größenordnungen 72
- Pair Programming 71
- Planungspoker 74
- Punktesequenz 72
- Referenz-Story 69
- Relative Größe 68
- Schätzfehler 90
- Schätzungen korrigieren 84
- Story Points 69
- Tasks schätzen 153
- Triangularisierung 77
- Wann schätzen? 78

Schätzrunde 74
Schneiden von User Stories 108
- nach Akzeptanzkriterien 113
- nach Aufwand 111, 114
- nach Benutzerrolle 113
- nach Daten 110
- nach Forschungsanteilen 111
- nach Qualität 112
- Vertikales Schneiden 109

OTTO 231
Scrum 9
- Arbeitsumgebung 45
- Einführen 39
- Framework 27
- Kultur und Werte 28
- Meetings 28
- Prinzipien 28
- Rollen 36
- Überblick 28
- und Extreme Programming 26
- Ursprung 25
- Was ist Scrum? 25

ScrumMaster 10
- Aufgaben im Sprint 162
- Einzelgespräche führen 182
- Entscheidungen treffen 39
- Führungskraft 38
- Persönlichkeit 40
- Problembeseitiger 162
- Product Owner-Coaching 40
- Retrospektiven leiten 208
- Scrum implementieren 39
- Sprint Planning moderieren 145
- Team coachen 162

Scrum-Prinzipien 31
- Beobachten und Anpassen 32
- Dinge abschließen 33

- Ergebnisorientierung 35
- Maximierung von Geschäftswert 34, 172
- Teams scheitern nicht 35
- Timeboxing 33
- Transparenz 31

Scrum-Team 9, 28
Selbstorganisation 17, 37, 161
Selected Backlog 15, 29
Sichere Planung 227
- Puffer 228
- Sichere Velocity 227

Software Design 149
Software-Pull-System 181
Source Code Management 183
Sprint 30
- Abbruch 176
- Ankündigung 138
- Best Practices 183
- Durchführung 17
- Ende 176
- Fehlerbehebung 167, 172
- Fortschritt messen 19, 173
- Funktionsumfang reduzieren 175
- Gelieferte Funktionalität 160
- Gelieferte Qualität 159
- Länge 142
- Planung 14
- Rhythmus 142
- Unterbrechungen 172

Sprint Backlog 17, 29, 137, 185
Sprint Planning 1 135
Sprint Planning 2 136
Sprint Planning Meeting 14, 29
- Abschluss 157
- Angenommene Velocity 139
- Beteiligte 136
- Commitment 157
- Ergebnisse 136
- Fehler einplanen 140, 156
- Refactorings einplanen 140, 156
- Sprint Planning 1 135
- Sprint Planning 2 136
- Stories auswählen 141
- Tasks schneiden 148
- Timeboxing 156
- Überblick und Ablauf 135
- Urlaub und Feiertage berücksichtigen 139
- Veränderte Teamgröße 140
- Vorbereitung 139

Sprint-Burndown-Chart 20, 173
Sprint-Retrospektive 21, 31
- Ablauf und Phasen 206, 209
- Abschluss und Ergebnis 216
- Aktivitäten 207
- Debriefing 208, 211
- Teilnehmer 206
- Themenorientiert 217
- Ziele 205, 215

Sprint-Review 20, 31
Sprint-Ziel 14, 137, 180
- Gefährdung 176
- Kreative Lösungen 175
- Kritischer Pfad 141
- Story-Auswahl 141

Stakeholder 44
Story Points 13
- Argumente für Story Points 70
- Schätzen 69
- Sprint-Burndown-Chart 174

Story-Karte 51

T

Task 15
- Größe 151
- Schätzen 153
- Schneiden 150
- Schneidetechniken 151
- Ungeplante Tasks 152

Taskboard 17, 163
- Aktualisierung im Daily Scrum 168
- Arbeiten mit dem Taskboard 164
- Software-Pull-System 181
- Team coachen 182

Taskkarte 151
Tatsächliche Velocity 83
TD-Runde 241
Team 9
- Aufgaben im Sprint 161
- Commitment 137
- Größe 37

Team-Architekt 239
Teamraum 45
Technische Anforderungen
- Als User Stories formulieren 115
- Einplanen 146

Technische Schuld 165, 217
Technisches Backlog 118
Test-Sprints 224
Thema 59, 102
Themenorientierte Retrospektiven 217
Themen-Release 221
Timeboxing 33, 76
Timeline 211
Transparenz 46

Triade 237, 238
Triangularisierung 77
Trunk 183

U

Ungeplante Tasks 17, 164
Urlaub und Krankheit 92, 228
User Activities 125
User Story 10
– Abnahme 165
– Akzeptanzkriterien → Akzeptanzkriterien
– Analyse im Sprint Planning 15
– Basis-Stories 104
– Begeisterungs-Stories 104
– Benutzerrolle 55, 57
– Design im Sprint Planning 15
– Geschäftswert 62, 102
– Größe 63, 68
– Gründe für User Stories 53
– INVEST-Kriterien 61
– Karte 51
– Konversation 52
– Kostenbestimmung 103
– Muster 57
– Parallele Bearbeitung 164
– Relative Größe 68
– Risiko 105
– Schreiben 54
– Tasks schneiden 148
– Testen 64
– Verhandlung 62
– Vertikal 109
– Vorstellung im Sprint Planning 144
– Wegfallen lassen 175
– Ziel 57

User Story Map 122
User Story Mapping 121
– Priorisierung 130
– Product Backlog 130
– Softwarearchitektur 130
– Swimlanes 131
– User Activities 125
– User Stories 133
– User Tasks 122, 124

V

Velocity 15
– Berechnung 85, 86
– Median 227
– Messung 83
– Nachhaltige 88
– Planungs → Planungs-Velocity
– Range 224
– Reduzierung 22, 227
– Sichere 227
– Team bestimmt 225
– Velocity-Chart 86
– Verteilung 228
– Vorhersage 224
Verticals 245
Vertikales Schneiden 109, 248
Verwendbare Software 160
Vision 8

W

Werte 252
Workshop
– Anforderungen 99
– Releaseplanung 223